KB154215

실재론적 마술

실재론적 마술 : 객체, 존재론, 인과성
Realist Magic : Objects, Ontology, Causality

지은이	티머시 모턴
옮긴이	안호성
펴낸이	조정환
책임운영	신은주
편집	김정연
디자인	조문영
홍보	김하은
프리뷰	권혜린·추희정·탁선경
초판 인쇄	2023년 4월 25일
초판 발행	2023년 4월 28일
종이	타라유통
인쇄	예원프린팅
라미네이팅	금성산업
제본	제이앤디바인텍
ISBN	978-89-6195-321-4 93100
도서분류	1. 철학 2. 객체지향철학 3. 미학
값	29,000원
펴낸곳	도서출판 갈무리
등록일	1994. 3. 3.
등록번호	제17-0161호
주소	서울 마포구 동교로18길 9-13 2층
전화	02-325-1485
팩스	070-4275-0674
웹사이트	www.galmuri.co.kr
이메일	galmuri94@gmail.com

일러두기

1. 이 책은 Timothy Morton, *Realist Magic : Objects, Ontology, Causality* (Ann Arbor : Open Humanities Press, 2013)을 완역한 것이다.
2. 인명, 책 제목, 논문 제목, 전문 용어 등 고유명사의 원어는 맥락을 이해하는 데 원어가 꼭 필요하다고 생각되는 경우를 제외하고는 본문에서 원어를 병기하지 않았으며 찾아보기에 모두 수록하였다.
3. 단행본, 전집, 정기간행물에는 겹낫표(『』)를, 논문에는 홑낫표(「」)를 사용하였다.
4. 영어판에서 이탤릭체로 강조된 것은 고딕체로 표기하였다. 단, 영어판에서 영어가 아니라서 이탤릭 강조한 것은 한국어판에서 강조하지 않았다.
5. 번역어 중 대안 번역어가 있지만 원문과의 관련성을 위해 다른 번역어를 사용한 경우에는 대괄호([ ])를 사용하여 대안 번역어를 추가하였다(예 : 양자 정합성[양자 결맞음])
6. 지은이 주석과 옮긴이 주석은 같은 일련번호를 가지며, 옮긴이 주석에는 * 표시하였다.
7. 원서에는 색인과 참고문헌이 없지만, 한국어판 독자를 위해 추가되었다.
8. 티머시 모턴의 논문 "Here Comes Everything : The Promise of Object-Oriented Ontology"(*Qui Parle* 19.2, Spring-Summer, 2011, pp. 163~190)를 저자의 허락을 얻어 이 책의 부록에 수록하였다.
9. 부록에 수록한 논문으로 옮긴이 후기를 갈음한다는 옮긴이의 뜻에 따라 별도의 옮긴이 후기는 싣지 않는다.

차례

한국어판 지은이 서문 7
감사의 말 9

서론 : 사물이 거울에 보이는 것보다 가까이 있음 11

1장 — 환상과 같이 57
콘크리트 블록의 신비 60
대균열 91
주체라고 불리는 객체 104
기이한 인과성 108
상호사물성의 심연 113
둔탁한 부딪침 없는 인과관계 124
허상의 문제 128
실체의 역사 133
객체는 위선자이다 147
현상의 놀이 155

2장 — 마술의 탄생 186
샘플링으로서의 인과성 193
상호사물성 재고 206
개구 : 왜곡으로서의 시작 211
숭고한 시작들 220
새로움 대 창발 237
사물들 한가운데서 254

3장 — 마술의 삶 261
현재 순간의 디스코 265
유보 기계 273
용암의 문제 283
디스플레이서 비스트 : 운동의 신비 306
바르도[중유] 1 312

4장 — 마술의 죽음 326
닫힘 : 아름다운 친구여, 이것이 끝이라네 336
바르도[중유] 2 342
하마르티아 347
현전 없는 객체 : 현재 없는 객체 367

결론 : 기묘한 아리스토텔레스 388
그림 목록 399
부록 : 모든 것이 온다 400
참고문헌 445
인명 찾아보기 457
용어 찾아보기 460

시몬에게

:: 한국어판 지은이 서문

『실재론적 마술』이 한국어판으로 출간되는 것을 영광으로 생각합니다. 객체지향 존재론으로 알려진 철학 체계를 처음 발견한 이후로, 제 삶은 더 나은 방향으로 바뀌었습니다. 마침내 불교 연구와 실천을 향한 저의 깊은 관심과 양립하는 사고방식을 발견했던 것입니다. 특히 저는 불교에서 말하는 원인과 결과의 의미에 매료되었습니다. (우리가 객체지향 존재론Object Oriented Ontology을 약칭하는 방식인) OOO가 인과성에 관해 생각하는 방식은 불교가 인과성을 고려하는 방식과 매우 유사합니다. 사물이 서로 "만지는" 방식을 확실성을 가지고 특정할 수 없는 한, 인과성에는 신비하고 마술적인 성질이 있습니다. 이 사고는 사실 데이비드 흄1711~1776이 원인과 결과를 발견하기 위해서는 여건 아래를 볼 수는 없다고 주장하면서 시작된 근대과학과 일치합니다. 당신은 여건을 해석함으로써 원인과 결과를 추론해야 한다는 것입니다.

저는 사물이 신비하고 불가지론적인 것임을 용납하는 철학(불교, OOO, 해체주의)에 관심이 있습니다. 저는 우리의 우주에 심오하게 신비한 양상이 있다고 생각합니다. 신비라는 단어는 사실상 "으으음" 같은 소리를 내기 위해 "입술을 닫다"를 의미하는 그리스어 뮤인mueinc에서 유래했습니다. 어떤 사물은 말해질 수 없습니다. 언어가 어떻게 말할 수 없는 것을 말하는지의 문제는 언제나 제게 매력적인 것이었습니다. 그리고 말할 수 없다는 것이 우리가 그 사물에 관해 생각할 수 없고 그 사물을 알 수 없다는 것을 의미하지 않는 이유도 제게 매력적이었습니다.

이 여정을 함께해 주시는 것에 대해서 감사의 말씀을 전합니다. 질문 사항이 있으시다면 저의 라이스대학교 이메일 주소(tbm2@rice.edu)로 보내주시면 언제나 기쁘게 응답드리겠습니다.

2022년 4월 15일

행운을 빌며,

티머시 모턴

:: 감사의 말

다른 무엇보다도, 거의 모든 의미에서 그레이엄 하먼이 이 책의 탄생을 성립시켰다. 그는 탁월하고 매혹적인 산문이라는 기발한 장치를 통해 나를 객체지향 존재론자로 만들었다. 그리고 시리즈의 편집자로서 그는 이 책을 엮는 과정에서 가장 유익하고 관대한 파트너였다.

2010년 12월 로스앤젤레스에서 매우 흥미로운 모임이 열렸다. 그곳에서 객체지향 존재론의 창시자 중 한 명인 이언 보고스트가 나에게 이 책의 제목을 제공했다. 그는 그 이후에도 가장 관대한 방식으로 자신의 생각을 공유해 주었다.

제이미 앨런, 제인 베넷, 빌 벤즌, 폴 보쉬어스, 릭 엘모어, 폴 에니스, 리타 펠스키, 더크 펠만, 네이선 게일, 바비 조지, 토마스 고키, 조셉 굿슨, 피터 그라튼, 리암 헤네건, 아일린 조이, 줄리아 라인하르트 루프턴, 더글러스 칸, 켄 라인하드, 톰 스패로우, 맥켄지 워크, 캐리 울프, 그리고 벤 우다드 등 많은 사람이 사유에 영감을 주고 친절한 말을 건네주는 것 이상으로 이 기획을 도왔다.

내 아들 시몬에게 이 책을 바친다. 인과성을 마술적이고 기이한 것으로 상상하는 데 어려움을 겪고 있다면, 어린아이의 현존을 고려하면 된다.

깊이 있는 것이라면 무엇이든 가면을 좋아한다.

— 프리드리히 니체

결국, 그것이 허상인지 아닌지 모른다는 점이 허상을 구성한다.

— 자크 라캉

물총새에 불이 붙듯, 잠자리가 불꽃을 당기듯,
둥근 우물의 테를 넘어 굴러들자 돌멩이들 울리듯,
퉁겨진 현들이 제 이야기를 하고, 매달린 종이
각기 떼밀려 흔들리면 소리 내어 제 이름을 널리 퍼뜨리듯,
모든 피조물은 한 가지 같은 일을 하나니,
제각기 내면에 거주하는 제 존재를 밖으로 내보낸다.
자아들은 스스로 움직여서, **나 자신**을 말하고 쓴다.
내가 하는 것이 나이며, 그 때문에 내가 왔노라, 외치면서.

— 제라드 맨리 홉킨스

:: 서론

사물이 거울에 보이는 것보다 가까이 있음

자연은 숨기를 좋아한다.
— 헤라클레이토스

나는 P.M. 던의 노래 〈기억의 축복 속에 표류하다〉와 그에 수반되는 영상, 특히 선율의 중추가 되는 스팬다우 발레의 노래 〈진실〉의 영상이 담긴 확장된 믹스 버전의 불편한 진부함을 좋아한다.[1] 선율과 영상의 진부함은 다소 위협적인데, 나는 그것들과 개인적으로 공명하는 지점이 있다. 1992년 여름, 나의 형제는 빠른 속도로 정신분열증에 빠져가고 있었고, 나는 그의 침실에서 그 노래가 몇 번이고 흘러나오는 것을 들었다.

스티브는 마치 자신의 정신에 작별을 고하는 것만 같았고, 그런 스티브를 바라보는 나의 가슴은 찢어질 듯 아팠다. 스티브는 그 노래를 반복해서 몇 번이고 들었다. 물론, 노래가 그런 것이기도 하다. 이 노래는 정동 상태, 기억의 축복에 반복적으로

---

1. P.M. Dawn, "Set Adrift on Memory Bliss." http://www.youtube.com/watch?v=Kllju_NfnhM에서 뮤직비디오를 볼 수 있다.

주의를 기울이는데, 이는 누군가에게 작별을 고하는 방법이거나, 혹은 그 누군가를 계속해서 마음속에 담고 놓지 않는 방법이다. 우리는 확신할 수 없다. 그것이 노래가 작용하는 이유이다. 이 노래는 다른 노래의 샘플들로 만들어진 힙합이다. 이 노래는 당신이 좋아하는 음반 중 하나를 두고두고 부르는 것, 어떤 소중한 객체를 두고두고 연주[놀이]play하는 것과 같다. 물론 이 객체들의 조각들은 애가적인 것, 사라져 가고 있는 무언가에 대한 느낌을 붙잡는 것이며, 충실함과 진실함을 유지하면서도 무언가를 잃고 있음을 아는 것에 관한 것이다. 환상을 소중히 여기면서도 그것에 작별을 고한다. 스티브가 이 선율을 듣는 모습을 볼 때면 나는 매우 가슴이 아팠다. 스티브에 대한 나의 소중한 기억, 계속해서 재생하는 그 기억을 지금 당신에게 나는 마치 고대 그리스의 음유시인, 그 시초의 래퍼들이 호메로스와 헤시오드의 시를 기억하고 그 음악가들에 관해 말하며 해석했듯이, 그렇게 털어놓고 있다.

이 노래는 스팬다우 발레의 노래 〈진실〉의 독해이자 해석이다. 스팬다우 발레의 노래는 그 자체로 무언가를 따라 하거나 환기하려고 하는 것 같다. 마치 크게 히트를 친 노래들이 이상한 팝송 천국에서 서로를 인용하기에 바빠하며 종종 그렇게 하는 것처럼, 〈기억의 축복 속에 표류하다〉라는 노래는 무언가를 제대로 담아내려고 하는 것이다. 조니 미첼에서 왬!의 〈경솔한 속삭임〉을 거쳐 포인터 시스터즈의 〈중성자의 춤〉, 〈크리스티나 사과 케이크〉로 묘하게 이름이 바뀐 트라이브 콜드 퀘스트의 〈보니타 사과 엉덩이〉, 그리고 자신의 노래 〈한때 친구였던 실재〉에 이르기까지, [힙합 듀오 'P.M. 던'의 멤버였던] 프린스 비는 그 모든 것을 암시하는 방법을 분명하게 알고 있다. 심지어 줄리언 레논이 자신의 아버지 존 레논에게 바친 추모곡 〈작별 인사를 하기에는 너무 늦은〉이 인용되고 줄리언 레논의 카메오 출연도 있다.[2]

잃어버린 객체들이 바로 여기에 있다고 — 그리고 그것들은 색깔, 소리, 단어의 형상으로 바로 여기에 있다고 — 당신은 거의 믿을 뻔 한다. 마치 러시아 인형처럼 각기 서로의 안에 있다고 말이다. 뉴로맨틱한 노래들(다시 말하지만, 뉴로맨틱) 중에서 가장 진부한 스팬다우 발레의 곡은 P.M. 던의 낯선 사이키델리아 아트 속에 삽입되어 변모되었지만, 동시에 경의를 받고 있기도 하다. 그럼에도 불구하고, 그러한 미적 형상은 부재와 상실, 그리고 환상에 관한 것이다. 무언가가 사라졌고, 그것에 대한 나의 판타지도 사라졌다. 판타지를 잃는 것은 실재를 잃는 것보다 훨씬 더 어려운 것이다. 하지만 여기서 다시 한번, 후렴이 끝없이 샘플링된다 — 적어도 노래가 완성되는 영겁 같은 6분 동안에는 말이

---

2. Spandau Ballet, "True"; Wham!, "Careless Whisper"; A Tribe Called Quest, "Bonita Applebum"; The Pointer Sisters, "Neutron Dance"; P.M. Dawn, "Reality Used to be a Friend of Mine"; Julian Lennon, "Too Late for Goodbyes."

다. 당신은 부재, 망설임, 애도로 가득 찬 현재, 그 현재가 주기적으로 현전하는 순환 속에 표류하고 있다고 느낀다. 이런 측면에서 프린스 비는 윌리엄 워즈워스의 환생일지 모른다.

사물들은 거기 있는 동시에 없다. 사물이라는 것이 가사가 말하는 대로 "그렇게 흘러가는 것"이기 때문이다. 이 가사는 사물이 어떻게 기능하는지, 어떻게 실행하는지, 어떻게 이미 사라졌는지를 시사한다. 사물들은 물러났지만, 우리는 흔적, 샘플, 기억을 가지고 있다. 이 샘플들은 서로 간에 상호작용하고, 우리와 상호작용하며, 감각적인 구성configuration 공간에서 서로 교차한다. 그러나 정작 그 샘플들을 방출하는 객체들은 물러나 있다.[3] 그렇다고 해서 이는 모든 객체에 예를 들어 하위 부분 1, 2, 3이 있고, 그다음에 신비로운 하위 부분 4(물러나 있는 항목)가 있다는 뜻은 아니다. 이러한 사고는 객체가 아무튼 부분들로 산산조각이 날 수 있다고 가정한다. 물러남은 바로 지금 이 순간에 그 존재가 띠고 있는 본질적인 양상으로서, 이 객체는 다른 어떤 것이 될 수 없다는 것을 의미한다. 이 객체는 그것에 관한 나의 시, 그것의 원자 구조, 그것의 기능, 다른 사물들과의 관계 등이 될 수 없다… 물러남은 폭력적인 봉쇄가 아니다. 그리고 물러남은 어떤 공허하거나 모호한 암흑도 아니다. 물러남

---

3. "물러남"(withdrawl)이라는 용어는 하이데거의 용어 "빠져나감"(Entzug)을 그레이엄 하먼이 번역한 것이다. Graham Harman, *Tool-Being*을 보라.

은 그저 이 램프, 이 서진書鎭, 이 플라스틱 휴대용 전화기, 이 사마귀, 이 개구리, 밤하늘에 희미한 붉은 색으로 물든 이 화성, 이 막다른 골목, 이 쓰레기통이 가질 수 있는 말할 수 없는 단위성unicity일 뿐이다. 공공연한 비밀인 것이다.

이 책의 제목은 마술적 리얼리즘magic realism이라는 문학 장르에 대한 언어유희다. 20세기 후반, 가브리엘 가르시아 마르케스 같은 작가들은 마술과 역설의 요소들을 연계하는 글쓰기를 전개했다. 마술적 리얼리즘의 서사에서 인과성은 순전한 기계적 기능에서 벗어나는데, 이는 부분적으로 제국주의적 "실재"의 필연성처럼 보이는 것에 저항하기 위해서이며, 부분적으로는 말할 수 없는 것, 혹은 제국주의적 이데올로기에 따라서는 말하기가 거의 불가능한 것들이 목소리를 낼 수 있도록 하기 위해서이다. 『실재론적 마술』은 실재 자체가 인과성에 있어서 기계적이거나 선형적이지 않다고 주장한다. 사실, 인과성은 하나의 비밀스러운 사태이지만 그럼에도 드러난 것, 공공연한 비밀이다. 인과성은 신비로운 것, 그리스어 미스테리아mysteria의 원초적인 의미에서 신비로운 것이다. 이는 말할 수 없는 것이나 비밀을 의미한다. 미스테리아는 "닫다" 및 "감다"라는 의미를 가진 뮤인muein에서 유래한 중성 복수 명사이다. 따라서 신비라는 용어는 풍부하고 모호한 범위의 의미를 시사한다. 즉, 그 신비는 비밀, 밀폐된 것, 물러난 것, 말할 수 없는 것을 시사한다. 이 연구는 사물의 실재성을 말할 수 없음, 밀폐됨, 물러남, 비밀스러움과 같은 다양한 의미에서 어떤 신비와 결부된 것으로 간주한다. 이 책에서 나는 사물에 관한 본질적인 무언가를 전달하기 위해 이 용어들을 사용할 것이다. 사물은 암호화되어 있다. 그러나 표준 암호화와 객체 암호화의 차이점은 후자가 풀 수 없는 암호화라는 것이다. "자연은 숨기를 좋아한다"(헤라클레이토스).

『실재론적 마술』이라는 책의 제목은 또한 철학적 실재론, 실재적 사물이 존재한다는 착상에 관한 사고를 유발하기 위한 것이기도 하다. 논쟁의 반실재론적 진영에서 실재론은 오히려 무모함과 기묘함으로 가득 찬 보잘것없는 사태로 여겨진다. 우리는 이것이 사실과는 거리가 멀다는 점을 알게 될 것이다. 인과성에 관한 여러 이론의 문제점은 그 이론들이 신비의 핵심적인 요소를 잘라낸다는 것이다. 심지어 어떤 의미에서는 이것이 인과성 이론을 정의하는 특징이라고도 할 수 있다. 인과성 이론에서 신비의 자리는 "이해"로 대체되어야 한다는 것이 기본인 것처럼 보인다. 인과성 이론은 사물에 관해 둘러대고 사물들을 탈신비화하는 데 몰두한다. 원인과 결과의 이론은 당신에게 어떻게 마술의 속임수가 수행되었는지를 보여줄 것이다. 그런데 만약 인과성과 관련하여 결정적인 무언가가 마술의 속임수 그 자체의 수준에 있다고 한다면 어떨까?

이런 방향으로 생각하는 것은 인과성을 객체지향적으로 바라보기 시작하는 것이다. 만약 사물이 본질적으로 물러나 있고 그 사물의 지각이나 관계나 사용으로 환원될 수 없다면, 사물들은 자신들 앞에 있는 낯선 영역, 흔적과 발자국으로 된 영역, 즉 미적 차원에서만 서로에게 영향을 미칠 수 있다. 예시를 살펴보자.

P.M. 던의 노래 〈기억의 축복 속에 표류하다〉는 불편할 정도로 달콤한데, 어떤 낯선 소리가 그 달콤함을 가른다. 고음의 글로켄슈필 소리가 주기적으로 들려온다. 마치 오르골 소리처럼 소리가 순환한다. 약간 신경에 거슬리는 소리이다. 스팬다우 발레 샘플의 부드러운 흔들거림과는 대조적으로 이상하게 조율된 낯선 음이 불협화음을 낸다. 어린아이의 망가진 장난감처럼 무언가가 약간 미쳐있고, 위협적이기까지 하다. 그것이 회전하며 반짝거리자, 정동이 부재한 곳에 한 가닥의 차가운 죽음이 반짝인다. 그 소리에는 따뜻한 피가 묻어 있지 않다. 그 소리는 반복 속에 갇힌 망가진 객체, 〈달에 홀린 피에로〉의 시작 마디를 미묘하게 연상시키는 무조성 객체이다.

그 오르골 회전이 노래 전체에 숨어있는 비밀이다. 이런 순환의 과정과 공존한다는 감각, 그리고 그 과정에 갇혀 있다는 감각이 노래의 비밀이다. 슬픔은 당신의 내부 깊은 곳에 묻힌 객체의 사진이다. 종종 그것은 자신의 광자 일부를 당신의 혈류에 방출한다. 슬픔은 당신이 아닌 어떤 것의 발자국이며, 객체의 고고학적 증거이다. 프로이트는 자아가 공룡의 발자국이 새겨진 원시 진흙 석판처럼 버려진 객체-카섹시스[충당]object-cathexes의 기록이라고 말했다.[4] 그것은 유리를 부는 직공과 유리관, 규사 분말을 통해 형태가 갖추어진 유리잔과도 같다. 객체의 모든 미적 흔적, 모든 발자국은 부재absence와 함께 반짝인다. 감각적인 것은 객체의 사라짐에 대한 애가이다.

그 소리, 그 망가진 오르골의 차가움은 비인간 세계의 메아리이다. 비인간의 작은 파편이 부드러운 온기 속에 박힌 채로 소화가 되지 않는다. 마치 음반에 있는 다른 모든 소리를 지워버리면 그저 그 소리만이 남을 것만 같다. 그것은 제멋대로 들어온다. 그러나 그것은 그 어떤 것보다도 훨씬 더 섬세하고, 훨씬 더 어린아이 같고, 훨씬 더 순수하게 반짝인다.

이것은 많은 철학자에게 미적 차원이 종종 악의 영역이었던 이유를 우리에게 알려주지 않을까? 미적 차원은 환상의 장소이지만, 그것은 실재적 환상이다. 만약 당신이 확실하게 그것이 그저 환상임을 알았다면, 아무런 문제도 없었을 것이다. 그러나 자크 라캉이 말했듯 "결국, 그것이 허상인지 아닌지 모른다는 점이 허상을 구성한다."[5] 당신은 그것이 환상인지 결코 확실히 알 수 없을 것이다. "그래도 그녀가 옳았어, 난 거짓을 말할 수 없지." 그런데 프린스 비는 그 기억의 유혹에 빠질 수 있는 가능성에 더 동조한다. "눈에는 눈, 스파이에는 스파이, / 처절한 한숨과 함께 늘어나는 고무 밴드 … 난 그녀가 가여워, 정말이야."

---

4. Sigmund Freud, *The Ego and the Id*, 24. 이 점을 처음으로 나에게 제시해준 제임스 마노스에게 감사한다.

5. Jacques Lacan, *Le séminaire, Livre III*, 48.

나는 이게 진심임을 안다. "~와도 같다"like의 모호함에 강조를 주면서 말해 보자면, 실재는 환상과도 같다.

강렬하면서도 속임수 같은 미적 차원은 표현주의 그림의 불쾌한 광대들의 무리나 그 경계를 볼 수 없는 행위 예술 작품처럼 객체 앞에 떠 있다. "그건 기시감이었던 것 같아, / 아니면 뭔가를 내게 말하려는 꿈이거나… 한때 현실[실재]은 나의 친구였어"라고 말할 때 프린스 비는 이에 대한 섬세한 감각을 보여주고 있다. 웃는 불상이 너무나도 혼란을 즐기는 것만 같아 그 사진을 쳐다보기 힘들어하던 스티브에게 그것은 미칠 지경이었을 것이다. 〈모나리자〉 수수께끼가 공허를, 절대적으로 아무것도 아닌 것이나 비존재적meontic 공허, 무를 숨길 수 있듯, 불상은 진실하지 않고, 분명 어딘가 잘못된 구석이 있을 것이다. 그저 미소만이 있다. 만약, 내가 뒤에서 주장할 것처럼 오로지 객체들만이 있고 시간과 공간, 그리고 인과성이 객체들의 창발적 특성이라면 — 만약 이 모든 것이 미적 차원이라고 불리는 것 속에서 객체들 "앞에" 떠다니는 것이라면, 저 너머에 있는 것이 아니라 바로 여기 당신 앞에 있는 비시간적, 비국소적 공간에 떠 있는 것이라면 —, 그 어떤 것도 무엇이 실재적이고 무엇이 실재적이지 않은지를 범주적으로 말해 주지 않을 것이다. 객체들과 그들의 감각적인 효과들은 공간 없이, 환경 없이, 세계 없이 마치 가면무도회의 음흉한 인물들처럼 함께 모여든다.

표현주의적 사물들의 이 무리는 그들의 폐소공포증적인 내밀성을 가지고 "미적인 것의 이데올로기" 같은 어떤 것이 형성되는 것을 막는다. 이 책에서 미적인 것은 단지 객체들의 위에 발려 있는 부가적인 사탕가루가 아니며, (객체들이 존재론적으로 분리되어 있기 때문에) 객체들을 묶어주는 어떤 데이트 소개업도 아니다. 그레이엄 하먼이 최초로 설계한 철학, 객체지향 존재론 000 기획의 일환으로서, 이 책은 칸트 시대 이래로 주체와 객체 사이의 중매인으로서 이데올로기적 역할을 수행해온 미적인 것을 그 역할에서 해방한다.

『실재론적 마술』은 객체지향 존재론의 관점에서 인과성을 탐구한다. 나는 인과성이 완전히 미적 현상임을 주장할 것이다. 미적 사건은 인간들 사이의 상호작용이나 인간과 화폭 사이의 상호작용, 그리고 인간과 드라마 속 대사들 사이의 상호작용에 제한되지 않는다. 미적 사건은 톱이 새로운 합판 조각을 베어 물었을 때 일어난다. 미적 사건은 벌레가 축축한 흙에서 배어 나올 때 일어난다. 미적 사건은 거대한 객체가 중력파를 방출할 때 일어난다. 당신이 예술을 만들거나 연구할 때 당신은 기계의 표면에 발라져 있는 일종의 사탕가루를 탐구하고 있는 것이 아니다. 당신은 인과관계를 만들거나 인과성을 연구하고 있는 것이다. 미적 차원은 인과적 차원이다. 이 말은 여전히 나를 놀랍게 한다. 그리고 나는 당신이 이 책을 읽고 나서 놀라움을 멈출지 궁금하다.

이러한 접근법의 이점은 다양하지만, 아마도 가장 좋은 점은 인과성을 향한 이 접근법이 다른 이론들은 다루지 못하는 온갖 현상을 포괄할 수 있다는 것이다. 인과성에 관한 OOO 이론은 예를 들어 당구공과 광자와 나란히 그림자와 두려움, 언어와 립스틱을 다룰 수 있다.

예술이 중요한 이유는 그것이 인과성에 관한 탐구이기 때문이다. 우리가 알다시피 포스트뉴턴주의 물리학은 작은 금속공들이 단순히 서로 둔탁하게 부딪치는 것 이상을 말한다⋯ 존재자들은 (적어도 어느 정도는) 비국소적이고 비시간적인 감각적 에테르[6] 안에서 상호작용한다. 나의 논증이 그 윤곽을 그려낼 것이지만, 그것이 객체들이 모든 형태의 접근에 구애받지 않고 밀폐되어 있다는 사실에도 불구하고 서로 간에 영향을 미칠 수 있는 방식이다. 그래서 전통적인 예술비평이 세월이 흘러도 변함없는 아름다움을 말할 때, 그것은 인과관계의 본성에 관하여 상당히 심오한 것을 말하고 있는 것이지, 허황되게 보편적인 인간의 가치에 관해 말하고 있는 것이 아니다.

우리가 "그의 분노가 그로 하여금 그 짜증 나는 노인을 때리게 했다"와 같은 설득력 있는 인과적 시퀀스를 배제하고 "물리적" 인과관계에만 초점을 맞춘다고 해도, 거기에는 여전히 인과적 영역에서 드러나는 것처럼 보이는 신비로운 것들이 있다.

---

6. 이는 그레이엄 하먼의 용어이다. Graham Harman, *Guerrilla Metaphysics*, 33~44를 보라.

그리고 OOO 접근법이야말로 그러한 인과적 영역을 잘 설명할 수 있다. 미적-인과적 비국소성과 비시간성을 우주의 놀라운 특징으로 보아서는 안 된다. 양자 물리학은 물론, 전자기장과 중력파조차도 어느 정도는 비국소적이다. 지금 이 순간에도 우주의 시초부터 있던 중력파가 당신의 몸을 가로지르고 있다. 맥스웰과 전자기학의 다른 선구자들은 우주를 전자기파로 구성된 광활한 대양이라고 상상했다. 그리고 물론 진정으로 비국소적인 처리, 즉 양자역학이 있다. 전자기장의 미적 형태를 생각해 보라(새들이 눈의 작은 양자 자석을 사용하여 길을 찾는 방식 같은 것 말이다).[7] 이 수준에서 물질은 단순히 정보이기 때문에, 이론 물리학은 이미 미적인 개념 공간 안에 있다. 심지어 원자론자인 루크레티우스조차 객체에 의해 방출되는 미적 "필름"을 통해 인과성이 작용한다고 상상했다.[8] 그러나 이 책의 논증은 이론 물리학의 멋들어진 탐구보다 멀리 나아간다. 논증은 물리학자들이 연구하는 존재자에 국한되는 것이 아닌 어떤 종류의 존재자에도 적용될 수 있다.

인과성이 미적인 것이라는 주장의 한 가지 이점은 우리가 소위 사물이라고 부르는 것과 우리가 소위 의식이라고 부르는

---

7. Erik M. Gauger et al., "Sustained Quantum Coherence and Entanglement in the Avian Compass."

8. Lucretius, *On the Nature of Things*, 4.26~215. [루크레티우스, 『사물의 본성에 관하여』]; Levi Bryant, "Of the Simulacra"를 보라.

것을 함께 고려할 수 있게 해준다는 것이다. 기본적인 양자 수준의 현상에서는 항상 원격작용이 일어난다. 블랙홀을 생각하는 것은 블랙홀 근처에 있는 것보다 훨씬 안전하지만, 어떻게 된 일인지 블랙홀을 생각하는 것은 우리를 그 블랙홀과 연결한다. 버트런드 러셀은 물리적인 원격작용을 부인하고, 인과관계란 오로지 인접한 사물들 사이에 관한 것일 수 있다고 주장한다. 만약 어떤 원격작용이 있다면, 인과성을 전달하는 어떤 존재자가 개입하고 있을 것이라고 러셀은 주장한다. 그리하여 러셀은 다음과 같이 멋들어지게 표현한다.

> 인접하지 않은 두 사건 사이에 인과적 연결이 있는 경우, 각각의 사건이 다음 사건에 인접하도록, 또는 (대안적으로) 연속적인 과정이 있도록 인과의 사슬 속에 중간적 연결고리가 있어야 한다.[9]

그런데 이것은 미적 차원에 관한 우아한 정의가 아닌가? 인과관계가 미적이라면 원격작용이 언제나 일어나고 있는 것이 된다. 소위 의식이라 불리는 것은 원격작용이다. 사실, 우리는 무엇에-대한-의식이 원격작용이라고까지 말할 수 있다. 거울 뉴런과 얽힘 같은 경험론적 현상들이 이를 입증한다. 따라서 공

---

9. Bertrand Russell, *Human Knowledge*, 491.

간 "안에" 또는 시간 "안에" 소재한다는 것은 이미 관계망에 사로잡힌 것이다. 객체는 어떤 현존하는 시공간 영역을 원초적으로 "점유"하는 것이 아니다. 객체는 다른 존재자들에 의해 "공간화"되고 "시간화"된 장에 사로잡히는 것이다. 이 책이 진행되면서 점차 해명되겠지만, 최소한 물리학에서 원격작용이라고 불리는 것은 어떤 존재자의 타자에-대한-현존으로서의 감각적 성질을 말하는 것일 뿐이다.

플라톤 시대에 사람들은 원격작용을 악마적인 것이라고 불렀다. 원격작용은 현존의 물리적 영역과 비물리적 영역 사이를 매개하는 악마적인 힘의 작용이었다. 이것이 『이온』에서 소크라테스가 예술에 관해 말한 것이었다. 소크라테스는 예술이, 끈으로 엮여 있는 여러 개의 자석 중의 하나라고 비유적으로 표현한다. 영감의 여신 뮤즈부터 예술가, 작품, 행위 예술가를 거쳐 관중까지, 모두 악마적인 힘으로 연결된 자석들이다.[10] 우리는 이 악마적인 힘을 전자기라고 부르지만, 그것은 플라톤의 통찰과 놀라울 정도로 유사하다. 전자기파는 머나먼 거리에 걸쳐 정보를 전송하고, 수신기는 정보를 증폭시켜 당신이 P.M. 던의 노래를 들을 수 있도록 확성 장치의 스피커를 통해 음악을 송출한다. 생태적 알아차림의 시대에 우리는 예술을 지구 온난화, 바람, 물, 햇빛, 방사선 같은 비인간 존재자로부터 정보를 운반

---

10. Plato, *Ion*. [플라톤, 『이온/크라틸로스』.]

하는 악마적인 힘이라고 다시 생각하게 될 것이다. 대양 속 산호초 백화현상에서 대서양 중부에 있는 비닐봉지들이 빙글빙글 돌며 일으키는 소용돌이에 이르기까지 말이다.

문제는 이 모든 예술이 번역, 어떤 것에 대한 은유라는 것이다. 소크라테스가 지적하듯이 해석이라는 개념에는 심오한 모호성이 있다. 올바른 해석이란 무엇인가? 예술 작품에서 정의란 무엇인가? 소크라테스는 예술 작품이 어떤 것의 정확한 그림이 아니라고 결론 내린다. 그것은 어떤 것, 어떤 내적인 악마적 힘의 수행이다. 샌프란시스코 교향악단이 말러의 교향곡을 해석한다고 할 때, 그것은 그들이 말러 교향곡의 정확한 의미를 말해준다는 뜻이 아니다. 악단은 그저 연주[놀이]한다. 그런데 수행과 전달로서의 해석이라는 관념 내부에서 우리는 더 많은 모호성을 마주치게 된다. 즉흥성, 무에서 우러나오는 것처럼 보이는 어떤 것과 독해, 기술, 전문성 사이에는 엄청난 모호함이 있다. 데리다가 지적한 바와 같이, 즉흥성은 읽기와 쓰기가 그렇게 명료하게 구별되지 않는 일종의 독해이다. "카메라가 플라스틱 식물의 눈가림 뒤에서 칵테일 잔을 좌우로 훑어…"(〈기억의 축복 속에 표류하다〉). 어째서 깊이 모호한가? 왜냐하면 미적 차원은 모호하게 자기-모순적이고 속임수 같은 환상적 차원이기 때문이다. 이 점을 배제하는 이론은 어떤 것이라도 결점을 지닌 것이다.

당신은 한 명의 행위 예술가로서, 당신 자신을 읽어내기 시작한다. 마일스 데이비스는 다음과 같이 주장했는데 – 이 경구는 일단 마일스 데이비스의 것으로 귀속되었지만, 어쩌면 그것은 악마적인 미적 차원 주위를 떠도는 그런 종류의 경구 중의 하나일 뿐인지도 모른다 –, 자기 자신다운 소리를 내기 위해서는 오랜 시간을 연주해야 한다. 즉흥성이란 자신에게 귀를 기울이는 음악이다. 그것은 조율한다. 예술은 조율tuning이요, 기분stimmung이다. 그리고 비인간을 중대하게 알아차리게 된 시대 – 즉, 리처드 도킨스나 공화당 하원의원 같은 도구주의자들마저도 지구 온난화가 폭염을 일으킬 때 미간에 맺힌 땀을 닦아야 하는 시대 – 에서 생태적 예술은 점점 더 이런 부류의 조율에 관한 것이 될 것이다.

그것이 조율과 얽힌 문제이다. 실재적 객체가 존재하는 한 어떤 해석은 분명 다른 해석보다 낫겠지만, 그것은 옳거나 틀린 해석에 관한 문제가 아니다. 재즈에서처럼, 더 나은 솔로는 트럼펫의 금속과 곡률, 크기, 그리고 트럼펫이 뱉어내는 침에 관한 어떤 것을 드러낼 것이다. 자고로 좋은 솔로란 악기가 당신을 장악할 때이다.[11] 청중들이 대단한 솔로에게 박수를 보낼 때, 그들은 트럼펫의 내부를 만지려고 하는 것이다. 하먼이 "녹아내린 핵"[12]이라 부른 것을 방출하기 위해 인간이 이런 식으로 트럼펫을 다룰 수 있다 – 아니면 인간을 다루는 트럼펫일까? – 는 사실

11. 이러한 문제에 관해 지속적인 논의를 이어온 빌 벤즌에게 감사한다.

12. 하먼의 다음 책에서 가져온 용어이다. Graham Harman, *Prince of Networks*, 215. [그레이엄 하먼, 『네트워크의 군주』.]

은 객체 일반에 관한 어떤 것을 말해준다. 이는 결코 절대적인 작용이 아니기 때문에—어떤 솔로도 트럼펫을 소진하지 않기 때문에—, 객체에는 우리가 그 객체에 관해 생각하는 것 이상이 있다는 느낌이 언제나 남게 된다. 하나의 객체—예를 들어 우드와 류트—는 그 객체의 낯선 숨겨진 특성을 불러들이는 다양한 방식으로 주목되고 조율될 수 있다. 이런 의미에서 우드를 연주한다는 것은 현상학을 하는 것과 같다. 객체의 내적 구조에 주의하여 객체가 당신 자신을 장악할 수 있게 한다. 우드와 류트는 거칠게 말해서 같은 객체이다. 어떻게 그렇게 다른 소리를 낼 수 있을까? 어떻게 그렇게 다른 번역을 할 수 있을까? 해답은 사물이 총체적 접근에서 물러나는 방식에 있다. 그리고 이것이 [영국의 류트 음악 작곡가] 다울런드의 음악을 훌륭하게 연주하는 연주자가 정교함의 극치를 보여줄 때, [전통 팔레스타인 음악을 연주하는 음악가 그룹인] '르 트리오 요르란'이 끝내주는 우드 연주를 보여줄 수 있는 이유일 것이다. 왜냐하면 누구의 손가락이 악기의 목 위아래를 왔다 갔다 하든지 간에 거기에는 실재적 우드와 실재적 류트가 있기 때문이다.

이것은 우주 외부에서 어떤 입장을 취하는 것, 즉 어떤 완벽한 메타 입장, 완벽한 태도를 채택하는 것과는 관련이 없다. 객체지향 우주에서 그런 입장은 불가능할 뿐이며, 현대의 생태적 긴급사태 속에서 그러한 태도는 통용될 수 없을 뿐이다. 킴 스탠리 로빈슨의 소설이 너무나 고통스러울 정도로 명료하게 보여주듯이, 당신이 화성에 가는 일이 있더라도 지구의 긴급사태와 관련해서만 가게 될 것이다. 아니, 조율한다는 것은 다른 객체를 만드는 것이다. 조율함은 다른 객체의 탄생, 즉 선율, 독해, 해석의 탄생을 뜻한다. 스팬다우 발레의 음악을 들으며 옛 연인을 기억해 보는 그 시적인 랩을 생각해 보라. 모든 선율은 객체 및 객체들의 사라짐, 즉 근본적인 존재론적 비밀에 대한 얘가가 된다.

그런데 당신이 조율할 때, 실재적인 것이 일어난다. 당신은 인과성을 촉발하고 있다. 당신은 적어도 하나 이상의 실제로 현존하는 다른 존재자와의 연결고리를 설립하고 있는 것이다. 당신은 블랙홀을 그리고 있다 — 블랙홀이 바로 여기에, 그것의 소름 끼치는 불투명성이 바로 여기 그림 속에 있지만, 동시에 여기에 없다. 당신은 드립페인팅을 하고 있다. 음악 둘레에about [13] 글을 쓰는 방법이 건축물 둘레에서 춤을 추는 것과 같은 것처럼, 당신은 물감 둘레에 물감을 떨어뜨리고 있다. OOO의 관점에서 볼 때, 객체들이 서로 간에 행하는 것은 이러한 것이다. 결국, 어떤 객체도 다른 객체와 진정으로 접촉하지 못한다. 객체들은 그저 하먼이 말하는 그들의 "음표"note를 공유할 뿐이다. 인간관계 둘레의 건축물 기둥(또는 다른 무엇이 되었든) 또한 그렇다.

---

13. * "둘레에서, 둘레에, 둘레의" 등으로 번역한 about은 a[on]+by+out이 결합된 말로 "바깥에서 위에"를 의미하는 말이다.

그리고 개들은 나무 둘레의 냄새를 맡는다(오묘하게도, "둘레에"about는 "주변을 돎"around을 의미하기도 한다). 그리고 연필은 연필깎이 둘레에 연필한다. 폭풍은 그것이 불어나갈 굴뚝 둘레에 폭풍한다. 계산기는 내가 걱정하는 은행 잔고에 관해 계산기한다. 새는 딥워터 호라이즌 기름 유출 사고 둘레에서 새하며, 새의 은유로 그것 둘레에서 말한다. 기차는 번개의 섬광 둘레에서 기차한다. 선로 옆에 있는 카메라는 선로 둘레에서 카메라한다. 광자는 전자 둘레에서 광자한다. 그리고 날씨는 지구 온난화 둘레에서 날씨한다. 쓰기는 음악 둘레에서 쓴다. 마치 건축물 둘레에서 춤추는 것처럼 말이다.

그림은 언제나 인간 이상의 것으로 만들어져 있다. 그림은 물감으로 만들어져 있는데, 물감은 다시 계란 흰자위나 기름과 같이 어떤 매개체로 형성된 가루 결정이다. 이제 그림을 벽에 걸면 그림은 벽과도 관계하게 된다. 파리 한 마리가 그 위에 착륙한다. 먼지가 그 위에 쌓인다. 당신이 예술적으로 의도한 것이 무엇이 되었든 천천히 색소가 변해간다. 우리는 이 모든 비인간의 개입을 그 자체로 일종의 예술이나 설계로 생각할 수 있다. 그러고 나면 우리는 비인간도 항상 예술을 하고 있으며, 단지 우리는 그것을 예술이 아닌 인과성이라고 부를 따름이라는 것을 깨닫게 된다. 그러나 칼슘 결정들은 구석기 동굴 벽화를 덮을 때 그 결정들도 설계하고 있으며, 그림을 그리고 있다. 그렇다면 아주 간단히 말해 미적 차원은 인과적 차원이다. 이것은 다시 그 차원이 객체들 "앞에" 떠다니는 거대한 비국소적 그물망이기도 하다는 것을 의미한다(여기서 "앞에"는 물리적 앞이 아닌 존재론적 앞이다).

브리짓 라일리의 그림에서처럼, 당신은 사람들의 시신경과 시야를 가지고 작업하고 있다. 당신은 광학계가 진동하여 간섭 패턴을 생성하게끔 그것을 초래하고 있다. 당신의 그림은 장치이며, 기계이며, 인과적 효과를 일으키는 객체이다. 실재적이다. 호주의 원주민 화가인 유쿨찌 나팡가티는 바로 이런 방식으로 번득이는 장치를 만드는데, 장치는 그림 앞에 있는 당신 쪽으로 요동치며 나아가고 적절함에 관한 당신의 감각을 위협한다. 나팡가티는 1984년 오지를 떠난 9명 중 한 명이며, 지구상의 마지막 신석기 인간 중 한 명이다. 영적 세계에 말을 걸기 위한 장치, 악마적 힘이 당신을 덮칠 수 있게 하기 위한 장치, 그것이 그녀가 만드는 장치이다. 그것은 jpeg가 아니라 살 속에서 십여 개의 겹쳐진 브리짓 라일리들처럼 행동한다. 그림의 패턴이 적절하게 맞물려서 운동과 최면적인 번득임으로 된 여러 겹을 형성한다. 그것은 위협적이다. 그리고 그것은 여성들로 이루어진 작은 집단이 모래 언덕을 떠돌아다니며 여기서 의식을 하고 저기서 뿌리를 캐는 광경을 그린 그림이기도 하다. 하나의 해석이다.

객체와 비-객체 : $p \wedge \neg p$

악마적인 미적인 것과 악마적인 원인적인 것은 사고 속에서만 서로 떨어져 있을 뿐인 단일한 속삭임이다. 데카르트는 정확히 원격작용에 관해 우려하고 있었다. 아마도 그는 악마에게 조종당하고 있었을 것이다.[14] 원격작용의 가능성을 받아들이지 않는 것은 코기토에 관한 데카르트의 주장으로 이어진다. 데카르트는 속았다는 감각을 불신하며, 그 기만감을 없애버리기 위해 비모순율을 사용한다. 많은 철학자가 여기서 데카르트가 그려놓은 밝은 노선을 따라가는데, 예를 들어 사변적 실재론자 퀑탱 메이야수는 마치 레이저와도 같은 확실성을 가지고 이성과 믿음을 분리한다.[15] 이 분리는 단순히 (인간) 정신 속의 사유가 아니라 실재적 사물과 관련이 있다. 메이야수는 우주의 안정성이 마치 우주가 우연히 생겨날 수 없는 것처럼 나타나게 만든다고 주장한다(그런데 그것은 오로지 나타나는 것, 현상적인 것일 뿐이다).

그런데 물리학은 안정성의 나타남이 무작위성의 함수라고 주장한다. 무작위 패턴이 규칙적인 것처럼 보일 뿐이다. 응집은 진정한 무작위성의 특징이다. 메이야수는 그가 논박하고 있는 것처럼 무작위성이 불안정성과 동등하다는 관념을 받아들이는 것 같다. 그는 무작위성이라는 관념이 어떤 질서, 어떤

14. Rene Descartes, *Meditations and Other Metaphysical Writings*, 22~24.

15. Quentin Meillassoux, *After Finitude*, 28~49. [퀑탱 메이야수, 『유한성 이후』.]

법칙을 함의하고 있기 때문에 그 관념을 쫓아내 버리기로 한다 – 그는 사물이 일어나는 데는 아무런 이유가 없다는 것을 증명하려고 노력한다. 이는 주사위(메이야수의 예시)와 당구공(흄) 같은 기계론적인 체계의 경우에만 해당한다. 양자 얽힘이란 진정으로 무작위이다. 이는 무엇을 의미하는가? 그것은 예를 들어 반복성이 높은 일정 조건에서 광자가 일정 방향으로 극화될 개연성은 "측정"이 발생하기 전까지는 총체적으로 불확실하다는 것을 의미한다. 이것이 양자 현상이 난수를 생성하는 데 있어서 믿을 수 없이 뛰어난 이유이다.

"총체적으로 불확실하다"라는 것은 당신이 얼마나 많은 정보를 가지고 있든지 간에 당신은 광자의 상태를 예측할 수 없다는 것을 의미한다. 이는 명백하게 주사위나 당구공에는 해당하지 않는다. '총체적으로 불확실함' 은 그 자체로 불확실하다는 것이지 우리가 측정할 때 불확실하다는 것이 아니다. 총체적 불확실성에 대한 한 가지 설명은 광자가 동시에 두 개나 세 개의 다른 방향성을 가진다는 것이다. 이것은 메이야수가 근본적인 법칙(그가 위반하지 않기로 선택한 단 하나의 법칙)으로 삼은 비모순율을 위반한다. 이 위반은 무엇을 의미하는가? 이것은 당신이 우주에 "확률적 추론"을 적용할 수 있음을 의미한다. 그리고 그것은 "무의미"(메이야수)하기는커녕 놀라울 정도로 근본적인 것들이 작동하는 방식처럼 보인다.[16]

인과성에서 악마적 차원을 제거하지 않는다는 것은 무엇을 의미하는가? 나는 내 정신 속에서 그림, 진흙, 유리잔으로 결합될 뿐인 패턴, 그리고 관계와 조우하지 않는다. 그러한 사물들은 그러한 사물들 자체로서 나와 직접 조우한다. 그러나 더 정확히 말하면, 모든 존재자는 자기만의 플라톤의 동굴을 조각하면서 상호사물적 공간, 객체들 사이의 관계로 구성된 감각적 공간에 자신의 그림자를 던진다. 그것은 이 책의 서두에 인용된 제사 중 하나를 제공하는 제라드 맨리 홉킨스의 시와 같다.

물총새에 불이 붙듯, 잠자리가 불꽃을 당기듯,
둥근 우물의 테를 넘어 굴러들자 돌멩이들 울리듯,
퉁겨진 현들이 제 이야기를 하고, 매달린 종이
각기 떼밀려 흔들리면 소리 내어 제 이름을 널리 퍼뜨리듯,
모든 피조물은 한 가지 같은 일을 하나니,
제각기 내면에 거주하는 제 존재를 밖으로 내보낸다.
자아들은 스스로 움직여서, 나 자신을 말하고 쓴다.
내가 하는 것이 나이며, 그 때문에 내가 왔노라, 외치면서.[17]

이 나 자신은 기이한 차원을 가지고 있다. 자신이 진실하다며 당신을 안심시키려는 사람처럼, 우리는 객체들이 우리에게

16. 같은 책, 100. [같은 책.]
17. Gerard Manley Hopkins, *The Major Works*.

속임수를 부리고 있지 않다는 것을 정말로 믿을 수 있을까? 다시 말하지만, "결국, 그것이 허상인지 아닌지 모른다는 점이 허상을 구성한다."[18] 둔스 스코투스는 사물의 개체성haecceity, 사물의 이것임thisness에 관해 말한다.[19] 그리고 홉킨스는 이러한 이것임을 시로 번역해 낸다. 그러나 이 이것임은 외부에서 객관적으로 부여되는 것이 아니다. 그것은 내부에서부터 솟아오른다. 홉킨스 자신은 이를 명확히 한다. "내가 하는 것이 나이다"what I do is me. 그렇다. 내I와 나me의 대치가 중요하다. 재귀대명사와 비재귀적 인칭대명사 사이의 이러한 차이에서, 우리는 사물과 그것의 나타남 사이의 균열(그리스어로 코리스모스chōrismos)에 대한 고고학적 증거를 발견한다. 대균열(이제 나는 '대'를 붙일 것이다)[20]이라는 개념은 이 책에서 매우 중요하다.

홉킨스가 우리에게 제공하는 것은 생동감 있는 플라스틱으로 만들어진 밝은 색상의 디오라마가 아니라 사물들이 그들만의 고유한 형태의 "모든 크레타섬 사람은 거짓말쟁이다" 역설("이 문장은 거짓이다")을 보여주는 기묘한 무대 장치이다. 이와는 다르게 말하는 것은 사물이 무엇인지를 사전에 결정하는 것인데, 그것은 시 자체가 우리에게 강요하는, 사물을 경험하는

---

18. Lacan, *Le séminaire, Livre III*, 48.
19. John Duns Scotus, *Philosophical Writings*, 166~167.
20. * 원서에서 대문자 Rift, Nature, Matter로 표기된 단어를 한국어판에서는 소문자 rift, nature, matter 등과 구별하기 위해 앞에 '대'를 첨가하여 대균열, 대자연, 대물질로 표기한다.

방식과 모순된다. "둥근 우물의 테를 넘어 굴러들자/돌멩이들"은 우물 벽과 그 안의 깊숙한 물에 대항해서 돌멩이들이 자신에 관해 말하는 것을 우리가 듣기 전에 이미 느껴졌고 들렸다. 첫 번째 시구는 비가시적 하이픈으로 연결된 형용사(둥근-우물의-테를-넘어-굴러드는)이다. 이 형용사는 평범한 돌멩이가 물에 닿는 데 걸리는 시간만큼 읽는 데 시간이 걸린다. 정확히 잠자리가 "불꽃을 당기듯," 이 형용사는 돌멩이를 당긴다. 돌멩이는 그것의 굴러듦, 그것의 우물에-떨어짐, 그것이 우물 벽에 던져진 그 순간이 된다. 그런 다음 첨벙인다 — 그것은 돌멩이지만, 우리는 이미 그것을 비-돌멩이로 감지했다.

우리가 객체를 특정하기 위해 사용하는 모든 것은 그 객체가 아니다. 내가 여기서 우리라는 단어로 의미하는 것은 인간, 변기용 솔, 퀘이사, 듀럼밀, 그리고 문제로 삼고 있는 객체 그 자체이다. 그러므로 우리는 매우 낯선 상황에 놓였는데, 거기에는 한편으로 객체들이 있고 다른 한편으로 객체들 사이의 관계와 성질이 있다. 거기에는 코리스모스, 환원될 수 없는 간극이 있다. 성질과 관계는 거의 동일한 것인데, 왜냐하면 성질과 관계는 모두 객체와 하나 이상$^{1+n}$의 다른 사물 사이의 상호작용에서 태어나기 때문이다. 콘크리트 블록은 파리에게는 딱딱하고 차가운 것이고, 내 손가락에게는 까칠한 것, 잘 내려친 가라테 주먹에는 유약한 것이다. 그것은 중성미자에게는 비가시적인 것이다. 영도의 암흑 객체, 붉은 장막 뒤에 있을 수도 있고 없을 수도 있는 객체에 관해 생각해 보라. 그것은 엄밀히 말해 우리에 대해서 아무런 성질도 가지고 있지 않지만, 마치 암흑 객체가 우리를 가로지르는 일종의 에너지를 발산하는 것처럼, 바로 관계의 결여가 그 자체로 일종의 관계이다.

그 객체의 성질은 그 객체가 아니다. 그렇다면 객체는 객체 자신인 동시에 객체 자신이 아니다. 비모순율—이 법칙은 한 번도 제대로 증명된 적이 없는데—에 저항해서 객체는 다음과 같은 역설을 제시한다. 객체는 객체인 동시에 비-객체이다. "이 문장은 거짓이다"라고 말하는 거짓말쟁이 역설처럼, 모든 객체는 공공연한 비밀이다. 혹은 러셀의 역설처럼, 원소들의 집합은 그 자체로는 집합의 원소가 아니다.

우리는 지금 보편적이라고 추정되어온 비모순율LNC을 위반하며 자기-모순적인 사물들을 연구하면서, 그레이엄 프리스트 같은 논리학자들이 횡단했던 사유의 영역에 있다. 거짓말쟁이 역설, 러셀의 역설, 쿠르트 괴델의 불완전성 정리는 모두 비모순율이라는 법칙이 언제나 유지되지는 않을지도 모른다는 가능성을 지적한다. 예를 들어, 괴델은 모든 논리적으로 정합적인 체계에는 그 체계가 그 체계 내적으로 참이 되기 위해서, "이 문장은 증명될 수 없다"와 같은 그 체계가 증명할 수 없는 적어도 하나의 정리가 있어야만 한다는 점을 확립한다.

그러한 존재자들은 사유의 제한, 몇몇 철학자가 취약한 상태로 엄밀하게 유지하기를 원하는 그 제한—그렇지 않으면 그들은 실재의 몇몇 요소가 전혀 논리적이지 않다고 주장하는데 — 을 넓히는 것 같다. 논리를 벗어나지 않으면서 이 제한을 넘어 항해할 수 있다고 가정하자. 어떠한 종류의 논리가 필요할까? 프리스트와 제이 가필드는 "사유의 제한에 있는 모순은 일반적이고 이분적인 구조를 가지고 있다"라고 상상한다.

> 첫 번째 부분은 일정한 관점, 보통은 문제로 삼고 있는 제한의 본성에 관한 관점이 그 제한(구상, 기술 등이 될 수 없다)을 초월한다는 취지의 논증이다. 이것이 초월이다. 다른 부분은 관점이 제한의 내부에 있다는 취지의 논증이다 — 닫힘이다. 닫힘이, 제한에 관해서 이론화하는 바로 그 시점에 입증된다는 사실에 기반해 볼 때, 이 논증은 종종 관례적인 것이다. 어쨌든 그 한 쌍은 함께 어떤 구조를 기술하는데, 이 구조는 편리하게 인클로저inclosure라 부를 수 있다. 그러므로 총체성 Ω과 객체 o가 있을 때, o는 Ω 안에 있는 동시에 Ω 안에 없다.
>
> 더 면밀하게 분석하면, 인클로저가 좀 더 정교한 구조로 되어 있음을 알 수 있다. 가장 단순한 형태에 있어서 구조는 다음과 같다. 인클로저는 Ω의 어떤 적절한 부분집합에 적용해 볼 때 Ω 안에 있는 또 다른 객체 — 이 객체는 그 부분집합에 속하지는 않지만, Ω 안에 있는데 — 를 제공하는 연산자 δ와 함께 한다. 따라서, 예를 들어 만약 우리가 서수의 집합에 관해 말할 경우, δ는 집합에 속하지 않은 최소 서수를 제공하는 것으로 적용될 수

있다. 만약 우리가 생각되었던 존재자의 집합에 관해 이야기한다면, δ는 우리가 아직 생각하지 못한 존재자를 우리에게 제공할 수 있다. 제한의 모순은 δ가 총체성 Ω 자체에 적용될 때 발생한다. 왜냐하면 그 경우, δ의 적용은 Ω 내부에 있으면서 외부에 있는 객체를 제공하기 때문이다. 그것은 모든 서수보다 큰 최소 서수, 혹은 생각되지 않은 객체를 제공한다.[21]

첫 번째 단락은 OOO에 의해 분류된 현상들을 훌륭하게 기술하고 있다. 사물은 물러나며, 이 물러남은 그 사물이 그 사물에 관해 생각될 수 있는 것을 제한한다는 것을 의미한다. 얼룩말이 그 속의 원자들로 환원될 수 없으면서도 바로 그 원자들로 구성되어 있듯이, OOO의 관점에서 볼 때, 사물은 엄밀히 말해 그 자신이 아닌 다른 사물을 자신 속에 포함한다. 그러므로 객체는 프리스트와 가필드의 용어로 인클로저이다. 객체는 "닫혀있으면서도" — 얼룩말이 기린이 아니듯 —, 닫혀있지 않다 — 객체가 객체 자신이 아닌 사물을 포함하듯이 말이다. 우리가 어떤 존재자를 연구할 때, 우리는 그 존재자 안에서 적어도 하나의 사물 — 프리스트와 가필드의 델타 — 을 발견하는데, 이 사물은 그 존재자의 "안에 있는 동시에 없다." 이런 관점에서 볼 때, 어떠한 사물이 된다는 것은 모순으로 가득 차는 것이다.

---

21. Jay Garfield and Graham Priest, "Nagarjuna and the Limits of Thought," 4.

더미의 역설로 잘 알려진 모순을 생각해 보라. 무엇이 더미를 구성하는가? 모래 한 알은 더미를 구성하지 않으며, 두 알, 세 알도 더미를 구성하지 않는다. 우리가 이런 방식으로 계속하면, 우리는 더미를 구성하지 않는 만 개의 모래알을 가지게 된다. 혹은 대머리를 생각해 보라. 머리카락 한 올을 더해도 그 사람은 여전히 대머리이고, 두 올을 더하든 세 올을 더하든 마찬가지이다. 우리는 대머리를 풍성함으로 도약시키는 마법의 숫자란 없다는 것을 발견하게 된다.

이러한 역설들은 실재 세계에서 일어난다. 출입구에 서 있다고 생각해 보라. 혹자는 방 안에 있는 것인가 방 밖에 있는 것인가? 시 제목의 지위를 생각해 보라. 제목은 시의 시작인가 시의 바깥인가? 프레임을 생각해 보라. 프레임은 그림이 멈추는 곳인가 그림의 일부인가? 일인칭 서사를 생각해 보라. 이야기를 하는 서술자가 이야기가 말하는 서술자와 동일한가? 많은 경우에 작가나 이야기는 이 두 개의 나 사이의 환원될 수 없는 간극을 가지고 논다. 모든 객체는 "나 자신"을 말한다. 그러나 "나 자신"을 말할 때, 객체는 또한 "지금 이 순간 나는 거짓말을 하고 있다," "이 문장은 거짓이다"라고 말하고 있는 것이기도 하다.

찰스 다윈의 『종의 기원』은 **양진문장** — 모순, "이중-진리" — 이라는 역설을 바탕으로 하고 있다. "젠장"shizzle이라는 단어를 말한 최초의 노부인을 특정할 수 없는 것처럼, 한 종이 언제 끝나고 다른 종이 언제 시작되는지를 특정할 수는 없다.[22] 사실, 진화의 역설은 너무 끔찍해서 다윈은 당시에 이용할 수 있었던 윙크 이모티콘의 일종과 주위 환기용 인용부호를 붙였어야만 했던 것 같다 – 『"종"의 "기원" ;)』. 다윈의 저서는 종도 없고 기원도 없다는 것이 핵심이다. 그런데 우리는 매일 점균, 바이러스, 버섯은 물론 도마뱀, 키위, 양 같은 고유하게 그들 자신인 것들을 본다. 이 생명체는 다른 생명체로 만들어졌고, 그 다른 생명체는 다시 살아있지 않은 존재자로 만들어졌고, 그렇게 DNA의 수준을 거쳐 그 너머까지 내려간다. 하지만 그것들은 이 실제 점균, 막다른 골목에 개가 구토한 자국 같은 이 밝은 노란색의 작은 조각일 따름이며, 고유하고 특정할 수 있는 존재자이다.[23] 점균은 비-점균이다. 혹은 어떤 철학자가 말했듯 토끼는 비-토끼이다. 나는 이것을 토끼가 현존하지 않는다는 것이 아니라, 실재적 토끼의 본질은 물러났다는 의미로 받아들인다.[24]

객체는 비-객체이다. 나는 이 비-객체를 통해 프랑수아 라뤼엘이 말하는, 어떤 철학도 그것에 관해 말할 수 없는 – 아니, 라뤼엘에 따르면 철학은 현존하기 위해 이를 적극적으로 배제해야 한

---

22. 다윈은 어원에 관해서 같은 유비를 만든다. 방언에 관한 어떠한 연구도 단어의 첫 번째 화자를 특정할 수 없다. 왜냐하면 어떤 단어가 현존하기 위해서는 당연히 그 단어가 반복되어야 하기 때문이다. Charles Darwin, *The Origin of Species*. [찰스 로버트 다윈, 『종의 기원』.] Gillian Beer, "Introduction", *The Origin of Species*, xix.
23. 나는 개의 토사물 점균, 검댕이황색먼지(Fuligo septica)를 참고하고 있다.
24. Ray Brassier, "Behold the Non-Rabbit."

다—극단적인 내재를 의미하는 것이 아니다. 라뤼엘은 이 극단적 내재를 설명하기 위해 "비-철학"을 창안했던 것이다.[25] 객체는 비-객체이다. 그러나 그것은 객체가 "진정으로" 다른 어떤 것, 공허나 어떤 특징 없는 덩어리, 혹은 나의 반성적 과정의 찰나적 순간이기 때문이 아니라, 객체가 다른 어떤 것이 아니라는 바로 그 이유 때문이다. 둔스 스코투스의 개체성, 사물의 "나임"은 그것의 빛나는, 철조망으로 뒤덮인 동일성을 가지고 그 주변의 모든 것을 당황하게 한다. 블레이크는 모래알 하나에서 무한을 본다고 썼다.[26] 블레이크는 실질적으로 옳았으며, 이것은 아주 OOO적인 통찰이다. 그리고 그것은 어떤 추상적인 것이 모래 알갱이의 기저에 있어서가 아니라, 그가 말했듯이, 오히려 이 "극미하고 특수한" 것이 다른 어떤 것으로도 환원될 수 없기 때문이다. OOO의 관점에서, 실재는 다이아몬드 원석으로 된 가시가 촘촘히 박힌 가시덤불이 모든 각도에서 내 살을 파고드는 것—그리고 그것은 그 자체로 내 살인데—과도 같다. 자신이 OOO 우주 속에 있음을 발견하는 것은 가시가 당신을 매일매일 조금씩 파고들도록 놔두는 것이다.

그런데 잠깐, 무언가가 더 있다. 객체와 비-객체가 있다. 다르게 말하자면, 한편에는 어떤 객체가 있고, 다른 한편에는 그

25. Francois Laruelle, *Philosophies of Difference*.
26. William Blake, *Auguries of Innocence*, 1.

객체가 아닌 다른 모든 사물이 있다. 그중 어떤 것들은 그 객체가 다른 객체들과 접촉하면서 사로잡힌 관계이며, 어떤 것들은 단적으로 다른 객체이다. 예를 들어 수학적인 객체는 OOO의 관점에 따를 때 실재적 객체의 성질 및 관계와 관련이 있는 비실재적 객체이다. "숫자 2"는 두 개로 계산 가능한 몇몇 객체들의 외부에는 현존하지 않는다. 숫자 2는 두 개로 셀 수 있음을 뜻한다. 숫자 2는 두 개로 계산 가능한 것이며, 그 너머에 떠 있는 플라톤주의적 숫자 2가 아니다. 예를 들어, 계산기와 같은 몇몇 객체가 두 개로 셀 수 있는 객체를 조우했을 때 수행하는 작업을 기술함으로써 우리는 숫자 2를 기술할 수 있다.

만약 객체가 환원될 수 없이 비밀스러운 것이라면, 인과성은 숫자, 성질, 시간, 공간 등과 나란히 객체들 사이의 관계 영역 어딘가에 속해야 한다. 이는 지난 세기의 물리학과 일치한다. 아인슈타인에게 시공간은 객체의 창발적 특성이다. 객체는 중립적인 진공 속에서 떠다니는 것이 아니라 시공간의 파동과 파문을 방출한다. 시계는 지구 표면보다 지구 위 궤도에서 더 빨리 지나간다. 이러한 일치성은 인과성에 관한 객체지향 이론이 올바른 궤도에 있다는 좋은 징조이다. 그러나 이러한 일치가 반드시 필연적인 것은 아니다. 만약 어떤 점이 필연적이라면 그 필연성은 반대 방향에 있다. 요컨대 양자 이론과 상대성 이론이 유효한 물리 이론일 수 있는 것은 그것들이 객체지향적인 한에서 그렇다.

비유적으로 말해서, 인과성은 객체의 앞에 떠 있다. 인과성은 마치 표면 아래에서 윙윙거리는 회색 기계처럼 객체의 밑에 깔린 것이 아니다. 이를 다르게 표현하는 방식은 인과성이 반드시 미적 차원에 속해야 한다고 말하는 것이다. 그렇다면 미적 차원을 연구하는 것은 인과성을 연구하는 것이다. 예술을 배우는 사람들과 문학비평가들은 축배를 들어도 좋다. 실재가 하나의 구성물이기 때문이 아니라, 오히려 놀랍게도 그렇지 않기 때문이다. 실재가 정확하게 실재적이기 때문에 – 즉, 탐색하는 인간 정신을 포함하여 어떤 객체에 의해서도 접근되지 못하도록 암호화되어 있기 때문에 – 미적 차원은 놀라울 정도로 중요하다.

객체는 물러나면서 나타난다 – $p \wedge \neg p$ (p와 비not-p).[27] 그리고 객체들은 그들 자신이 아닌 존재자들을 포함할 수 있으며, 그래서 러셀의 역설적인 (그리고 러셀이 불법으로 여긴) 사물의 집합, 그 자체로는 자신의 구성원이 아닌 것을 예시한다. 자! 모든 것이 모순에서 비롯될 수 있다면 몇몇 사람에게 이는 객체가 무엇이든지 될 수 있음을 의미할지도 모른다(모순으로부터의 추론ex contradictione quodlibet, ECQ). 비모순율LNC이 옳지 않기 때문에 모순으로부터의 추론ECQ이 옳지 않다고 추론할 그럴듯한 이유가 있다.[28] 모순이 참일 수 있다는 사실이 무엇이

27. * 논리학에서 p는 proposition(명제)의 약자로 사용된다.
28. Graham Priest, *In Contradiction*, 5~6, 42, 103, 185.

든지 참일 수 있다는 것(쇄말주의)으로 반드시 이어지지는 않는다. 대머리임이 모호하다는 사실이 대머리임이 머리 위에 돋아나는 진달래로 현현할 수 있음을 함의하지는 않는다.

객체의 양진문장적 특성 — 객체는 객체 자신이자 동시에 객체 자신이 아님 — 을 환원하려는 모든 시도는 실패한다. 객체는 원자로 만들어졌다든가, 객체는 우유성으로 장식된 실체라든가, 객체는 기계의 구성요소라든가, 또는 객체는 과정의 구체화라든가 등등, 형이상학에는 사물들의 지형을 매끄럽게 하려는 그러한 시도가 널리 퍼져 있다. 일관성을 도입하려는 바로 그 시도가 더 급격한 비일관성을 만들어 내며, 객체를 바이러스와 같은 것으로 만든다. 즉, 그것은 객체를 진압하려는 시도에도 불구하고 객체를 스스로 은밀하게 향상하는 어떤 것으로 만들어버리는 것이다. 우리가 $p \wedge \neg p$로 논의를 시작한다면, 우리는 우주 외부에 있는 어떤 근원적 존재자, 모든 것을 작용하게 만드는 어떠한 시동자나 원인 없는 원인(신)을 특정할 필요가 없을 것이다. $p \wedge \neg p$에는 이미 모든 것이 스스로 작용하기 시작하기에 충분한 역학이 있다. 당신이 진정으로 무신론자가 되고자 한다면, 기계론이나 관계주의 대신에 객체지향적 관점을 채택하는 것을 고려해야 할 수도 있다.

메이야수는 비모순율의 위반을 게임에서 완전히 제외한다. 그런 다음, 그는 역설적으로 보이는 것을 상대적으로 제약된 방식으로 다루는 논리 체계, 즉 초일관 논리를 고려한다. 그런데 그로써 그는 비모순율의 위반을 다시 뒷문으로 끌어들이는 것 같다. 메이야수는 초일관성을 감시함으로써 초일관 논리의 제약을 더욱 제약한다 — 그는 이 논리가 데이터베이스나 기타 소프트웨어 존재자와만 관련이 있다고 주장한다.[29] 메이야수는 비모순율이 파훼된다면 철학이 믿음을 향한 문을 열고 사유를 억제하리라고 두려워한다. 나와 메이야수의 근본적인 차이는 내가 모순적인 존재자들이 현존한다는 입장을 취한다는 데 있다. 나는 이것이 아주 심오한 의미에서 현존이 의미하는 바라고 주장한다. 다른 말로 하자면, 거짓말쟁이 역설("이 문장은 거짓이다")과 같은 비모순율의 위반은 존재론적 영역에 있는 어떤 것에 대한 고고학적 증거로서 현존한다. 메이야수는 논리 체계와 비일관성에 관해 설득력 있게 논했지만, 일관적 체계도 불완전하다는 사실(괴델) 또한 설득력이 있다. 소프트웨어와 관련되지 않고 예를 들어 수소 원자의 행동 방식이나 파동이 전파되는 방식과 관련된 여러 초일관 이론이 있다.

사물이 거울에 보이는 것보다 가까이 있음

모든 자동차의 조수석 쪽에 달린 사이드미러에는 존재론적 통찰이 새겨져 있다 — 사물이 거울에 보이는 것보다 가까이 있

29. Meillassoux, *After Finitude*, 76~79. [메이야수, 『유한성 이후』.]

음이다. 우리가 객체를 자신의 나타남 "뒤에 있다고" 여기는 것은 문제로 삼고 있는 객체를 습관적으로 정규화하는 것에서 야기되는 일종의 원근법적 속임수 때문이다. 그 객체가 배경으로 가라앉는 것처럼 보이게 만드는 것은 내가 그 객체와 맺는 습관적인 인과관계이다. 이러한 배경은 미적 효과에 불과하며, 하나 이상1+n의 객체의 상호작용에 의해 생산된 것이다. 미적 차원은 하나 이상의 물러난 객체가 현존함을 함의한다. 다른 방식으로 말하자면, 어떤 일이든 그것이 발생하기 위해서는 그 근처에 문제로 삼고 있는 사건과는 아무런 관련이 없는 객체가 있어야 한다. 예를 들어, 내 맥북에 단어를 입력할 때 이러한 단어를 만드는 픽셀은 지금 당신이 무엇을 읽고 있든 상관하지 않는다. 정확히 그렇기 때문에 당신은 이 단어들을 읽을 수 있는 것이다(또는 적어도, 그것이 이유 중 하나가 된다).

그리고 여기서 모턴 교수의 들치기shoplifting 노하우를 공개하겠다. 언제나 카메라 앞에서 하라. 당신이 하는 일을 숨기려 하지 마라. 나는 숨어서 하려고 할 때만 잡혔다(겪어본 사람이 하는 말이다). 왜? 카메라 앞에서 하면, 화면을 누가 보고 있다고 하더라도 그 사람은 화면 속에서 벌어지고 있는 일을 믿지 못할 것이다. 천천히, 신중하게, 일부러 보안요원 앞에서 실행하라. 인과성이 객체들의 "뒤에서" 일어나고 있을 것이라는 감각은 현상학적 환상이다. 한 객체(예를 들어 나)가 특정한 객체 집합에서 다른 객체 집합으로 이행할 때, 일시적으로 그 객체는 집에-없음이 언제나 참이며, 감각적 관계는 결코 실재적 사물이 아니라는 기이한 깨달음을 거친다. 우리가 인과성이라고 부르는 것, 예를 들어 손가락이 전등 스위치를 누를 때 일어나는 일은 암호화된 객체 앞에서 발생하는 기이한 순간, 낯선 객체가 필연적이고 구조적으로 잘못된 존재적ontic 낯익음을 달성한 영역을 교란하는 순간이다. 실재의 가시 끝은 정확히 카메라 바로 앞에 있는 그대로의 시야 속에 숨어 있다.

인과성은 이미 일어나고 있다. 전등 스위치는 벽에 의지하고 벽은 그런 스위치를 지지한다. 전자electron는 전선 속을 흐르고 벽은 집의 일부분이다. 이러한 관점에서 볼 때 그것들은 모두 인과적 진술이다. 우리가 인과성이라고 부르는 것은 존재자들의 준안정적 체계가 기이하게 중단되는 것일 뿐이며, 이 인과성이 실재적인 것처럼 보이는 것은 그것이 단지 "원인"의 순간보다 더 오래 지속하기 때문이다. 그러므로 기계론적이거나 다른 형태의 "무대 뒤에서" 인과성 이론들은 이 기이한 사태를 정규화하려고 필사적으로 애쓰는 것으로 간주되어야 한다.

객체 앞을 떠다니는 기묘한 광대-같은 악마들은 온갖 속임수를 쓴다. 방사선에 관해 생각해 보라. 방사선의 단위체는 감마선과 같은 일종의 양자이다. 감마선 그 자체를 보는 것은 지극히 어렵다. 그것을 보려면 어떤 식으로든 굴절되게 만들거나 사진판과 같이 무언가를 새길 수 있는 표면에 표시해야 한다. 그렇게 감마선이 X선 사진처럼 신체를 비추면 감마선을 보게 된다. 감마선은 우리에게 조율하며 우리 자신을 감마선-중심적 패러디로 감마선화한다. 인과성이 얼마나 미적인 것인지에 관해 생각해 보고자 할 때 방사성 물질은 아주 좋은 소재가 될 수 있겠다. 양자 수준에서, 어떤 것을 본다는 것은 단지 광자나 전자로 그 어떤 것을 치는 것이며, 그러므로 어떤 방식으로든 그 어떤 것을 변화시키는 것이다. 모든 보는 행위, 모든 측정은 조정, 패러디, 번역, 해석이기도 하다. 선율과 조율이다.

이제 규모를 확대해서 플루토늄에서 나오는 핵 방사에 관해 생각해 보라. 이 존재자는 241,000년 동안 지구상에 분산되어 현존해 왔다. 이 존재자는 241,000년의 기간 동안 발생해온 감마선, 알파선, 베타선으로 새겨진 모든 사건의 총합에 불과하다. 그것은 플루토늄의 살아 숨 쉬는 역사이다. [미국] 네바다 주州의 먼지. 비키니 환초의 먼지. 비키니. 모든 유리잔-같은 실체는 핵폭탄이 터질 때 만들어진다. 폭탄이 터질 때 대기 중으로 뿜어져 나오는 소리. 지진 영향을 일으키는 충격파. 플루토늄과 우라늄의 반감기. 체르노빌에 있는 그 엄청난 양의 녹은 우라늄은 당신이 빨리 죽고 싶은 것이 아니라면 오로지 사진으로만 볼 수 있다. 우라늄에 충돌하는 광자들은 그것을 사진판이나 디지털카메라의 메모리에 기록한다. 소프트웨어가 이 이미지를 일정한 속도로 샘플링하여 당신이 현재 보고 있는 jpeg를 생성한다. jpeg는 고유한 샘플링 속도와 손실 압축으로 인해 이미지에 간극을 도입한다. 미적-인과적 사건이 우리가 보는 모든 곳에서 일어나고 있다.

처음부터 다시 시작할 시간이다. [호주] 뉴사우스웨일스 미술관에 걸려있는 유쿨찌 나팡가티의 2011년 작품 〈무제〉를 다시 한번 생각해 보라. 이 작품은 2011년 〈윈 시상식〉에서 우수작으로 선정되었다. 멀리서 보면, 갈대나 가느다란 줄기로 엮은 햇빛에 작열하는 듯한 노란 깔개가 어둡고 따뜻한 수심水深 꼭대기에 얹혀 있는 것처럼 보인다. 작게 방울진 점들로 만들어진 윤곽은 넉넉하고 편안하며, 정밀하고 세밀하면서도 나긋나긋하고 따스하다. 그 따스함은 클레를 떠올리게 한다. 선들은 브리짓 라일리를 떠올리게 한다. 가까이 다가가 이미지를 마주하기 시작하면 그림은 놀이하고, 번득이며, 시야를 흐트러뜨리기 시작한다. 라일리보다 더 강렬한 진동과 파동을 일으킨다. 이것은 호주 서부 유날라의 모래 언덕을 여행하며 의식을 행하고, 가는 곳마다 부시터커[30]를 모으는 여성들의 행렬에 관한 글이자, 지도이자, 그림이다. 그림은 고차원 위상공간이 이차원 번역으로 펼쳐지는 사건의 지도이다.

그러고 나서는 무언가가 시작된다. 이게 무슨 일인가? 당신은 당신의 시신경이 그림 속의 객체들과 얽히게 되는 "상호사물적"interobjective 공간을 보기 시작한다. 그림은 당신의 바로 앞에

---

30. * 호주 원주민, 토레스 해협 섬 주민이 섭취하는 약초, 향신료, 채소, 과일, 육류 등 호주 고유의 음식을 말한다.

서 그림을 그리기 시작하고, 당신의 눈과 캔버스 사이의 공간을 그린다. 그림과 시야가 공동으로 만들어 낸 지각의 층들이 눈앞에 있는 캔버스에서 분리되기 시작하며 더 가까이서 떠다닌다. 이러한 "더 가까이서 떠다니는" 효과는 기이함의 현상학과 연관되어 있다.

그림이 응시한다. 패턴 안의 패턴, 패턴을 넘어선 패턴, 패턴의 위에 떠 있는 패턴, 패턴의 조각들이 교차한다. 패턴의 여러 수준 사이에서 변이유발성 춤이 끊임없이 일어난다. 그림은 이 현상적인 표현을 개방하는 장치이다. 그림은 꿈틀거리며 다가와서는 모래 언덕, 여성, 의식, 부시터커, 걷기, 노래, 대사 등을 지시하며 당신에게 최면을 걸고 사로잡는다. 당신은 이미지의 정념에 목이 졸린다고 느낀다. 팔에 난 모든 털이 솟아오르고 그림은 자신의 전자기장 속에서 당신을 사로잡는다. 그림이 꿈을 꾸고, 인과성이 시작된다.

이는 무엇을 의미하는가? 나는 나팡가티의 그림을 일정 공간을 가로질러 접근하지 않는다. 이미지는 주체에 의해 의미를 부여받기를 기다리는 말 없는 객체가 아니며, 텅 빈 화면도 아니며, 공간 "안에" 객관적으로 현재하는 것도 아니다. 오히려 그림은 전자기파와 같은 어떤 것을 방출한다. 그 힘의 장에서 나는 나 자신을 발견한다. 그림은 이미 존재하는 상황을 강력하게 입증한다. 공간과 시간은 객체의 창발적 특성이다. 칸트에게 "공간은 감성적 직관의 순수한 형식이다" — 객체가 직관되기 위해서 사전에 주어져야 하는 어떤 것이다.[31] 뉴턴에 의지하며 칸트는 공간이 일종의 상자라고 생각한다. 그러나 이 책에서는 공간이 객체들에 의해 방출된다.

이 사실이 상대성 이론과 현상학에서 공통적이라는 것을 고려하면, 이 점을 진지하게 고려해야 할 것이다. 아마도 마찬가지로 주목할 만한 사실은 상대성 이론과 현상학이 20세기 초 대략 같은 시기에 생겨났다는 사실이다. 아인슈타인이, 시공간이 객체가 뒤틀리고 물결치는 중력장이라는 것을 발견한 것처럼, 후설은 의식이 단순히 관념이 그 안에서 떠다니는 텅 빈 투명한 매개체가 아니라는 것을 발견했다. 현상학에서 드러난 의식은 모네의 〈수련이 있는 연못〉 그림의 흔들리는 물 – 이 그림의 진정한 주제는 물이다 – 처럼, 그 자체로 밀도가 높고 물결치는 존재자다.

객체의 미적 형상은 객체의 인과적 특성이 거주하는 장소이다. 물리적 인과관계에 관한 이론들은 종종 단단한 물체의 둔탁한 부딪침이나 맞부딪침으로 인과성을 환원하면서 미적 현상을 감시하고자 한다.[32] 그림자는 단순히 미적 존재자, 효과 없는 엉터리 유령이 아니다. 플라톤은 그림자가 위험하다고 생각했는데, 그림자가 인과적 영향력을 행사한다는 바로 그 이유 때

31. Martin Heidegger, *What Is a Thing?*, 198~199.
32. Phil Dowe, *Physical Causation*, 17, 25, 59, 63~64.

문이다.[33] 내 그림자가 감광 다이오드와 교차하면 야간 조명이 켜진다. 위에서 기술한 바와 같이, 양자가 측정되었을 때, 이는 다른 양자가 그 양자와 교차하고, 그 양자를 변화시키고, 그 양자의 위치나 운동량을 변화시켰다는 것을 의미한다.[34] 미학, 지각, 인과성은 모두 사실상 동의어이다.

우리가 객체들이 서로 미적 영향을 끼친다는 점을 받아들인다면, 감광 다이오드가 내 그림자를 감지할 때 감광 다이오드는 모든 의미에서 지각을 하는 것이라고 말할 수 있다(아이스타네스타이aisthanesthai, 그리스어로 "지각함"을 의미한다). 내가 다른 사람의 시선에 포착되었을 때, 나는 이미 인과적 영향의 대상이 된 것이다. 인과성은 이미 확립된 공간 "안에서" 발생하지 않는다. 대신, 인과성은 객체로부터 방사된다. 그 시선은 나팡가티 그림의 힘의 장에서 방출된다. 그것은 지그재그 선들과 진동하는 조각들의 불편하고 환영 같은 펼쳐짐 속으로 나를 끌어당긴다.

현상학적으로 텅 빈 공간 같은 것은 없다. 공간은 파동, 입자, 자성적 유혹, 야한 곡률, 위협적인 웃음들로 바글거린다. 모든 외적 영향으로부터 고립되어 있을 때도, 객체들은 낯선 생명을 가지고 호흡하는 것처럼 보인다. 30미크론의 작은 금속 소리

---

33. Plato, *The Republic*, 317~324 (514a~520a). [플라톤, 『국가』.]
34. David Bohm, *Quantum Theory*, 99~115.

굽쇠는 진공상태에 놓여있다. 외부 관찰자의 맨눈으로 볼 때 그것은 호흡하고 있다. 그것은 동시에 두 장소를 점하고 있는 것처럼 보인다.[35] 객체와 그것의 미적 나타남 사이, 객체 자체 내부에 이미 대균열이 있다. 인과성은 사물들이 그 안으로 들어가는 어떤 신고식이나 자유 선택 흥정처럼 객체들 사이에서 일어나는 것이 아니다. 인과성은 단일한 객체 그 자체에서, 그 객체의 본질과 나타남 사이에 있는 코리스모스에서 끊임없이 쏟아져 나온다. 블루 노트[36]가 조화와 부조화 사이에서 정교하게, 격하게, 불가능하게 소리를 내는 것처럼, 코리스모스는 문제로 삼고 있는 객체를 "표현"하면서 "표현"하지 않는 "블루 노트"를 발생시킨다.[37] 객체는 실재라는 지저분한 칵테일 라운지에서 블루스를 노래하는 팜므 파탈이다.

그러므로 객체는 자기 자신인 동시에 자기 자신이 아니다. ("한 마리 오리 사이에 놓인 차이는 무엇인가? 오리의 다리 한쪽은 둘 다 똑같다.") 만약 그렇지 않다면, 그 어떤 일도 일어나지 못할 것이다. 객체 자신에게마저 적용되는 객체의 기이함은

---

35. Aaron O'Connell et al., "Quantum Ground State and Single Phonon Control of a Mechanical Ground Resonator."

36. * 장음계에서 제3음과 7음을 반음 낮춰 연주하는 재즈 및 블루스의 독특한 음계.

37. 여기서 본질 대 나타남의 다면적 의의를 보여주는 레비 브라이언트의 "파란 머그잔" 유희에 경의를 표하는 것이 적절할 것이다. Levi R. Bryant, *The Democracy of Objects*, 87~94. [레비 R. 브라이언트, 『객체들의 민주주의』.]

그 객체가 떠다니고, 호흡하고, 진동하고, 위협하고, 유혹하고, 회전하고, 울고, 오르가슴을 일으키게 한다. 객체는 자기 자신이면서 자기 자신이 아니기 때문에, 객체를 기술하는 논리는 초일관적이거나 심지어는 완전히 양진문장적이어야 한다. 즉, 논리는 몇몇 모순이 참이라는 점을 수용할 수 있어야 한다.[38] 만약 사고가 엄격한 일관성을 고수한다면, 객체는 객체 자신뿐만 아니라 사고에도 위험하다. 객체가 양진문장적일 수 있다는 것을 사고가 받아들이지 않는다면, 사고는 주체와 객체, 실체와 우유성의 이원론을 재생산할 위험을 짊어지게 되며, 이러한 이원론은 가장 기본적인 존재론적 결단을 설명하지 못한다 – 사물이 스스로 그러한 것으로서 객관적으로 현재한다는 주장 말이다. 사물은 철학적으로 구축된 새장, 기계론 또는 어떤 종류의 관념성에 갇히게 되고, 모든 것은 (인간) 주체에 속한 것으로 전환되며 딜레마는 거짓되게 해결된다. 게다가 사고 자체가 취약한 것이 된다. 메타언어가 더 엄격할수록, 점점 더 치명적인 모순에 노출된다.[39] 사고는 코리스모스로부터 배워야 하고, 버드나무처럼 휘어져야 한다. "급류가 지나가는 곳에 서 있는 나무를 보십시오. 사나운 물결에 자신을 굽히는 나무들은 무사하지만, 거기에 거스르는 나무는 뿌리고 가지고 할 것 없이 모두

38. Priest, *In Contradiction*, 9~27.
39. 같은 책, 17~23.

송두리째 뽑혀 버린답니다."[40]

그렇다면 현상학은 사물이 자신의 존재 자체에 설정하는 위협에 마주하는 본질적인 인지적 과제이다. 그것이 없다면 사고는 마르틴 하이데거가 "경화함"sclerotic이라 부르는 전통적인 철학화 방법을 돌파할 수 없다.[41] 현상학이 등장한 이래로, 우리는 철학화 활동의 상당 지분이 사물들에 대한 추상적인 기술이나 냉정한 설명에 있는 것이 아니라 사물들의 위협적인 내밀성에 대한 지적 방어에 있을 따름이라고 결론지을 수밖에 없게 되었다. 게다가 감광 다이오드와 인간이 그림자를 조우했을 때 일어나는 일들 사이에는 거의 차이가 없기 때문에, 우리는 이상한 종류의 비인간 현상학, 혹은 이언 보고스트가 말했듯이 에일리언 현상학이 있다고 결론지을 수밖에 없다.[42]

독자는 현상학적 접근법에 순환적이고 반복적인 양식이 필요하다는 것을 알게 될 것이다. 반복적 양식은 여기서는 조금 더 자세히, 저기서는 조금 더 힘을 주며 사물을 반복해서 탐구한다. 그것은 손에 들고 있는 신기한 모양의 돌을 손안에서 계속 돌리는 것과도 같다. 현상학의 일반적인 범위를 벗어나서, 여기에는 타당한 이유가 있다. 우선, 객체를 생각하는 것은 사고

---

40. Haimon, in *Antigone*. [소포클레스, 『안티고네』.]
41. Martin Heidegger, *Being and Time*, 20. [마르틴 하이데거, 『존재와 시간』.]
42. Ian Bogost, *Alien Phenomenology or, What It's Like to Be a Thing*, 1~34. [이언 보고스트, 『에일리언 현상학, 혹은 사물의 경험은 어떠한 것인가』.]

가 생각할 수 있는 가장 어렵지만 그럼에도 가장 필요한 일 중 하나이다 — 하먼이 OOO에 관한 첫 번째 개요에서 말했듯, 어떤 것을 주장하기 위한 가능성의 가능성의 근거들의 근거들로 후퇴하는 것이 아니라, 그 객체에 가까이 다가가려고 노력하는 것이 핵심이다.[43] 난점은 한편으로는 객체 그 자체의 본성에, 그리고 다른 한편으로는 사고가 사로잡힌 2000년 속의 500년 속의 200년의 순환에 놓여 있다. 또한, OOO 관점은 세계적으로 새로운 것이기 때문에, 그리고 대리적 인과관계 이론이 OOO의 가장 반직관적인 측면이기 때문에 — 그러나 내가 확립하고자 하는 대로라면, 이 이론이야말로 OOO의 가장 만족스러운 측면 중 하나일 것이다 —, 이 서론에 뒤따르는 1장에서는 책 전체의 범위를 정하기 위한 토대를 마련하기 위해 이미 등장했던 주제 중 일부를 더 자세히 다시 다루어야만 한다. 그러므로 나는 2장, 3장, 4장의 상세한 윤곽은 1장의 말미에서 다룰 것이다. 1장의 말미에서 다룰 때 더 이해되기 쉬울 것이기 때문이다. 에일리언 현상학으로 넘어가기 전에, 1장에서는 미적 차원이 인과적 차원인 이유에 관해 다시 한번 고찰하겠다.

43. Graham Harman, "Object-Oriented Philosophy," 95.

1장

환상과 같이

콘크리트 블록의 신비
대균열
주체라고 불리는 객체
기이한 인과성
상호사물성의 심연
둔탁한 부딪침 없는 인과관계
허상의 문제
실체의 역사
객체는 위선자이다
현상의 놀이

놀랍게도, 화성에 남아있는
바이킹 1호 착륙선은
스미스소니언 항공 우주 박물관의
중요한 일부로 여겨진다.

앤 게리슨 다린 · 베스 라우라 오리어리 엮음,
『우주 공학, 고고학, 그리고 유산에 관한 핸드북』

2011년, 사이드 아메드는 예술가 뱅크시의 그림 〈분홍색 가면을 쓴 고릴라〉에 덧칠을 하였다. 『가디언』지가 분명히 밝혔듯이, 새로운 이슬람 문화회관의 벽은 "그라피티로 뒤덮여 있었다." 온라인 뱅크시 포럼은 재빨리 이 덧칠을 "최고의 반달리즘"이라고 비난했다.[1] 그라피티는 글쓰기의 회화적이고 도식적인 성질과 함께 그것의 물리적 특성을 명확히 보여준다.

이제 우리는 여기서 멈춰서 우리 자신이 데리다주의적 작업을 했다고 생각할 수 있다.[2] 혹은 상위 예술과 하위 예술의 관계를 성찰해 보며 문화 연구의 진부한 풍습 속에서 생각할 수도 있다. 아메드는 자신을 변호하며 다음과 같이 말한다. "나는 〔그 작품이〕 가치가 없다고 생각했다. 그게 가치 있는 건지 몰랐다. 그래서 덧칠을 했다."

그러나 조금 더 멀리 나아가보자. 그라피티와 관련된 여러 흥미로운 점 중 하나는 그것이 장식하기, 초래하기, 영향 미치기를 아우른다는 것이다. 놀랍게도, 사이드가 뱅크시의 그림을 지운 것은 그라피티 자체에 대항하는 반달리즘으로 이해될 수 있다. 무언가가 지워졌다는 것은 다른 객체에 의해 그것이 영향을 받았다는 것이다. 어째서인가? 객체에는 심오한 모호성이 있기 때

---

1. Stephen Bates, "Banksy's Gorilla in a Pink Mask Is Painted Over." Bobby George, [과거 링크는 http://dreamduke.tumblr.com/post/7657062564/bansky]를 보라.
2. 특히, Jacques Derrida, *The Truth in Painting*을 보라.

문이다. 이 모호성은 정확히 객체의 존재와 객체의 나타남 사이에 있는 대균열(그리스어로 코리스모스)이다. 몇몇 철학적인 견해에 따르면 이는 나타남이 조금 사악한 기운을 지니게 되는 결과를 초래한다. 왜냐하면 당신은 결코 확신할 수 없기 때문이다. 가면극에서나 쓸 법한 가면, 혹은 론 레인저의 가면을 쓴 듯한 〈분홍색 가면을 쓴 고릴라〉 그림이 많은 수준에서 모호하다고 말하는 것은 아주 적절하다. 고릴라 같은 인간이 분홍색 가면을 쓰고 있는 것인가? 고릴라는 수컷인가 암컷인가? 분홍색은 여성의 색인가? 그 그림은 예술인가? 혹은 반달리즘인가? 우리가 마지막 두 질문을 던질 수 있는 이유는 예술이 언제나 이미 반달리즘이기 때문이다. 그렇다면 반달리즘은 무엇인가? 어째서 인과성은….

『실재론적 마술』은 〈분홍색 가면을 쓴 고릴라〉와 그것의 백지화의 운명에 담긴 수수께끼에 관한 확장된 성찰로서 읽을 수 있다. 예술을 연구하고 창작하는 이유는 무엇인가? 그것은 인과성을 탐구하는 일이기 때문이다. 그렇다면 『실재론적 마술』의 부가적 특징은 예술과 그것에 관한 연구를 세계라는 사태의 중심에 배치하는 것이다. 나의 논증은 통상적인 반공리주의적 논증과는 반대라는 점에 주목하라. 이 통상의 반공리주의적 논증은 예술적인 것이 실재와 인간 사이의 상관관계를 만드는 한에서만 의미가 있다고 주장한다. 오늘날 그런 논증이 난무하고 있는데, 그것들은 문제를 자초하고 있을 뿐이다. "우리는 우주가 입자들로 된 기계일 뿐이라는 점을 아주 잘 알고 있지만, 우리는 그런 우주를 어떻게든 우리에게 의미 있게 만들어야만 한다"든가, "우리는 하찮은 존재이지만 예술은 우리 인간에게 아주 중요하다"든가, "쓸모없는 것은 다른 어떤 방식에서는 정말로 유용하다"든가, 미적인 것을 이런 식으로 정당화하는 많은 변종이 있다. 그러한 변종들은 모두 막막한 어둠 속에서 뭐라도 뽑아내려고 하는 것일 뿐이다. 이와는 대조적으로, 이 책에서 나는 그런 어둠은 없다고 주장할 것이다. 모든 곳에 미적인 것이 있으며, 기계론적 관점 또는 제거주의적 유물론의 관점은 정확히 온갖 미적 효과 중의 하나일 따름임에도 그것이 실재인 것처럼 받아들여지고 있을 뿐이다. 그러한 관점은 부당하게 다른 관점들보다 더 실재적인 것으로 받아들여지고는 하는데, 마치 둔탁하게 부딪치는 소리나 휙휙대는 소리가 다른 소리보다 더 실재적이라고 말하는 것만 같다. 어떻게 한 미적 효과가 다른 미적 효과보다 더 실재적일 수 있겠는가? 이와는 다른 주장을 하는 것은 자신의 주장을 과학주의라는 분장으로 꾸민다고 하더라도 일종의 신화에 빠지는 것이다. (하이데거와 데리다는 철학이 '모든 사물은 x이다. 그러나 어떤 것들은 다른 것들보다 더 x이다'라고 말할 때, 그것은 존재신론이라고 말한다.)

콘크리트 블록의 신비

자! 그럼 작업을 시작해 보자. 객체지향 존재론이 전하는 소식을 부드럽게 전하는 방법은 없으므로, 우리는 반드시 거칠고 영리한 형태로 시작해야 한다. 다음 단락을 시작하는 명제는 경험 속에서 나에게 주어진 것이다. 이러한 이유 하나만으로 그 명제를 믿기는 힘들다. 왜냐하면, 시의 열렬한 독자로서 나는 온갖 진술을 불신하는 경향이 있기 때문이다. 그러나 이 책을 읽어나가면서 당신은 다음의 진술이 다른 진술로 대체될 수도 없고, 시작을 알릴 다른 방법도 없음을 알게 될 것이다. 당신은 이 책을 끝까지 읽어내는 한에서, 그 명제의 놀랍고, 낯설고, 총체적으로 비소여적인 성질을 발견하게 될 것이다.

거기에 객체들이 있다. 시나몬, 전자레인지, 성간 입자, 허수아비는 모두 객체이다. 객체 밑에는 아무것도 없다. 혹은 차라리 객체 밑에는 무조차 없다고 말해야겠다. 객체로부터 독립적인 공간이란 없다(다행히도 이는 현대 물리학이 동의하는 바이기도 하다). 우주라고 불리는 것은 그 안에 블랙홀과 경주용 비둘기 같은 객체들을 포함하는 거대한 객체이다. 마찬가지로 환경 같은 것은 없다. 우리가 환경이라는 것을 찾을 때마다, 우리가 찾게 되는 것은 생물 군계, 생태계, 생울타리, 내장과 인간 육신 같은 온갖 객체이다. 유사한 의미에서 대자연이라는 것은 없다. 나는 펭귄, 플루토늄, 오염, 꽃가루를 본 적은 있다. 그러나 나는 대자연을 본 적은 없다(나는 자연이라는 단어에 그것의 기만적인 인공성의 감각을 강조하기 위해 '대'를 붙였다).

마찬가지로, 물질 같은 것은 없다. 흩어지는 확산 안개상자의 사진, 파속을 그린 그림, 자석 주위에 펼쳐져 있는 쇠줄밥 등 나는 수많은 존재자를 보아왔다(이 책은 이것들을 객체라고 부른다). 그러나 나는 물질을 본 적은 없다. 그러므로 [〈스타 트렉〉의 등장인물] 스팍이 "형상 없는 물질"을 발견했다고 주장했을 때, 같은 주장을 하는 헨리 레이콕과 마찬가지로 그는 슬프게도 착각을 범한 것이 된다.[3] 이제 당신은 재활용 플라스틱병으로 만들어진 봉투를 살 수 있다. 그러나 객체는 플라스틱병에서 봉투로 모습을 옮겨가는 프로테우스처럼 끈적한 생성의 기질substrate로 구성되어 있지 않다. 먼저 플라스틱병이 있고, 그 다음에 봉투의 생산이 병을 끝낸다. 이제 플라스틱병의 존재는 단지 나타남, 봉투의 기억, 사고일 뿐이다 — "이 봉투는 플라스틱병으로 만들어졌다."

이 책은 물질 없는 실재론에 관한 것이다. 현대 물리학에서 물질은 단순히 정보의 상태이다. 이는 아주 정확한 할당인데, 정보는 필연적으로 ~에-대한-정보information-for이기 때문이다(어떤 수신처에 대한 정보이다). 물질은 그 자체로 있기 위해서 적어도 하나의 다른 존재자를 요구한다. 물질은 "~에-대한-재료"이다.

3. John T. Dugan, *Star Trek*, "Return to Tomorrow," 1968년 2월 9일 처음 방영되었다; Henry Laycock, "Some Questions of Ontology." Arda Denkel, *Object and Property*, 188~194 참조.

작업은 가죽옷, 실, 못, 그리고 여타 비슷한 사물들에 의존한다. 가죽옷 자체는 짐승의 가죽으로부터 생산된다. 이 가죽은 다른 요인에 의해 길러지고 사육되는 동물들로부터 채취된 것이다.[4]

마찬가지로 대자연도 "유용한 사물의 사용 속에서 발견된다."[5] 여기서 사용이라는 개념은 인간뿐만 아니라 꽃과 벌집을 넘나드는 벌, 땅을 파는 막대기를 쥔 침팬지, 축축한 지면의 점균에도 적용될 수 있다. 이것은 인간이 어떻게 말 없는 사물에 의미를 부여하느냐에 관한 논증이 아니다. 그것은 인간이 물질과 대자연이라고 부르는 것이 다른 어떤 것에 비해 존재론적으로 이차적이라는 사실에 관한 논증이다. 일종의 과거 일별一瞥이 물질의 재료적 지위와 대자연의 자연적 지위를 수여한다. 이 과거를 흘낏 뒤돌아봄은 반드시 인지하는 존재자가 과거를 뒤돌아보는 행위에 관한 것은 아니며, 오히려 달성된 업적을 뒤돌아보는 것에 관한 것이다. 열쇠는 자물쇠를 돌린다. ― "아, 그게 열쇠의 용도였구나." 그렇다면 물질 "뒤" 또는 "너머"에 어떤 것이 있음이 틀림없다. ― 그리고 객체지향 존재론OOO은 이에 관해서 다음과 같은 용어를 제시한다. 간단히 말

4. Heidegger, *Being and Time*, 66. [하이데거, 『존재와 시간』.]
5. 같은 곳. [같은 곳.]

해서, 물질 뒤에 있는 것은 객체이다.

물질을 기본적인 기체로 사용하기보다, 나는 실재론적이지만 유물론적이지 않은 우주의 그림을 그릴 것이다. 내가 보기에 실재적 객체는 다른 실재적 객체 내부에 현존한다. "공간"과 "환경"은 객체들이 자신의 근처에 있는 다른 객체들과 감각적으로 관계하는 방법이다. 이 다른 객체들은 객체들이 그 안에서 자신을 발견하는 더 거대한 객체들을 포함한다. 때때로 인간은 이러한 감각적 관계들을 대자연이라고 불렀다. 그리하여 우리는 온갖 난점, 그리고 솔직히 말해서 이데올로기적 혼란과 맞닥뜨려 왔다. 달팽이는 아마도 대자연일 것이다. 그런데 조리된 달팽이는 그렇지 않은가? 만화 속 달팽이는 어떤가? 방사능에 노출된 달팽이는 어떤가?

공간 그 자체나 환경 그 자체라는 것은 없다. 객체가 있을 뿐이다. 게다가 이러한 객체들의 연쇄에 정상top 객체란 없다. 어떤 존재자도 나머지 존재자들의 위에 군림하지 못한다. 나머지 존재자들보다 우월하거나 강력하며 그들 모두를 지배하는 존재신론적 객체는 없다. 이것은 놀라워 보일 수 있지만, 그 이유는 상당히 간단하다. 객체와 분리된 공간이 없다면, 정상 객체는 다음 중 하나를 함의한다. (1) 이 객체는 다른 모든 객체와 달라서 다른 모든 객체를 위한 "공간"이거나, (2) 이 객체는 어떤 종류의 "공간"에 떠다니거나 그 내부에 앉아있다 — 이 관점에 따르면 이 객체는 또다시 다른 객체의 내부에 있을 따름이다. 물리학자가 우주를 그 자체로 단일한 존재자로 생각하려고 할 때, 물리학자는 곧 이 문제의 가장자리에 부딪히게 된다. 그래서 일부 물리학자는 거품으로 된 다중우주를 제안했다. 이 다중우주에서 우리의 우주는 여러 우주 중 하나일 뿐인데, 그것은 문제를 한 단계 더 전진시킨다. 그렇다면 이 거품은 어디에서 왔으며, 어디에 놓여 있다는 것인가? 어쩌면 대답은 뜨겁게 데워진 신의 욕조일 것이다. OOO에서는 이 주장의 함의 – 잠재적으로 무한한 퇴행 – 가 존재신론적인 정상 객체를 주장하는 것보다는 더 그럴듯한 것으로 받아들여진다.

대체로 같은 이유에서, 다른 모든 것보다 더 실재적이면서 그것들을 아래에서 지원하는 미시적인 존재자, 기저bottom 객체가 없다는 것도 명백하다. 객체는 접근으로부터 물러나 있다. 이는 그 객체의 부분이 그 객체에 접근할 수 없다는 것을 의미한다. 객체의 부분이 그 객체를 완전히 표현할 수 없는 한, 객체는 객체 자신의 부분으로 환원될 수 없다. OOO는 반환원주의적이다. 그런데 OOO는 반전체론적이기도 하다. 객체는 자신의 "전체"로도 환원될 수 없다. 전체는 부분의 합보다 크지 않다. 그렇게 우리는 객체가 그것의 부분이나 전체로 환원될 수 없는 이상한 비환원주의적인 상황에 놓이게 된다.[6] 산호초는 산호, 물

6. 비환원이라는 용어는 브뤼노 라투르에게서 가져온 것이다. Bruno Latour, *The Pasteurization of France*, 191, 212~238.

고기, 해초, 플랑크톤 등으로 이루어져 있다. 그러나 이 중 어느 것도 그 자체로는 산호초의 부분을 구현하지 않는다. 산호초는 그저 이 특수한 부분들의 회집체일 뿐이다. 주차장에서 산호초를 찾을 수는 없다. 이런 식으로 산호초의 생동하는 실재성은 그것의 부분과 전체로부터 안전하게 지켜진다. 게다가 산호초는 주차장으로 착각되지 않도록 안전하게 지켜진다. 객체는 작은 레고 벽돌들로, 이를 테면 다른 사물에 재활용될 수 있는 원자와 같은 것으로 환원될 수 없다. 그렇다고 객체는 전체적global 과정의 예시로서 위를 향해 환원될 수도 없다. 산호초는 생물권의, 혹은 진화의 한 표현이다. 그렇다. 하지만 이 문장도 그렇다. 그리고 우리는 산호초와 문장을 구별할 수 있어야 한다.

선행하는 사실들이라는 주제는 아래로-환원하기undermining라는 주제에 속한다. 객체를 아래로-환원하려는 어떤 시도 — 사고 속에서, 혹은 총을 가지고, 혹은 입자 가속기로, 혹은 열이나 세월의 풍파를 가지고 — 도 그 객체의 암호화된 본질에 도달하지 못한다. 여기서 본질은 본질주의에서 말하는 것과는 매우 다른 것을 의미한다. 이는 본질주의에서 말하는 본질이 OOO가 객체의 단순한 나타남, 어떤 객체에 대한-나타남이라고 주장하는 객체의 어떤 양상에 의존하기 때문이다. 이렇게 객체를 그것의 나타남으로 환원하는 것은 객체의 나타남이 그 객체 자신에 대한 것인 경우에도 그대로 유지된다! 심지어 산호초도 자신의 본질적인 산호초성을 포착할 수 없다. 본질주의에서 피상적인 나타남은 어떤 사물이나 혹은 사물 일반의 본질로 받아들여진다. 페미니즘, 반인종차별주의, 퀴어 이론이 필요한 수단을 동원해서 이런 종류의 본질을 공격하는 것은 정당하다.

본질주의를 고려해 보면, OOO를 벗어나는 다른 방식을 식별할 수 있다. 이는 하먼이 위로-환원하기overmining라 부른 것이다.[7] 위로 환원하는 사람은 어떤 것이 다른 것보다 더 실재적이라는 결정을 내린다. 예를 들어 위로 환원하는 사람은 인간의 지각이 다른 것보다 더 실재적인 것이라는 결정을 내린다. 그런 다음, 다른 것이 더 실재적인 존재자의 시야에 어떻게든 들어올 때 실재성의 지위를 보장받는다는 결정을 내린다. 이런 관점에서는, 내가 광자를 측정할 때만, 그리고 내가 산호초를 볼 때만, 일종의 "상향적 환원" 속에서 광자와 산호초는 스스로 그러한 것이 된다. 그러나 내가 광자를 측정할 때, 나는 결코 현실적 광자를 측정하지 않는다. 실제로, 양자의 규모에서 무언가를 측정한다는 것은 "광자 또는 전자선(혹은 다른 것)으로 친다"라는 것을 의미하기 때문에, 측정·지각(아이스테시스)·행위는 같은 것이 된다. 내가 "보는" 것은 굴절, 안개상자 속의 자취 또는 간섭 패턴이다. 정신이 왕으로 군림하는 순수한 환상의 세계를 약속하기는커녕, 양자 이론은 그것의 객체가 완전한 포착에 비환원

---

7. Graham Harman, *The Quadruple Object*, 7~18. [그레이엄 하먼, 『쿼드러플 오브젝트』.]

적으로 저항한다고 생각하는 진정으로 엄밀한 최초의 실재론 중의 하나이다.[8]

지금까지 우리는 객체를 더 큰 객체에 의해 삼켜지고 더 작은 객체로 산산조각이 나는 것 — 아래로-환원하기 — 으로부터 지켜왔다. 그리고 지금까지 우리는 객체를 어떤 수반적supervenient 존재자들의 단순한 기투나 반성 — 위로-환원하기 — 으로부터 지켜왔다. 이것은 객체에 상당한 정도의 자율성을 부여하는 것처럼 보인다. 물고기에서부터 단일한 산호 생명체를 거쳐 작은 플랑크톤에 이르기까지, 산호초 속의 모든 것은 자율적이다. 그러나 이것은 산호초 자신도 마찬가지이다. 미세한 폴립들의 공동체인 산호의 머리들도 마찬가지이다. 그리고 각각의 개체적 머리도 그렇다. 각각의 객체는 다른 객체로의 잠재적으로 무한한 퇴행을 포함한다는 점에서 라이프니츠의 모나드와도 같다. 그리고 수많은 다중우주 이론이 오늘날 주장하고 있는 것처럼, 각각의 객체 주위에는 다른 객체로의 잠재적으로 무한한 진행이 있다. 그러나 무한성, 가산 불가능성은 라이프니츠보다 급진적인데, 왜냐하면 하나의 산호초가 산호들의 사회라고 할 수 있

---

8. 이곳은 양자 이론에 관해 논쟁할 자리가 아니지만, 나는 양자 또한 측정될 때만 실재하고 측정하기 전까지는 말할 수 없는 세계를 지지하지 않는다고 주장했다. 이 세계는 닐스 보어가 제시하고 드 브로이와 봄(지금은 우주론자 발렌티니 등)이 도전해 온 지배적인 표준 모델이다. Timothy Morton, "Here Comes Everything"[이 논문은 이 책 『실재론적 마술』의 부록에 수록되어 있다]을 보라.

는 것처럼, 객체의 집합이 하나의 객체가 되는 것을 막을 수는 없기 때문이다. 각각의 객체는 "교활하게 만들어진 작은 세계이다"(존 던).[9]

객체의 현존은 환원될 수 없이 공존의 문제이다. 객체는 다른 객체를 포함하고, 다른 객체 "안에" 포함된다. 그렇지만 일단, 객체의 자율성이 미치는 파급에 관해 더 자세히 살펴보자. 우리는 이 (부분 연구에 기반한) 부분전체론적 접근법이 사물의 놀라운 자율성의 오직 일부만을 보여준다는 점을 발견하게 될 것이다.

다음 논의로 넘어가기 전에 부분전체론에 관해 지적해야 할 점이 더 있다. 다시 말하지만, 객체가 아래로-환원되거나 위로-환원될 수 없는 한, 이는 엄격하게 기저bottom 객체도 없다는 것을 의미한다. 다른 모든 객체가 환원될 수 있는 객체, 그래서 그 기저 객체의 행동을 기반으로 다른 모든 객체들에 관해 말하고 싶은 모든 것을 말할 수 있는 어떠한 기저 객체는 없다. 우리가 그렇게 할 수 있다는 생각의 한 예로 들 수 있는 것은 에드워드 오즈번 윌슨의 통섭 이론이다.[10] 마찬가지로, 모든 사물이 그로부터 생산될 수 있는 객체는 없다. 정상top 객체란 없는 것이다. 객체는 어떤 원초적 일자나 시동자에게서 방출된 것이 아

9. John Donne, *Holy Sonnets* 15.

10. Edward O. Wilson, *Consilience*. [에드워드 윌슨, 『통섭』.]

니다. 신이나 신들이 있을 수는 있다. OOO는 아리스토텔레스의 사원인 중 적어도 하나(형상인)로 되돌아가고자 하지만, 다른 한 원인(목적인, 텔로스)은 실추시키고자 한다. 만약 정상 객체나 기저 객체가 없다면, 거기에는 목적인도 없을 따름이다. 만약 누군가가 목적인의 의미를 "실제로 궁극적"이라는 것에서 "목표-같은" 것으로 수정한다면 목적인은 어떤 특별함을 잃을 것이다. "목표-같은" 행동은 어떤 다른 존재자에 대한 "목표-같은" 것일 뿐이며, 사물의 심층적인 특성이 아니다. 신이 있다고 가정해 보자. OOO 우주에서는 이 신조차도 산호 조각의 본질적인 내부와 외부를 알지 못할 것이다. 몇몇 무신론의 형태와도 달리, 신의 현존(혹은 비현존)은 OOO에서 별로 중요하지 않다. 진정으로 무신론자가 되고자 하는 사람에게 OOO는 시험해 볼 가치가 있다. 신은 관련이 없다. 신은 현존할 수도 있고 현존하지 않을 수도 있다. 어느 쪽이든 문제가 되지 않는다. 몇몇 불교도와 함께, 우리는 이러한 입장을 유신론과 구별할 뿐만 아니라 여전히 유신론의 게임 규칙 안에 자리 잡고 있는 무신론과도 구별하면서 비신론non-theism이라고 부를 수 있을 것이다.

어째서인가? 환원주의와 제거주의적 유물론은 자신의 유신론적 그림자와 영원히 투쟁할 운명에 갇혀 있다. 기계론은 텔로스라는 "뜨거운 감자"를 실재를 통틀어 분산시킨다. 한 존재자에서 다른 존재자로 끝없이 전달하면서 계란 접시 위의 해시브라운처럼 가능한 한 많은 존재자의 카펫 아래로 밀어 넣는다.[11]

기계론은 언제나 ~에-대한-기계론이다. 숟가락은 삶은 달걀 한 조각을 잡기holding 위한 기계이다. 잡기는 숟가락과 같은 것들을 잡는 손의 기계론이다. 손은 잡고, 쓰고, 그리고 셀 수 없이 많은 일을 하기 위한 기계이다. 손은 뼈들로 만들어져 있는데, 이 뼈들은 다시 무언가를 위한 기계이다. 그러므로 지적 설계 신학은 기계론적 생물학에 드리운 영원한 그림자이다. 유일한 차이는 지적 설계가 목적론에 관해서 명시적이라는 것이다. 거기에는 설계자가 있다. 이와는 대조적으로, 기계론적 생물학은 자신의 목적론적 충동에 대해 정직하지 말아야 할 의무를 지고 있다.

과학주의는 근대성에서 발현한 어떤 불안의 증상이다. 텔로스나 기저 객체 및 정상 객체를 생각하는 그 불안은 민주주의, 철학, 그리고 소비자 자본주의의 출현에 의해 야기된 근대성의 위대한 발견, 즉 무無에 대한 저항에서 오는 불안이다. 민주주의에는 최상의 존재자가 없고, 그래서 왕도 황제도 없다. 당신과 나 사이에는 불편하지만 이상적인 평등이 있다. 근대 철학에서 형이상학적인 소여는 없다. 그리고 자본주의에서 나는 이 두 개의 다른 샴푸 중에서 하나를 고를 수 있는 소위 '자유선택권'을 가지고 있으며, 그리고 내 공장은 샴푸를 만들 수도 있지만

---

11. 하먼은 관계주의 이론이 객체를 포함-배제하는 방식을 설명하기 위해 뜨거운 감자라는 용어를 사용한다. Harman, *Guerrilla Metaphysics*, 82.

핵폭탄 작동장치를 만들 수도 있다.

칸트 이래로, 근대 철학은 어디에서나 배어 나오는 것 같은 무를 어디에 위치시킬 것인가에 몰두해 왔다. 칸트는 실재와 (인간에게) 알려진 것 사이에 벌어진 간극에 무를 위치시켰다. 헤겔에게 무는 극복해야만 하는 관성적인 공백이다. OOO는 [헤겔의] 이러한 움직임을 칸트로부터 퇴보한 것으로 간주하고 이롭지 않다고 생각한다. 객체지향 존재론자에게 무는 텅 빈 공허가 아니며 단순히 (인간적) 앎과 실재적인 것 사이의 간극도 아니다. 그것은 절대적oukontic 무라기보다는 신학자 폴 틸리히가 비존재적meontic 무라고 부르는 것이다.[12] 이 비존재적 무야말로 하이데거가 끊임없이 말하고자 하는 것이다.

절대적 무가 아닌 무가 있다. 그리고 이 무는 삶은 달걀의 껍데기에 있는 무수한 균열처럼 사물에 만연한다. 사물이 물러나 있는 한, 사물은 우리가 그 사물에 관해 알거나 말할 수 있는 것, 또는 다른 사물이 그 사물에 관해 알거나 말할 수 있는 것을 초과하며 우리를 교란한다. 이 초과는 절대적 무가 아니며, 우리가 손가락으로 가리킬 수 없는 비존재적 무이다. 만약 우리가 그것을 가리킬 수 있다면, 그것은 바로 거기에 있을 것이고, 우리는 그것을 알 것이다. 그러나 사물의 물러남은 그것의 표면이나 깊이 어느 곳에도 소재시킬 수 없다. 나는 분필이 무엇인

---

12. Paul Tillich, *Systematic Theology 1*, 188. [폴 틸리히, 『폴 틸리히 조직신학 1』.]

지 알기 위해 분필 한 조각을 부러뜨린다. 이제 나는 이전에는 하나의 문제였던 것이 두 가지 문제가 되는 상황에 놓이게 된다.[13] 나타나는 그 어떤 것보다도 공허가 더 실재적이라고 주장하는 허무주의는, 어쩌면 이렇게 더 많은 불안을 유발하는 무를 절대적 무로 뒤덮는 방법일 것이다. 즉, 허무주의는 근대성의 핵심적 발견에 대한 방어이다. 허무주의는 주머니 속의 공간을 포함해서 주머니의 모든 것을 비우고 싶어 한다 — 사물의 비일관성을 없애버리기 위해서 주머니 자체에서 무를 뽑아낼 수 있다는 듯이 말이다. 아무것에도 "믿음을 가지지 않는 것"은 무에 대한 방어이며 현전의 형이상학이다. 그것은 모든 현전에 대한 정교한 아래로-환원하기로 위장하고 있다.

그러나 근대 사상이 헤엄치는 심해가 거대하고 반짝이는 산호초를 감추고 있듯이, OOO 우주는 허무주의 "밑"에서 발견될 것이다. 니체와 하이데거는 허무주의를 가로질러서 그것을 철저하게 극복하는 것이 중요하다고 강하게 주장했지만, 둘 다 반짝이는 산호초를 탐지하지는 못했다. OOO는 적어도 인간이 정의하기 어려운 깊이에서 생각한다. 하이데거가 시적 언어를 통해 사물을 머뭇거리며 일별할 수 있다고 직관했던 것처럼, OOO가 말할 수 있는 많은 것은 유비나 비유를 통해 이루어져야 한다. 칸트 이후로 스콜라 철학자들에 의해 착수되고 또 착수되

13. Heidegger, *What Is a Thing?*, 19~20.

었던 사실의 형이상학적 섬은 사라져버렸다. 칸트와 헤겔의 뒤를 이어 후설이 연구한 현상학적인 물고기의 떼 — 사고, 희망, 사랑, 증오, 의도 — 아래에서는 하이데거의 유보트[14]가 무의 불안하고 어두운 물살을 가로질러 미끄러지듯 나아간다. 그러나 하이데거의 수중 음파 탐지기는 사물들의 우주 속에서 인간중심주의적 경고음을 탐지해올 뿐이었다. OOO는 반짝이는 산호초가 발견되는 깊이를 헤아리기 위해 하이데거주의적 유보트에서 파견된 잠수구 같은 것이다. 여정의 끝에서, 산호초는 사실 대양 아래에 있지 않다는 점이 밝혀질 것이다. 어둠과 물고기, 그리고 형이상학적인 사실들로 이루어진 떠다니는 섬을 포함한 대양 전체는 산호초 속에 있는 사물 중 하나의 기투일 뿐이다 — 인간 존재자의 기투이다. 칸트는 실재가 선험적 종합판단의 (인간적) 행위와 상관관계를 맺고 있다고 주장하였는데, OOO는 칸트의 코페르니쿠스적 전환이라고 추정된 것 속에서 일으키는 코페르니쿠스적 전환이라고 할 수 있다. 칸트가 발견한 실재 속의 균열 — 예를 들어, 셀 줄은 알아도 숫자 자체가 무엇인지는 직접적으로 설명할 수는 없는 것 — 은 폴립[산호류 같은 원통형 해양 고착 생물]과 대양저 사이의 균열, 혹은 폴립과 폴립 자체 사이의 균열같이 수조 개를 넘는 균열 사이에 있는 (인간) 정신적인 균열일 뿐이다.

---

14. * 1차 세계대전 및 2차 세계대전에서 독일군이 운용한 잠수함.

계속해서 비신론적인 OOO 우주의 좌표를 탐색해 보자. 만약 정상 객체와 기저 객체가 없다면, 중간 객체도 없는 것이 된다. 그렇다면 "그 안에서" 객체가 떠다니는 공간과 시간이라는 것은 없다. 객체들과 구별되는 환경이란 없다. 대자연이란 없다. 만약 세계라는 것이 사물들을 연결하는 일종의 "동아줄"을 의미한다면, 세계란 없다.[15] 그러한 모든 연결은 객체 자체의 창발적 특성이어야 한다. 그리고 이 점은 물론 포스트아인슈타인 물리학과도 일치하는데, 물리학에 따르면 시공간은 단지 객체들의 산물일 뿐이며, 심지어는 예를 들어 10^{-17}센티미터보다 더 큰 일정한 규모를 가진 객체의 산물일 것이다.[16] 객체는 시공간적 상자 안에 앉아 있지 않다. 오히려 그 반대이다. 공간과 시간은 객체로부터 방출된다.

반복하자면, 만약 정상, 기저, 혹은 중간 객체가 없다면, 객체 안의 객체로의 무한한 퇴행과 객체를 둘러싼 객체라는 무한한 진행의 가능성이 있게 된다. OOO가 볼 때, 이러한 가능성은 정상 객체나 기저 객체가 있다는 개념보다 덜 불만스러운 것이다. 그러므로 우리는 시간과 공간에 관해 우리가 상식적으로 취하는 이론들을 아주 진지하게 수정해야만 한다. 최소한 상대성 이론의 수준까지는 시공간에 관한 상식을 갱신해야 한다. 객

---

15. Heidegger, *What Is a Thing?*, 243.
16. Albert Einstein, *Relativity* [알버트 아인슈타인, 『상대성 이론』]; Petr Horava, "Quantum Gravity at a Lifshitz Point."

체의 부분전체론적 특성은 놀랍다. 레비 브라이언트가 주장하듯, 부분이 전체보다 크다.[17] 객체는 유명한 BBC 텔레비전 시리즈 〈닥터 후〉에 나오는 [우주선이자 타임머신인] 타디스와 같은 것이다. 타디스는 시간과 공간을 오가며 형태를 바꾸는 닥터 후의 공예품이다. 타디스는 외부보다 내부가 더 크다. 이러한 놀라운 직관은 OOO가 상관주의, 환원주의, 전체주의를 일거에 벗어나는 방법의 하나일 뿐이다. 이 직관은 당신의 선호에 따라 다음과 같이 표현될 수 있다. 그것은 칸트주의적 숭고에 속하는 하나의 특징 — 내적 공간은 외적 공간보다 크다 — 이 모든 존재자로 확장됨을 의미한다. 이는 객체가 자신이 아닌 사물을 포함할 수 있음을 의미한다 — 게오르크 칸토어에 의해 발견되었지만, 러셀과 취약한 메타언어의 논리학자들에 의해 불법화된 집합론이 그 예시다. 칸트주의적 숭고는 칸트가 발견한 무를 탐지하는 미적 방법, 즉 (인간적) 실재에 널리 스며든 "미지=X"를 탐지하는 미적 방법이다.[18] 내가 방금 시사했듯, 이는 무가 가진 다채로움 중 하나에 불과하며, 균열로 가득 찬 우주 속 균열 하나에 불과하다.

다시 한번 반복하자. 일정 부류의 신과 같이 다른 모든 것에

---

17. Bryant, *The Democracy of Objects*, 73~77, 152, 그리고 특히 208~227. [브라이언트, 『객체들의 민주주의』.]
18. Immanuel Kant, *Critique of Pure Reason*, 51. [임마누엘 칸트, 『순수이성비판 1, 2』.]

의미와 실재성을 부여하는 "정상 객체"는 있을 수 없다. 그리고 다른 모든 것이 그로부터 파생하는 어떤 근본적인 입자나 에테르 같은 "기저 객체"는 있을 수 없다. 마찬가지로, 다른 객체가 그 안에서 떠다니는 에테르, 매개체, 또는 "중간 객체"는 있을 수 없다. 이러한 매개체에는 수년간 다양한 용어와 설명이 주어져 왔는데, 둘러쌈periechon, 세계, 환경, 뉴턴주의적 시공간, 대자연, 에테르, 분위기, 주변 유체를 예시로 들 수 있다.[19] 이룰 수 없는 꿈의 표준 모델, 힉스장조차도 일련의 행동 집합을 보완하는 증상처럼 다른 아원자적 입자에 의미를 부여하여 그것의 정합성을 아래로-환원하고 고유한 부조리를 저버리는 존재신론적 "중간 객체"의 예시일 수 있다.[20]

어떻게 이런 일이 벌어지는가? OOO는 객체 자체 속에서 설명을 찾아낸다. 실제로 이상적인 설명은 단 하나의 객체에 의존할 것인데, 이는 오늘날 삶의 많은 영역에서 상호연결성이 표준적 문제가 된 세계에서는 다소 건방지게 느껴지는 사실일 것이다. 이러한 뻔뻔함에 대해서는 아주 좋은 이유가 있다. 만약 우리가 실재를 단 한 가지로 설명할 수 없다면 우리는 객체가 기능하기 위해서 다른 존재자를 요구하는 시나리오에 갇히게 되며, 그리고 이것은 OOO가 배제하는 일종의 아래로-환원하기

19. Leo Spitzer, "Milieu and Ambiance."

20. 나는 물리학자 스티븐 호킹과 바실 힐리 모두 힉스가 존재하지 않는다에 내기를 걸었다는 점에 주목한다.

나 위로-환원하기로 이어질 것이다. 우리는 시간과 공간, 심지어 인과성까지 갖추는 데 필요한 모든 연료가 한 객체의 "내부"에 있다는 것을 알게 될 것이다.

그렇다면 화면에 빽빽하게 박혀 있는 표현주의자의 그림 속 주름진 얼굴들처럼, 실재의 구석구석을 채우는 실재, 밀실 공포증마저 느끼게 만드는 이 객체들은 무엇인가? 우리는 무엇을 기반으로 정상, 중간, 기저 객체가 없고, 객체의 내부가 외부보다 크며, 시간과 공간을 생성한다고 결정할 수 있는가? 이를 설명하기 위해 구체적인 예시를 고려해야겠다. 콘크리트[구체적] concrete라는 영어 단어에 빗대어서, 콘크리트로 만든 것을 예시로 사용해 보자.

콘크리트 블록cinder block을 생각해 보라. 회색에 평범한 것일수록 좋다. (영국 영어에서 이는 브리즈 블록이고, 호주 영어에서는 베셀 블록이다.) 나비가 블록 위에 내려앉는다. 날개가 뻣뻣한 외관을 스치면서, 나비는 나비의 눈을 가지고 블록을 본다. 나는 콘크리트 블록의 날카롭고 까칠까칠한 표면을 더듬으며 느낀다. 내 손은 블록에 대한 손-양식적 인상과 조우하며, 거친 질감과 대비를 이루는 약간 까칠한 부드러움을 탐색한다. 건축가는 콘크리트 블록의 단면을 보여주는 분해도를 만든다. 그러나 콘크리트 블록의 단면은 콘크리트 블록이 아니다. 콘크리트 블록에 대한 손가락의 인상은 콘크리트 블록이 아니다. 콘크리트 블록에 닿은 나비의 촉감은 콘크리트 블록이 아니다.

이제 그 콘크리트 블록이 어떤 이유에서인지 정신과 기본적인 감각 기관, 아마도 코와 입, 그리고 〈머핏 쇼〉의 말하는 야채가 가진 조잡한 동그란 눈 한 쌍을 가지고 있다고 상상해 보라. 그 블록은 혀를 내밀어 시원하고 거칠고 오돌토돌한 자신의 단단함을 핥는다. 그것은 콘크리트 블록 그 자체를 알고 있는 것이 되는가? 그것은 자신의 입을 가지고 자기 자신을 맛보고 있다. 그러나 콘크리트 블록의 맛은 콘크리트 블록이 아니다. 콘크리트 블록이 텔레파시 능력을 발달시켰다고 상상해 보라. 단 한 순간에 블록은 자신의 블록성 전체를 알게 된다. 그러나 텔레파시적 교감의 한 순간에 콘크리트 블록을 아는 것은 놀랍게도 — 60초 후에 계속 — 콘크리트 블록이 아니다!

어쩌면 문제는 블록을 어떤 정적인 덩어리가 아니라 하나의 과정으로 보아야 한다는 것일지도 모른다. 오늘날 많은 사람은 일반적으로, 경직된 것처럼 보이는 블록보다는 과정을 매력적으로 느낄 것이다. 포틀랜드 시멘트와 모래로부터 블록이 형성되는 방식, 블록이 건축에 사용되는 방식, 블록을 생산한 사회경제적 조건 등을 포함한다면, 아마 더 많은 것을 알 수 있을 것이다. 그러나 블록을 이런 방식으로 보면, 나는 정확히 같은 문제에 봉착하게 된다. 내가 수행한 것은 객체라는 용어를 과정이라는 용어로 대체한 것일 뿐이다. 자! 그러나 내가 보기에 과정은 원본 블록과 같은 문제를 지니고 있다. 과정을 어떤 다른 형태 — 논의, 책, 그림, 일련의 측정 — 로 번역하지 않고, 어떻게 내가 이 과정 자체를 이해할 수 있을까? 객체라는 용어를 과정이라는 용어로 변경하는 것은 단지 미적 오묘함의 문제일 뿐이다. 콘크리트 블록 그 자체든 과정 그 자체든, 우리는 여전히 그러한 단위체를 온전히 포착하는 문제에 직면해 있다.[21] 만약 우리가 사물이 본질적으로 자기-일관적이라고 생각한다면 – "정적인" 것 역시 현대의 취향에 따르면 미적인 결함인데, 이 점에 관해서는 여전히 논란의 여지가 있다 – 우리는 변화와 운동을 생각할 수 있는 일종의 과정 철학(베르그손, 화이트헤드, 들뢰즈)으로 우리의 관점을 보완해야 할 필요성을 느낄 것이다. 그러므로 우리는 존재신론적 속임수를 쓰게 된다. 우리는 자의적으로 어떤 것(과정, 흐름)이 다른 것(객체)보다 더 실재적이라는 결단을 내린다. 3장에서 과정이라는 개념을 더 심도 있게 재고할 것이다. 지금으로서는 이대로 놔두어야겠다.

어쩌면 문제는 3차원 공간에 현존하면서 동시에 시간적인 차원에서 현존하는 객체를 이해하려고 노력하는 우리가 3차원 존재자라는 것일 수도 있다.[22] 내가 다른 차원을 기술description 속에 추가하면, 나는 실재적 콘크리트 블록을 "보게" 될 수도 있다. 한번 시도해 보자. 이 접근법은 꽤 여러 문제를 해결한다. 예를 들어, 블록이 공간적인 부분을 가지고 구성되는 것처럼 뚜렷

---

21. 이언 보고스트는 객체가 단위체라고 생각한다. Ian Bogost, *Unit Operations*.
22. Mark Heller, *The Ontology of Physical Objects*, 1~29.

한 시간적 부분을 가지고 구성되어 있음을 볼 수 있다고 해 보자. 이는 블록의 존속성에 관한 문제를 심대하게 희석시킨다. 즉, 내가 몇 분 전에 본 블록과 같은 블록을 보고 있는지, 아니면 작년에 본 블록과 같은 블록을 보고 있는지의 문제를 희석시킨다. 작년의 블록이 객체의 시간적 부분이듯, 몇 분 전의 블록도 객체의 시간적 부분이다. 만약 내가 4차원적으로 볼 수 있다면, 나는 그 블록이 어떻게 만들어지고 어떻게 사용되는지를 묘사하는 온갖 가지와 촉수로 이루어진 관tube-같은 구조로서 블록을 볼 수 있으리라 생각한다. 나는 콘크리트 타설물이 관의 한쪽 끝 주형에 쏟아지고, 다른 한쪽 끝에서는 블록이 먼지로 해체되는 것을 볼 것이다.

그러나 우리는 존속성에 관련된 중대한 문제와 함께 남겨지게 된다. 블록의 시간적 경계, 즉 블록의 시작과 끝을 구분하는 것은 무엇인가? 시간적 부분들 사이의 경계를 구성하는 것은 무엇인가? 이러한 관점이 투박하게 옳다고 상상해 보자. 만약 그렇다면 우주는 어떻게 보이는가? 우주 전체가 이제 단일한 덩어리의 어떤 것이 되며, 시공간에 걸쳐 수조 개의 문어 다리처럼 분산되어 있다. 블록은 이 촉수로 된 덩어리의 한 영역이지만, 그러나 블록과 비-블록을 구분하는 성공적인 방법이 부재하기에 우리는 데카르트주의적 연장이 제멋대로 퍼져가는 것을 지켜보게 된다. 우리는 블록의 특정성을 모두 잃게 되는 대가로 과거와 미래, 그리고 현재를 하나의 시퀀스로 볼 수 있게 된다. 이러한 관점을 극단적으로 밀고 나가면 콘크리트 블록, 산, 나무, 인간이란 없는 것이 되는데, 이는 그 관점이 처리하기에는 객체가 너무 비일관적이기 때문이다.[23]

그러나 그것은 사실 그렇게 큰 문제가 아니다. 진정한 문제는 블록의 어떤 시간적 블록-부분도 그 블록 자체가 아니라는 것이다! 지난주의 블록에서 다음 주의 블록까지는 단지 세계-관적world-tubular 블록의 한 부분에 불과하다.[24] 일관성을 도입하려는 바로 그 시도가 악몽을 낳았다. 우리가 블록을 4차원 물질의 "조각"으로서 연구하면 할수록, 우리는 점점 더 블록을 블록으로서 볼 수 없게 된다. 우리는 더 이상 블록을 다루는 것이 아닌 상대성 이론에서 세계관world tube이라 불리는 것을 다루게 되며, 이 세계관은 다양한 부분으로 분할되는 보편적 연장 덩어리의 단순한 덩굴손이다.[25] 이러한 방법은 블록을 알아가는 좋은 방법이 아닌 것처럼 보인다. 그러므로 만약 어떤 4차원 존재자가 있다고 하더라도, 나는 그것이 온전한 블록을 알 가능성은 유감스럽게도 우리처럼 희박할 것이라고 생각한다.

모리스 메를로-퐁티가 옳았을지도 모른다.[26] 모든 가능한

---

23. 같은 책, 75.
24. 이는 헬러 자신의 입장에 대해 참이다. Heller, *The Ontology of Physical Objects*, 47~49, 68~109.
25. David Bohm, *The Special Theory of Relativity*, 159~174, 175~176.
26. Maurice Merleau-Ponty, *Phenomenology of Perception*, 67~69. [모리스 메를로 퐁티, 『지각의 현상학』.]

각도에서 블록의 모든 가능한 구성을 볼 수 있다면, 어쩌면 나는 블록을 블록으로서 알 수 있을 것이다. 아마도 콘크리트 블록의 궁극적인 분해도를 사용할 수 있을 것이다. 리처드 스캐리가 저술한 엄청난 아동도서 『콘크리트 블록은 온종일 무엇을 할까』의 신적 형태를 상상해 보라. 이 놀라운 책은 블록의 모든 양상에 관한 도표를 포함하고 있다. 이를 읽는 것이 즐겁든 그렇지 않든, 이 책은 그 자체로는 콘크리트 블록이 아니다.

그러므로 어쩌면 우리는 가여운 블록에 대해 좀 더 엄격해져야 할지도 모른다. 만약 내가 어떻게든 블록의 모든 입자와 구멍에 접근할 수 있다면, 만약 내가 블록의 모든 입자를 증발시키고 나서 그것을 원래 상태로 되돌릴 수 있다면, 혹은 물로 적신 다음 햇빛을 쐬게 하고, 끓여서 마멀레이드로 만들 수 있다면, 내가 상상할 수 있는 모든 것을 할 수 있다면, 그것이 무엇인지 알 수 있지 않을까? 미친 천재에 의해 만들어진 놀라운 기계를 상상해 보라. 이 기계는 그림이나 도표가 아닌 블록 자체의 실제 구성으로서 콘크리트 블록의 가능한 모든 양상을 볼 수 있게 해준다. 내가 그 기계를 사용해 본다. 기계는 블록에 모든 것을 수행한다.

기계가 작업하는 동안 나는 즐겁게 미소를 띠며 앉아 있다. 그때 한 조각의 생각이 나에게 잔소리를 하기 시작한다. 기계를 사용하면서 나는 청소노동자와 블록 사이에서 일어난 단 한 번의 우연한 조우를 자동으로 배제했다. 기계의 성공적인 작동을 축하하는 파티가 끝난 후 청소노동자가 담배꽁초와 플라스틱 컵을 치우다가 부주의하게 왼쪽 엄지발가락을 블록의 한쪽 구석에 찧었고, 방금 발생한 존재론적 대 격변에 주의를 기울이지 않는 채로 몸부림쳤다. 콘크리트 블록과의 모든 가능한 조우가 단 한 번 일어난 조우를 배제한다. 블록에 대한 "모든" 경험은 "모두-아님"not-all으로 환원된다.[27] 어째서인가? 왜냐하면 기계의 수십억 번의 조우도, 청소노동자에게 고유한 발가락 부딪힘 사고도, 블록이 아니기 때문이다! 이유는 이렇다. 거기에 실재적 블록이 있기 때문이다. 블록 전체를 볼 수 있는 아무 곳도 아닌 곳에서 보는 관점이란 없으며, 영원의 상 아래sub specie aeternitatis란 없다.[28]

이런 의미에서는, 심지어 신(만약 현존한다면)조차 콘크리트 블록에 관한 부분적인 관점을 가질 뿐이다. 한때 모든 것을 하고 싶다고 말하던 친구가 있었다. "살인"이 그 늦은 사춘기적 목록에서 다소 높은 순위에 있었던 것으로 기억한다. 나는 답했다. 모든 것을 할 수 있다고 하자. 그렇다면 그것은 단지 어떤 것만을 함을 배제하지 않겠는가? 만약 당신이 모든 것을 할 수 있다면, 당신은 무언가를 하지 않음의 경험을 결코 하지 못할

---

27. 이것은 라캉주의적 모두-아님 집합이다. Bryant, *The Democracy of Objects*, 250, 253, 255~257 [브라이언트, 『객체들의 민주주의』]를 보라.
28. 이것은 스피노자의 문구이다. Spinoza, *Ethics*, 174. [베네딕투스 데 스피노자, 『에티카』, 조현진 옮김, 책세상, 2019.]

것이다. 모든 것을 알며 편재하는 신이 현존한다면, 신은 따분한 교외 지역을 둘러싼 몇몇 경로에 관한 가장 빈약하고 부분적인 지식을 부러워할 것이다.[29]

내가 약술한 세 가지 접근법은 어떤 중대한 가족적인 유사성을 지니고 있다. 주된 유사성은 객체에 대한 그림에서 비일관성을 해소하려는 시도이다. 이 책을 통틀어 나는 비일관성을 해소하려는 모든 시도는 어떤 방식으로든 실패에 도달하게 된다고 주장할 것이다. 이에 관한 설명을 제공하자면, 객체 자체가 비일관적일 따름이다. 지금은 일단 약간의 다리미질을 계속하면서 어떻게 되는지 보자.

어쩌면 내가 잘못된 접근법을 택한 것일 수도 있다. 어쩌면 내가 너무 잔인했는지도 모른다. 나는 자연을 알기 위해 자연을 파괴하는 베이컨주의적 가학 성애자처럼 사고해 왔는지도 모른다. 그냥 여기 앉아서 인내심을 가지고 기다리면 실재적 블록이

---

29. 이것은 객체가 다른 지각자들에 의해 다른 방식으로 지각된다고 말하는 단순한 회의적 경험주의보다 훨씬 더 특이하다. 그것은 또한 지각이 현존이라고 말하는 관념론과도 현저하게 다르다. 거기에는 정말로 객체가 있고 그것에 대한 나의 경험은 단지 "같은 것에 대한 다른 해석"이 아니다. 객체와의 관계는 완전히 고유한 영역을 구성한다. 이것은 다른 감각적 존재자가 다른 종류의 실재에 거주한다는 불교의 관념을 새롭게 만든다. 그것은 에세 에스트 페르키피를 말하는 관념론과는 거리가 멀며, 오히려 그것이 의미하는 바는 실재적 객체가 있고 그것들이 물러난다는 것이다. 지옥의 존재자가 물 한 잔을 마시면 녹은 살점 맛이 난다. 배고픈 유령이 물 한 잔을 마시면 고름 한 잔 맛이 난다. 미생물에게 물은 자신의 집이다. 인간에게 물은 갈증을 풀어주는 것이다. 어떻게 물이 이 모든 일을 할 수 있을까? 물이 현존하기 때문이다.

보일지도 모른다. 기다려본다. 인내심이 떨어진다. 나는 그곳에 머물며 가만히 블록을 바라보기 위해 온갖 명상적 실천을 전개한다. 나는 계몽된다. 블록은 여전히 비밀을 털어놓기를 거부한다. 나는 내가 죽었을 때 나를 이을 제자를 키운다. 제자는 실재적 블록의 어떤 것도 보지 못하는데, 이제 그 블록의 꼭대기에 커다란 균열이 있고, 그 안은 꿰뚫어 볼 수 있다. 이제 제자는 어떻게 그 블록을 관찰할 것인지에 관한 나의 가르침을 신중하게 전달하는 종교단을 출범시킨다. 수만 년 동안 문화, 인간, 로봇이 그 블록을 연구한다. 그것은 이제는 아주 지겨울 정도다. 10만 년 후, 완전히 계발된 로봇이 앉아 블록이 놓여 있던 허공에 걸려 있는 희미한 먼지 흔적을 관찰하고 있다. 여전히 성과는 없다. 부처조차도 블록에 관하여 "한정적으로 주어진 것과 비교함으로써 그 실재성을 확인할 수 있는 한정적 개념으로 포착"한다는 의미에서의 "앎"을 가지지 못한다. 콘크리트 블록에 관해 알고자 할 때, 부처는 신만큼이나 옹색하다.

포기하자. 콘크리트 블록이 온전히 고독한 것이라고 상상해보라. 불미스러운 생각일지도 모르고, 어쩌면 생각조차 할 수 없는 것일지 모른다. 블록은 단지 "상위"higher 객체에 의해 채워지기를 기다리는 빈 덩어리가 아니다(위로-환원하기). 블록은 더 큰 무언가에 속한 방울이 아니고 더 작은 것들의 회집체도 아니다(아래로-환원하기). 블록은 어떤 매개체에 의해 실재적인 것으로 만들어진 것이 아니다("중간 객체"). 블록은 그 자체일 뿐이다. 그것은 특정적이다. 그것은 고유하다. 우리는 블록을 특정적이고 고유한 실재적 사물로 생각할 수 있다. 블록에는 이미 앞, 뒤 등의 특징이 있다. 그러나 이러한 특징은 주변에 성질을 볼 다른 "관찰자"가 있는지와 무관한 미적 나타남일 뿐이다. 그런데 이러한 나타남은 블록의 실재적 양상이다. 그것은 피라미드가 아니며 백조의 목을 가지고 있지 않다. 객체 그 자체는 내부가 본질과 나타남으로 갈라져 있다. 이것은 단순히 콘크리트 블록이 특정한 모양과 색 같은 우유성을 가진 실체 덩어리라는 것을 의미하지 않는다. 이런 설명을 우리는 이미 배제했다. 오히려 그것은 블록(본질)이 그 자체로 비-블록(나타남)이기도 하다는 점을 의미해야 한다.

이러한 결론은 마술적으로 보이지만, 아주 평범한 부류의 마술이다. 그것은 특별한 특징, 수반적 영혼이나 정신, 혹은 어떤 종류의 생기적 힘도 요구하지 않는다. 그것은 콘크리트 블록이 그 안에 숨겨진 물질, 여분의 주름이나 어떤 숨겨진 주머니를 감추고 있지 않아야 한다는 점을 요구한다. 그것은 오직 블록이 현존해야 한다는 점만을 요구한다. 본질이 물러나 있는 블록이 있다. 물러나 있음은 찾아내기 어렵거나 심지어는 불가능함에도 불구하고 시각화하거나 지도를 그리거나 구상할 수 있다는 것을 의미하지 않는다. 물러나 있음은 공간적, 물질적, 혹은 시간적으로 숨겨졌음에도 불구하고 이론상으로는 발견될 수 있다는 것을 의미하지 않는다. 물러남은 모든 종류의 접근, 모든 종류의 지각, 지도, 구상, 시험 또는 외삽을 넘어섬을 의미한다. 일천 개의 핵폭탄을 폭발시킬 수 있지만, 콘크리트 블록의 비밀스러운 본질을 밝히지는 못할 것이다. 블록에 포함된 모든 입자의 위치와 운동량을 구상할 수 있다고 하더라도 (하이젠베르크의 불확실성 원리를 우회할 수 있다고 가정할 때) 블록의 물러난 본질을 발견하지 못할 것이다. 세계 최고의 극작가이자 영화감독 10명(소포클레스, 셰익스피어, 가르시아 로르카, 사무엘 베케트, 구로사와 아키라, 데이비드 린치로 시작해 보자)은 이 블록에 관한 끔찍하고 심오한 비극과 희극을 쓰거나 액션 영화를 찍을 수 있겠지만, 그중 누구도 블록의 본질에 관한 앎에 도달하지는 못할 것이다. 블록 자체가 자신에 관한 전지적 지식을 가진 신과 같은 지성체로 진화할 수도 있다. 나는 사물의 완고한 존속성을 상기하기 위해 창고에 블록을 보관해 두고 있다. 그 블록 위의 서까래에서 떨어지는 아주 작은 쥐똥은 전지적 블록이 자기 자신에 관해 모든 것을 알고 있을 가능성을 배제하는 부조리하게 제한된 방식으로 블록을 이해한다.

이 지독한 콘크리트 블록의 문제가 혼란을 가중하기 전에 주제를 바꾸는 것이 좋을 것 같다. 그러나 블록을 창고에 두고 넘어가기 전에, 방금 우리가 발견한 기초적이면서도 놀라운 것에 관해 성찰해 보자. 우리는 고유한 객체들로 된 무한하며 총체화될 수 없는 실재에서 살고 있는데, 이 실재는 국소적으로 제한된 계층 구조에도 불구하고 무질서하며 무한히 풍부하고 놀이챙긴 것[30], 황홀하고 짜증 나며 환상과 낯섦으로 물결치는 실재이다. 이 실재에서 객체는 초월론적이거나 숨겨진 양상 없이 완벽하게 직설적이다. 그런데 바로 이 사실 때문에, 객체는 완전히 기묘하다. 객체는 환한 조명이 비추는 공개된 무대에서 숨는다. 객체의 나타남은 일종의 기적이다.

우리는 브라이언트가 암흑 객체라고 부르는 것, 다른 어떤 존재자와도 관계를 맺지 않은 객체의 가능성을 제시하는 데까지 이를 수 있다. 이러한 객체는 엄밀하게는 생각할 수 없는 것인데, 왜냐하면 우리가 그런 객체를 생각하고자 할 때 우리는 이미 그 객체와 일종의 관계를 맺는 것이 되기 때문이다. 우리의 이론은 생각할 수 없는 객체의 현존을 수용해야 한다. 그러나 이에 관해 말하는 것조차 모순의 놀이 속에 자신을 연루시키는 것이다. 그것은 마치 붉은색의 극장 장막이 조명을 받자 부드럽게 걷히는 것을 보는 것과 같다. 장막 뒤에 무언가가 있나?

무대 위의 VIP 라운지에서 모든 것을 완벽하고 적절하게 조사할 수 있게 하는 정상 객체라는 것이 없는 한, 어떤 객체도 스스로 적절하게 그러한 것이 아니며, 심지어는 그 자신에 대해서도 스스로 적절하게 그러한 것이 아니다.[31] OOO 우주는 부

---

30. * 티머시 모턴은 놀이(play)가 실재에 구조적이며, 실체에 붙은 우유성이 아니라고 생각한다. 놀이는 객체의 본질과 나타남 사이의 속임수 같은 간극을 활용하는 것과 관련이 있다. 따라서 playfulness라는 용어를 부각시킬 필요가 있었고, mindfulness가 "마음챙김"으로 번역되는 것을 참고해 playfulness를 "놀이챙김"이라고 번역한다.

적절성의 우주, 어불성설의 우주이다. 그런데 우리가 이것을 아는 이유는 어떤 다른 의미에서 객체가 자신의 이상도 이하도 아닌 스스로 그러한 것일 뿐이기 때문인데, 이는 객체를 환원할 수 있는 기저 객체가 없기 때문이다. 객체는 완강하게 비환원적이지만, 동시에 놀라울 정도로 부적절하기도 하다. 어떤 객체도 우리가 방금 발견한 콘크리트 블록의 기이함에서 예외적이지 않기 때문에, 어떤 객체도 모든 것을 완벽하고 명백하고 질서정연한 올곧음으로 변환시킬 현자의 돌로 기능하지 못한다.

이것은 [미국의 시리얼 제품인] 슈레디드 휘트Shredded Wheat의 세계이다("어떤 것도 더하지 않고 어떤 것도 빼지 않았어요"라는 슬로건은 1970년대에 그것을 광고하는 방식이었다). 그러나 이런 종류의 슈레디드 휘트를 담은 변변찮은 그릇은 가장 번득이는 사이키델릭 라이트 쇼를 창백하고 지루한 것으로 보이게 만든다. 이 실재에서 사물의 실재성은 그 사물의 기묘한 허상에 정비례한다. 이 기묘한 허상은 사물이 자신의 완벽한 복제품을 입는 방식으로써 모든 것을 가면무도회로 만들지만, 그럼에도

---

31. 이것은 "메타언어는 없다," 다시 말해 실재 밖에서 실재를 옳게 볼 수 있는 특권적 장소가 없다는 개념을 확장하고 수정한 것이다. OOO는 포스트구조주의보다도 포스트구조주의의 이러한 주요 교리를 더 잘 실현한다. 현상학으로 돌아가며, OOO는 냉소적 거리 두기를 불가능하게 만드는 모든 것을 아우르는 "진실성"을 말한다. 그러나 동시에 이 특수한 진실성은 전기로 가득 찬 뇌우처럼 아이러니로 가득 차 있다. 그리고 인식론에서 근본적인 존재론으로 무대를 높임으로써, OOO는 "메타언어는 없다"라는 태도에 어떠한 오만함이나 거리감이 스며드는 것을 방지한다.

놀라울 만큼 절대적으로 실재적인 것으로 만든다 — 콘크리트 블록이 실재적인 이유와 정확히 같은 이유에서 말이다. 만약 이것이 기적이라 부르기에 충분하지 않다면, 이런 실재에서 인과관계가 어떻게 작용하는지 고려해 볼 때까지 기다려라. 이것이야말로 이 책이 탐구하는 주요 주제이다.

대균열

이제 우리는 객체의 본질과 나타남 사이가 존재론적으로 갈라지는 방식을 좀 더 면밀하게 생각할 수 있는 위치에 있어야 한다. 우리가 이것을 받아들이지 않는다면, 우리에게는 몇 가지 바람직하지 못한 선택지만이 남게 된다. 우리는 실재적인 비모순적 객체들의 세계로 갈 수 있는데, 거기서 객체의 성질들은 마치 플레이도우에 찍힌 도장처럼 객체에 붙어 있다. 이는 일종의 표준적인 중세 존재론이다. 마크 헬러는 바로 이 곤경에 처했다. 그는 경계가 부정확한 객체를 받아들일 수 없기 때문에 객체를 숟가락, 혜성 또는 레고 벽돌로 인식할 수 없는 멍청하고 따분한 "물질 덩어리"로 생각해야만 했다.[32] 우리는 인간과 콘크리트와 교통 표지판을 잃을 뿐만 아니라, 바닷물의 광채와 점토의 차가운 탄성을 잃게 된다. 어떤 사물과 그것을 둘러싸고

32. Heller, *The Ontology of Physical Objects*, 84.

있는 물질을 구별할 수 있는 진실한 방법이 없기 때문에, 헬러는 점차 우주 전체를 하나의 형상 없는 연장 덩어리로 환원하게 된다. 몇몇은 대균열을 받아들이는 것보다 식탁, 쿼크, 해류가 없는 편을 선호한다.

우리는 진실된 객체의 (하먼의 표현대로) "뜨거운 감자"가 관계의 사슬을 따라 결코 바닥에는 도달하지 않는 채로 무한히 아래로 전달되는 비모순적 관계의 집합을 고려해 볼 수 있다.[33] 혹은 우리는 객체를, 다른 객체들이 그 객체로 만들어 내는 것에 불과한 것으로 여기는 유명론이나 허무주의를 가지고 고려해 볼 수도 있다 — 이러한 위로-환원하기의 관점은 상당히 직선적으로 관계주의적 관점으로 빠진다. 우리는 어떤 객체, 즉 미세한 객체가 미세하지 않은 객체보다 더 실재적이라고 말하는 환원론자가 될 수 있다 — "미세한"이라는 형용사는 순환논법이다(누구 혹은 무엇에 대해 미세한 것인가?). 혹은 우리는 사물이 단순히 거대한 흐름의 현현이라고 생각하고 다른 방식으로 순환논법을 구사하는 전체주의자가 될 수 있다 — 이 흐름은 어떻게 그 자신과 다른 무언가로 현현하는가(신플라톤주의가 답하고자 하는 질문이다)?

혹은 우리는 한 번도 적합하게 정당화된 적이 없는 원리에 실재의 모든 것이 합치해야 한다는 요구를 그냥 저버릴 수도 있

---

33. Harman, *Guerrilla Metaphysics*, 82.

다. 이 원리는 어떤 금기적인 의미로밖에 정당화되지 않는다 : 논리로부터 배척되어 고통에 휩싸인 자기-모순적인 사물을 생각하지 말지어다! 만약 OOO가 옳다면, 아리스토텔레스가 유물론을 비판하고 형상인을 포함한 다른 유형의 인과관계를 포용하는 것은 OOO와 통하는 측면이 있다. 그러나 LNC(비모순율)에 대한 그의 근원적인 주장은 그렇지 않다.[34]

비모순율을 실재적 객체에 적용할 때 어딘가 이상한 점이 있다는 직관은, 인간의 규모와 비교해서 거대하고 오래 지속하는 객체를 생각할 때 특히 강력하다. 예를 들어, 햇빛, 이산화탄소, 화석연료 연소 엔진 등으로 이루어진 지구 온난화라는 존재자를 생각해 보라. 지구 온난화 효과의 7퍼센트는 지금부터 10만 년 후에도 계속 현현할 것이고, 천천히 화성암에 흡수될 것이다. 그것은 지금까지 기록된 역사의 10배가 넘는 터무니없이 높은 숫자이다. 거의 상상할 수 없을 정도이다. 그런데 우리는 지구 온난화의 효과를 우리 주변에서 찾아볼 수 있다. 우리는 기온 상승을 보여주는 NASA의 기록을 본다. 우리는 이상한 시기에 머리 위로 비가 내리는 것을 느낀다. 우리는 가뭄을 목격한다. 그중 어떤 경험도 직접적인 지구 온난화가 아니다. 그것들은 지구 온난화의 미적 효과이다.

다른 어떤 객체와도 관계를 맺지 않는 객체, 브라이언트의

34. Aristotle, *Metaphysics*, 88, 89~97, 98~103. [아리스토텔레스, 『형이상학』.]

암흑 객체에 관해 다시 생각해 보라. 그런 객체들이 실재에 현실적으로 현존하는지 아닌지는 의문의 여지가 있다. 그러나 OOO가 그러한 현존을 수용한다는 사실은 의심의 여지가 없다. 문제는 우리가 객체를 생각할 때, 우리는 극도의 관찰 선택 효과를 겪는다는 것이다. 사고되는-객체는 더 이상 총체적으로 고립된 객체가 아니다. 적어도 다른 객체 하나가 이제 그 객체와 관계하게 되는데, 그것은 나의 사고이다. 헤겔주의적 "상관주의자" 패러다임이 그러한 현상에서 생겨났다고 생각하는 것은 그럴듯해 보인다 — 생각할 수 없는 객체를 생각하고자 할 때, 그 객체가 그 객체를 생각하는 사고와 묶이게 되는 관찰 선택 효과가 발생한다. 사변적 실재론은 세계가 현존하기 위해서 어떤 (인간) 관찰자와 상관될 필요가 없다는 전제에서 시작된다. 이런 종류의 소여성은 세간에서 말하는 것만큼 특별한 것이 아닌데, 인간(그리고 감각적 존재자 일반)이 세계를 드러내는 데 있어 특출나지 않기 때문이다. 만약 중성자별과 RNA 또한 소여성을 드러낸다면, 인간 없는 우주의 현존은 그다지 큰 문제가 되지 않는다. (그러나 객체가 시작되는 방식에 관해 고려하는 맥락을 통해서 우리는 소여성에 관한 깊은 현상학적 탐구가 반직관적이면서도 강력한 몇몇 통찰을 보여줄 수 있음을 알게 될 것이다. 그것은 여전히 소여성에 속하는 것이면서도 피상적인 소여성이라기보다는 심오한 소여성이며, 따라서 나타남의 영역, 혹은 하이데거를 따라서 하면이 "~로서의-구조"라고 부르는 것의 영역으로 들어간다.)

그렇다면 관계가 가장 많이 제거된 객체가 관계주의적 반응을 유발한다는 것은 아이러니한 일이다. 암흑 객체는 우리에게 거짓말쟁이 또는 라캉의 잊히지 않는 진술 — "결국, 그것이 허상인지 아닌지 모른다는 점이 허상을 구성한다" — 과 유사한 역설을 제시한다.[35] 그 객체를 생각한다는 것은 그 객체가 현존할지도 모른다는 가장 순수한 가능성을 생각하는 것이다. 그것은 물러남과 속임수적인 환상의 궁극적인 합동congruence이다. 장막 뒤에는 어떤 것이 있는가? 객체는 말해질 수 없지만 완벽하게 이용 가능하다. 객체는 그저 무의미한 덩어리이기만 한 것이 아니다. 객체는 언제나 ~로서-나타난다 — 콘크리트 블록으로서, 콘크리트 블록의 먼지로서, 거푸집 속에서 생생한 냄새를 풍기는 콘크리트로서 나타난다. 그것이 객체가 하는 일이다.

잠시 헬러의 물질 덩어리로 돌아가 보자. 헬러는 객체로서의 탁자의 지위를 탐구한다. 탁자에서 조각을 떼어낸다. 어느 시점에 그것은 더는 탁자가 아니라고 해야 하는가?[36] 이것은 앞에서 언급한 더미 역설의 한 형태이다. 나는 모래 한 줌을 쥐고 있다. 모래 한 알을 빼본다. 그것은 여전히 모래 한 줌이다. 단 한 알이 남을 때까지 나는 이를 계속할 수 있다. 어떤 시점에서

---

35. Lacan, *Le séminaire, Livre III*, 48.

36. Heller, *The Ontology of Physical Objects*, 70~72, 80~81.

한 줌이 한 줌이기를 멈추는지는 명확하지 않다. 반대로 해 보자. 만약 내가 모래 한 알을 가지고 있다면, 모래 한 알은 한 줌을 형성하지 않는다. 내가 다른 한 알을 추가한다고 해도 그것은 여전히 한 줌을 형성하지 않는다. 이제 동일한 추론 과정을 무한대로 수행할 수 있다 — 그렇게 아무리 많은 양의 알갱이를 쌓아도 나는 모래 한 줌을 절대 얻지 못한다.

헬러는 객체의 현존을 설명하려고 노력하지만, 그는 더미 역설이라는 무딘 톱을 거듭해서 휘두르는 데 너무 많은 시간을 소비한다. 어째서인가? 헬러는 그러한 역설이 일어나는 이유가 탁자를 이해하는 자신의 방식이 부정확하기 때문이라고 생각한다. 그렇게 헬러는 유령을 포기하고 특정성 없이 객체에 관해 이야기하기로 한다. 탁자가 언제 탁자인지 말할 수 없는 한, 손을 더듬거리며 찾을 수 있는 것은 순종적이지만 따분한 물질 덩어리일 뿐이다. 어쩌면 가장 슬픈 순간은 헬러가 자신을 위해 일을 해줄 기계를 만들기로 결정했을 때일 것이다 — 그리고 다시금 무딘 톱을 휘두를 때일 것인데, 그도 그럴 것이 탁자가 언제 탁자이기를 멈추는지 알지 못하는데 어떻게 탁자가 언제 탁자이기를 멈추는지 알 수 있는 기계를 설계할 수 있다는 말인가?[37] 당신은 당신의 지각으로 다시 돌아가게 된다.

---

37. 같은 책, 94~96.

더미 역설은 모호한 술어vague predicate에 의지한다고 전해진다. 예를 들어 "한 줌임" 또는 "대머리임"을 들 수 있다. 이제 다윈에게서 "한 종임"도 마찬가지로 모호한 술어임을 알았다. 어째서인가? 왜냐하면, 진화는 점증적이고, 하나의 생명체와 그것의 돌연변이 자매종 간의 차이는 깔끔하게 정의되지 않기 때문이다. 마찬가지로 "살아있음"도 모호한 술어이다. DNA와 리보솜의 악순환을 끊기 위해서는 RNA와 규산염 결정체 같은 비유기적 복제체로 구성된 RNA의 세계가 필요하다. 요컨대 모호한 술어는 모호한 객체에 대한 증거가 아닐 수도 있다. DNA는 매우 정확하게 화학 물질처럼 보이고, 고양이는 매우 정확하게 포유동물처럼 보인다.[38] 분명히 나는 고양이를 흐리고 모호한 방울로 보지 않으며, 이 매트 위에 앉아 있는 이 특정한 고양이로서 본다. 현상학은 지향적 객체[대상]라는 발견을 가지고 이 점을 설명한다. 나는 고양이 픽셀들의 투박한 합계를 조립해서 고양이를 보는 것이 아니며, 오히려 전체로서의 고양이가 내 의식에 나타난다. 고양이에 대한 내 알아차림의 정확성은 고양이가 정확하다는 증거인 것처럼 보인다.

이는 더미 역설이 존재하는 이유가 실재가 모호하기 때문이 아니라 실재 자체가 역설적이기 때문이라는 점을 시사한다. 이는 존재자가 전적으로 비모순율LNC에 종속되지 않을 수 있음

---

38. David Lewis, "Many, but almost One," 26~28.

을 의미한다. 헬러는 탁자가 탁자로 있기를 멈추는 때를 측정하기 위해 온갖 기계를 만들 수 있다. 그러나 그는 결코 성공하지 못할 것이다. 어째서인가? OOO에 따르면 거기에는 아주 근본적인 이유가 있다. 왜냐하면 탁자에 관한 어떤 지식(나의 지식이 되었든 기계의 지식이 되었든 간에)도 탁자가 아니기 때문이다. 탁자에 관한 나의 지식이 탁자를 대체하는 것은 불가능할 따름이다. 그래서 불가피하게 내가 탁자를 보고 있는지 아닌지 당황하는 순간이 있게 된다. 탁자가 물러난다.

만약 우리가 탁자, RNA, 오소리, 실트를 그것들의 온전한 특정성을 가지고 말하고자 한다면, 그것들을 완전히 한정할 수 있다는 발상을 버려야 할 것이다. 만약 당신이 한정하고 싶다면, 당신은 차가운 회색 오트밀 덩어리에 호소하는 우주를 받아들여야 할지 모른다.

더미 역설은 위로-환원하기로부터도 떠오른다. 예를 들어, 객체를 성질의 다발로 보는 일반적인 전략이 있다 — 사과는 (내 입에 대해서) 둥글고, 즙이 많고, 달콤하고, 그 외의 몇몇 특징을 가졌을 따름이다. 고양이는 이 매트 위에 앉아있는 털로 덮인 어떤 것이다. 만약 내가 털을 한 번에 한 가닥씩 제거하면 그 어떤 것은 고양이로 남아 있을까? 아니면 피터 기치가 시사하듯, 매트 위에는 털만큼 많은 고양이가 있으니 털을 한 올 제거해도 매트 위에 다른 (종류의) 고양이가 남게 되는가?[39] 위로-환원하기는 다음과 같은 방법으로 더미 역설을 극복하려고

한다. 내가 여기, '이 무언가 위에 컵을 올려놓으면 이 무언가는 탁자다'라고 가정해 보자. 이것은 더미 역설을 물리치는 하나의 방법이다. 그러나 여기에는 심오한 문제가 담겨 있는데, 그것은 나와 무관하게 현존하는 이 무언가의 현존과 관련이 있다. 물론 그것은 탁자로서 "~로서-구조화되었다." 그것은 찌그러진 바나나나 다른 무언가가 아니라 탁자, 주위의 객체들에 대한 탁자이며, 나는 그것을 탁자로 생각한다.[40] 두 가지 문제가 어느 지점에서 만날 것이다. n개의 조각을 제거한 아주 얇은 탁자가 있다고 가정해 보자. 컵을 올려놓자 곧바로 떨어진다. 나는 그것이 탁자라고 생각하지만, 그것은 더는 탁자로서 기능하지 않는다. 혹은 나는 캠핑을 하러 간다. 나는 적당한 나무 그루터기를 탁자로써 사용한다. 나무 그루터기로서 그것은 우툴두툴하고, 내 컵을 뒤뚱거리게 만든다. 각각의 경우에 그 무언가는 고유하고 다르다. 나무 그루터기에서는 수액 냄새가 나고 그 주위를 곤충들이 배회한다. 내가 스탠리 나이프를 남용한 덕에 형편없이 접착된 부엌의 가구들은 이유식 냄새가 나고 한쪽에서는 윤기가 넘친다.

피터 엉거는 "다자의 문제"에 관한 자신의 분석에서 극단적

39. Denkel, *Object and Property*, 82~83, 211~212. Peter Geach, "Ontological Relativity and Relative Identity."

40. 나는 그레이엄 하먼의 하이데거주의적 개념 "~로서의-구조"를 사용한다. *Tool-Being*, 8~9, 40~49.

인 위로-환원하기의 방법을 제시한다. 구름은 하늘에 있는 물방울들로 만들어진, 뭉게뭉게 부푼 어떤 사물이다. 그런데 엉거의 방법을 따르면 사실은 그렇지 않다. 구름은 구름처럼 보일 수 있는 온갖 뭉게뭉게 부푼 사물들로 이루어져 있다. 녹슨 쇠못에도 녹과 녹슬지 않은 표면이 뒤섞인 부분이 있는 것처럼, 구름의 가장자리는 특히 모호하다.[41] 이를 계속 진행하면 날씨 조작의 철학적 등가물을 수행할 수 있을 것이다. 작은 구름들이 구름 전체가 아닌 것은 명백하기에 작은 구름을 하나씩 배제해 나갈 수 있을 텐데, 그러다가 우리는 어느 순간 갑자기 구름을 잃게 된다.[42]

우리는 단순히 탁자를 작은 나무 조각들로 아래로-환원하고, 그 나무 조각들 안에서 탁자를 찾을 수 없다. 그러나 우리는 탁자를 위로-환원할 수도 없다. 어떻게 제조된 가구 또는 나무 그루터기를 탁자로서 (나의 지각, 언어, 또는 사용법 안에서) ~로서-구조화할 수 있는가? 바닥은 어떻게 가능한가? 혹은 작은 빵조각과 마멀레이드는 어떻게 가능한가? OOO는 그것들이 비-탁자라고 대답한다. 내가 그 위에 컵을 올려놓고서는 "좋은 탁자네"라고 말할 때의 접근을 포함해서, 탁자는 접근에서 물러난다. 여기서 우리는 위로-환원하는 사고에 빠지지

41. Lewis, "Many, but almost One," 23.
42. Peter Unger, "The Problem of the Many."

않도록 신중하게 나아가야 한다. 이것은 탁자가 없다는 것을 의미하는 것이 아니라, 탁자에 관해 생각하고, 이야기하고, 찻잔을 그 위에 놓는 것을 포함하여 내가 탁자를 사용하는 방식은 탁자가 아니라는 것이다. 탁자가 단순히 (나, 내 찻잔, 바닥, 탁자의 개념에) ~에-대한-탁자table-for가 아니라는 것이 요점이다. 이것은 프랑수아 라뤼엘이 의미한 대로의 비-탁자가 아니다. 어떤 철학도 말할 수 없는 발본적 내재는 없다 — 라뤼엘에게는 왜곡된 반쪽 진리인 어떤 것을 말하기 위해 철학은 저 급진적 내재를 정신에서 추방해야 한다. 내가 비-탁자라고 말할 때, 나는 이런 어리석은 개념을 나무 가구와 같은 것으로 생각하는 것에 대해서 우리가 테이블을 비웃거나 우리 자신을 비웃자고 말하는 것이 아니다. 정확히 그 반대이다. 이 현실적 탁자, 이 이것임tode ti(아리스토텔레스), 이 단위체, 여기에 있는 이 고유한 존재자, 많은 철학자 친구의 나무 사촌의 총체적인 생생함은 말할 수 없고 포착 불가능한 것이다. 이런 측면에서 OOO는 내가 위에서 언급한 현상학의 강력한 통찰을 응용한다. 다시 말하지만, 나는 고양이로 분석되는 수천 개의 고양이-같은 점dot을 지각하지 않으며, 대신 고양이 전체가 바로 거기에 전체로 있는 것으로서, 나의 정신에 의해 지향된 것이다. 이것은 뇌의 시각 피질에서 일어나는 활동에 관한 사실이며, 자기 공명 영상에 의해 증명되었다.[43]

우리는 탁자가 우리가 탁자라고 부르거나 탁자로 사용될

뿐인 무어라 할 수 없는 덩어리에 불과하다고 말할 수 없다. 그리고 우리는 탁자가 무어라고 할 수 없는 작은 덩어리들로 구성되어 있을 뿐이라고 말할 수 없다. 이 두 가지(아래로-환원하기와 위로-환원하기)를 동시에 유지하는 것은 현대의 유물론이 기능하는 방식이다.[44] 그러므로 OOO의 관점은 물질이라는 관념을 진지하게 수정하거나 폐기해야 한다고 요구한다. 물질은 언제나 ~에-대한-물질이다. 만약 물질이라는 용어를 사용한다면, 당신이 이미 고유한 객체를, 어떤 다른 것"을-위한-원재료"로 환원하는 것이 된다. 성냥을 켜본다. 성냥은 물질로 만들어졌는가? 아니, 나무에서 나온 목재로 만들어졌다. 나무는 물질로 만들어졌는가? 아니, 나무는 세포들로 만들어졌다. 세포는? 그렇게 전자까지 내려간다. 전자는 물질로 만들어졌는가? 아니다. 전자는… 그렇게 계속된다. "물질"을 생각하는 것은 깜빡이를 켜놓고 생각하는 것이다. 그것은 상관주의에 적합하다.

그런데 성냥이 목재를 위한wood-for 것이라고 말할 수 있지 않을까? 예를 들어 불을 피우기 위한 목재라고 말하는 것처럼? "목적적으로 만들어진" 객체들이, 인간의 어떤 욕구나 개념적인 장치와 상관관계를 맺고 있기 때문만이 아니라, 실제로도 적어도 어느 정도는 ~를-위한-객체라고 생각하는 것은 불가능

---

43. Shinji Nishimoto et al., "Reconstructing Visual Experiences from Brain Activity Evoked by Natural Movies."
44. Harman, *The Quadruple Object*, 13~16. [하먼, 『쿼드러플 오브젝트』.]

할까? 상관주의에 빠지지 않고도 객체가 목적적으로 만들어질 수 있다고 상상하는 한, 나는 동의한다. 아마도 당신이 객체가 "어느 정도는" ~를-위한-객체라는 점을 깨닫는 한 그럴 것이다. 그때쯤에는 성냥이 그 위에 먼지 입자가 놓이기 위한-목재이기도 하다는 점을 인정하기까지 꽤 많은 길을 걸어왔을 것이다. 그것은 또한 개미가 그 위를 기어오르기 위한-목재이다. 그것은 성냥개비로 만든 장난감 집을 위한-목재이기도 하다. 일단 그것이 "~를-위한-원재료"라는 관념을 버리면, 성냥의 인간적 텔로스에 집착할 정당한 이유가 없어진다. 유물론적이지 않으면서 실재론적인 견해는 사물이 무엇에 "대한[위한]"for(~로서의-구조) 것인지의 비전에 더 많은 존재자를 포함할 수 있다. 알렉산더 포프의 시 「윈저의 숲」은 아름다운 숲의 광경(이것 또한 어느 정도는 현존하는 것인데)에 감탄하고 있다. 시는 말한다. 영국 해군을 위한 그 모든 잠재적 전함을 보라.[45] 철학은 이것보다는 더 잘해야 한다.

"인간을 위한-물질"의 문제는 더 깊은 문제를 드러낸다. 그렇게 말할 때의 물질은 무언가를 위한-물질이라는 것이다. 물질은 어떤 사물이 그 사물로서 창발하기 위한 그 사물의 진정한 기질로 평가받을 만한 것이 아니다. 그것은 ~로서의-구조의 일부이며, 객체와 비교해 존재론적으로 이차적이다. "물질"은 그

45. Alexander Pope, "Windsor Forest." [알렉산더 포프, 『포프 시선』.]

것이 언제나 어떤 존재자와 상관관계를 맺고 있다는 의미에서 상관주의적이다. 물질은 객체의 "그로부터-만들어짐"이다. 물질은 객체의 과거이거나, 과거의 객체이다. 당신이 직접적으로 물질을 연구하기 시작하면, 그것은 물질이기를 그만둔다. 이것이 제거주의적 유물론의 문제인데, 제거주의적 유물론은 다음과 같이 말한다. 당신이 연구하고 있는 사물을 기본적인 물질적 구성요소로 추정되는 것을 통해 설명할 수 있다면, 당신은 그 기본적인 물질적 구성요소를 통해 당신이 설명하고자 하는 거시적인 사물을 제거할 수 있게 된다. 제1질료 같은 형이상학적 기질에서 멈추지 않는 한, 결국 공허한 방정식에 도달하게 된다 — 당신은 결국 관념론이나 허무주의로 끝맺게 된다. 상관주의는 독단적 형이상학에 적대적이기 때문에, 유물론적 노선을 따라간다면 결국 공허에 빠질 위험에 처하게 된다. 공허는 다른 존재자보다 실재적인 것이 된다.

나타남과 본질 사이의 대균열에 관한 불편함은 그것이 환원될 수 없을 정도로 결정 불가능하다는 점에 있다. 우리는 대균열이 "존재하는" "시간"과 "장소"를 특정할 수 없다. 대균열은 우리가 환상-같은 실재에 직면했음을 의미한다. 이러한 환상-같은 실재의 파급은 논의가 진행함에 따라 더욱 명료해질 것이다.

주체라고 불리는 객체

그렇다면 객체라고 불리는 것은 단순히 주체적 인상에 불과할까? 전혀 그렇지 않다. 이 절과 다음 절에서, 나는 내 몇몇 경험을 예시로 사용하여 객체 일반에 관한 몇 가지 사실을 입증할 것이다. 놀랍지 않게도 우리는 대균열에 대한 증거를 발견할 것이다. 나의 경험을 검토하는 것이 OOO에서 수용 가능한 절차인 이유가 있다. 내가 여타의 객체 중 하나일 뿐이기 때문이다. 자! "나는 객체다"라는 문장에 대한 흔한 반응은 내가 단지 꼭두각시에 불과하다고 말할 때의 절망적인 공포, 혹은 포스트휴먼적 전율이다. 둘 중 무엇도 참이 아니다. 인공지능 논쟁의 양측(동의와 반대)은 주체가 되는 것이 특별한 것이라고 생각한다 — 어떤 종류의 감각질이 의식 속에 나타나는 것, 혹은 인격이 된다는 것은 더 낮은 수준에서 윙윙거리며 돌아가는 사이버네틱 체계의 창발적 특성이라는 것이라고 말이다.[46] 우리는 주체가 무엇을 의미하는지를 재고해야 한다. 그러나 특별히 OOO의 관점을 취하지 않더라도 다양한 방식에서 주체라 불리는 것과 객체라 불리는 것은 다르지 않다.

우리는 "주체"와 "객체"를 별개의 것으로 생각하도록 조건지어져 있다. 그러나 나는 여기서 그 둘을 정확히 같은 것으로 취급할 것이다. 일상 대화에서 "객체"라고 불리는 것은 관습적인 의미에서의 "주체"와 마찬가지로 OOO가 말하는 객체에서는

---

46. Margaret A. Roden, ed., *The Philosophy of Artificial Intelligence*를 보라.

제외된다. 이러한 관점에서, 보통 주체와 객체라고 불리는 것은 그저 객체들 사이에 어떤 방식으로 공유되는 미적 특성에 불과하다. 이것은 OOO가 범심론적인 관점, 즉 당신의 칫솔이 감각적이라는 관점을 채택하도록 설득한다는 것을 의미할 수도 있고, 아니면 반대로 OOO가 당신의 감수성이 칫솔-같다고 주장한다는 것을 의미할 수도 있다. 두 가지 모두 지금으로서는 약간 요점을 벗어난 것이지만 곧 우리는 이 선택의 기로에 다시 올 것이다.

OOO는 우리가 주체라고 부르는 특별해 보이는 그것을 포함하여 모든 것이 객체라고 주장한다. 마치 우리가 로큰롤 명예의 전당 관리인에 준하는 주체성의 관리인이라도 된 것처럼, 우리는 주체성을 다른 존재자에게 수여하거나 보류하는 것을 좋아한다. 이와 대조적으로, 몇몇은 주체와 객체가 아주 다르다는 점을 유지한다. 예를 들어, 포스트칸트주의적 사고는 주관적 상태에 관해서는 논쟁할 수 없다는 견해를 선호하는 반면, 객관적인 사실을 가지고는 논쟁할 수 있다고 주장한다. 그러나 예술이 사는 곳이 인과적 차원인 한, "주관적인 것"과 "인과적인 것" 사이의 차이는 현존하지 않는다. 근대적 우주에서 우리는 주관적 상태들을 우월한 것으로도, 열등한 것으로도, 혹은 그 외의 것으로도 구분할 수 없다. 우리는 경험론적 여건[데이터]data에 관해서만 그렇게 할 수 있고, 자아는 경험론적 여건이 아니라 초월론적 사실이다. OOO 우주에서, 미적 경험은 실재적이고 유형의 것이지만 그럼에도 말해질 수 없는 것이다.

OOO 우주에서 인간적 미학은 더 광활한 대양 위의 작은 섬이다. 대양은 인과적 대양이다. 마약은 객체에 관한 우리의 일상적인 대화에서 인과적인 것과 미적인 것 사이를 아우르는 것처럼 보이는 사물의 좋은 예시이다. 당신은 실제로 다른 미적 "경험"을 비교하고 대비해 볼 수 있다. 실제로 이것은 향정신성 약물이 애초에 어떻게 작용하는지를 설명한다. 그것은 그 자신의 현존 자체만으로 주관적 상태와 객관적 사실 사이에 엄밀한 경계가 없음을 보여준다. 그것은 당신의 뇌에 인과적으로 작용한다. 즉 그것은 미적으로 온갖 환영을 만들어 낸다. 우리가 주체성이라고 부르는 것은 단지 "우리에게 일어나는" 인과적 사건일 뿐이다. 이 인과적 사건을 우리는 인과성의 미적 연속체로부터 낚아채고는 그것이 의미 있다고, 그것이 인간적이라고 부르고는 한다. 그러므로 주관적인 상태를 세세하게 기술하고 다른 상태와 비교하며 그것에 관해 논쟁을 벌이는 것은 완벽하게 가능하다. 다음 절에서, 나는 시차 적응 같은 몇몇 일상적인 경험이 어떻게 인과적 대양으로부터 전해진 메시지로 여겨질 수 있는지를 보여주고자 시도할 것이다. 인간은 다른 존재자와 크게 다르지 않은데, 왜냐하면 정신이 하는 것은 다른 존재자가 하는 것과 존재론적으로 다르지 않기 때문이다. 의식은 그저 내가 뒤에서 간략하게 기술할 상호사물성, 관계성의 구성 공간이다. 칸트와 헤겔은 미학에 높은 비중을 두고 있으며, 그들의 미학은 비인간 존재자가 (심지어는 인간 존재자 안에) 있다는 것을 불투명하게 증명한다. 그러므로 우리는 정신과 세계가 어떻게 서로를 알 수 없는지에 관한 더 많은 통찰력을 얻기 위해서가 아니라, 객체의 내적 공간이 무엇인지, 그리고 객체들 사이의 미적 공간은 무엇인지에 관한 더 많은 통찰을 얻기 위해서 칸트와 헤겔을 살펴볼 수 있을 것이다.

기이한 인과성

우리가 나타남 "뒤의" 객체라고 여기는 것은 실제로 문제로 삼고 있는 객체의 습관적인 정규화에 의해 야기되는 일종의 원근법적 속임수이다. 객체는 단순히 자기 자신인 것이 아니다. 객체는 기이한 것인데, 객체는 자기 자신인 동시에 자기 자신이 아니기 때문이다. 객체들이 배경으로 가라앉는 것처럼 보이게 만드는 것은 내가 객체들과 맺는 습관적인 인과관계이다. 이 배경은 미적 효과에 지나지 않는다. 요컨대 그것은 하나 이상1+n의 객체의 상호작용에 의해 생산된다. 이 책은 그러한 현상을 상호사물성interobjectivity이라 부른다. 미적 차원은 적어도 하나의 물러난 객체가 현존함을 함의한다. 다르게 말하자면, 어떤 사건이 일어나기 위해서는 문제로 삼고 있는 사건과는 무관한 객체, 즉 관계의 그물망에 걸리지 않은 객체가 근처에 있어야 한다.

내가 뭔가를 알고 있는 어떤 것을 예시로 들어보자. '나'me가 그것이다. 하이데거의 주장처럼 "어떤 존재론"도 "현존재 자체로부터 인도되어야 한다"라는 점에서, 나를 예시로 사용하는 것은 합법적인 기법이라고 생각한다.[47] 다른 말로 하자면, 여러 객체 중의 하나로서, 나는 사물에 대한 나의 경험에서 객체들의 객체성에 관한 단서를 가지고 있다. 객체의 진실한 기이함, 자신이자 자신이 아닌 것이 되는 객체의 성질은 낯선 나라로 여행을 떠났을 때 시험해 보기 쉽다. 시차 적응이 안 되고, 모든 것이 기묘하게만 보인다. 침구와 거리의 소리가 어딘가 적절하지 않은 내밀성과 함께 꿈틀거리며 다가온다. 낯설고 새로운 장소에 도착하자 객체들의 감각적 생생함이 그 객체들 앞에서 나를 향해 튀어나오는 것 같다. 냄새는 더 날카롭게 코를 찌른다(추측건대 다른 객체를 덮은 다른 박테리아가 나의 후각 체계와 상호작용하는 것 같다). 전등 스위치와 콘센트는 나를 흘겨보며 나의 무능함을 조롱하는 광대-같은 자신들의 패러디를 방출하는 것 같다. 씻거나 면도하는 것은 기묘한 것, 약간은 유혹적이고 약간은 불쾌한 경험이 된다. 실재는 "정상적인" 때보다 내게 더 가까워 보인다. 그러나 대략 이틀 밤을 지내고 나면 모든 것이 제자리로 돌아온다.

시차증 상태에서, 사물은 낯설게 낯익고 낯익게 낯설다 — 기이하다. 그래서 그것이 당신에게 충격을 준다. 이것이 표준적

---

47. Heidegger, *Being and Time*, 22. [하이데거, 『존재와 시간』.]

인 사태이며, 이 표준적 사태는 정규적으로 기능하는 사물들이 자신들의 미적 효과를 아래에서 지원하는 것처럼 보이는 세계가 아니다. 정규적인 거리의 정규적인 집은 정말로 이런 것이다. 그것들의 매끄러운 기능은 우리가 그것들의 미적 효과에 익숙해진 결과일 뿐이라는 것이 진실이다. 매끄러운 세계라는 것은 환상이다! 지구 반대편, 시차 적응에 몸을 가누지 못하고 전등 스위치를 더듬거리는 그곳, 그 안에서 당신 자신을 찾아내는 기이한 상황의 광대-같은 기묘함이야말로 실재이다. 무시할 수 있는 거리를 가로질러 전등 스위치를 향해 내가 손을 뻗는다는 생각은 환상이다. 실제로 일어난 일은 전등 스위치가 거리를 전혀 가로지르지 않은 채로, 서커스 광대처럼 나를 빤히 쳐다보며 불편하게 가까운 것으로서 이미 나타났다는 것이다. 스위치를 켜려는 나의 의도, 그리고 그것을 일으키려는 기계론적 행위는 나와, 이미 가동 중인 전등 스위치가 마치 힘의 장처럼 상호관통함을 함의한다.

이 존재론적 수준에서는 나, 즉 정신을 가진 인간이 (추정상) 하는 일과 연필이 탁자 위에 놓일 때 탁자에 하는 일 사이에 큰 차이가 없다. 잡기, 앉기, 그리고 생각하기는 미적 차원, 즉 인과적 영역에 속한다. 또 다른 영역이 있는데, 이는 존재의 영역이다. 온갖 객체(나, 컵, 탁자)는 양쪽의 영역을 점유한다. 그러므로 내가 나의 현상학적인 공간에서 경험하는 변화무쌍한 광대-같은 유령apparition 성질은 내가 주장하건대 어떤 객체가 다른 어떤 객체에 나타나는 방식과 공통적이다. 제라드 맨리 홉킨스의 표현대로 모든 객체는 "나 자신"을 말한다. 그러나 "나 자신"을 말하면서 객체는 "이 순간 나는 거짓말을 하고 있다," "이 문장은 거짓이다"라고 말하고 있는 것이기도 하다.

나는 내가 왜 셔틀버스를 타고 공항으로 가는 것을 그렇게도 싫어하는지 궁금해지기 시작했다. 물론 공항버스가 정류장마다 멈추며 다른 사람을 태우는 것과 매우 일찍 일어나야 하는 것은 체력을 고갈시킨다.(새벽 3시에 일어나는 것만큼 내면의 염세주의를 들추는 것은 없다.) 그러나 그것이 전부가 아니다. 다른 사람들을 태우는 과정에서, 내가 사는 곳에 관해 완전히 다른 느낌을 받는다는 것이 요지이다. 북부 캘리포니아의 작은 마을, 밤이 되면 공항버스는 칠흑 같은 어둠 속에서 다른 길들을 따라 내려간다. "평상시"normal에서 불과 몇 개의 거리를 떠나왔을 뿐이지만, 나는 곧 내가 어디에 있는지 잊어버린다. 그 여행은 자극적인 부류의 재즈가 된다. 도시 재즈이다. 나의 고향을 재즈 연주자처럼 연주하면 그것은 당신의 트럼펫 소리를 달라지게 만들 수 있다. 총체적으로 다르지는 않지만 기이하게 다를 것이다.

도시는 기이한 것이 되는데, 도시의 물러남이 명백한 것이 되기 때문이다. 이것은 내가 알던 도시가 아니다. 새 안경을 썼지만 이윽고 흔들리는 차들과 낯선 이들의 작은 무리에 점점 빠져가는 그런 순간과 같다. 그러자 당신은 당신의 세계가 얼마나 감각적 객체였는가를 깨닫게 된다. 그러고 나서 당신은 당신의 정규적 세계가 그 자체로 어떤 실재적 객체(들)의 변위displacement였다는 점을 깨닫게 된다. 장소의 감각은 이미 변위인 것이다. 장소는 기묘한 것이고, 공간은 물신화된 상자이다. 공항버스가 당신에게 낯익은 장소에서 불과 몇 스트리트가 떨어진 블록의 모퉁이를 돌 때, 당신은 당신의 도시가 비환원적으로 접근으로부터 물러난 것이라는 점을 깨닫게 된다. 바깥 불빛이 반사되고 몸이 기괴하게 흔들리는 것과 함께, 낯선 꿈만 같은 공항버스의 내부는 그것이 어떠한 것what it is like인지를 말한다. 당신이 방금까지 그 안에서 살아왔던 꿈보다 더 실재적이다. 아니면 다른 꿈으로의 이행, 그리고 두 꿈 사이의 아이러니한 간극일지도 모른다. 그러므로 가장 기이한 것은 당신이 방금 남겨두고 온 낯익음의 감각이다. 그것은 당신이 플라스틱제 일회용 팝송으로 여겨왔던 재즈이다.

철학은 인과성이 장면의 "뒤에서" 작용한다고 끊임없이 생각해 왔다. 철학이 그렇게 하는 데는 아마도 깊은 실존적 이유가 있을 것이다. 그것은 하이데거가 말하는 존재 망각, 객체화된 덩어리를 향한 대장정의 기나긴 역사와 평행을 이루는 것처럼 보인다. 그런데 어째서인가? 그것은 정신의학에서 정신분열적 방어라고 불리는 것과도 기이한 평행을 이루는데, 정신분열적 방어에서 정신분열증 환자는 자신의 등 뒤에서 온갖 인과의 사슬과 실이 작용한다고 상상한다. 이것은 인과성이 사물의 "앞에서" 발생하는 방식을 사고로부터 차단한다. 여기서 "앞에서"는 객관적인 사물로부터 공간적으로 몇 인치 떨어졌을 뿐인 우리의 눈에 더 가까운 장소를 의미하지 않는다. 그것은 인과성이 객체들이 서로에게 말을 걸고, 서로를 포착하고 이해하는 방식이라는 것을 의미한다. 인과성은 미적 차원이다.

사변적 실재론의 몇몇 형태는 사물들의 밑에서 휘젓는 역동설의 심연을 상상한다.[48] 이와는 대조적으로, OOO는 사물들의 앞에 있는 심연을 상상한다. 내가 커피잔에 닿을 때, 나는 심연 속으로 뻗어 나가고 있다. 장면의 뒤에 있는 비밀스러운 인과적 마피아를 상상함으로써, 아마도 정신분열증 환자는 사물의 앞에 있는 심연으로부터, 토마토와 톱니 칼의 관계로부터 자신을 방어하고 있을 것이다. 그러나 심연은 특징을 결여한 소용돌이가 아니다. 이에 관해 조금 탐구해 보자.

상호사물성의 심연

이제 내가 상호사물성이라고 부르는 현상에 관해 좀 더 깊이 탐구해 보는 것이 최선이겠다. 인과적 차원 — 즉, 미적 차원 — 은 비국소적이고 비시간적인 차원이며, 이는 객체가 우리의 습관적 패턴이라는 거울에 보이는 것보다 더 가깝다는 것을 표현하

48. Iain Hamilton Grant, "Suprematist Ontogony and the Thought Magnet."

는 또 다른 방법이다. 객체들은 인과적-미적 차원에서 서로 얽혀 있다 — 나는 양자 이론으로부터 이 이미지를 빌리는데, 거기서 객체들은 매우 가까이에 있을 때, 같은 것이 된다. 오히려 나는 인과적 차원의 비국소성과 비시간성을 제한하는 것이(그런 것이 있다면) 무엇인지 확신할 수 없다. 물리적 실재에는 텅 빈 주머니가 없다.

현상학자인 호세 오르테가 이 가세트가 천진난만함ingenuousness이라 부르는 것이 있는데, 우리는 하먼을 따라서 그것을 진실성sincerity이라고 부를 수도 있다.[49] 진실성은 당신이 환원될 수 없이 당신의 "지향적 객체"(후설), 즉 당신의 경험에 빠져있다는 것, 1980년대 컬트 영화 등장인물 버커루 반자이의 말처럼 "어디에 가든지, 거기에 당신이 있다"Wherever you go, there you are라는 것을 의미한다.[50] 예를 들어, 당신이 하고 있는 경험을 향해서 임계 거리를 유지하려고 할 때, 거리를 두는 당신이 거기에 있다. 당신은 현상학적 피부 밖으로 뛰쳐나갈 수 없다. 혹은 자크 라캉의 유명한 말처럼 메타언어란 없다.[51] 우리는 실재 속에 수축 포장되어 있다. 실재는 진실하다 — 메타언어가 없는 한, 그것 밖으로 뛰쳐나갈 방법은 없다. 심지어 당신이 어떤 진술을

49. José Ortega y Gasset, *Phenomenology and Art*, 63~70 ; Harman, *Guerrilla Metaphysics*, 39, 40, 135~143, 247.

50. W.D. Richter, 감독, *The Adventures of Buckaroo Bonzai across the Eighth Dimension*.

51. Jacques Lacan, *Écrits*, 311.

확실하게 이해하려 하며 "메타적 접근"과 같은 인지적 행위를 할 때도, 그것을 행하는 당신이 거기에 있다. 이는 언어에 관한 관점에 영향을 미친다. 이 관점에서 진술은 발레나 드라마의 수행과 비슷하다 — 다니엘 모얄 샤록이 말한 것처럼 소행deed이다.[52]

객체들 사이의 관계는 이런 점에서 진실하다. 관계는 진실성이다. 진실성은 근본적으로 열려 있는데, 왜냐하면 우리는 진실성의 바닥을 파악할 수 없기 때문이다. 인간적으로 걷는 방식이 정확히 무엇인지 누가 아는가? 그런데 걷고 있는 인간, 당신이 거기 있다. 배경, 세계, 환경, 장소, 공간, 그리고 지평과 같은 "중간 객체"는 우리(그리고 어쩌면 몇몇 다른 감각적 존재자)가 이 야생적이고 단호한 사태를 사육하기 위해 사용하는 비-객체, 유령이다. 사실, 객체는 우리가 알고자 하는 것보다 더 실재적이고 더 환상적이다. 다른 곳에서, 나는 인간의 개념성이라는 거울에 비추는 것보다 훨씬 더 가까운 실재적 존재자들을 뒤에 남겨두고 증발시키는 세계와 장소 같은 바로 그 개념 속에 생태적 알아차림이 있다고 주장했다. 그러므로 일반적으로 인류는 원하든 원하지 않든 지구 온난화와 생명체들 사이의 기이한 유사성과 같은 현상에 직면할 때마다 OOO를 확장하고 다급하게 도입하며 살아가고 있다.

객체의 이중적 특성 — 객체가 자기 자신인 동시에 자기 자신이

52. Daniele Moyal-Sharrock, "Words as Deeds."

아님 — 을 환원하려는 모든 시도는 실패할 운명에 처한다. 사물들의 지형을 매끄럽게 하려는 이러한 시도는 형이상학에 널리 퍼져있다. 거기서 사물은 원자로 만들어져 있거나, 혹은 우유성으로 장식된 실체이거나, 혹은 기계의 구성요소이거나, 혹은 과정의 구체화이다. 매끄럽게 하려는 시도는 물리학에서도 일어난다. 예를 들어, 비국소성과 양자 정합성[양자 결맞음]quantum coherence(입자들의 경계가 서로 간에 흐려지거나 한 번에 여러 장소를 차지하는 것처럼 보이는 방식)은 물질적 실재의 기본적 수준에서 비모순율을 논박하는 것처럼 보인다. 그러면 다중세계론 같은 여러 이론이 비일관성을 없애버린다.[53] 문제는 그러한 이론들이 양자의 비일관적 위치를 수용하기 위해 개방된 잠재적으로 무한한 수의 평행 우주를 대가로 비모순율을 유지한다는 것이다. 그것은 마치 양탄자 밑에 쌓인 먼지를 쓸어내는 것과 같다. 그것은 우릴 어디로도 데려가지 않는다.

OOO가 말하는 객체들은 감각적(이고 상호사물적인) 에테르로 밀폐된 동시에 얽혀 있다. 객체의 양진문장적(이중-진리) 성질을 수용하지 않는 형이상학적 체계는 적어도 논증의 한 부분에서 비일관성을 일으키기가 쉽게 된다. 논의를 진행하면서 이를 검토할 것이다. 일관성을 도입하려는 바로 그 시도는 더 급격한 비일관성을 만들어 낸다. 객체들은 마치 바이러스처럼, 자신

---

53. 예를 들어 David Deutsch, *The Fabric of Reality*를 보라.

들을 움직이게 하려는 시도 앞에서 스스로 은밀하게 향상하는 것이다. 먼저 객체는 p∧¬p를 예시한다는 사실부터 시작하는 것이 좋겠다. 그러한 견해에는 우리가 우주 외부에 있는 어떤 근원적 객체, 모든 것을 작동하게 하는 어떠한 시동자나 원인 없는 원인(신)을 지정할 필요가 없다는 장점이 있다. p∧¬p에는 이미 모든 것이 스스로 작동하기 시작하기에 충분한 역학이 있다. 만약 당신이 진정으로 무신론자가 되고자 한다면, 기계론이나 관계주의 대신에 객체지향적 관점을 채택하는 것을 고려해야 할 수도 있다.

지금으로서는 기계론을 간략하게 고찰해 보자. 기계-같은 기능, 즉 (적어도 뉴턴과 데카르트 이후의 철학에서 말하는) 인과성에 관한 우리의 상식적인 편견은 그것이 어떤 보다 심오한 비국소적, 비시간적 대양에 속한 하나의 특정한 창발적 특성일 뿐이라는 것이다. 이 대양 속에서 사물들은 직접적으로 다른 사물들이기도 하다. 기계는 분리된 부분들로 만들어져 있고, 부분들은 정의상 서로 간에 외적이다. 인과성은 사무실 장난감에 들어 있는 금속 공들이 보여주는 것과 같은 기계적 기능이 정말로 아니다. 금속 공들이 맞부딪칠 때 나는 딱딱거리는 소리는 적어도 하나의 다른 객체 – 딱딱 소리가 들리게 하기 위해 진동하는 주변의 공기 – 가 현존한다는 것을 함의한다. 어떻게 이 맞부딪침이나 둔탁하게 부딪침이 매력, 혐오, 끌림, 유혹, 파괴, 그리고 얽힘과 같은 다른 형태의 인과성보다 더 실재적일 수 있다는 말인가?

둔탁한 부딪침의 인과성clunk causality은 결정론적인 관점을 함의한다. 두 개의 공은 서로 인접해야 하며, 인과성은 한 방향으로만 진행되어야 하고, 둔탁하게 부딪치는 공이 그렇게 부딪치는 데는 충족이유는 아니더라도 최소한 어떤 필연적인 이유가 있어야 한다. 그런데 우리가 미시적인 수준으로 내려가면, 우리는 양자 행동이 비환원적으로 확률적이라는 것을 발견한다. 이는 무엇을 의미하는가? 이는 비결정성이 행동에 내장되어 있음을 의미한다. 양자 행동은 우리가 그 행동을 분석하는 방법을 완벽하게 만들면 결정된 것으로 보일 것임을 의미하지 않는다. 그러므로 결정론이 수용될 수 없는 물리학적인 이유가 있게 된다. 우리는 여기서 충분조건과 필요조건이 어느 지점에서 모두 실패한다는 점에 관해 말하고 있다. 이는 흄이 난관에 빠졌음을 의미한다.[54] 하지만 결정론을 수용하지 않을 또 다른 중요한 이유가 있다. 담배를 피울 경우 암에 걸릴 개연성과 같은 강한 통계적 상관관계를 가지고 있고 당신이 결정론자라면, 그 사실이 그냥 사라지기를 바랄 수 있다. 원인을 직접적으로 볼 수 없고 여건 연합들 사이의 강한 상관관계만을 볼 수 있다고 주장하는 포스트흄주의적 관점이 가진 문제가 여기에 있다.[55] 칸트

---

54. Dowe, *Physical Causation*, 14~29.
55. Judea Pearl, *Causality*, 78~85.

는 흄의 진리에 대한 깊은 이유를 설명한 철학자였다. 즉, 나타나는 것과 아는 것 사이에는 초월론적 갈라짐이 있다. 이 관점이 수많은 초월론적 갈라짐을 상정하는 한, OOO는 이러한 사유의 계통을 따른다 — 실재는 대균열로 가득 차 있다. 이것이 내재를 말하는 철학자들이 OOO를 불편하게 여기는 이유이다. OOO는 초월을 생각하지만, 사물을 넘어서는 초월을 말하지 않는다. 초월은 슈퍼마켓의 달걀 상자에 있는 달걀 껍데기의 갈라짐 속에 있다.

담배회사와 지구 온난화 부정자 들은 공통적으로 실재적인 것의 갈라짐에 대한 깨달음에 내재한 무에 저항하며, 그 저항에 의존한다. 흡연과 암 사이에 "검증된 연결고리"는 없다. 그러나 그것이 요지가 아니라는 점은 명확하다. 마찬가지로, 지구 온난화 부정은 결정론을 본보기로 삼는다. 내 머리에 내리는 비와 지구 온난화 사이에 분명한 연결고리가 없는 한, 지구 온난화는 참이 아닐 것이다. 또는 인과성에 관한 나의 이론이 빗나간 것이다. 거대하고 복잡한 체계에는 매우 작은 양자 규모에서 그런 것과 마찬가지로 비결정론적인 인과성 이론이 있어야 한다. 둔탁한 부딪침은 당구공과 같은 중간 규모의 객체들 사이에서 발생하는 것처럼 보이는 환상이지만, 이 환상은 다른 어마어마한 양의 현상 속에서 둔탁한 부딪침을 고립시킬 때만 그렇게 보일 뿐이다.

둔탁한 부딪침의 인과성은 인과관계에 관한 보다 오묘한 접근법의 장구한 역사를 부정한다. 이슬람 철학자 알-킨디는 모든 원인을 은유적인 것으로 정의한다 — 그는 부동의 동자인 신을 여기에서 제외시킨다(알-킨디는 아리스토텔레스주의 유신론자이다).[56] 알-킨디는 서기 10세기 말에 내 조상들이 (둔탁한 부딪침에 관해 말하면서) 조잡한 무기들을 가지고 서로 둔탁하게 부딪치고 있을 때 그렇게 사유했다. 인과관계는 은유적이다 — 이는 원인들이 중층결정되었음을 의미한다. 공들은 와이어 프레임에 의해 제자리에 고정된다. 와이어 프레임은 책상 위에 놓여 있다. 그 책상은 대기업 사무실의 일부이다. 그 모든 존재자는 사무실 장난감이 내는 둔탁한 부딪침 소리의 원인들이다. 중층결정과 은유, 그것들은 같은 것을 의미한다. 혹은 번역에서는 번역이라는 말이 같은 것을 의미한다. 은유, 즉 메타포 metaphor는 그저 번역의 그리스어일 뿐이다. 메타meta는 "가로질러"를 뜻하고 포phor는 "나르다"를 뜻하기 때문이다. 기계론적인 둔탁한 부딪침보다는 은유와 번역이 인과성을 생각하는 훨씬 더 적절한 방식이다. 그것은 경험론적으로 관찰된 많은 형태의 인과관계가 확률적인 이유를 제공한다. 중층결정은 특히 생략과 예방의 경우에 명백하다. 어떻게 아버지가 이메일을 읽은 것도, 아이가 거리로 뛰어든 것도, 자동차의 브레이크가 제대로 작동하지 않아 길을 너무 빨리 내려오고 있었던 것도, 그리고

---

56. Al-Kindi, "The One True and Complete Agent and the Incomplete 'Metaphorical' Agent," 22~23.

그 밖에 수많은 원인을 고려하지 않고 "아버지가 아이를 부르지 않아서 사고가 났다"라고 말할 수 있겠는가?[57] 만약 우리가 비-은유적인 원인이 반드시 존재해야 한다고 주장한다면, 생략과 예방은 반사실적일 뿐이며, 오직 존재적으로 주어진 원인이 현존할 뿐이다. 이 경우, 우리의 인과관계 이론은 실증주의적인 것이 된다. 그러므로 생략과 예방은 인과의 사슬에 관하여 짧게 요약해서 이야기하는 방법일 뿐이다. 그러나 여기에서 확립된 견해에 따르면, 어떤 것이 방치되는 것만으로도 영향을 받는 것이 전적으로 가능하다. 생략과 예방은 반사실적인 유령에 불과하기보다는 인과관계 이론에 내장되어 있다. 예를 들어, 명상은 객체들을 내버려 두는 것으로 정의될 수 있다. 이 내버려 둠은 실재적 효과를 낳는 생략이다. 객체를 (나에 대한) 나타남으로 환원하는 대신 객체를 비일관적인 것으로 내버려 둘 때, 나는 비폭력적으로 행위를 한다. 그렇게 흘러간다.

하나의 객체는 다른 객체를 가지고 논다. 이 텅 빈 오렌지 주스 병은 이 공항버스 안의 탁자를 가지고 노는데, 즉 그것은 불안정한 다리로 인해 탁자가 흔들릴 때마다 앞뒤로 흔들며 탁자를 가지고 논다. 객체는 공통의 감각적 공간에서 수많은 존재자에게 공유된다. 이 공유된 공간은 방대한 비국소적 구성 공간이다. 인간 주체성과 같은 현상 – "상호주관적" 현상 – 은 상

57. Dowe, *Physical Causation*, 123~145.

호사물적 공간의 작은 영역을 차지한다. 모든 상호사물적 현상에는 하나 이상$^{1+n}$의 실재적 객체가 필요하다. 이는 모든 상호사물적 체계에는 적어도 하나의 실재적 객체가 물러나 있음을 뜻한다. 맥놀이[박]beat를 고려해 보라. 맥놀이는 한 음조가 다른 음조에 의해 상쇄될 때 발생한다. 연속적인 음조를 잘라야 맥놀이가 생긴다. 두 음조 사이의 간극이 맥놀이다.

실재에서 벌어지는 모든 사건은 하나의 객체가 다른 객체에 발자국을 남기는 일종의 각인이다. 상호사물적 실재는 모든 곳을 가로지르는 발자국들의 총합일 뿐이다. 그것은 정의상 비국소적이고 시간적으로 녹아있다. 진흙 속 공룡의 발자국은 6,500만 년 후의 인간에게는 바위에 새겨진 발 모양의 구멍으로 보인다. 공룡, 바위, 그리고 인간 사이에는 그들의 매우 다른 시간 규모에도 불구하고 어떤 감각적인 연결이 있다.[58]

우리가 마음의 눈을 가지고 공룡의 시간으로 돌아갔을 때, 우리는 매우 낯선 것을 발견한다. 우리가 발견하는 것은 공룡의 인상들이 전해지는 상호사물적 공간의 또 다른 영역이다 — 불행한 먹잇감에 새겨진 이빨 자국, 공룡이 다음 먹잇감을 바라볼 때의 얼어붙은 시선, 공룡 피부의 매끄러운 비늘 느낌 등이다. 공룡은 살아있을 때 오히려 인상을 더 많이 새긴다. 심지어

---

58. 다른 시간 규모 사이의 이러한 연결은 다음의 작품에서 명백하다. Werner Herzog, 감독, *Cave of Forgotten Dreams.* 기원전 3만 년 전의 쇼베 동굴 벽화에 관한 다큐멘터리이다.

공룡도 공룡 자신을 완전히 알지 못한다. 단지 자기 존재의 샘플을 따고 자기 존재를 편집하는 투박한 번역으로 알 수 있을 뿐이다. 모기나 소행성은 그들만의 고유한 공룡성 샘플을 가지고 있으며, 이 샘플들은 공룡이 아니다. 어째서인가?

왜냐하면 접근으로부터 물러난, 심지어는 공룡 자신으로부터도 물러난 실재적 공룡이 있기 때문이다. 블랙홀은 바로 여기, 잡지와 웹 속에, jpeg와 대중과학 에세이와 SF영화로서 있다. 그런데 블랙홀은 분명 여기에 있지 않기도 하다. 심지어 당신이 어떻게든 영상 카메라로 블랙홀을 찍는 데 성공한다고 해도, 당신은 블랙홀에 관한 모든 이야기를 알지 못할 것이다. 어째서인가? 왜냐하면 블랙홀을 담은 당신의 영상은 블랙홀이 아니기 때문이다. 왜냐하면 블랙홀은 실재적이기 때문이다.

한 객체가 다른 객체에 자신을 새기는 모든 샘플링 사건의 총합은 그리스어 용어의 탁월한 양면적인 의미 모두에 있어서의 역사이다 — 역사는 사건을 의미할 수 있고 기록을 의미할 수도 있다. 서부 캘리포니아의 땅바닥에 빗방울이 튄다. 빗방울들은 태평양의 거대한 기상 체계, 라니냐의 역사를 기록한다. 특히 빗방울들은 2011년 일본의 쓰나미가 라니냐의 일부를 주워 담아 미국이라 불리는 객체 속 나무와 언덕과 그 외 객체에 떠넘긴 경위를 기록한다. 라니냐 자체는 지구 온난화라고 불리는 거대한 객체의 발자국이다. 또 다른 발자국은 아마도 일본 지진 그 자체였을 것이다. 왜냐하면 대양의 온도 변화가 지각의 압력을 변화시켜 지진을 초래했을 수 있기 때문이다.

지진은 네 개의 원자로를 파괴했다. 이 원자로들에서 배출된 알파, 베타, 감마 입자로 알려진 양자들은 세계의 연부조직에 그들 자신을 새긴다. 우리가 곧 지구 온난화와 핵 물질에 관한 살아있는 교과서이며, 이 교과서는 상호사물적인 캘리그래피와 교차하여 있다.

둔탁한 부딪침 없는 인과관계

우리는 인과관계에 관한 기계론적 이론 없이 어떻게 해나갈 수 있는지를 알아채기 시작했다. 기계론적 이론이 상대성 이론이나 양자 이론에 대처하지 못하는 것을 보면 이는 환영할 일이다.[59] 기계론을 피해야 하는 존재론적 이유가 있다. 만약 모든 객체가 고유하다면, 객체들 아래에서 어떻게든 유지되는 기계론적 수준을 특정할 수 있다고 주장하는 것은 의미가 없어진다. 그것은 일관적인 기계의 부품이 필요할 것이고 OOO의 관점에 따를 때 우리는 그런 실재 속에 살고 있지 않다.

거기에는 훨씬 더 깊은 문제가 있다. 만약 모든 객체가 고유하고 접근으로부터 밀폐되어 있다면, 객체들은 결코 진정으로 서로를 만진다고 할 수 없다! 그렇게 하면은 대리적 인과관계에

---

59. Bohm, *Quantum Theory*, iii-v, 167; *The Special Theory of Relativity*, 217~218.

관한 OOO의 이론을 개략적으로 설명한다. 겉으로는 부조리해 보일지도 모르지만, 정말 그럴까? 잠시 양자 이론을 고려해 보자. 만약 객체들이 양자 수준(플랑크 길이 10^{-33}센티미터 아래로 내려가면)에서 진정으로 서로를 만진다면, 객체들은 서로가 될 것이다.[60] 이 수준 위에 있는 수준에서 우리가 만짐이라고 생각하는 것은 객체들이 서로에 대해 저항하는 방식과 관련이 있다. 내가 콘크리트 블록에 손을 얹을 수 있다는 것은 내 손가락의 양자가 블록 표면의 저항벽을 부수고 통과하지 못한다는 것을 의미한다. 다소 간단한 물리학적 관점에서 볼 때, 객체들은 우리가 경험 속에 주어진 것으로 받아들이는 방식으로 서로를 만지지 않는다. 무언가가 무언가를 만질 때, 심지어는 그 무언가를 관통하는 것처럼 보일지라도, 그것은 실제로 그 무언가와 융합되는 것이 아니다. 그 안의 양자가 그 무언가와의 융합에 실패한다.

얼마나 내밀하든 만짐은 필요한 미적 거리를 포함한다. 사람들은 흔히 인과성을 마치 존슨 박사의 장화처럼 미적 화면을 뚫고 나오는 둔탁한 부딪침이라고 생각한다. 이러한 종류의 둔탁한 부딪침은 여러 미적 현상 중 하나일 뿐이다. 예를 들어, 나는 지금 이 순간, 우주의 시작에서부터 방출되는 중력파에 만져졌다. 화학 용액은 촉매에 의해 만져질 수 있다. 연부조직이 감마선과 같은 고에너지 광자에 의해 만져지자, 변이유발 효과를

60. 카슈미르 힘이 나노큐모의 수레바퀴를 붙인다. Anon., "Focus."

발생시킨다.

두 개의 심오한 철학적 전통이 인과관계가 어떻게 대리적일 수 있는지를 탐구해 왔다. 이 두 전통은 인과관계가 직접적인 만짐을 함의하지 않아도 되는 방식을 탐구해 왔다. 하나는 이슬람교이고 다른 하나는 불교이다. 앞에서 알-킨디를 간단히 살펴보았다. 이제 하먼이 대리적 인과관계 이론을 돋보이게 하기 위해 인용하는 알-가잘리를 고려해 보자. 알-가잘리는 기회원인론자였는데, 그는 오직 신만이 무슨 일이든 일어나게 할 수 있다고 생각했다. 불이 솜을 실제로 태우는 것이 아니다 — 신이 마법처럼 개입하여 솜을 불태우기 위한 기회로서 불을 이용한다.[61] 왜 이것이 우리의 목적에 중요한가? 객체들이 서로에게서 물러나 있다면, 서로에게 영향을 미칠 대리적인 방법이 있어야 하기 때문이다. 그것이 신일 필요는 없다 — 사실, 우리는 전혀 신이 필요하지 않다. 우리가 원하는 모든 대리성은 사물들이 그 안에서 얽혀 있는 미적 차원에서 발견할 수 있다.

자! 이것은 대승불교의 논증과 놀라울 정도로 유사하다. 심지어는 예시도 유사하게 불과 연료를 포함한다. 공shunyata의 사상을 널리 알린 위대한 불교 철학자 나가르주나는 불꽃이 실제로 자신의 연료를 만지지 않으며, 만지는 데 실패하지도 않는

---

61. Al-Ghazali, *The Incoherence of the Philosophers*. Harman, *Guerrilla Metaphysics*, 92~93도 보라.

다고 주장했다! (여기에 또다시 양진문장이 있다.) 만약 그랬다면 연료는 불꽃이 되거나 그 반대가 될 것이며, 인과성은 발생할 수 없다.[62] 그러나 그 둘이 완전히 분리되어 있다면, 불은 타오르지 못할 것이다. 나가르주나는 만약 어떤 것이 스스로 발생한다면, 그 무엇도 일어나지 못할 것이라고 주장한다. 그런데 만약 어떤 것이 그 자체가 아닌 다른 어떤 것으로부터 발생한다면, 마찬가지로 그 무엇도 일어날 수 없다. 이러한 관점의 혼합(둘 다 맞음과 둘 다 아님)도 가능하다. 왜냐하면, 이러한 혼합은 결합된 각 관점이 가진 결함의 영향을 받기 때문이다. 예를 들어, 이러한 관점을 따를 때 사물이 자신이나 다른 어떤 것으로부터도 발생하지 않는다는 착상은 나가르주나가 허무주의라고 부르는 것이며, 이를 기반으로 무엇이든 일어날 수 있게 된다. 인과적 설명의 논리는 순환적이라고 그는 주장한다.[63] 공은 무언가의 부재가 아니라 실재의 비개념성이다. 실재적인 것은 그것이 실재적이기 때문에 개념을 넘어선다.

무엇이 불타오름을 설명하는가? 불교는 비신론적이다. 그러므로 불타오름을 설명하는 것은 신이 아니다. 대신, 공이 설명한다. 다르게 말하자면, 본질적이고 비모순적인, 순수하게 주어

62. Nagarjuna, *The Fundamental Wisdom of the Middle Way*, 28~30. [나가르주나, 『근본중송』.]

63. Eleanor Rosch, "Is Causality Circular? Event Structure in Folk Psychology, Cognitive Science and Buddhist Logic."

진 존재가 없다는 것은 객체가 서로 영향을 미칠 수 있음을 의미한다. 우리는 불꽃이 항상 양초에서 뿜어져 나오는 것을 본다. 하지만 불꽃이 양초를 만진다면, 양초는 단순히 그 객체의 일부가 될 것이며 불꽃은 타오르지 않을 것이다 — 불꽃이 양초에서 뿜어져 나오는 것은 타오름의 행위이다. 그런데 불꽃과 양초가 분리되어 있다면, 우리는 양초의 심지 위에서 맴도는 불꽃을 결코 볼 수 없을 것이다. 이 관점에 따르면 인과성은 마치 마술적 전시display와 같다 — 어째서 그것이 일어나는지에 관해서는 물리적인 이유가 없다. 오히려, 이유는 미적이다(마술, 전시). 게다가 마술적 환상은 모두 지각으로부터 물러나 스스로 발생한다.

"인과관계" 그 자체는 없다 — 그것은 피상적인 환상이며, 하먼이라면 눈앞에-있음이라고 부를 것이다. 신이 연결될 수 없는 객체들 사이의 인과적 연결고리를 제공한다고 주장하는 알-가잘리처럼, 일종의 마술이 (신 없이) 일어나자 우리는 양초의 심지에서 불꽃이 튀어나오고 당구공이 서로 부딪히는 것을 본다. 이 전시 아래에는 아무것도 없다. 그리고 전시는 "우리"가 관찰하든 안 하든 발생한다.

이는 무엇을 의미하는가? 인과성이 미적임을 의미한다.

허상의 문제

"물러남"이라는 용어는 달팽이와 거북이가 하는 작용을 시사한다 — 눈에 잘 띄지 않는 어두운 공간으로 자기 자신을 끌고 간다. 그것은 자신을 그 안으로 끌어들이고 후퇴시킬 보이는 것 뒤나 그 너머, 혹은 그 내부의 공간적 차원을 시사한다. 나는 이러한 유의성valence이 좋다. 나는 지금까지 학자로서의 삶의 대부분을 내향성을 지지하는 사람으로 보냈다 — 저 밖의 원기 완성한 환경론자 담론에는 확실히 달팽이-같은 행동이 좀 더 필요하다! 그러나 OOO의 용어로서 물러남은 진정으로 "현재 위치 뒤의 장소로 이동함"을 의미하지 않는다.

물러남이라는 용어와 함께 이 책은 마술, 환상, 전시가 연합되는 이미지를 채택한다. 물러남은 당신의 코밑에서 일어나는 일이다. 왜냐하면 라캉을 다시 인용해서 "결국, 그것이 허상인지 아닌지 모른다는 점이 허상을 구성"하기 때문이다.[64] 인과성은 환상과 같다. 만약 우리가 그것이 환상임을 알았다면 그것은 환상이 아닐 것인데, 우리가 그것의 존재론적 지위를 확신할 것이기 때문이다.

많은 토착문화는 대자연을 사물들의 아래에 있는 실재가 아니라 사물들 앞에 있는 허상으로 생각한다. 기계는 허상 아래에서 작동하지 않는다. 기계가 허상이다. 인과성은 객체 "앞에서" 발생한다. 그렇기에 인과성을 보기란 매우 힘들다. 실재는

---

64. Lacan, *Le séminaire, Livre III*, 48.

속임수꾼이며 객체는 놀이챙긴 아이처럼 행동한다 — 심지어 은하수의 중심에 있는 블랙홀은 지나가며 모든 것을 몰살시킨다. 그러한 관점은 알레고리allegory에 대한 아포파시스적apophatic 이론에서 엿볼 수 있다. 모세스 마이모니데스는 직서적인 수준이 피상적인 수준이라고 주장한다.[65] 그에 따르면 비유적인 수준은 극도로 얇은 은줄로 세공된 것에 감싸인 황금사과와도 같다. 멀리서 보면 마치 우리는 은사과를 보고 있는 것만 같다. 우리가 진정으로 보고 있는 것은 단단한 것으로 나타날 뿐인 정교한 그물망이다. 이 그물망은 객체들 앞에서 거짓말을 한다. 모든 것의 상호연결성은 내가 다른 곳에서 '낯설고 낯선 자'strange stranger라고 부르는 것들 앞에 떠다니는 정교하게 짜인 조직이다. 이 '낯설고 낯선 자'는 스티로폼과 전파에서부터 땅콩, 뱀, 소행성에 이르기까지 모든 존재자를 아우르며, 비환원적으로 기이하다.[66] 하먼의 말로 표현하자면, 이 그물망은 감각적 에테르이다. 실재적 객체는 '낯설고 낯선 자'이다.[67]

문제는 그물망과 가면만이 있고 그 밑에 실재적인 무언가가 있을 가능성이 없다면, 놀이도, 허상도, 환상도, 전시도, 마술도 없게 된다는 것이다. 당신은 그것이 환상이라는 것을 안다 — 그래서 그것은 환상이 아니다. 당신은 본질이 없다는 것을 안다 — 이것

65. Moses Maimonides, *Guide for the Perplexed*.
66. Timothy Morton, *The Ecological Thought*, 14~15, 17~19, 38~50.
67. Harman, *Guerrilla Metaphysics*, 33~44, 77, 81~84, 84~87.

이 본질이 되며, 당신이 탈출하고자 하는 본질주의의 어둡고 전도된 형태가 돌아온다. 이것이 행위 예술, 또는 적어도 개념 예술 선언이 가진 문제이다. 예술과 비-예술의 차이를 무효로 만들고, 자의식과 전문 예술가를 자의식적으로 제거함으로써 개념 예술은 본질과 나타남 사이의 대균열을 무시하고 존재론적인 것을 단순히 존재적인 것으로 환원시킨다. 고루한 냉소주의의 전체적인 분위기가 그 위에 걸려 있다.[68]

그와는 대조적으로, 라캉주의와 포스트구조주의 이론이 수십 년 동안 주장해 왔듯이 진정으로 "메타언어가 없다"면, 당신이 환상이라는 것을 알아차리고 있더라도 환상은 여전히 작용한다.[69] 현상(그리스어로 파이네스타이phainesthai는 '나타나다'를 뜻한다)은 나타남이자 거짓된 나타남이다.[70] 이것이 공포 영화가 두 번 봐도 무서울 수 있는 이유이다. 만약 메타언어가 정말로 없다면, 당신이 "그것은 환상임"을 알고 있더라도 환상은 여전히 기능한다. 인과성이 발생하기 위해 객체는 다른 객체를 완전히 속일 필요가 없다. 어떻게 그럴 수 있는가? 객체는 총체적 접근이 차단되어 있다. 인과성은 환상-같은 놀이인데, 이는 정

68. Allan Kaprow, "Education of the Un-Artist 1," "Education of the Un-Artist 2," 97~109, 110~126; Theodor Adorno, *Aesthetic Theory*, 103~105 [테오도어 W. 아도르노, 『미학이론』].

69. Lacan, *Écrits*, 311.

70. Heidegger, *Being and Time*, 25, 23~34 [하이데거, 『존재와 시간』] 이 특히 관련이 있다.

확히 물러난 본질과 미적 나타남 사이의 근본적인 대균열, 사물의 존재에 있어서 심오한 모호성이 담긴 "장소" 때문이다. 그것이 인과성이 작용하는 이유이다.

객체는 자기 자신으로부터 물러나 있다. 본질과 나타남 사이에 심오한 대균열이 있는 한, 심지어 객체 그 자체도 객체 그 자체에 대한 적합한 표현이 아니다. 이것은 데카르트와 그 이후를 포함하여 수 세기 동안 존재론을 고착화시켜온 기성의 아리스토텔레스주의가 결코 아니다. 대균열은 실체와 우유성 사이의 차이가 아니다. OOO의 관점에 따를 때, 실체는 다른 존재자로 인한 물러난 객체의 또 다른 "번역"이다 — 컵케이크의 맛이나 성적 매력이 아닌 무게를 측정하는 한 쌍의 저울을 그 예시로 들 수 있다. 어떤 이유에서인지 "우리"는 실체가 평범한 컵케이크를 맛보는 것과 같은 멍청하고 지루한 것이고, 우유성은 미적이며 따라서 사탕가루처럼 피상적인 것이라고 결정했다. 우리가 본질을 추구할 때마다, 우리는 본질을 못 찾을 것이다 — 그것이 현존하기 때문이다.

OOO는 실재론의 한 형태다. 본질을 물신화하려는 모든 시도는 한 존재적 존재자를 다른 존재자보다 존재신론적으로 선호하는 것일 뿐이다. 이러한 존재자들은 모두 나타남이며, 나타남은 항상 (다른 어떤 존재자에) 대한 나타남이다. 그런데 나타남은 단순히 얼굴 없는 본질이라는 축구팀의 치어리더가 아니다. 본질과 나타남 사이의 대균열 그 자체가 인과성의 연료이다. 객체는 환상이 아니다. 그러나 객체는 비-환상이 아니다. 위의 둘보다 훨씬 더 위협적인 것이 참이다. 즉 온전히 실재적이고 본질적으로 자기 자신인 객체의 실재성은 형상적으로 포착할 수 없다는 것이다. 숨겨진 바닥 문은 없고, 단지 당신 얼굴에 그 자신의 신비를 앞으로 내미는 깃털 붙은 가면이 있을 뿐이다. 기적이다. 실재론적 마술이다. 이것은 모두 문학비평가와 건축가, 화가와 배우, 가구 제작자와 작곡가, 음악가와 소프트웨어 설계자의 기술이 인과성의 작용에 따라 발휘될 수 있다는 것을 의미한다.

실체의 역사

이제 한 걸음 물러서서 우리가 어디에 도달했는지를 평가해 보자. 1900년 이후 물리학이 실재가 본질적인 미적 구성요소를 가지고 있다고 생각할 만한 충분한 이유를 제공해 왔음에도 불구하고, 미학은 인문학의 영역에서 좋지 않은 상태에 있다. 예술에 대한 훌륭한 옹호를 원한다면, 인문학자나 심지어는 예술가에게 물어서는 안 된다. 그들은 예술이 거짓, 아름다운 환상이며, 실재적인 것이라는 메마른 회색 케이크 위에 뿌려지는 기만적인 사탕가루라고 말하는 경향이 있다. 그들은 회색 케이크가 부서지기 시작하면 이 사탕가루가 마치 기갑 부대처럼 찾아온다고 말할 것이다. 사탕가루는 참호 속 망상에 빠진 얼간이를 속일 수 있는 일종의 보잘것없는 요정가루로서 역할을 다하지만, 가늠할 수 없이 먼 곳에서 언덕 위에 올라 이데올로기 투쟁을 관찰하는 장교는 속이지 못한다. 작용 중인 원인에 관한 인문학자들의 비범할 정도로 창의적인 사고방식에도 불구하고, 인문학자 일반은 양자 규모의 현상에서 볼 때 어떠한 설명적 뒷받침도 없는, 둔탁한 부딪침의 표준적 인과성에 찬동하기로 결정한 것일까?

어쩌면 인문학자들은 실재가 진정으로 특별한 종류의 예술, 흐르고 배어 나오는 라바 램프 같은 예술이라고 말할지도 모른다. 그러나 라바 램프를 작용시키는 것은 열과 액체, 점성과 여타의 물리적 특성이지 예술이 아니다. 이러한 유물론자들이 의미하는 바는 이 특수한 견해 – 오늘날 우리가 모든 곳에서 볼 수 있는 공식적으로 인정된 견해 – 가 유일하게 참인 견해라는 것이다. 따라서 과정관계론은 좋은 예술과 나쁜 예술로 간주하는 것을 감시하는 방법이 된다. 그것은 라바 램프에 관한 것일지도 모르지만, 사회주의적 실재론과 다를 바가 없다 – 실재를 보는 공식적인 방법이 있으니, 그것을 고수하지 않는다면 당신은 화를 당할지니라. 혹은 당신은 그것이 단지 취향의 문제가 되는 미적 지각에 관한 것이라고 부를 수 있다. 그러자 그것이 답한다. 아니! 이것은 과학에 관한 것이며, 실재적인 것에 관한 것이다. 대부분의 인문학자는 인문학 자체는 고사하고 예술 그 자체도 옹호하고 싶어 하지 않는 것 같다. 근래에 인문학에 대한 가장 강력한 변론은 인문학 수업에서 배우는 비판적 사고를 옹호한 이론 물리학자로부터 나왔다.[71] 일부 인문학자는 예술이 단지 아름다운 거짓말일 뿐이라고 자신을 궁지에 몰아넣으면서, 그런 것에 관해 부끄러워했다 — 예술이 거짓말이면 어떤가? 인문학 옹호는 이런 입장에서 시작한다. 그것들이 기껏해야 진부한 표현으로 끝나는 것은 이 때문이다.[72]

예술은 어려움에 부닥쳐 있고, 그 이유는 매우 길고도 깊은 역사를 가지고 있다. 이 역사는 존재론의 슬픈 이야기와 밀접하게 관련되어 있다 — 사고는 어떻게 존재론으로부터 벗어났는가. 사변적 실재론이라는 철학 운동에서 인문학의 종말에 관한 이야기는 칸트주의적 상관주의, 철학을 인간-세계의 상관관계에 구속한 것으로 거슬러 올라간다. 그런데 사실 문제는 논리학과 수사학이 분리된 초기 르네상스 시대로까지 거슬러 올라간다. 논리학은 한때 수사학의 첫 번째와 두 번째 부분으로 여겨졌었다. 그것은 발견과 배열, 즉 무엇을 말할 것인지, 그리고 어떻게 그것을 끝까지 주장할 것인지에 관한 것이었다. 그런데 피터 라무스와 다른 사람들은 논리학을 수사학으로부터 분리했다. 단번에 수사학은 단순한 양식(라틴어로 엘로쿠티오elocutio)으로 제한되었다. 그렇게 별도의 분과학문으로서의 과학이 탄

---

71. Gregory Petsko, "Save University Arts from the Bean Counters."
72. 예를 들어 Martha Nussbaum, *Not for Profit* [마사 C. 누스바움, 『학교는 시장이 아니다』]를 보라.

생했고, 미학이 그 뒤를 따랐다. 오늘날 누군가를 향해 수사적이라고 말할 때, 우리는 그 누군가가 양식만 있고 실체가 없다는 것을 의미한다.

수사학에 대한 태도는 철학의 장구한 역사에 깊은 영향을 미쳤다. 특히 수사학이 창안과 배치에서, 혹은 과학과 논리학으로 알려진 것에서 분리된 것을 고려해 보자. 이 분리는 세계사적으로 거대한 사건으로서, 초기 형이상학자들을 스콜라적 궤변가로 정의했다. 오늘날, 그러한 정의는 철학이 무엇인지 상상하는 "적절한" 사상가들이 피해야만 하는 서점의 한 구역을 상상하기 위해 "형이상학"이라는 단어를 듣게 된다는 것을 의미한다. 논리학과 수사학의 분리는 별도의 분과학문으로서의 과학을 불러일으켰고, 수사학을 양식으로 환원시켰으며, 이후 양식은 비유론tropology으로 위축되고, 그 후에는 비유론이 은유로 위축되었다. 프로이트, 니체, 그리고 해체주의적 전략은 발견(인벤티오inventio), 과학의 영역, 배열(오르도ordo 혹은 디스포시티오dispositio), 논리학의 영역 내에서 일종의 양식(엘로쿠티오elocutio)을 찾아내는 것이었다. 즉, 그 전략은 과학과 논리학의 영역이 좁게는 양식으로 간주되는 수사적 몸짓을 포함-배제하는 방식을 보여줌으로써 논리학과 과학을 전복시키는 것이다. 제거주의적 유물론의 전략은 수사학이 지식 공화국의 3등급 시민이라며 수사학을 분별없이 무시하는 것이다.[73] 그렇다면 해체주의와 제거주의적 유물론은 의미심장하게 수사학을 향한 공통적인 태도를 공유한다. 그래서 우리가 도킨스, 디 만, 데닛, 혹은 데리다를 읽을 때, 우리는 여전히 양식과 실체를 구분하는 라무스주의적 핀볼 기계에 완전히 빠져있는 누군가를 읽고 있는 것이다.

수사학을 의미의 표면을 장식하기 위한 사탕가루에 구속하는 것은 철학을 구속하는 것과 함께 이루어졌다. 실제로, 그 두 사건은 긴밀하게 관련되어 있다. 데카르트는 사물로부터 기본적인 연장성을 제외한 모든 것을 도발적으로 벗겨내고 과학이 존재론적 통솔권을 가지도록 과학을 신뢰하며 자신과 전임자들 사이에 선을 그었다. 그러나 데카르트 자신은 존재론적 전통의 무게로 인해 곤경에 빠졌다. 데카르트는 스콜라 철학에서 벗어나고 있다고 생각한 바로 그 순간 스콜라 철학의 수렁에 빠졌다.[74] "항상적인 객관적 현전"에 관한 지배적인 (여전히 지배적인) 데카르트적 견해는 수학과 물리학에 의해 보증되었다. 이 현전은 센사티오sensatio(그리스어로 아이스테시스aisthesis)보다는 인텔렉티오intellectio를 통해 인지되었다.[75] 따라서 실재를 생각한다는 것은 정확히 미적 차원을 편집하는 것이다. 그렇게 미

---

73. 이것은 사변적 실재론 자체에 영향을 미친다. 예를 들어, 퀑탱 메이야수의 수사학을 향한 부정적인 견해는 과학주의적 지배의 직접적인 산물이다. 표준 유물론적 관계주의가 지배하고 있다. Harman, *Prince of Networks*, 175 [하먼, 『네트워크의 군주』]를 보라.

74. Heidegger, *Being and Time*, 89. [하이데거, 『존재와 시간』.]

75. 같은 곳. [같은 책.]

적인 것은 단순히 객체의 "인격화"가 되어, "이후 존재자에 가치적 술어를 입히는 것이 된다."[76] 마치 전문 범죄자처럼, 객체를 비모순적인 객관적 항상성으로 만드는 원초적인 상관주의적 사유는 자신의 흔적을 남기지 않는다. 우리는 그저 이것이 사실이라고 가정할 뿐이다. 그런 점에서 OOO는 2세기 동안의 포스트칸트주의적 상관주의뿐만 아니라 5세기 동안의 데카르트주의적 망설임, 게다가 2천 년 이상 된 덩어리, 우유성으로 장식된 특징 없는 실체 덩어리도 다루어야 하므로 갈 길이 멀다.

이는 모든 것을 바꾼다. 그것은 존재론이 어떤 연유로 금기가 되었는지에 관한 것이다. 그것은 어떻게 미학이 수사학으로부터 분리된, 심지어 수사학에 적대적인 차원으로서 생겨났는지에 관한 것이다(수사학에 대한 칸트의 반대를 고려해 보라).[77] 그것은 하먼이 말한 것처럼 어떻게 철학이 시사적인 인지 작업보다는 완벽한 논증에 집착하게 되었는지에 관한 것이다.[78] 그렇기 때문에 완전하게 차갑고 건조한 논증을 대체할 수 있는 유일한 대안은 순전한 비유적 놀이이다. 그리고 그렇기 때문에 오늘날 제공되고 있는 라바 램프 유물론과 같이 새롭고 개선된 형태의 형이상학에 관한 연구가 활발한 것이다. 그러나 이 책이 제시하는 관점에 따르면, 심지어 그러한 유물론은 동

---

76. 같은 책, 92. [같은 책.]

77. Don Abbott, "Kant, Theremin, and the Morality of Rhetoric"를 보라.

78. Harman, *Prince of Networks*, 163~85. [하먼, 『네트워크의 군주』.]

결-건조된 완전성과 가루로 장식된 공허라는 선택지로부터도 퇴보한 것이다.

OOO는 우유성에서 실체를 분리하고 논리학에서 수사학을 분리하는 연동기에서 우리를 빼낸다. 이것은 정확히 OOO가 양식을, 무차별하게 서로 부딪히는 덩어리들 위에 뿌려진 사탕가루가 아니라 인과성의 기본적인 양상으로 상상하기 때문이다. 나타남은 단순히 얼굴 없는 본질이라는 축구팀의 치어리더가 아니다. 예술에 관해 생각한다는 것은 인과성에 관해 생각하는 것이다.

수사학과 논리학의 분열, 그리고 이후에 미학과 과학의 분열은 유신론이 지식과 예술에 걸었던 자물쇠를 부수는 데 도움을 주었다. 그러나 근대성이 스스로 초월하고자 하는 것을 중세라고 경멸적으로 부르며 자신을 전개해 왔던 시대의 초기부터, 마치 숙취의 두통과도 같은 이상한 일들이 이어져 왔다. 첫째로, 1277년 신의 권능을 제한하는 학설에 대한 파리 주교의 비난, 그리고 그에 대한 요한 21세의 축복과 함께 시작된 무한한 공간의 관념이 있다 — 그대, 신이 원하는 무엇이든 창조할 수 없다고 상상해서는 안 될지어다. 신은 무한한 진공을 창조할 만큼 충분히 강력했고, 그러므로 신은 그렇게 했다.[79] 물리학과 귀납 논리가 그 작은 유신론적 그림자를 극복하는 데까지는 1900년까지 기다려야 했다. 현재 우리는 아인슈타인 덕분에 시

79. Edward Casey, *The Fate of Place*, 106~116.

공간을 객체가 그 안에 떠 있는 거대한 그릇이 아니라 객체들의 창발적 특성으로 생각할 수 있게 되었다. 어째서 이게 중요한가? 왜냐하면 무한한 진공은 원자론을 뒷받침하고, 따라서 그것은 기계론을 뒷받침하기 때문이다. 게다가 인과적 차원이 기계론적이지 않은 한, OOO는 지적 설계자가 만든 장난감 세계가 아닌 진정한 비신론적 관점을 제공한다. OOO는 논리학과 수사학을 같이 생각할 수 있었던 시간으로 역설적으로 회귀하여 이 혼란을 정리한다. 뒤에서 보겠지만, 수사학적 이론은 인과관계의 여러 양상에 관한 설득력 있는 모델을 제공한다. 근대를 정말로 극복하고 싶다면 이것이 당신이 해야 할 일이다. 인간적 사탕 조각의 가치를 위해 투쟁하는 것을 포기하라. 미적 차원을 실재의 피와 살로 보라.

근대 초기에 미학은 인간이 지각하는 방식에 관한 모든 것이 되었고, 그 후에는 인간이 특정 객체, 즉 예술 작품을 지각하는 방식으로 제한되었다.[80] 본격적인 수사학적 이론의 장인과도 같은 화용론은 사라졌다. 다양한 삶의 방식에 대한 수사학의 적용 가능성은 사라졌다. 우리가 수사학에 관한 좀 더 원만한 관점, 사실상 수사학을 인과성으로 생각하는 관점으로 돌아가면, 스콜라 철학이라는 비난을 받게 될 것이다. 왜냐하면 우리가 근대성에 머무르고 있다는 것을 지시하는 것이 바로

---

80. Terry Eagleton, *The Ideology of the Aesthetic*, 1~30.

스콜라 철학이라는 용어의 사용법이기 때문이다. 스콜라 철학은 마치 잡초처럼 당신이 가지고 다니기 싫은 것을 의미한다 — 그것은 잘못된 장소에서 잘못된 것에 관해 다루는 철학이다. 이것이 사물들의 도식에서 존재론이 점하는 슬픈 현 위치다. 어쨓게든 근대 철학자들의 엘리트 클럽에 들어갈 수 있었던 하이데거를 제외하고, 존재론은 대체로 바늘의 머리 위에서, 부동의 동자 위에서, 천구 위에서 빙빙 돌며 춤을 추는 천사들의 것이었다. 다른 말로 하자면, 그것은 아리스토텔레스가 매우 진지하게 받아들여졌던 시절의 향수였다. 그런데 만약 인간이 근대성을 벗어나려고 한다면 — 이것을 현재의 생태적 긴급사태가 요구하는 것처럼 보이는데 —, 그와 함께 일어나는 철학들은 상당히 아리스토텔레스주의적인 것처럼 보이기 시작할 것이다.

결국, 둔탁한 부딪침의 효과성에 불과한 것이 아닌, 다른 형태의 인과성을 주장한 사람은 아리스토텔레스였다. 그는 둔탁한 부딪침의 효과성이 질료인, 형상인, 작용인, 그리고 목적인이라는 사원인 중 하나[작용인]일 뿐이라고 생각했다. 아마 우리는 포스트다윈 시대에 목적인이 법정에 다시 나오지 않을 것이라는 점에 동의할 수 있을 것이다. 우리는 목적론을 놓아버릴 수 있다. 즉 유신론의 큰 덩어리를 그저 증발하게 놔둘 수 있다. 한편, 질료인은 내가 여기서 제시하는 다양한 논증을 통해 다루어질 수 있다. 간단히 말해서, “원재료”는 정확히 맑스가 말한 대로 공장의 문 한쪽 끝에서 들어오는 것들이다 — 공장에서 원재료에 대한 작업이 이루어지는 한, 원재료가 무엇인지는 중요하지 않다. 그렇다면 물질은 언제나 관계론적이다 — 물질은 언제나 ~에-대한-물질이다. 질료인은 환유, 즉 간접적으로 다른 것을 환기하는 비유이다. 의자는 목재로 만들어졌고, 전자 칩은 실리콘으로 만들어졌다. 질료인에 관해서는 말할 수 있는 것이 많다.

중대한 것은 형상인의 복귀다. 형상적 인과관계와 대리적 인과관계는 같은 현상의 부분이다. 그런데 17세기 이후 "근대" 과학은 작용인과 질료인을 제외한 모든 원인을 제거하는 데 매우 열심이었다. 그러나 양자 이론은 형상적 인과관계에 관한 재고를 필요하게 만들었다. 전자는 전자기 도넛의 구멍을 타고 가지만, 그럼에도 마치 도넛 안에 있는 것처럼 반응한다. 그것은 아마도 장의 모양, 형상, 미학에 반응하고 있는 것인데, 이것이 처음으로 관찰된 종류의 비국소성, 아하로노프-봄 효과이다.[81] 마찬가지로, 새는 실제 이온이 아닌 전자기장의 양자 신호를 탐지한다.[82] 비국소성은 우리 세계에 관해 매우 심오한 무언가가 작용적이거나 질료적이지 않고 형상적이라는 것, 즉 미적인 것임을 의미한다. 물질 그 자체나 텔로스가 없는 우주에서 형상인은 대리적이다. 형상인에 대한 다른 용어는 "미적 차원"이다.

81. Yuri Aharanov and David Bohm, "Significance of Electromagnetic Potentials in the Quantum Theory."

82. Maria Isabel Franco et al, "Molecular Vibration-Sensing Component in *Drosophila Melanogaster* Olfaction."

만약 새들이 전자기파의 비국소적 양자 신호를 탐지하여 길을 찾는다면, 새들의 방향 감각은 형상적이다. 형상인이란 무엇인가? 예술 학교와 문학 과정에서 공부하는 것이 사물의 형태인 이유는 무엇인가? 진공 속의 원자를 상정하고, 작용인에 초점을 맞추어서 인과성을 보면 그것은 우리에게 원자들이 어떻게 회전하고 서로 둔탁하게 부딪치는지를 알려준다. 그러나 진공 속의 원자는 우리에게 주어지지 않았다. 우리에게는 시공간 자체가 일정 규모의 객체들의 창발적 특성이 되는 양자 수프가 주어졌다. 우리에게는 연못 표면에 잔물결을 일으키는 돌멩이처럼 시간과 공간을 방출하는 행성과 블랙홀이 주어졌다. 우리에게는 게놈이 자신을 표현하는 방식에 따라 일정한 형태를 취하는 생명체가 있다. 우리에게는 햇빛, 풍선, 아몬드 버터, 그리고 사시나무가 있다. 우리에게는 때리고, 튕기고, 반짝거리며 빛나는 객체가 있다.

현대 과학과 OOO는 형상적 인과관계를 되살리고 질료인의 지위를 낮추거나 심지어 제거하는 작업에 종사하고 있는 것처럼 보인다. 결론은 "물질"이라는 것은 고유한 사물이 다른 사물에 의해 사용/착취/작업될 때 그렇게 보이는 것일 뿐이라는 것이다. 작용인은 형상적 관계의 창발적 특성일 뿐이다. 그런데 루퍼트 쉘드레이크의 운명에 관해서만 고찰해 보아도, 형상인이 금기시되는 현대의 감각을 느낄 수 있다. 1981년에 쉘드레이크가 말하는 소위 **형성적** 인과관계에 관한 책은 제거주의적인 입장을 가진 『네이처』지의 편집자의 분노를 샀고, 놀랍게도 편집자는 갈릴레오를 박해하는 가톨릭교회와 자신을 기꺼이 비교할 정도였다. 제거주의적 유물론이 자기 발등을 찍는 것처럼 들리는 이유는 실제로 그것이 제 발등을 찍고 있기 때문이다.[83]

그러므로 하먼이 물러난 객체를 가지고 인과관계를 설명하는 유일한 방법이 그가 매혹이라고 부르는 일종의 미적 과정을 통해서라고 결정했을 때, 이는 참으로 대담하고 반직관적인 한 수였다. 한 객체가 다른 객체에 영향을 미칠 때, 이것은 일종의 미적 차원을 통해서 이루어질 수밖에 없다. 따라서 우리가 앞에서 만난 공룡은 진흙 속으로 들어가 발자국을 남긴다. 공룡은 진흙을 공룡어로 번역한다. 공룡은 적확히 나, 한 명의 인간이 진흙을 만지고 진흙에 관해 말할 때 불가피하게 진흙을 의인화하는 것처럼 그것을 공룡화한다. 6천 5백만 년 후, 한 고생물학자가 화석화된 공룡 발자국을 조사한다. 고생물학자는 비시간적인 구성 공간, 내가 상호사물성이라 부르는 곳 속에서 공룡 및 고대 진흙과 함께 공존한다. 이 공유된 감각적 공간 속에서, 고생물학자는 발자국에 영향을 미칠 수 있고, 발자국은 고생물학자에게 영향을 미칠 수 있다. 실재의 이러한 수준은 마치 교차하는 선들, 표시들, 상징들, 상형문자들, 수수께끼들, 노래들, 시들, 그리고 이야기들로 구성된 거대한 그물망인 것만 같다.

---

83. Rupert Sheldrake, *Morphic Resonance*.

객체를 가장 잘 기술하는 인과성은 정보 흐름, 복사, 샘플링, 그리고 번역과 관련이 있다. 객체의 미적 형상이 그 안에서 인과적 영향을 끼칠 수 있는 공간이 있다. 이것은 둔탁한 부딪침의 인과성 – "원인과 결과"라는 문구를 듣자마자 우리가 시각화하는 당구공들의 맞부딪침 – 이 다른 모든 종류의 사건을 포함하는 훨씬 거대한 미적 차원에 속한 한 종류의 사건에 불과하다는 것을 의미한다. 우리는 유신론적이고 허무주의적인 공허를 물러남으로 바꿀 수 있다. 아리스토텔레스가 배제하는 무한과 영원은(이는 이슬람 철학자들 역시 배제하고 있지만, 유럽 철학자들은 좀처럼 말을 듣지 않는데) 빈 공간을 함의하며, 이 빈 공간에서 객체들이 마치 사무실 장난감 속의 금속 공처럼 서로에게 둔탁하게 부딪친다.

인과성은 현재까지 수 세기 동안 일종의 기계론적인 둔탁한 부딪침으로 상상되어 왔다. 상대성 이론과 양자 이론은 둔탁한 부딪침의 인과성에 큰 타격을 주었다. 심지어는 전기분해와 전자기학 또한 둔탁한 부딪침의 인과성에 타격을 주었다. 그러나 둔탁한 부딪침의 인과성은 스콜라 철학이라고 불리는 것, 즉 실재에 관한 존재론적 설명을 생산하려는 시도에 대한 경멸과 함께 잘 작동한다. 그리고 우리는 둔탁한 부딪침의 기계론적 유물론의 사고를 고집한다. 이 사고에서는 지하실을 가득 메운 기계들이 윙윙거리며 작동하고 있고, 그 외 모든 것은 이 기계 위에 놓인 일종의 사탕가루, 현시적 이미지가 된다. 둔탁한 부딪침의 인과성은 아리스토텔레스의 사원인을 하나로 압축하는데, 그렇게 순수한 작용인만이 남게 된다. 우리는 실재가 무엇으로 만들어져 있는지 알고 있다고 가정하는데, 그것이 물질이다. 그러고 나서 우리는 형상이 미적 나타남, 표면 위의 장식이라고 가정한다. 우리는 이미 자신을 존재론이라고 부르고 싶지 않아 하는 표준적 존재론을 인정했다.

내가 위에서 언급했듯, 이슬람 철학자 알-킨디는 둔탁한 부딪침의 인과성의 아름다운 비판자였는데, 그에 따르면 둔탁한 부딪침은 오로지 은유일 뿐이다. 공에 둔탁하게 부딪히는 공은 금속 프레임에 부착된 줄들로 인해 제자리에 고정된다. 줄들 또한 둔탁한 부딪침의 원인이다. 액자는 경영자 사무실의 책상 위에 놓여 있다. 그 사무실은 대기업의 일부이다. 그런 식으로 부동의 동자로까지 거슬러 내려간다. 인과관계는 은유적이다.[84] 인과성을 번역으로 생각하는 편이 훨씬 낫다.

이를 받아들이면 관점이 심대하게 바뀐다. 둔탁한 부딪침은 가능한 다양한 종류의 번역 중 하나일 뿐이다. 우리는 둔탁한 부딪침이 끌림, 유혹, 유도, 촉진, 혹은 얽힘보다 더 실재적이라는 결정을 내렸다. 어째서 둔탁한 부딪침 소리가 인과성에 관해서 유일하게 진실한 은유여야 하는가? 은유에 대한 진실한 은

---

84. Al-Kindi, "The One True and Complete Agent and the Incomplete 'Metaphorical' Agent," 22~23.

유라니, 이 얼마나 부조리한가.

하먼의 저서를 읽은 많은 독자는 물러난 객체의 가능성을 받아들이거나 최소한 인정할 준비가 되어 있다고 말한다. 그러나 인과성의 엔진으로서의 매혹은? 은유, 번역으로서의 원인과 결과는? 이것이 독자들이 어려워하는 지점이다. 그런데 이것은 내가 OOO에서 직관적으로 가장 흥미롭고 설득력 있다고 생각하는 부분이다. 게다가 인과성에 관한 미적 설명은 물리적 실재에 관한 가장 심오한 과학적 이론과 완전히 일치한다. 『실재론적 마술』은 객체가 생성되는 방식, 존속하는 방식, 사라지는 방식에 상응하는 세 단계를 통해서 OOO의 이 중요한 부분을 탐구한다.

객체는 위선자이다

먼저 수사학적 이론을 가지고 어떻게 인과성에 관해 생각해 볼 수 있는지 윤곽을 그려보자. 우리는 아리스토텔레스 수사학 다섯 가지 요소의 암묵적 순서를 뒤집음으로써 수사학 전체를 객체지향적으로 다시 쓸 수 있다. 다섯 가지 요소는 창안(또는 발견), 질서(또는 배치), 양식, 기억, 전달이다. 창안에서 시작하여 배치와 표현법elocution을 거쳐 기억과 전달로 진행하는 대신, 우리는 전달에서 시작해야 한다. 전달은 정확히 레마rhema, 말의 물리성이다. 데모스테네스는 그의 입을 자갈로 채우고 오르막길을 걸으며 전달법을 연습했다. 자갈과 언덕은 데모스테네스의 수사에서 한 역할을 맡는다. 그런데 수사학은 그것보다도 더 비인간적 존재자와 관련이 깊다.

순서를 뒤집는 것은 수사학에 관한 일반적인 가정(예를 들어, 대학 수준의 작문 수업에서의 일반적인 가정)에 함의된 목적론을 폭발시킨다 – 먼저 발상을 가지고, 그 발상을 주장하는 방법을 구상한 다음, 귀에 사탕 발린 말을 붓고, 그 후에는 암송하거나 업로드하거나 한다. 물러난 객체는 무언가를-위해 현존하지 않는다. 우리는 종종 전달을 음량 조절이나 스테레오의 이퀄라이저와 같은 것으로 취급하며 전달이 수사학에서 이차적인 것이라고 전제한다 – 전달은 수사의 외부를 조절하는 문제가 된다. 이것은 데모스테네스와 키케로가 생각한 것이 아니다. 수사학에서 가장 중요한 부분의 명칭을 묻는 말에 데모스테네스는 다음과 같이 응답했다. "첫 번째는 전달이요, 두 번째도 전달이요, 세 번째도 전달이다" – 이 시점에서 대화 상대는 이미 설득되었지만, 데모스테네스는 계속할 준비가 되어있다.[85]

우리가 전달을 이미-현존하는 논증이 그 안에 액체처럼 쏟아지는 병이나 우편물처럼 메시지를 전달하는 봉투로 생각

85. Quintilian, *Institutio Oratorio* 11.3. 이 책의 Loeb Classical Library 판본은 아직 종이책으로 출판되지 않았으나 다음 링크에서 온라인본을 읽을 수 있다. http://penelope.uchicago.edu/Thayer/E/Roman/Texts/Quintilian/Institutio_Oratoria/11C*.html-3 [퀸틸리아누스, 『스피치교육』.]

하지 않고 물리적 객체이자 그것의 감각적 매개체로서 생각한다면, 우리는 전달을 퀸틸리아누스처럼 생각하게 될 것이다. 그는 위대한 배우들에 관해 다음과 같이 말했는데, "배우들은 심지어 위대한 시인들의 매력에도 더욱더 많은 것을 첨가해서, 그리하여 시를 읽을 때보다 들을 때 훨씬 더 감동할 수 있게 한다. 그들은 가장 가치 없는 작가에 대해서도 청취의 감동을 지켜내며, 그 결과로 도서관에서 거부당한 자가 무대 위에서 환영을 받게 하는 데 반복적으로 성공한다."[86] 이에 관한 객체지향적 설명은 그 자체의 풍부함과 숨겨진 깊이를 가진 객체, 즉 목소리가 자신이 발화하는 문자를 마치("마치"라는 것에 주의하라) 언어의 모호한 차원을 소환하고 있는 것처럼 번역 – 계시를 통해서가 아닌 모호함을 통해서 객체의 암호화된 심장을 으스스하게 환기하는 작용 – 한다는 것이다. 퀸틸리아누스는 퀸투스 호르텐시우스에 관해서, 그의 연설 원고가 얼마나 끔찍했는지를 참작할 때 사람들이 그를 키케로에 이은 이인자로 평가하는 이유는 그의 목소리가 "어떤 매력을 가지고" 있었기 때문일 것이라고 말한다.[87] 자! 나를 로고스중심주의라고 비난하기 전에, 실제로 의미의 숨겨진 깊이에 접근할 수 있게 해주는 것이 목소리인 것은 아니라는 점을 깨달아야 한다 – 목소리는 그

86. 같은 책. [같은 책.]
87. 같은 책. [같은 책.]

자체로 기이한 배음으로 진동하는 객체이다. 에크프라시스(한 층 고조된 생생한 묘사)처럼, 은유처럼, 목소리는 우리를 향해 도약하여 자신의 밀도와 불투명성을 개방한다. 목소리에는 하먼이 매혹이라고 부르는 것, 인과성이 일어나는 감각적 에너지의 차원이 있다.[88]

우리는 목소리가 그 자체로 객체임을 생각하는 데에서, 플라스틱 컵 안쪽에 기대어 있는 연필은 연필을 전달하는 것, 시끄러운 목소리와 꼬드기는 칭얼거림과 유사한 일정한 종류의 물리적 자세라고 주장하는 것으로 나아갈 수 있다. 주택은 입주자와 방, 뒷마당을 다양한 구성으로 가지고 노는 전달이다. MP3 플레이어와 마찬가지로 레코드플레이어는 전달이다. 책은 전달이다. 폭포는 전달이다. 컴퓨터 게임은 전달이다. 숟가락은 전달이다. 화산은 전달이다. 리본은 전달이다. 블랙홀은 전달이다. 전달에 관한 이러한 확장된 의미에서 수사학의 다섯 부분을 거꾸로 나아가면, 우리는 결국 인벤티오inventio에 이르게 될 것이다. 우리는 인벤티오가 사실 객체의 물러남이라고 말할 수 있다 — 즉, "발견"discovery이 아니라 "은폐"covery, 어두운 인벤티오 또는 역전 인벤티오라고 할 수 있다.

객체지향 수사학은 명시적인 것을 향한 장거리 행진이 아니라, 전달에서 물러남으로, 감각적인 것에서 암묵적 비밀과 침묵

---

88. Harman, *Guerrilla Metaphysics*, 142~44, 172~82.

으로 우리를 빨아들이는 중력장이다. 아리스토텔레스의 『수사학』은 침묵에 의존하는데, 수사학에는 청자가 필요하기 때문이다 — 따라서 그의 대작 후반은 다양한 유형의 정동, 다양한 양식의 청취에 관한 철저한 해명에 전념한다. 하먼은 은유가 우리가 쉽게 이용할 수 있는 것으로 보이는 객체의 감각적 성질조차도 물러난 것으로 보이게 만든다고 주장한다.[89] 그렇다면 은유가 하는 것은 다른 비유법과 다르지 않으며, 오래된 설명서에서는 이를 옵스쿠룸 펄 옵스쿠리어스[불분명한 것을 더욱 불분명한 것으로 설명하기]obscurum per obscurius라 부르는데, 즉 모호한 것을 더욱 모호하게 보이게 함으로써 그것을 설명하는 것이다.[90] 퍼시 셸리는 이 비유를 매우 좋아했다 — 그의 이미지는 계몽enlighten하기보다는 무명화無明化, endarken한다.[91] 우리가 이것을 수사학 전체에 일반화한다면, 객체지향 수사학은 객체가 신비한 로브, 동굴, 고독의 요새와 문어 먹물을 겹겹이 접어서 자신을 모호하게 만드는 방식이 된다. 하이데거가 주장했듯, 발견과 밀폐는 밀접하게 관련되어 있다.[92]

객체에 관해 생각하는 것이 우리를 전달에서 (발견)은폐(dis)covery로 데려갈 때, 객체로 있음은 수사학의 모든 다른 부분이

---

89. 같은 책, 162.

90. Richard Lanham, *A Handlist of Rhetorical Terms*.

91. Timothy Morton, "Introduction," *The Cambridge Companion to Shelley*.

92. Joan Stambaugh, *The Finitude of Being*, 7~11, 59~70.

동시에 발생하는 것과 관련이 있다. 수사학의 다섯 부분을, 의미를 명시적이게 만들기 위한 단계적 설명서("먼저 주제를 선택한 다음, 자신의 논증을 조직한다…")로 보는 대신, 어떤 객체를 신비하고 낯설면서도 직접적이고 얼굴 앞에 있는 것으로 만드는 객체의 동시적 양상들이라고 볼 수 있다. 이런 식으로 수사학의 다섯 부분을 설명하면 우리가 그것들을 눈앞에-있는 vorhanden(하이데거) 존재자나 우유성으로 장식된 형이상학적 실체 — 플라스틱 컵이 있고, 약간의 색을 추가하자 이제 우리는 컵이 특정한 형태를 가지고 있음을 알게 되고, 그 외 등등 — 로 왜곡하는 것을 방지할 수 있다. 양상들의 이러한 동시성은 음악가가 음색 timbre이라고 부르는 것을 설명하며, 이는 목재timber의 실체성을 상기시키는 단어이다. 설령 같은 음표라 해도 플라스틱 컵에서 연주되는 소리와 부드럽게 닦인 나무 원통에서 연주되는 소리는 매우 다르다. 사물의 숨겨진 차원의 양상인 자비에르 주비리의 음표와는 대조적으로, 음색은 다른 객체에 대한 어떤 객체의 감각적 나타남이다.[93] 그래서 객체지향적 의미에서의 수사학은 객체의 음색이 현현하는 방식이다.

우리가 전달, 감각적 객체의 이용 가능성에서 시작한다면, 우리는 즉시 객체에 관해 낯설게 속삭이는 수많은 신비한 성질

93. Xavier Zubiri, *On Essence*, 46~47. 또한, Harman, *Tool-Being*, 243~268를 보라.

들을, 그 객체의 양상들을 펼칠 수 있게 된다. 전달은 전달하는 것과 전달자를 모두 기형으로 만들어서, 말을 더듬게 하고 캐리커처화하고 리믹스하고 리마스터한다.[94] 거꾸로 작용하면서, 감각적 객체는 존속하고(메모리아), 고유한 "양식"(엘로쿠티오)을 전시하며, 자신의 음표와 부분을 조직하며(디스포시티오 그리고 오르도), 하면이 모든 접촉에서 물러나는 것을 보고 "녹아내린 핵"이라고 부르는 것(인벤티오)을 포함한다.[95] 플라스틱 컵이 연필에 하는 것이 이것이다. 정원은 집에 이것을 한다. 플라스틱 컵은 심지어 자기 자신에게도 이것을 한다. 컵의 부분들은 컵의 역사가 가진 다양한 양상을 설명하고 일정한 형상적 배열에 따라 연결된 특정한 양식으로 컵을 제시하면서, 다소 왜곡된 방식으로 전체를 "전달"한다 — 그리고 마지막으로, 이러한 성질들 자체는 눈앞에-있는 방식의 검토에 대해서는 기이하게도 이용 가능하지 않은 것이다.

사물의 녹아내린 핵은 전달된 것 안에 싸여 있다. 전달에 대한 그리스어 휘포크리시스hypokrisis를 라틴어 악티오actio나 프로눈티아티오pronuntiatio로 번역하면 이에 관한 단서를 얻을 수 있다.[96] 우리는 휘포크리시스로부터 "위선"hypocrisy이라는 단어

---

94. Alphonso Lingis, *The Imperative*, 135.
95. Harman, *Guerrilla Metaphysics*, 102~6, 119~21 ; 161.
96. Charlton T. Lewis and Charles Short, *Latin Dictionary*의 actio, pronuntiatio 항목.

를 얻는다.[97] 그것은 "판단하기"나 "해석하기"라는 동사에서 유래했다 — 객체는 자기 자신을 해석한다. 그런데 객체들이 완전히 생생한 객체 집합을 가장하고 또 생성하면서, 객체들은 마치 배우와 같은 것이 된다 — 오케스트라가 악보를 연주함으로써 악보를 "해석"하듯이 말이다. 예를 들어, 휘포크리시스는 동물 울음소리의 선율이나 양식을 의미할 수 있다. 울음소리는 그 동물을 표현하지만, 울음소리는 그 자체로 객체이기도 하다. 프로눈티아티오는 다른 객체에 대한 한 객체의 현시적 나타남에 관한 것이다. 그것은 휘포크리시스의 가장적 측면을 말한다. 악티오는 좀 더 시행Vollzug(하이데거)과 관련된 것처럼 보이는데, 그것은 객체의 숨겨진 본질이 어둡게 펼쳐지는 것과 관련이 있다. 악티오는 객체가 존재에 마술적으로 거품을 내는 방식을 말한다.

따라서 객체는 그 내부에 영구적 갈라짐이 생긴 위선자이다. 냉소적인 우주에서 사느니 위선적인 우주에서 살겠다. 우리는 이백 년 동안 "네가 할 수 있는 것은 무엇이든 나는 메타 차원에서 할 수 있다"라며 철학적 게임의 표준을 만들어온 증상에 지쳤다. 이 시대에 철학은 객체를 벗어나 그 너머로 도약하는 것이 진정한 철학과 지성의 표식이라는 데 다소 암묵적으로 동의해 왔다.

---

97. Henry George Liddell and Robert Scott, *A Greek-English Lexicon*의 ὑποκριτής 항목.

객체지향 수사 이론이 존재론적인 진공으로-밀봉된 객체들 사이에서 가능한 유일한 인과관계, 즉 대리적 인과관계를 설명할 수 있다고 상상할 수는 없을까? 하먼은 "요소" 또는 "성질 객체"—어떻게든 서로 소통하는 감각적 객체들의 양상들—에 관해 말한다.[98] 나의 낯선 역전 수사학이 이것에 대한 모델을 보급할 수 있을까? 그렇다면 요소가 구절, 혹은 수사적 도미문rhetorical period과 유사할 수 있을까? 하먼은 은유라는 언어적 비유가 매혹일 수 있다고 하는데, 그것은 은유가 우리에게 어떤 더 깊은 인과성의 감각을 맛보게 해준다는 바로 그 이유 때문이다.[99] 수사적 구절과 도미문으로 구성된 펜과 나무 탁자의 상호작용, 즉 한 객체의 요소가 다른 객체를 설득하는 것을 상상할 수 있을까? 한 객체가 다른 객체를 권고, 추진, 유도 또는 좌우하는 방식과 관련이 있는 설득의 라틴어적 뿌리(수에데오suadeo)를 고려해 보라.[100] 요컨대 미적인 것은 실재적인 것의 표면을 덮는 피상적인 사탕 도금이 아니라 인과성의 윤활제, 에너지, 접착제이다. 그렇게 생각할 때 우리는 비로소 라무스주의적 기계의 전원을 끌 수 있다.

현상의 놀이

---

98. Harman, *Guerrilla Metaphysics*, 164~70, 171.
99. 같은 책, 172.
100. Lewis and Short, *Latin Dictionary*, suadeo 항목.

객체는 전달의 형상이다. 이는 객체가 위선자임을 의미한다 — 그리고 이는 객체가 배우[행위자]임을 의미한다. 인과성을 생각하는 가장 포괄적인 방법은 드라마를 생각하는 것이다. 이 가설이 제기하는 어렵고도 놀라운 사실을 살펴보자.

에머슨은 「경험」이라는 그의 글에서 "모든 객체의 덧없음과 윤활성"에 관해 쓴 적이 있다. "이것은 우리가 객체를 있는 힘껏 손으로 움켜쥐었을 때도 우리 손가락 사이로 빠져나가게 한다."[101] 이것은 인간이 어떻게 객체를 알아가는지(그리고 알아가는 데 실패하는지)에 관한 기술일 뿐만 아니라, 전반적으로 객체들 사이에서 일어나는 일에 관한 우아한 이미지이기도 하다. 이제 OOO식 농담처럼 들리는 것은 에머슨이 우리가 객체를 움켜쥐면 객체를 우리에게서 빠져나가게 하는 이 역동성이 "우리의 상태에서 가장 손에 벅찬 부분"이라고 말한다는 것이다. 객체지향 존재론자라면 놓칠 수 없는 용재성[손-안에-있음] Zuhandenheit의 개념에 대한 유희가 있다. 하이데거는 도구를 분석하며 손-안에-있는zuhanden 도구와 눈앞에-있는vorhanden 도구를 구별한다. 하이데거는 우리가 도구를 사용하면 도구는 자신의 기능으로 사라진다고 주장한다. 어떠한 파손(또는 그것에 대한 우리의 미적 구상)이 도구를 배경으로부터 고립시킬 때 도구는 비로소 나타난다. 하먼은 이를 망치류에, 그리고 인간류

101. Ralph Waldo Emerson, "Experience," 309.

와 망치류 사이에뿐만 아니라 모든 존재자 사이와 내부에도 적용되는 것으로 발전시킨다.[102] 하먼은 가장 일관된 형태로 도구 분석을 파악하려면, 어떤 사건 — 하이데거가 배제하는 망치의 도구로서의 사용을 포함하여 — 도 객체가 자신을 눈앞에-있는 패러디로 번역한 것임을 수용해야 한다고 주장한다.

당신이 친구와 함께 런던의 테이트 브리튼 미술관을 돌아다니고 있다고 해 보자. 둘 다 예술에 관해 좀 알고 미술사와 비평을 공부했다. 당신은 특별하고 거대한 터너의 그림 컬렉션을 보러 간다. 당신은 안개에서 나오는 기차를 그린 〈비와 증기와 속도〉 앞에 멈추어 선다. 기차는 밝고 선명한 색깔로 형성된 구름으로 뒤덮인 유령처럼 보인다. 당신은 그림에 관해서 친구와 대화를 나눈다. 당신의 친구가 말한다. "터너는 '철도 시대'와 기관차에 의해 구현된 진보의 긍정을 바로크 시대에 발전한 알레고리와 렘브란트를 연구하며 얻은 양식을 가지고 축하하고 있어." 그런데 당신은 그에 동의하지 않고 이렇게 말한다. "이 그림에서 터너는 자신이 오랫동안 사랑했던 템스강의 아름다운 일부를 가지고 기계로 인한 환경 파괴에 항의하고 있어."[103]

여기서 도대체 무슨 일이 벌어지고 있는가? 두 명이 동시에 옳을 수 있는가? 이것은 모순, 양진문장을 함의하지 않는가?

---

102. Harman, *Tool-Being*, 19, 24, 28, 35~36.
103. 이것은 존 게이지와 존 맥커브리에게서 인용했다. Brandon Cooke, "Art-Critical Contradictions"를 보라.

아리스토텔레스의 팬들은 비모순율 위반을 경계한다. 그래서 당신은 모순을 정당화할 다른 이유를 찾는다. 어쩌면 당신은 상대주의자가 되어야 할 것이다. 문학평론가 스탠리 피시가 주장했듯, 어쩌면 당신은 다른 해석공동체에 속해 있는 것일지도 모른다.[104] 그러나 이러한 주장은 두 가지 문제를 지닌다. 첫째로, 이 주장은 문제를 한 단계 뒤로 미룬다. 이제 당신은 어떻게 그런 해석공동체가 현존하는지를 설명해야 한다. 둘째로, 더 심각하게, 두 사람은 정말로 다른 공동체에 속해 있는 것인가? 당신은 친구와 같은 학교에 다녔고, 20년 동안 친구였고, 같은 선생님들과 함께 공부했다. 이것은 그림을 보거나, 시를 읽거나, 음악을 듣는 데 있어서 일상적인 경험이다. 어떤 기본적인 합치가 없다면 그러한 차이는 가능하지 않을 것이다. 그렇게 피시의 해결책을 배제한다. 결국, 그림을 보는 즐거움 중 하나는 예정된 불일치이다.

그런데 어떤 예술비평적 모순은 참인 것처럼 보인다.[105] 어째서인가? OOO의 대답은 객체 자체에 심오한 존재론적 모호성이 있다는 것이다. 이 모호성은 객체들 사이의 관계와 객체 내부의 관계에 반영되어 있다. 이 모호성의 본성을 좀 더 탐구해야겠다.

---

104. Stanley Fish, *Is There A Text in This Class?*, 147~174.
105. 신랄한 논의를 위해서는 Cooke, "Art-Critical Contradictions"를 보라.

테이트 브리튼 미술관에서 일어난 당신과 친구의 이야기로 돌아가 보자. 당신은 임마누엘 칸트가 『판단력 비판』에서 유사한 관측을 했던 것을 기억한다. 아름다움의 경험은 역설적인데, 왜냐하면 아름다움이 자신이 아니라 객체에서 방출되는 것처럼 보이기 때문이다. 그 경험은 보편화될 수 있는데, 마치 모든 사람에게 적용되어야만 하고 심장이 뛰는 사람이라면 누구나 당신이 사랑하는 것을 사랑해야만 하는 것 같다. 당신은 그 그림의 그림엽서를 당신의 모든 친구에게 보내고 싶어 한다. 그러나 당신이 좋아하는 것을 그들에게 강요한다면, 당신의 경험은 아닐지라도 그들의 경험을 망칠 것이라는 점을 깨닫는다. 마치 취향은 상대적이라는 말이 입 밖으로 나올 것만 같다. 그러나 아름다움이 객체에서 방출되는 것처럼 보인다는 첫 번째 기준으로 인해서 그렇지 않다. 만약 아름다움이 당신의 내부에서 유래하는 것으로 느낀다면, 그것은 아름다움을 망칠 것이다. 그렇게 되면 당신은 아마도 어떤 신경화학물질이 아름다움과 관련이 있는지 헤아리고 동일하거나 그 이상의 경험을 제공하는 약물을 만들려 할 것이다. 아름다움은 또한 세 번째 구성요소, 비개념적 성질로 인해서 상대주의를 회피한다. 아름다움에 관해서는 뭐라 말할 수 없이 좋은 것je ne sais quoi이 있다 — 칸트는 그림의 어떤 요소도 고립되어 아름답다고 칭해질 수 없다고 주장한다. 나는 아름다움의 "유효성분"을 찾을 수 없다.

이는 아름다운 것이 환원될 수 없다는 것을 의미하지 않는가? 우리는 아름다운 것을 그것의 부분들로 환원할 수 없는데, 그것은 유효성분을 고립시키는 것이 될 것이기 때문이다. 우리는 아름다운 것을 "위쪽으로 환원," 즉 전체로 환원할 수 없는데, 이는 그림의 부분들이 기계의 소모성 구성요소임을 의미할 것이기 때문이다. 이 그림은 아름답지만, 그 아름다움은 어디에서도 찾을 수가 없다. 그것은 낯설고 기이한 상황이다. 우리는 소름이 돋고 감동적이고 강렬한 경험을 한다. 그러나 그 경험의 근원을 찾을 때면 우리는 그것을 찾을 수 없다. 그런데 근원은 바로 이 그림, 이 음악이지 저 그림이나 저 음악이 아니다. 도대체 무슨 일이 일어나고 있는가?

여기에 상관주의의 아버지라 할 수 있는 칸트 자신에게서 약간의 객체지향적인 무언가가 메아리치고 있지 않은가? 아름다움이 적어도 하나의 (다른) 비밀스러운 객체가 현존한다는 증거라면, 아름다움이야말로 실재가 유아론적이거나 심지어 그 핵심이 상대주의적이지 않음을 증명하고 있다고 주장할 수는 없을까? 실제로, 아름다움에 대한 경험은 내 안에 있으면서도 내가 아닌 어떤 것에 대한 일종의 내적 증거이다. 아름다움은 자동으로 오는 것처럼 보이고, 그것을 내가 조작할 방법은 없다. 칸트에게서는 자아에 기반하지 않은 경험을 하는 것이 가능하다 — 아름다움의 경험이 정확히 그것이고, 이것이 칸트가 아름다움의 경험을 계몽주의 기획의 중요한 부분으로 보는 이유이자 쇼펜하우어가 칸트에게서 불교로 충분히 논리적인 진보를 이룰 수 있었던 이유이다. 아름다움에서 발견되는 자유는 심오하게 비인격적이며, 따라서 당신이 "객체"를 부디 "단단한 플라스틱 공" 같은 것에서 분리할 수만 있다면, 그 자유는 "객체-같은" 것이다. 그것의 의미는 당신의 자아 너머에 있다.

여기 아름다운 그림이 있다. 그리고 나는 그 그림에 관해 무엇이 아름다운지 말할 수 없다. 일종의 정신 융합, 객체와 나 자신 사이에서 어떤 종류의 연결이 일어나고 있다. 그리고 그 경험은 보편화할 수 있는데, 즉 아름다움은 모든 사람이 경험할 수 있다는 가능성에 기반하기 때문에 그 경험은 공유될 수 있다. 나의 경험을 당신에게 강요할 수는 없어도, 우리가 모두 내적 공간을 경험하는 한 나는 당신과 함께 비폭력적으로 공존할 수 있다. 우리 인간이 "아름다움"이라고 부르는 미적 경험은 존재자들 사이의 관계에 대한 날것의 경험이다. 터너의 그림과 나의 관계, 그림 속 붓질 간의 관계, 함께 경험하는 나와 당신의 관계 등, 아름다움은 관계에 대한 순수한 경험이다. 어째서 뭐라 말할 수 없이 좋은 것인가? 나는 이 문제에 대해 다소 놀랍게도 헤겔주의적 해결을 제시한다. 어떠한 관계 집합의 의의도 미래에 있기 때문이다. 의의는 아직-아님, 도래할-것이라는 핵심적 성분을 포함한다. 한 객체의 의미는 다른 객체이다.[106]

---

106. 나의 목적을 위해 해럴드 블룸의 유명한 대사를 각색했다. "시의 의미는 오로지 시일 수 있을 뿐이며, 다른 시, 그 시가 아닌 다른 시이다." Harold Bloom, *The Anxiety of Influence*, 70. [해럴드 블룸, 『영향에 대한 불안』.]

인과적 사건은 객체들 사이의 관계 집합이다. 모든 관계는 미적이며, 이는 인간과 터너의 그림 같은 객체 사이에만 적용되는 것이 아니다. 그러므로 우리는 어떤 (예술적) 사건의 "의미"에 관해 미학이 말하는 것을 주의 깊게 조사해야 하는데, 그것이 사물이 실재 속에서 어떻게 작용하는지에 대한 단서를 제공할 것이기 때문이다. 당신이 일종의 대리적 및 양진문장적 견해를 갖고 있지 않은 한, 인과성의 현장을 파악하기 어려운 한 가지 이유는 아마도 객체들 사이의 관계에 관해 파악할 수 없는 한 가지가 관계를 맺어가는 사건의 "이전"이나 "도중"을 파악하는 것이기 때문일 것이다. 모든 훌륭한 인문학자가 알고 있듯, 의미는 소급적이다. 12세기 나폴리의 길모퉁이에 살그머니 서서 어떻게 예술계를 뒤흔들 것인가를 논의한 사람은 없었다 – "이걸 시작하자, 그래. 관점을 창안하자. 그리고 향신료 섬을 찾아 아프리카를 여행하고 플라톤주의를 재발견하자. 그걸 르네상스라고 부르자. 그게 귀에 쏙 들어오네."

인과성이 미적이라면 사건은 일어난 후에야 "발생한다"! 이것을 말하는 것은 어떤 것이 일어나기 위해서는 그것이 두 번 일어나야 한다는 헤겔주의적 요지를 세우는 것이다. 퍼시 셸리의 재치 넘치는 산문에서, 셸리는 시인을 "포착되지 않은 상상의 교황, 미래가 현재에 드리우는 거대한 그림자를 비추는 거울"이라고 기술한다.[107] 교황은 성스러운 나타남을 보여주는 사람, 아마도 성직자라기보다는 주술사일 것이다. 『시 변론』의 마지막 부분이 주장하는 바는 예술 작품의 의의가 미래에 있다는 것이다. 시인은 어떻게든 미래를 현재에 비추는 일종의 채널 또는 매개체이다.

자! 셸리는 그보다 더 물리주의적 또는 유물론적일 수 없는 시작점에서 이 입장에 도달한다. 각각의 인간(심지어는 아마도 "모든 감각적 존재자")은 일종의 "에올리언 리라"Aeolian lyre, 즉 외부 자극에 의해 연주되고 이러한 자극을 자신의 고유한 음색으로 변조하거나 번역하는 일종의 관악기이다. 오늘날 우리가 스피커 달린 아이팟을 가지고 있는 것처럼, 18세기에 거의 모든 부유한 가정에는 그러한 관악기가 있었다. 에올리언 리라를 들을 때 우리가 듣는 것은 무엇인가? 우리는 리라의 현과 나무 몸체를 통해 변조된 바람을 듣고 있다. 두 객체가 서로 관계하면서 당신은 두 객체를 듣는다. 자! 리라는 바람과 상호작용한 후에만 소리를 낼 수 있으며, 그 반대도 마찬가지이다. 그리고 진동이 생성한 압력파를 당신이 들을 때, 당신의 내적 귀의 변환기는 압력파를 전기화학적 신호로 바꾸며 번역한다. 관계의 의의는 미래에 있다. 그런 의미에서, 이상하게 들리겠지만 관계는 미래로부터 온 병에 담긴 메시지다. 그것의 의의는 항상적으로 아직-아님이다

하이데거는 바람에 관하여 매우 유사한 요지를 세운다. 우

---

107. Percy Shelley, *A Defence of Poetry*, 535.

리는 바람을 직접적으로 들을 수 없고 오직 출입구, 벽난로, 나무를 통해서만 들을 수 있다.[108] 직접적으로 보는 것이 소여성을 보장해 주는 것은 아니다. 우리는 실재성이 명백한 것에 놓여 있다고 생각하는 경향이 있지만,『실재론적 마술』은 실재성이 불투명하고 신비한 것에 놓여 있다고 주장한다. 무언가에 의해 변조되기 전에 현장의 바람을 잡을 방법은 없다. 바람의 소리는 그것의 미래에 있다. 셸리의 글이 가진 겉보기에 유물론적인 시작이 겉보기에 관념론적인 끝과 어떻게 연결되는지를 볼 줄 알아야 한다. 즉, 우리가 물질과 관념이라는 개념을 버리고 대신에 객체지향적인 관점을 채택한다면, 셸리와 하이데거는 단지 존재자가 그 자체로 물러나 있다는 것을 말하고 있음을 알 수 있다. 우리가 어떤 존재자의 "동일성"으로 생각하는 것은 이미 그 존재자의 패러디이다. 그리고 이 패러디 과정이 정확히 인과성이다. 셸리의 에올리언 리라 이미지는 우리의 목적을 위해 완벽하게 적절한데, 그것이 미적 객체이기 때문이다. 미적 사건의 의의는 미래에 있는 것처럼 보인다.

꿈이라는 현상보다 관계의 미래적 성질에 관해 더 많이 말해 주는 것은 없다. 꿈에 관해서는 심오하게 모호한 무언가가 있는데, 종종 혼란스러울 정도로 그렇다. 어째서인가? 프로이트

---

108. Martin Heidegger, "The Origin of the Work of Art," 26. [마르틴 하이데거,『예술작품의 근원』.]

가 주장하는 것처럼, 꿈의 심오한 내용은 깊이 잠복해 있고 무의식적이기에 무한히 해석할 수 있기 때문이다.[109] 이제 꿈 해석은 당신이 꿈꾸는 동안, 예를 들어 꿈에 관한 당신의 태도에서 이미 일어나고 있다. 게다가 이 태도는 꿈의 핵심적 의미 중 하나이다. 프로이트 분석의 탁월함은 상징(남근과 같은 것)을 결정짓지 않고, 마치 문학비평가가 서술자를 조사하는 것처럼 꿈의 형상을 조사하기로 했다는 점이다 — 그녀는 누구이며, 어떤 태도를 보이고 있고, 그녀의 감정, 기분은 어떠한가? 꿈 자체에 이미 관계가 있는데, 꿈 이미지와 꿈꾸는 자 사이의 관계이다. 꿈의 심오한 내용은 잠복해 있다. 즉 물러나 있다. 마치 훌륭한 칸트주의자처럼, 프로이트는 심오한 내용에 접근할 수 없다고 주장하는데, 심오한 내용에 접근할 때 접근은 또 다른 현시적 내용이 되고 따라서 관계론적인 것이 되기 때문이다. 그것은 다시 한번 내용과 내용 보유자 사이의 관계 집합인 것이다.

그렇다면 이미지와 이미지-제작자 사이의 단순히 감각적이거나 단순히 인간적인 관계가 아니라 모든 객체 사이의 모든 관계가 꿈과 같은 것이라면 어떨까? 두 개의 얽힌 광자를 다시 고려해 보라. 그들은 아직 "그들 자신이 무엇인지 모른다." 그들은 "측정"되어야만, 즉 그중 하나가 특정 방향으로 극화되어야만

109. Sigmund Freud, *Interpreting Dreams*, 148~149. [지크문트 프로이트, 『꿈의 해석』.]

의의가 드러난다. 거기에는 실제로 두 개의 광자가 있다. 그러고 나서 그들은 "해석"되는데, 즉 물리적으로 조정된다는 의미이다. 물리적 조정, 해석, 인과성, 미학, 이 모든 용어는 같은 것을 말한다. 이것은 광자가 지각되기 전까지는 실재하지 않는다는 관념론적 세계가 아니다. 아니! 그것은 오히려 관념론과는 정반대다. 심지어 그것은 통상적인 유물론이나 실재론적인 설명보다 훨씬 더 관념론과 반대된다. 즉, 지각 그 자체가 세계에 대한 물리적 개입이며, 이는 인과성이 뿌리 깊게 미적임을 의미한다.

칸트주의적 아름다움은 존재자 사이의 관계이다. 칸트가 숭고라고 부르는 것은 한 객체에 대한 다른 객체의 어지러운 환원 불가능성이다. 칸트에게 숭고는 다른 존재자(수학적 무한 또는 우주의 광대한 규모와 같은 것)에 의해 유발되는 것인데, 이는 일종의 자극제, 방아쇠 역할을 하여 정신을 자신에게 돌려보낸다.[110] 이런 일이 발생할 때 자유의 심연이 열린다. 당신은 당신의 내적 공간의 원시적 광활함을 경험한다. 이 경험은 이를테면 우리가 아름다움의 경험에서 엿볼 수 있었던 비개념성의 진수였다. 아름다운 것과 숭고한 것은 마치 초콜릿 조각의 액체 중심과 취약한 껍질처럼 관계되어 있기에 사실은 그렇게 반대되는 것이 아니다. 아름다운 것은 숭고한 것의 무조건적인 자유를

---

110. Immanuel Kant, *Critique of Judgment*, 113~117. [임마누엘 칸트, 『판단력 비판』.]

본질로 하는 기본적인 미적 경험이다. 그렇다면 칸트가 숭고한 것에서 발견하는 초월론적 자유는 단순히 일정 존재자나 객체, 즉 우리 자신의 본질의 메아리라고 주장하는 것이 가능하지 않을까? 그리고 우리 자신과 콘크리트 블록 사이에 존재론적으로 큰 차이가 없다면, 모든 객체의 타디스-같은 개방성이 우리의 특수한 인간 경험에서는 숭고한 것으로 드러나는 것이 아닐까?

이 개방성이 객체의 실재성에서 비환원적인 양상인 한, 객체에 대한 경험적 기반을 얻을 수 있는 유일한 방법은 그 객체와 관계하는 것이다. 그런데 그 객체와 관계하는 것은 나 자신과 객체 사이의 조정, 조율에 사로잡히는 것이다. 이 조율은 칸트가 울림이라 부르는 것, 나의 내적 공간과 객체 사이의 격렬한 흔들림이다. 이 울림은 우리에게 칸트가 숭고라고 기술한 어지럼증을 일으킨다. 객체와의 관계는 자유의 심연을 여는데, 각각의 관계가 객체의 불투명한 공허에서 방출된 화산 위에서 추는 춤이기 때문이다. 관계는 기이하고 비어있는 것인데, 그것이 화산 가장자리에서 추는 춤이기 때문이다.

시간은 사물들 사이의 관계로부터 창발한다. 어떤 객체의 의미는 그것의 미래에 있으며, 그 객체의 부분을 구성하는 객체들을 포함하여 다른 객체와 어떻게 관계되는지에 달려있다. 관계는 객체들 사이에서 연주되는 기이함으로 인해 그 내부에서 비워진다. 이 비어 있음이 바로 시간이다. 관계가 무엇을 의미하는지 파악하는 것은 또 다른 관계를 구축함을 의미한다. 따라서 관계에는 더 많은 관계가 그 관계에 구축됨에 따라 앞쪽으로 무너지는 백지화nullity가 포함된다. 이 무너져 가는 백지화야말로 시간이라 불리는 것이다. 관계가 도래할-것이기 때문에 관계는 과정의 느낌을 불러일으킨다. 그러므로 여기에서 사물이 과정이라는 환상, 이 과정관계론이 사물이 어떻게 존재하는지에 관한 가장 적합한 기술이라는 환상이 생긴다. 그런데 시간이 관계로부터 창발하는 한, 우리는 그 관계가 어떤 관계가 될지 사전에 특정할 수 없다. 과정관계론은 OOO가 사물이 무엇인지에 대한 불가피한 패러디로, 즉 인과적 사건으로 간주하는 것을 통해 사물이 무엇인지를 정확히 정의하려는 존재적 또는 존재신론적 시도이다. 과정관계론은 사물들 사이의 관계 속에 있는 내적 모호성을 환원하려고 한다. 사물들 사이의 이 관계는 테이트 브리튼 미술관에서 터너 그림에 대해 당신이 맺는 관계와 그것에 대해 당신의 친구가 맺는 관계의 대립처럼 본질적으로 모순적이다.

요점은 관계가 모호하기 위해서 그 관계가 어떤 것이어야 할 필요가 없다는 것이다. 코끼리가 자신의 등에 물을 뿌릴 때 코끼리 몸 전체에 꽃이 피어날 것이라고 우리가 상상할 필요는 없다. 이것은 우리의 오랜 친구 ECQ(모순으로부터의 추론)이며, 폭발의 원리라고 알려져 있기도 하다. 이는 (몇몇) 모순이 참이라는 것을 받아들이면 어떤 일이든 일어날 수 있다는 발상이다. 예를 들어 터너의 〈비와 증기와 속도〉에 관해서 앞선 두 가지 독해가 다음의 독해보다 낫다는 것은 분명하다.

> 비와 증기와 속도는 로니라고 불리는 토마토에 관한 이야기인데, 로니는 타이탄 위에서 완숙 달걀을 가지고 저글링을 한다.

비록 인과성은 미적인 것이지만, 나의 논증은 어떤 사건이든 일어날 수 있다는 결론이 불가피하다는 것을 의미하지는 않는다.[111] 문제는 우리가 존재신론에 의지하거나 객체나 인과적 사건으로 간주되는 것에 대한 존재적 편견을 밀수하지 않고는 사전에 인과적 사슬을 특정할 수 없다는 것이다. 하먼이 말하듯, "만찬에서 황제가 조약돌로 인해 질식사한다면, 조약돌이 제국을 파괴할 수 있다."[112] 우리가 비모순적 인과관계를 버릴 준비가 되어 있다면, 어떤 일이든 일어날 수 있다는 가능성을 열어야 한다.

칸트의 상관주의적 왜곡을 감산하면, 우리는 칸트주의적 아름다움의 경험이 가능한 이유는 단순히 객체들 사이의 관계가 이상한 비개념성, 즉 뭐라 말할 수 없이 좋은 것을 바탕으로 하기 때문이라는 것을 알 수 있다. 이 비개념성은 그것을 이해하

111. 나는 비모순율을 유지하기 위해 충족이유율을 제거한 퀑탱 메이야수와 모순되는 방식으로 주장한다. Meillasoux, *After Finitude*, 34, 40~42, 48~52, 60, 132. [메이야수, 『유한성 이후』.]

112. Harman, *Prince of Networks*, 21. [하먼, 『네트워크의 군주』.]

기 위해 또 다른 관계, 즉 해석을 요구하며, 이는 차례로 또 다른 관계를 요구한다. 모든 관계가 물리적 개입인 한, 모든 미적 해석은 심리학이 말하는 행위화acting out와 같다 — 관계는 관계가 무엇에 관한 관계인지 알지 못한다. 인과성은 연극이나 무언극과 같다. 자신이 몸짓으로 표현하는 것이 무엇인지 알지 못하는 무언극을 상상해 보라. 그녀는 열광적으로 당신에게 몸짓하고, 자신이 하는 몸짓을 이해해달라고 요청한다. 이것이 인과성의 본성이다. 다시 「경험」으로 돌아가자면, 에머슨이 말하듯, "〔인간의〕 가장 적절한 행위에 관해서는 어떤 일정한 마술이 걸려 있어서 당신의 관찰력을 바보로 만들고, 그 행위가 당신의 바로 눈앞에서 이루어지더라도 당신이 그것을 눈치채지 못하게 한다. 생명의 예술은 내성적이어서 노출되지 않는다."[113] OOO는 이 관찰을 모든 존재자로 일반화할 따름이다. 사물에 관한 다양한 종류의 철학적 설명 중에서 인과성에 관한 설명은 종종 세계에서 신비를 벗겨내고자 한다. 나는 이 신비가 인과성 그 자체의 핵심적인 구성요소이며, 너무도 핵심적이어서 그것을 제거하는 것은 인과성이 어떻게 기능하는지 이해하지 못하는 것이라고 주장한다. 어째서인가? 왜냐하면 어떤 행위의 의의도 도래할-것이기 때문이다. 시간, 공간, 그리고 인과성의 다른 양상들은 사물들의 심오한 모호성으로 인해서 발생한다.

---

113. Emerson, "Experience," 307~326, 318.

인과성은 드라마와 같다. 오페라opera가 "작용"을 의미하는 것처럼, 드라마drama가 단순히 "행해진 것" 또는 "행함"(그리스어)을 의미하는 것은 놀라운 일이 아니며, 그리고 오페라와 드라마에는 모두 "막[행동]"acts이 있다. 표준적 실증주의의 둔탁한 부딪침의 인과성을 다시 고려해 보라. 둔탁한 부딪침의 인과성에는 또 다른 문제가 있다. 그것의 지지자들은 미적 차원을 예를 들어 "가짜 인과관계"(웨슬리 새먼Wesley Salmon)의 영역으로 식별하며 미적 차원을 배제하기로 작정한 것 같다. 이것은 미적 차원이 우리가 표준적 존재론으로 여기는 실증주의적 유물론을 오염시킨다는 기이한 알아차림의 뿌리 깊은 증상이다. 미시적인 규모에서 미적 현상은 물리적이며 그 반대도 마찬가지이다 — 측정하는 것은 어떤 수준에서 광자로 치는 것이며, 그리고 그것이 "보는 것"이다. 둔탁한 부딪침의 인과성은 그림자, 소리, 빛, 그리고 전자기적 현상을 배제하고자 하지만, 이들은 실재의 상당 부분을 차지한다.

이뿐만이 아니다. 둔탁한 부딪침의 인과성 이론이 원하는 것은 종종 활동 중인 인과성을, 그 현장에 개입하지 않고 포착하려는 것으로 보인다. 그런데 그것은 양자 이론이 완전히 무력화시킨 환상이다. 둔탁한 부딪침의 인과성 이론에서 이상적인 인과적 사건은 마치 완전히 보이지 않고 완전히 들리지 않는 사건인 것만 같다. 그런데 우리는 얽힘과 중첩 같은 현상을 통해, 낯설고 아이러니한 방식으로, 그러한 사건이 예를 들어 원격작용을 산출함으로써 다른 방식으로 둔탁한 부딪침의 인과성을 논박한다는 것을 안다. 두 개의 광자가 측정되기 전에, 두 개의 광자는 특정 레이저로부터 나오면서 얽힐 수 있다 — 즉, 그들은 다른 것의 회전과 운동량 등에 기반해서 즉시 행위할 수 있다.[114]

둔탁한 부딪침이 일어나기 위한 이상적인 조건은 정확히 둔탁한 부딪침이 없는 온갖 으스스함이 일어나는 조건이다. 나는 광자들이 얽히며 레이저로부터 나올 때 그들이 동일하다는 것을 증명하기 위해 (예를 들어 새먼이 원하는 것처럼) 어떤 특별한 x로 광자를 표시할 수 없다. 그렇게 하는 것은 그것들을 매우 중대한 방식으로 바꾸는 것이다. 여기에 환원할 수 없는 불확실성이 있다. 실제로 "표시"가 인과성이라는 사실은 하이젠베르크의 불확실성 원리의 기초이다 — 양자 수준에서 "측정"은 "다른 양자를 통해 (운동량, 위치를) 바꿈"을 의미한다.[115] 우리는 중간 규모의 객체 수준으로 이동하여 온갖 유사성을 찾을 수 있다. 분명, 나는 크리켓 공 하나를 경기장을 가로질러 던졌을 때도 여전히 같은 공임을 보여주기 위해 x 표시를 할 수 있다. 새먼은 이러한 종류의 표시를 인과적 상호작용과 구별하려고 하면서 곤경에 처한다. 내가 공에 표시함으로써 이미 인과적

---

114. Anton Zeilinger, *Dance of the Photons*, 45~55.

115. Bohm, *Quantum Theory*, 99~115.

으로 공에 간섭했다는 것을 단순히 인정하는 편이 더 효율적이지 않을까? 이 거시적 수준에서도 이상적인 크리켓 공은 자진해서 새먼의 손에 놓이며 다음과 같이 말할 것이다. "이봐, 내가 당신이 경기장 반대편에서 던진 공과 같은 공이라는 것을 알잖아. 진짜로 나라고. 믿어 봐." 혹은 공이 텔레파시를 통해 시간이 지남에 따른 자신의 동일성을 전달할 수 있을지도 모른다. 새먼은 어떻게든 공이 동일하다는 것을 자연스럽게 알 수 있을지도 모른다. 이는 한 가지 의문을 낳는다. 그 의문이란, 둔탁한 부딪침의 인과성의 전반적 영역이 시간이 지나도 사물이 동일성을 유지하는 것으로 나타나는 방식을 설명하고자 한다는 것이다.

이것은 미적 차원, 즉 빛과 소리와 진동의 차원, 그리고 크리켓 공에 x를 새긴 칼은 물론 귀에서 확성기, 사진판을 거쳐 인간의 뉴런에 이르기까지 빛과 소리와 진동의 차원을 포착하는 온갖 존재자가 인과적 차원의 비환원적 양상이라는 사실을 우리에게 분명히 환기한다. 사실상, 내가 뒤에서도 계속해서 강조하겠지만, **미적 차원이 곧 인과적 차원이다.**

따라서 실증주의적인 둔탁한 부딪침의 인과관계 이론에는 심각한 문제가 도사리고 있다. 이동하는 빛이나 그림자 같은 몇몇 현상은 실재적인 인과적 효력을 발휘하지만, 그럼에도 실증주의적인 둔탁한 부딪침의 인과성은 그러한 현상들을 배제하려고 한다.[116] 이는 사실 명백한 것인데, 왜냐하면 그러한 현상들은 그 자체로 일정한 원인들의 결과이며, 우리는 그러한 현상들이 원인의 입장에서 다른 사물들에 행위를 가할 것임을 예상해야 하기 때문이다. 그림자가 감광 다이오드를 치면 약간 조명이 켜진다. 어째서 이것이 나에게 작용하는 인과적 사건이 되어서는 안 되는가? 이것이 주류 문헌에서 언급되지 않는 이유는 충격적인 사각지대의 증상이다. 환한 조명이 표면을 비추고 있다. 예를 들어 대도시에서 몇 킬로미터 떨어진 작은 마을의 약간 퇴색된 카바레의 오래된 붉은 장막을 환한 조명이 비춘다고 해 보자. 관객의 동공은 장막 일부에 조명이 비추어지며 생긴 밝은 빨간색 원의 광채를 받아들이기 위해 수축한다. 이것이 왜 인과적 사건이 아닌가? 빛을 다른 빛과 교차시키든, 여광기를 바꾸든, 혹은 둔탁한 부딪침의 인과론자가 이용하고 싶어하는 다른 예시든 신경 쓰지 마라. 충격적인 점은 둔탁한 부딪침의 인과론자가 환한 조명이 행하는 단순한 작용을 애초부터 인과적 사건으로 보지 않는 이유에 놓여 있다.[117]

빛이 장막에 닿기 위해서, 전구의 전기 필라멘트나 할로겐은 일정한 온도에 도달하여 광자를 방출할 정도로 원자가 충분히 자극되어야 한다. 이 규모의 빛은 파도와 같을 뿐만 아니라 특수하다 — 그것은 둔탁하게 부딪치며 물결친다. 장막을 비추기 위해서는 광자가 장막 표면의 양자에 모두 흡수되어서는

---

116. Dowe, *Physical Causation*, 104~107.
117. 같은 책, 64~90.

안 된다. 이는 나에게 매우 인과적으로 보인다. 그런데 다시 말하자면 둔탁한 부딪침의 인과성은 그것을 배제하고 싶어 한다. 나로서는 당황스러운 일이다.

필 다우Phil Dowe는 움직이는 환한 조명 옆에서 누군가가 빨간 여광기를 들고 달림으로써 빛이 크리켓 공처럼 "표시"되게 하는 예시를 언급한다.[118] 그런데 이 표시는 분명히 빛에 "놓여 있지" 않다. 그러나 표시가 없으면 장막을 가로질러 움직이는 빛이 "동일한" 빛인지 확신할 수 없다. 다우는 이 예시를 통해 실재적 인과성과 가짜 인과성 사이의 근본적인 차이에 대한 가정이 무너진다는 점을 인정한다. 이것이 진정한 문제가 아닐까? 비일관성을 줄이려는 강박증은 더 많은 비일관성을 초래한다. 어째서인가? 논의의 예시 그 자체에 이르기까지, 논의 전체가 부조리해 보인다 — 실증주의가 물리적 사건과 미적 사건 사이의 경계를 감시하려고 애쓰면서, 실증주의는 자신의 원리를 혼란스럽게 만드는 광대 같은 미적 악마를 만들어 낸다. 프로이트주의자들은 실증주의가 스스로 감시하기 위해 만들어 내는 미적이고 극적인 반사실적인 것, 즉 시드니 오페라 하우스, 불빛 쇼, 그림자에 주목했을 것이다.[119]

나는 물리적인 인과관계와 가짜 인과관계를 구분하려고 하

118. 같은 책, 75.
119. 같은 책, 75~79.

면 할수록 비일관성이 더 많이 드러나는 이유가 인과성에 비환원적인 미적 양상이 있기 때문이라고 제시한다. 이러한 미적 차원이 없이 인과성이 일어나는 현장을 포착하려고 하는 것은 실증주의 이론에 중대한 역설과 아포리아를 낳는다. 미적 현상은 어떤 하나 이상$^{1+n}$의 추가적 존재자 — 에너지장, 동공의 팽창과 수축, 새길 수 있는 표면, 둔탁한 부딪침의 인과성이 고립시키려고 하는 인과적 과정의 내부도 외부도 아닌, 말이 없지만 중대한 온갖 존재자 — 를 요구한다는 사실로 귀결되는 것 같다. 하나 이상$^{1+n}$은 우리가 직접적으로 설명할 수 없는 존재자의 영역을 시사한다. 다시 말하지만, 이는 우리에게 인과성에 관한 어떤 심오한 것을 말해준다. 훨씬 더 근본적으로, 난점은 철학이 비모순율을 위반하는 것처럼 보이는 논리학적이고 집합론적인 역설을 피하고자 객체와 그것의 특성들 사이의 직관적으로 명백한 대균열을 완화하려고 할 때 발생한다.[120] 다음을 고려해 보라. 만약 객체가 그것의 감각적 객체와 총체적으로 달랐다면, 사과가 달걀이 될 수 있고 토스터는 문어가 될 수 있는 허무주의적 상황이 벌어질 것이다. 역으로, 만약 객체가 그것의 감각적 객체와 완전히 동일하다면, 우리는 동일성 존재신론을 손에 쥐게 되며, 그 어떤 일도 일어나지 못할 것이다. 게다가 우리는 존재자가 궁극적으로 내가 정상 객체라고 부르는 것의 어떤 형상(들)에 의해 결정

120. 같은 책, 77.

되는 상황에 부닥치게 될 것이다.

이 책에서 제시되는 관점에 따르면 비모순율은 객체에 적용될 수 없는데, 왜냐하면 객체와 그것의 감각적 성질 사이에는 극단적인 단절이 있고, 이 단절은 $p \wedge \neg p$라는 모순의 형식을 취하기 때문이다. 우리가 이러한 역설을 받아들일 수 있다면 인과성을 설명하는 데 있어 문제가 줄어들 것이다. 물론, 이것은 이러한 수준에서 모순성이 현존한다는 것이 여러 낡은 방식 — 쇄말주의, 혹은 모순으로부터의 추론ECQ — 을 함의하지는 않는다는 것을 보여줄 것이다. 다행스럽게도, 위에서 논의한 바와 같이 비모순율을 저버린다고 해서 반드시 모순으로부터의 추론이 성립하지는 않는다고 가정하는 데는 합당한 이유가 있다.[121] 객체와 다른 객체에 대한 그 객체의 현현 사이의 단절이 그 현현이 무엇이든 될 수 있음을 의미하지는 않는다.

운동이라는 기본적 현상을 고려해 보라. 실증주의적 인과 이론은 뉴턴의 제1법칙에서 정식화된 관성이라는 단순한 사실, 간섭이 없을 때 객체가 계속해서 움직이는 방식을 설명하는 데서 곤란을 겪는다.[122] 3장에서 나는 운동을 객체에 내재한 모호성의 결과로 생각하는 편이 훨씬 더 낫다고 주장할 것이다. 우리가 이런 식으로 생각하기를 거부한다면, 우리는 온갖 불만족

121. Priest, *In Contradiction*, 5~6, 42.

122. Dowe, *Physical Causation*, 54, 63.

스러운 "존재적" 수하물 — 설명된 적이 없는 어딘가에서 우리가 우리의 존재론으로 밀수한 편견 — 을 지게 될 위험에 처한다.

인과성은 유랑 극단과 같은 일종의 움직이는 무대 장치로 구성된 미적 차원에서 발생한다. 인과적 사건을 제작하는 무대, 장막, 소품 및 조명을 포함하는 전체적 미디어 설정이 있다 — 나는 완전히 연극적인 의미에서 제작이라는 용어를 사용하고 있다. 내가 인간 청중이나 인간 제작자가 있어야 한다고 주장하는 것이 아니라는 점에 주의하라. 청중은 물고기나 화성인 또는 먼지 입자로 구성될 수 있다. 제작자는 블랙홀이나 광자 또는 샌프란시스코 심포니 오케스트라일 수 있다. 그것은 청중이 드라마에 포함되는 연극 중 하나일 수 있다.

서커스나 극장에 입장할 때 당신을 사로잡는 위협과 낯섦의 감각은 무엇인가? 여기가 정말로 정상적인 규칙이 유보되는 판타지 공간일까? 아니면 당신은 환상이 서커스 천막 저편에 있다는 사실, 즉 당신이 실재로 받아들이는 외부 세계에 환상이 있고 당신이 드라마(그리스어로 행위)를 볼 때 목격하고 있는 것은 인과성의 연극이라는 것을 깨닫고 있을까? 당신이 천막 밖의 세계를 실재로 받아들이는 것은 천막 안의 미적 성질을 물리적이고 추정상 인과적이라고 생각되는 것보다 이차적인 것으로 취급했기 때문이 아닐까?

일단 관람하고 나면 한동안 세계를 그런 식으로 보게 만드는 연극과 영화가 많이 있다. 예를 들어, 〈스캐너 다클리〉의 로

토스코핑 그래픽은 관객들이 적어도 몇 분의 혼란스러운 시간 동안에는 영화 밖의 세계를 그런 식으로 보도록 강요한다.[123] 이 감각이 점차 벗겨져 가는 역학은 정확히 무엇일까? 진짜 실재로 돌아간다는 것을 뜻할까? 아니면 극장에서 무자비하게 벗겨졌던, 세계에서 사회적으로 용인되는 거리감과 정상성을 우리가 다시 포개어 놓는다는 것을 뜻할까? 혹은 오히려 우리가 깊이와 거리가 벗겨지는 환상, 화면 밑에 기계론이 있을 것이라는 환상에 빠져 있는 것이다. 드라마는 사물들이 실제로 어떤 중립적인 배경으로부터 일어나고 있는 것처럼 나타나게 만드는 가짜 관점을 훼손한다. 당신은 인과성이 당신의 얼굴 바로 앞에서, 숨 쉬는 것보다 가까이에서 일어나고 있다는 것을 깨닫는다.

앞에서 간략하게 설명한 OOO를 피하는 두 가지 주요 방법을 다시 살펴보자.

(1) 아래로-환원하기. 사물은 입자 같은 작은 존재자로 환원될 수 있다. 혹은 사물은 어떤 심오한 과정의 구체화일 뿐이다.
(2) 위로-환원하기. 객체는 그 객체의 표면에 그 객체의 나타남이 접착되거나 어떤 "지각자"에 의해 첨가된 텅 빈 덩어리이다. 두 관점 모두에서 객체는 다른 객체와 상호작용하기 전까지는 기본적으로 허튼 것이다. 그 대신 나는 나타남과 본

123. Richard Linklater, 감독, *A Scanner Darkly*.

질 사이의 대균열을 객체 그 자체에 위치시키겠다. 이 관점에 따를 때 객체가 생기를 가지고 요동친다. 그러나 이 관점을 성립시키기 위해서 우리는 일종의 초일관적 논리, 어쩌면 양진문장적 논리, 사물이 어떤 것처럼 보이는 것인 동시에 어떤 것처럼 보이는 것이 아니라는 점을 허용하는 그레이엄 프리스트가 제시한 논리를 받아들여야 한다. 그렇지 않으면 우리는 우유성이-발라진-표준적-실체로 돌아가게 된다.

이제 우리는 OOO를 피하는 세 번째 방법을 식별할 수 있다. 이는 2의 주장을 역전시킨 것이다.

(3) 실체란 존재하지 않고 ~에-대한-나타남이 있을 뿐이며, 모든 것이 뼛속까지 미학이다.[124]

나는 나타남과 본질 사이의 대균열을 보존하고 싶다. 어째서인가? 이것이 역설적이게도 미적 차원의 그 심미성을 보존하기 때문이다. 다음과 같이 고려해 보자. 실재가 "전적으로 미학"이라면, 우리는 그것이 "단순히" 환상임을 알게 될 것이고, 그러므로 그것은 환상이 아니다. 우리는 그것이 허상임을 알게 될 것이고, 그러므로 그것은 허상이 아닐 것이다. 우리는 실체 없

124. 이는 스티븐 샤비로의 입장이다. Steven Shaviro, "Kant and Hegel, Yet Again."

는 순수한 정동이라는 일종의 전도된 존재신론을 가지게 된다. 다시 한번 라캉을 인용해 보자. "결국, 그것이 허상인지 아닌지 모른다는 점이 허상을 구성한다." 객체가 내적으로 불안정하고 본질적인 동시에 미적일 수 있다는 점을 사고가 받아들일 준비가 될 때까지, 우리는 OOO를 피하는 (1)~(3)의 선택지에 갇히게 된다.

일단 우리가 이 내재적 불안정성, 본질과 나타남 사이의 대균열을 받아들이면, 우리는 과정이나 입자, 또는 객체에 대한 지각에 휘둘리는 객체에 사로잡힐 필요가 없다. 객체는 스스로 잘할 수 있다. 이는 물리학자 애런 오코넬의 말에 따르면 "호흡"하기 위해 일거에 한 장소 이상을 점유하는 것으로 보이는 단일한 양자의 경우에 참인 것 같다.[125] 임시변통 규칙으로서, 인과성이 연극에서처럼 세 가지 막이라는 구성을 가지고 발생한다고 가정하자 — 미적 차원을 포함한다면, 미적 현상을 인과성에 대한 왜곡된 고고학적 증거로 보는 것이 적절하다고 할 수 있다.[126] 제1막은 사물이 시작되는 방식이다. 곧 공연이 시작된다.

아리스토텔레스는 드라마에 시작, 중간, 끝이 있다고 말한다.[127] 이렇게 말할 때 그는 첫 페이지, 마지막 페이지, 그리고 전

---

125. Aaron O'Connell, "Making Sense of a Visible Quantum Object."

126. 시적 은유가 어떻게 이런 의미에서의 고고학적 증거인지에 관해서는 Harman, *Guerrilla Metaphysics*, 101~124를 보라.

127. Aristotle, *Poetics*, 41. [아리스토텔레스, 『아리스토텔레스 시학』.]

체 페이지 수를 둘로 나눈 것 이상을 뜻하고 있다. 그가 의미한 것은 시작, 존속, 그리고 끝에는 현상학적으로 구별되는 성질들이 있다는 것이다. 마찬가지로 나는 이 책을 존재자의 시작, 중간, 끝에 상응하는 세 개의 후속 장으로 나누었다. 어째서인가? 즉, 이러한 배열이 어떠한 심오한 사실을 설명하는 데 도움이 되는가, 아니면 형식적 조직화의 측면에서 도움이 될 뿐인가? 실제로 발생, 존속, 소멸 사이에는 일종의 존재론적 단절이 있는 것처럼 보인다. 이것이 너무도 참인 것처럼 보이므로, 나는 "같은" 존재자가 발생, 존속, 그리고 소멸에 포함되어 있다고 특정하는 것은 어렵거나 어쩌면 불가능하다고 주장할 것이다. 이것은 실재에 관한 객체지향 존재론의 설명에서 우리가 익숙해져야 할 모순과 이중-진실 중 하나일 뿐이다. 시작, 중간, 끝은 결국 소설이나 연극이나 영화의 서로 다른 형식적인 부분이다. 할리우드 감독들은 본능적으로 영화의 1막, 2막, 3막에 관해 이야기한다. 나는 이들이 그렇게 이야기하는 데는 몇 가지 이유가 있다고 주장할 것이다 — 다소 왜곡된 방식으로라도, 그들은 인과성이 실제로 작동하는 방식에 관해 이야기하고 있다.

다소 도발적으로, 그리고 나의 직관에 다소 반하는 방식으로, 나는 객체의 위상을 "탄생," "삶," "죽음"이라고 부르기로 했다. 이러한 결정이 나를 생기론자처럼 보이게 할 수도 있지만, 이것은 객체가 "살아있다"고 제안하려는 것이 아니다. 그러나 객체가 무엇인지에 관한 상식적인 또는 간단한 이해는 너무 기계론적이고 물신화된 것처럼 보인다. 나는 제인 베넷의 말에 동의하는데, 오로지 사물을 보다 열린 마음으로 상상하기 위한 목적이라면 논의에 약간의 물활론을 주입하는 것이 유용할 것이다.[128] 이러한 이유를 고려할 때, 생기론에도 기계론에도 적합하지 않은 용어가 있다면 더 좋을 것이다. 이 접근법은 생명체에 관해 우리가 알고 있는 바와도 공명하는 것 같은데, 생명체는 비-생명으로 이루어져 있기 때문이다.[129] 그리고 이 접근법은 OOO가 객체에 관해 주장하는 바와도 공명하는데, 객체는 그저 멍청한 덩어리에 불과한 것이 아니기 때문이다. 내가 생각할 수 있는 최선은 삶과 죽음에 일종의 부정을 추가하여 객체가 산송장undead이 되게 하는 것이다. 그러나 이 점을 설명하려면 시간이 걸리기 때문에 탄생, 삶, 죽음은 각 장의 제목으로 남게 되었다.

이어지는 2장 「마술의 탄생」에서는 객체의 기원을 탐구한다. 이것은 두 가지 연관된 방식으로 수행된다. 하나는 내가 사는 거리 끝에 있는 연못 모양의 객체들을 위한 보육원을 상상하는 사고 실험을 통해서, 또 하나는 일부 해석이 생략하기 위해 애쓰는 양진문장적 역설 — 특히 우리 시대에는 체르멜로-프랑켈의 칸토어 해석에 기반을 둔 알랭 바디우의 존재론이 두드러지는데 — 을 복원하는 칸토어의 초한 집합 분석을 통해서 이루어진

---

128. Jane Bennett, *Vibrant Matter*, 119~120 [제인 베넷, 『생동하는 물질』]; Morton, *The Ecological Thought*, 8, 110, 115.
129. Timothy Morton, "Some Notes towards a Philosophy of Non-Life."

다. 그런 다음 그 장은 시작(개구aperture)과 숭고의 미학적 이론을 바탕으로 객체의 시작에 관한 에일리언 현상학적 설명으로 이동한다. ("에일리언 현상학"은 이언 보고스트의 용어다.) 2장에서는 객체가 시작되는 방식이 요컨대 본질과 나타남 사이의 생생한 대균열을 여는 데 있다고 주장한다. 바디우에게 어떤 존재자가 현존함은 그 존재자가 그 자신과 동일하다는 것을 의미한다. 그러나 『실재론적 마술』에서 어떤 존재자가 현존함은 동일성 내부에 대균열이 현존함을 뜻한다.

3장 「마술의 삶」은 객체의 존속성에 관해 논한다. 시간이 객체의 창발적 특성인 한, 이러한 존속성은 사전에 존재하는 시간성의 거리를 무작정 배회하는 것을 뜻하지 않는다. "걷다" 또는 "웃다" 같은 자동사적 의미에서, 모든 객체는 "시간한다." 많은 철학 체계(예를 들어 아우구스티누스)가 과거나 미래보다 더 실재적이라고 여기는 현재 순간은 여기에서 기만적이고 유동적인 유보suspension의 영역으로 검토된다. 음악과 서사 이론은 현전을 설명하기 위해 사용되는데, 현전은 결코 몇몇 사람이 생각하는 것만큼 객관적이고 주어진 것이 아니다. 한편, 운동이라는 사실, 특히 관성(계속 운동한다는 의미에서 계속 현존함)은 OOO의 틀 내에서 설명될 수 있다. 나는 사물의 존속성이 객체를 구성하는 본질과 나타남 사이의 대균열을 유보하는 것이라고 주장한다.

4장 「마술의 죽음」은 객체가 끝나는 방식을 설명한다. 객체의 끝은 단순히 본질과 나타남 사이의 대균열이 닫히는 것이며, 그렇게 객체가 나타남으로 환원되는 것일 따름이다. 이것은 객체의 나타남이 그 객체의 과거인 반면, 객체의 본질은 그 객체의 미래가 된다는 놀랍도록 반직관적인 사실을 제시한다. 3장의 주된 에일리언 현상학 용어가 유보였다면, 4장의 주된 용어는 유약성fragility이다. 나는 2장에서 탐구한 칸토어의 초한 집합 발견까지 거슬러 올라가 그 흔적을 쫓을 수 있는 괴델의 불완전성 정리 해석을 기반으로 유약성에 관한 OOO 정의를 제공할 것이다. 바디우는 객체의 끝이 자신에 대한 동일성의 종료라고 가정한다. 그가 비모순율을 고수하는 한, 그는 더미 역설이라는 역병이 퍼뜨릴 위험에 처한다. 무언가가 거의 죽었을 때, 그 무언가는 그 자신과 얼마나 동일할 수 있는가? 그 선은 어디에 있는가? 끝이 — 적어도 실재의 일정 영역에서 — 대균열의 닫힘, 일관성으로의 회귀라는 관점은 이러한 역설에 괴로워하지 않는다. 왜냐하면 그러한 관점은 객체를 실증주의적 양식에 해당하는 것으로 상상하지 않기 때문이다.

『실재론적 마술』은 그것이 달성한 것에 대한 간략한 결론과 함께 끝난다. 나는 이 책이 의미하는 바가 목적인과 비모순율에 덜 집착하는 기묘한 비신론적 아리스토텔레스로의 회귀라고 결론지을 것이다. 이 아리스토텔레스는 인간이 자신이 지구에 미치는 생태적 영향을 알아차리는 순간에 소환되었다.

2장

마술의 탄생

샘플링으로서의 인과성
상호사물성 재고
개구 : 왜곡으로서의 시작
숭고한 시작들
새로움 대 창발
사물들 한가운데서

거기 누구인가?

셰익스피어, 『햄릿』

브레케케케스, 코악 코악! 개구리들은 집 근처 연못에서 개굴개굴하고 있었다. 분명 수만 마리의 개구리가 있었을 것이다. 인간은 개굴개굴 소리를 듣고 예를 들어 개굴개굴이라는 단어로 번역한다. 아리스토파네스는 개굴개굴 소리를 리드미컬하게 멋진 브레케케케스, 코악 코악으로 번역했다.[1] 개굴이나 코악이나, 그렇게 나쁜 번역은 아니다. 또는 비유적 표현의 엄밀한 용어를 사용하자면, 나쁜 의성어가 아니다. 개구리는 보잉이라는 소리나 둔탁한 부딪침 소리를 내지 않는다. 개구리는 개굴개굴한다. 어떤 식으로든 이 비인간 소리가 인간의 언어로 바뀌었지만, 이 타당한 대체는 소리를 손상시키지 않았다. 새로운 번역이 나타났다. 나타남과 본질 사이에 생생한 대균열이 열렸다. 객체가 탄생했다.

개굴개굴 소리의 벽이 밤공기를 채운다. 인간의 얼굴 양쪽에 매달린 한 쌍의 귀는 어두운 교외를 향하며 연못 위를 표류하는 소리를 듣는다. 담론적인 사고 과정은 수천 마리의 개구리를 시각화하면서 소리의 벽wall of sound을 세분화한다. 어느 정도 생생하고 정확한 개구리의 이미지가 상상을 통해 번쩍인다. 부드러운 어둠은 감각을 자극하여 따뜻한 밤을 더 기대하게 한다. 깨끗한 우유병 안에 담긴 냉동된 완두콩들이 내는 덜그럭 소리가 수만 번 곱해진 것처럼, 단호하고 경쾌한 소리의 벽이 산

---

1. Aristophanes, *The Frogs*.

들바람을 타고 전해진다. 책의 저자는 앞의 문장을 쓰면서 개구리 울음소리와 냉동된 야채 소리를 연결하는 은유의 기발한 맛을 즐긴다.(녹색으로 사는 것이 쉽지는 않답니다?)

개구리 입 바닥 고무주머니에 공기를 불어 넣는다. 허파에서 공기를 밀어내자 주머니가 부풀어 올랐고, 부풀어 오르자 개굴개굴 소리가 나온다. 공기는 개구리의 세포 조직에 의해 조절되고, 짧은 시간에 샘플링되고 재포장되어 고주파를 가진 낮은 울음소리로서 주변 대기로 돌아간다. 그 소리는 허공 속에서 교차하는 무수한 파동으로 만들어졌다. 연못 가장자리에 있는 축축한 늪의 악취는 개구리들의 합창 소리에 눈치 없이 흘러 들어가 해변이 생각난다고 말하는 어린 소녀의 코에 닿는다. 공기는 소리와 냄새, 그리고 피부에 부드러운 감촉을 전달한다.

일정 진폭과 주파수로 된 단일한 음파가 개구리의 입속 공기 분자를 타고 날아간다. 그 음파는 개구리의 입술 바로 옆을 날아가는 모기에게는 들리지 않는 대신 공기의 변동으로 감지된다. 음파는 개구리 입 크기와 탄력, 폐의 크기, 그리고 개구리의 젊음과 활력에 관한 정보를 전달한다. 음파는 잔물결처럼 퍼져나가고, 주변의 대기에 점점 더 멀리 메시지를 전달할수록 점점 더 희미해진다. 연못 위로 1만 피트 상공에서 비행기의 승객들은 음파를 듣지 못했지만, 비행기 착륙등의 희미한 반짝임은 수면에서 반사된 녹색의 찰나적 점멸로서 포착되었다. 그러나 근처에 있는 암컷 개구리의 귀에 도달한 음파는 곧 호르몬으로 번역되어 젊고 늠름한 개구리가 가까이에 있음을 알린다. 개굴개굴 소리의 벽은 연못 옆 포장도로의 풀들을 미미하게 진동시킨다.

교외에 위치한 주택 밖에서 손가락이 MP3 녹음기를 켠다. 파면wave front은 자신의 수많은 음파 사촌들과 함께 마이크에 들어간다. 소프트웨어 기반 샘플러는 초당 44,000개의 미시적인 소리 인상을 받아와 장치의 메모리에 저장한다.

파면이 진행됨에 따라, 파동의 형태는 분자들이 차례로 파동을 그 자신의 진동으로 번역하면서 상당한 일정함을 유지한다. 팽창하는 파면이 거미줄의 가장 바깥 테두리를 살짝 스치면서 거미는 다음 먹잇감의 가능적 현전을 탐지한다. 마치 퉁겨진 바이올린 현처럼 거미줄의 실 하나가 앞뒤로 미세하게 흔들린다.[2] 실의 양쪽에는 극소량의 순간적인 압력 차이가 있었다. 진동하는 실에서 작은 이슬 한 방울이 떨어져 아래에 있는 돌의 표면에 충돌하고, 수백만 개의 미생물을 주변 공기에 노출시킨다. 몇 분 후, 『실재론적 마술』이라는 책의 저자는 연못의 개구리 울음소리를 기억하고 그 소리 안과 그 주위에서 무슨 일이 있었을 수 있는지 궁금해한다.

개구리 입에서 나오는 단일 음파의 파면이 연못을 가로질러

---

2. Jakob von Uexkull, *A Foray into the Worlds of Animals and Humans*; with *A Theory of Meaning*, 44~52, 157~161, 190~191 [야콥 폰 윅스퀼, 『동물들의 세계와 인간의 세계』]를 보라.

내 귀로 전달되는 것처럼, 현실적이고 실재적인 사물은 다중적 수준에서 다중적 행위자와 관련되며 발생한다. 파동은 공기 중에, 거미줄에, 인간의 귀에 각인된다. 각각의 공기 분자 뭉치는 그 자신으로부터 다음 뭉치로 음파를 번역한다. 번역은 "가로질러 건네주다"를 의미하며, 이는 은유가 의미하는 바이기도 하다. 인과성과 미적 "정보"가 서로 간에 얼마나 뿌리 깊게 연관되어 있는지 당신이 알아채기 시작했기를 바란다.

모든 객체는 그 객체에게 일어난 모든 것을 기록한 놀라운 고고학적 기록이다. 이것은 객체가 그것에게 일어난 모든 것일 뿐임을 의미하지 않는다 — 하드 드라이브나 종이 쪼가리처럼 무언가를 새길 수 있는 표면은 정확히 그것이 기록하는 정보가 아닌데, OOO에 따르면 그 표면은 물러나기 때문이다. 바로 이러한 이유로 우리는 녹음기, MP3, 하드 드라이브, 그리고 나이테를 말할 수 있다. 우리는 또한 우리가 알고 있는 가장 거대한 객체, 우주를 말할 수 있다. 그 증거는 도처에서 나타난다 — 텔레비전 지지직 화면의 1퍼센트는 빅뱅 후에 남은 우주배경복사이다. 다른 존재자들의 형상을 통해 어떤 사물의 증거가 더 널리 퍼질수록 그 힘은 더 커지고 과거는 더 깊어진다. 그러므로 어떤 성격 특성이 기본적인 것일수록 그 성격 특성은 그 사람의 더 머나먼 과거에서 유래한 것이다. 모든 생명체에서 발견되는 다섯 단백질은 다공성 세포를 가진 거대한 해양 생물로 추측되는 모든 생명의 공동 조상 루카LUCA의 증거이다. 이 단백질은 이제 루카에서 그랬던 것과는 다르게 제조되지만, 마치 성경의 한 구절이 우연히 21세기 무신론자의 일상적인 연설에 얽혀 들어간 것처럼, 우리의 신체 — 그리고 도마뱀붙이와 박테리아의 신체 — 는 어떻게든 계속 재생산하는 것 같다. 마찬가지로 하이데거는 철학이 존재를 망각한 과거가 너무 깊어서 그것을 망각한 증거는 어디에나 있고 어디에도 없다고 생각했다.

우리가 각각의 흔적을 올바르게 읽어낼 수만 있다면, 거미줄의 가장 미세한 부분이 사실 음파에서 거미의 다리, 불행한 집파리의 날개를 거쳐 이슬 한 방울에 이르기까지 거미줄을 스친 객체들을 기록한 일종의 테이프 녹음기라는 것을 알게 될 것이다. 그것은 거미줄어로 녹음된 테이프 녹음기이다. 그러므로 야콥 폰 윅스퀼은 거미의 세계에 새겨진 파리의 표시(유전 인자Merkmaltrager)에 주목한다.[3] 두 세계는 비록 교차하지는 않지만 — 거미는 파리를 파리로서 알지 못하고 그 반대도 마찬가지이다 — 수많은 표시와 흔적이 남아있다. 그렇게 조르조 아감벤은 윅스퀼의 통찰을 해석하며 숲에 관해 다음과 같이 남긴다.

> 객관적으로 고착화된 환경으로서의 숲이란 현존하지 않는다. 공원 경비원에-대한-숲, 사냥꾼에-대한-숲, 식물학자에-대

3. Uexkull, *A Foray into the Worlds of Animals and Humans*, 158~159, 190~191. [폰 윅스퀼, 『동물들의 세계와 인간의 세계』]

한-숲, 도보 여행자에-대한-숲, 자연 애호가에-대한-숲, 목수에-대한-숲, 그리고 마침내 빨간 망토가 길을 잃는 우화의 숲이 현존할 뿐이다.[4]

OOO는 다음을 추가한다. "맞아요, 그렇지만 잊지 말아요. 거미에-대한-숲, 거미줄에-대한-숲, 나무에-대한-숲, 그리고 마지막이지만 결코 사소하지 않은 것, 숲에-대한-숲이 있음을." 비록 그것이 자신의 조그마한 현존을 가지고 혼자 현존할 수 있다고 하더라도, 숲은 어떻게 현존이 곧 공존인지를 예시할 것이다. 현존이 곧 공존이라고 말하는 것은 사물이 단지 그것의 관계로 환원된다는 것을 의미하지 않는다. 오히려 그것은 물러남으로 인해 객체가 자신의 나타남을 통해 결코 소진되지 않음을 주장한다 — 이것은 왜곡, 간극, 혹은 공허로 경험될 수 있는 일종의 초과, 언제나 그러했듯 남겨진 무언가가 항상 존재한다는 것을 의미한다. 객체 그 자체에 있어서, 객체는 존 던이 말한 것처럼 "교활하게 만들어진 작은 세계"이다.[5] 이것은 대균열로 인한 것이며, 사물의 존재는 그 내부에서 비워지는 것이다. 객체의 탄생에 연료를 공급하는 것은 바로 이 대균열이다.

---

4. Giorgio Agamben, *The Open*, 41.
5. Donne, *Holy Sonnets 5*, line 1.

샘플링으로서의 인과성

개구리 울음소리의 파면으로 돌아가 보자. 각각의 존재자가 다른 방식으로 파면을 샘플링하는 것처럼 보인다. 예를 들어 모기에 의해 샘플링된, 압력의 순전한 변화로서의 파면이 있다. 진동하는 거미줄의 실은 대기 중인 거미에게, 거미줄에 가능적 먹잇감의 현전이 달라붙었음을 알린다. 그러나 매 순간 샘플링되는 것은 파면이라는 단일한 존재자다. 그것은 팝송과도 같다. 당신은 CD, 레코드판, 카세트, MP3, 12인치 댄스 리믹스, AIF, WAV를 구할 수 있다 — 혹은 어느 날 값싼 트랜지스터라디오에서 전파 방해의 윙윙거리는 소리와 함께 크게 울리는 팝송을 들을 수도 있다. 각각의 경우에 노래의 샘플, 발자국이 있다. 노래는 형상을 가진다. 레코드판은 형상을 가진다. 특수한 도구가 노래의 형상을 레코드판에 새긴다. 레이저가 CD의 플라스틱 표면에 작은 구멍을 잘라내고, 노래를 구멍과 구멍-없음의 시퀀스로 번역한다.

개구리 울음소리의 MP3 녹음을 분석해 보자. "개굴개굴"이나 아리스토파네스의 세련된 브레케케케스, 코악 코악처럼, MP3 녹음은 개구리의 울음소리를 번역한 것이다. 먼저, 2초간의 울음소리 녹음을 선택한다. 단말기는 소리를 파동의 시각적 이미지로 번역한다. 특수 소프트웨어 응용 프로그램이 음파에 0을 도입하여 점점 더 뻗어가는 공간의 시퀀스 사이에서 작은 파동

조각을 볼 수 있게 한다. 2초간의 개구리 울음소리를 보여주는 작은 파동 조각은 클릭 소리의 시퀀스다. 클릭의 속도를 높이면 울음소리가 난다. 아주 작은 규모에서 파동은 드럼의 맥놀이처럼 일련의 맥놀이이다. 이러한 맥놀이는 한 소리가 다른 소리를 방해할 때 발생한다. 선을 생각해 보라. 이제 그 선에 간극을 도입한다 — 그 선을 방해하자 선이 두 개가 된다. 두 선 사이의 공간이 맥놀이다. 음악 작곡 소프트웨어에서 한 샘플은 다른 샘플의 리듬에 따라 분리되어 일반적으로 "게이팅"이라고 알려진 효과를 일으킬 수 있다. 예를 들어 목소리는 하이햇 맥놀이나 스네어 드럼 샷의 산발적 속사포로 분해되어 매끄러워 보이는 "아"가 "아-아-아-아-아"가 될 수 있다.

직선을 생각해 보라. 그런 다음 3분의 2를 잘라내어 두 조각으로 나누어 보자. 이제 선들 사이의 공간, 맥놀이가 생기고, 두 맥놀이, 즉 선들이 생긴다. 그런 다음 그 선들에서 3분의 2를 자른다. 더 많은 맥놀이가 생긴다. 그리고 더 많은 선으로서의-맥놀이가 생긴다. 결국에는 칸토어의 먼지를 뒤집어쓰며 끝난다. 이는 초한 집합 — 여타의 무한집합보다 훨씬 더 큰(무한하게 큰) 수의 무한집합 — 을 발견한 수학자 게오르크 칸토어의 이름을 따서 명명되었다. 칸토어의 먼지는 그 안에 무한 박동이 있고 무한 비-박동이 있어서 기묘하다. 무한 맥놀이와 무한 선으로서의-맥놀이가 있다 — $p \wedge \neg p$. 이러한 역설적인 사실은 칸토어에 관한 몇몇 재해석이 때때로 편집하려고 애쓰는 발견인데, 가장 주목할 만한 것은 알랭 바디우에 의해 선호된 체르멜로-프랑켈의 이론이다.[6] 우리는 앞에서 근본적으로 비일관적인 객체들의 세계에 처음으로 진출했을 때 이 정식을 보았다. 이 정식을 다시 만나게 된 것은 놀라운 일이 아니다. 어째서인가?

맥놀이와 비-맥놀이의 혼합은 더 작은 물리적 규모에서도 발생한다. 하나의 파동이 다른 파동을 부수고 다른 파동에 의해 부서진다. 소리가 침묵을 가른다. 침묵이 소리를 가른다. 우리는 아주 낯선 장소에 도착했다. 애초에 개구리 울음소리가 발생하려면 무언가가 반드시 있어야 하지만, 그럼에도 행방불명이다! 연속적인 흐름, 요컨대 개구리 입속 개구리의 호흡은 맥놀이를 생산하기 위해 어떻게든 방해받아야 한다. 맥놀이가 끼어들 수 있는 최소한 하나의 부가적 소리 및 비-소리가 언제나 있어야 한다.[7] 수학적으로 기울어진 사람들에게 이것은 초한 집합, 즉 일반 정수 또는 유리수(정수+분수)의 무한대보다 큰 "무한대"에 관한 칸토어의 놀라운 대각선 증명을 연상시킨다. 우리가 0과 1 사이의 모든 숫자를 본다고 가정해 보자. 칸토어는 당신이 가로세로로 된 수열 속에서 0과 1 사이에 있는 각각의 숫자를 읽어낼 수 있는 격자판을 상상한다. 그러나 이것을 수행할 때마다 45도로 격자를 가로지르는 대각선에 한 숫자가 나

6. Priest, *In Contradiction*, 28~38.
7. 이 놀라운 사실은 제임스 화이트헤드에게서 찾을 수 있다(JLIAT), "Deconstructing a Sine Wave," http://jliat.com/deconsine.html.

타나고, 이 숫자는 유리수 집합에 포함되지 않는다. 경이롭게도 수열에서 항상 무언가가 빠져 있다![8]

우리는 칸토어가 온갖 존재자, 혹은 내가 여기에서 객체라고 부르는 것에 관한 무언가를 발견했다고 주장할 수 있다. 칸토어는 집합과 같은 객체가 무한, 그리고 무한소적 깊이와 그림자, 당신이 그 집합의 샘플을 취하려고 할 때마다 물러나는 어두운 가장자리를 포함한다는 것을 발견했다. 실수 집합은 유리수 집합을 포함하지만, 유리수 집합은 원주율과 2의 제곱근과 같은 숫자를 포함하므로 그보다 무한히 크다. 그러한 집합들 사이에는 매끄러운 연속체가 없는 것처럼 보인다. 따라서 실수 집합은 자신의 완전한 구성원이 아닌 집합을 포함한다 — 유리수 집합은 실수 집합 안에 어색하게 자리 잡고 있으며, 러셀과 같은 논리학자를 격노시킨 것은 바로 이 역설이었다. 그러한 논리학자의 "해결책"은 이러한 종류의 집합을 집합이 아닌 것으로 규정하는 것이었는데, 이는 정확히 요점을 놓치는 것이다.

개굴개굴하는 개구리로 돌아가서, 당신이 얼마나 개구리의 목소리를 샘플링 — MP3 플레이어로 녹음하고, 거미발로 듣고, 1천 마리의 활기찬 개구리 합창단의 불명확한 한 마리로서 즐긴다고 하더라도 — 하든 당신은 개구리의 목소리를 소진하지 못한다. 그리

8. 이에 관한 가장 생생한 탐구는 더글러스 호프스태터에게서 찾을 수 있다. Douglas Hofstadter, *Gödel, Escher, Bach*, 418~424. [더글러스 호프스태터, 『괴델, 에셔, 바흐』.]

고 그것뿐만이 아니다. 개굴개굴 자체에는 개구리의 호흡 기관과 개구리의 성호르몬과 같은 다른 존재자에 대한 무궁무진한 번역과 샘플이 담겨 있다. 개굴개굴 자체가 그 자신과 동일하지 않다. 그리고 어떤 개굴개굴 소리의 샘플도 개굴개굴 소리와 동일하지 않다. 이러한 부분들의 합이 되는 전체, 혹은 합보다 큰 전체는 없다. 그런 것은 그저 있을 수 없다. 무언가가 항상 달아나고, 맥놀이가 발생하기 위한 무언가가 항상 빠져있다. "맥놀이"는 "물러난 객체"를 함의한다.

맥놀이의 생각할 수 있는 가장 작은 단위체는 어떨까? 이것은 물리학자들이 포논phonon이라고 부르는 것이다. 광자가 빛의 양자인 것처럼 포논은 진동의 양자이다. 맨눈으로 볼 수 있는 매우 작은 초냉각 금속 소리굽쇠와 같이 포논의 현전을 기록할 정도로 민감한 물질에 포논을 통과시키면 소리굽쇠가 진동하면서 동시에 진동하지 않는 것을 볼 수 있다.[9] 이 실험을 설계한 애런 오코넬은 이 상태를 "호흡"이라고 멋들어지게 묘사한다. 이 호흡은 인간이 맨눈으로 볼 수 있다. 오코넬은 엘리베이터에 혼자 있는 사람을 유비로 사용한다 — 거기서 사람들은 공공장소에서 부담스럽다고 느낄 수 있는 온갖 행동을 하기 쉽다.[10]

이 마술을 달성하려면 큐비트를 통해 포논을 통과시켜야

---

9. O'Connell et al., "Quantum Ground State and Single Phonon Control of a Mechanical Ground Resonator."
10. O'Connell, "Making Sense of a Visible Quantum Object."

한다. 고전적인 스위치와 달리 큐비트는 ON, OFF, 혹은 OFF인 동시에 ON일 수 있다. 마치 객체를 근본 입자로 환원하려는 우리의 바람을 무시하는 것처럼, 가능한 극미량의 진동은 켈빈영도(절대영도) 바로 위에 있는 결정격자(금속)로 큐비트를 통과시켜 우리가 그것의 유약한 존재를 보존할 경우, 아무것도 초래하지 않으면서 무언가를 초래하며 겹쳐진다. 맥놀이와 비-맥놀이가 동시에 일어나는 것만 같다. 신비의 부가적 층이 바로 우리 눈앞에서 펼쳐진다. 이 실험은 인공적인 보철물 없이 맨눈으로 볼 수 있는데, 양자 현상이 발생해야 하는 규모에 관한 표준적인 편견을 고려할 때 이는 실험을 더욱 낯선 것으로 만든다.

만약 우리가 시간과 공간이라는 용어를 통해 사물들에 외적인 일종의 견고한 용기를 의미한다면, 진동의 단위체는 공간 "안"이나 시간 "안"에서 발생하지 않는다. 시간과 공간 자체가 이러한 차이들, 맥놀이들의 생산이 일어나는 모든 곳에 있는 것처럼 보인다.[11] 그런데 우리는 시간 기록 장치의 규칙성으로 인해, 물리학이 적어도 어떤 근본적인 의미에서 사물들이 그렇게 행동하지 않는다고 말함에도 불구하고, 아이러니하게도 사물들이 기계론적으로 작동하기를 기대한다. 샘플러의 문은 4만분

11. 이것은 실제로 피틀 호자바의 추론이다. Petr Horava, "Quantum Gravity at a Lifshitz Point."

의 1초라는 찰나에 열리고 닫힌다. 샘플러는 개굴개굴하는 소리의 일정한 양을 기록하고 새긴다. MP3 녹음기의 디지털시계에 달린 수정 결정판이 진동한다. 녹음기는 개구리 울음소리가 이런저런 시간에 녹음되었다고 알려준다. 마치 오래된 뻐꾸기시계의 금속 톱니와 스프링이 톱니어와 스프링어로 시간을 알려주는 것처럼, 녹음기는 수정어로 시간을 알려준다. "시간을 알려주다"는 생각보다 많은 것을 드러내는 구절이다. 알려주는 것은 말하는 것이고 따라서 번역하는 것이다 — 예를 들어 전자 수정 진동은 인간에게 번역된다. 알려주는 것은 또한 시간을 세거나 시간의 맥놀이를 만드는 것이다. 개구리의 주기적 클릭은 측정된 맥놀이들을 알려준다. 이러한 의미에서 실재는 수조 마리의 개구리-같은 존재자가 서로를 가로질러 서로를 통해 서로 다른 속도로 서로 변조하고 번역하며 개굴개굴하는 거대한 연못이다.

규모를 한두 단계 (그리고 좀 더) 높이면, 한밤중의 작은 연못에 합창이 일어나며 그곳의 갈대와 풀이 부드럽게 흔들리는 것을 정지궤도의 첩보 위성에서 볼 수 있다. 무시간적 광자가 개구리의 눈에서 반사된다. 광자는 그것이 위성 카메라의 샘플링 장치를 통해 가로지른 공간으로 다시 발사된다. 이 규모에서 정보는 헤르만 민코프스키가 광원뿔이라고 불렀던 것, 거대한 원뿔에서 빛의 속도를 가지고 우주로 퍼진다. 뛰어난 망원경을 장착한 지나가는 외계인 우주선이 개구리의 눈에서 유래한 광자를 수신할 수 있었다면, 외계인은 광자가 안구에서 튀어나온 시각과 안구에 대한 우주선의 상대적 위치를 알아낼 수 있었을 것이다. 그러나 외계인 우주선이 개굴개굴하는 개구리에서 방출되는 광원뿔 바깥으로 지나간다면, 개구리가 외계인의 과거에 개굴개굴했든, 미래에 개굴개굴하든, 현재에 개굴개굴하고 있든 의미가 없다. 단적으로 말해서, 개구리의 울음소리를 알아낼 방법이 없는 것이다. 따라서 이 거시적 규모에서 우주 또한 마치 그 안에 있는 객체가 신비롭게 물러나 있는 것처럼 물러나는 것으로 보인다 — 사건은 다른 사건과의 비교 가능성을 잃기 시작하므로, 우리가 광원뿔에 의해 정의된 일정한 범위 안에 있지 않은 한, 사건이 언제 어디서 일어나는지 알 수 없다. 아인슈타인이 옳다면 이 깨달음은 개구리 자신에게도 영향을 미친다. 개구리의 혀에 작은 시계를 올려보자. 그 시계는, 날아다니며 지나가는 모기 날개에 올려놓은 작은 시계와는 다른 시간을 알려줄 것이다.

양자 이론과 상대성 이론은 연못을 복잡한 기계로 보는 관점에 온갖 제한을 둔다. 기계에는 시간과 공간이라는 빈 용기 안에서 부드럽게 작동하는 견고한 부품들이 필요하다. 무한 우주와 용기로서의-빈-공간을 채우는 군중을 말하는 유물론자들은 최초로 무한 공간을 주장 — 이 주장은 교황 자신에 의해 강화되었는데 — 했던 아우구스티누스와 다른 신학자들에게서 아이러니하게도 신피타고라스주의적 신비주의의 한 조각이었던 것을 가져와 개작했다.[12] 오늘날, 빅뱅 이론은 잘 확립되었지만 대부분의 포스트뉴턴주의 물리학자들은 우주가 영원해야 한다고 가정한다. 그러나 그로부터 수백 년 전에, 교황령에 종속되지 않은 한 명의 이슬람 아리스토텔레스주의자가 그럴 수 없다는 것을 알아냈다. 사변적 형이상학자 알-킨디는 약간의 아리스토텔레스와 몇몇 명료한 추론을 섞어 우주가 무한하거나 영원할 수 없다고 주장했다. 아리스토텔레스에 대항하여 아리스토텔레스를 사용하며, 알-킨디는 물리적인 것은 무한히 클 수 없고 시간은 물리적 우주의 한 양상이므로 우주는 영원할 수 없다고 추론했다.[13] (아리스토텔레스 자신에게는 천체의 운동이 완벽했기에 우주는 영원해야만 했다.) 만약 우주가 영원했다면 이 우주에 도달하는 데 무한대가 걸렸을 것이다. 이는 오늘이 결코 도래하지 못할 것임을 의미한다. 그러므로 우주는 영원하지 않다.

지난 세기 이후로 물리학은 연못이 기계일 개연성이, 허황된 의미를 벗어나면, 지극히 낮음을 보여주었다. 5만 마리의 개구리가 개굴개굴하는 소리는 백화점에 가득 찬 태엽 장난감이 한꺼번에 오작동하는 광경을 상기시키는 면이 있을지 모른다. 맥놀이에는 주기성, 규칙적 반복성이 있어서 일어나고 있는 사건

12. Casey, *The Fate of Place*, 106~115.

13. Al-Kindi, "On Divine Unity and the Finitude of the World's Body," 18~22.

을 마치 기계적인 것처럼 보이게 한다. 그리고 생물학은 생명체가 개굴개굴하는 것과 같은 일을 하는 방식을 상상하기 위해 기계를 사용하기를 좋아한다. 그러나 기본 물리학의 관점에서 볼 때 이 기계는 실제로는 합리적으로 타당한 은유일 뿐이다.

그러나 적어도 17세기 이후로 꽤 오랜 시간 동안, 인간은 톱니바퀴들이 서로 맞물리거나 사무실 장난감의 작은 공들이 서로 맞부딪치는 것처럼 인과성이 기계론적인 것과 관계가 있다고 생각하는 데 익숙해져 왔다. 그런데 우리가 톱니바퀴와 공을 조사하며 발견하는 것은 그보다 훨씬 더 경이롭다. 예를 들어, 당신이 정말 미세한 나노 규모의 톱니바퀴들을 만든다면, 그것들을 함께 놓았을 때 톱니바퀴들은 회전하지 않는다는 것을 발견하게 될 것이다. 왜냐하면 톱니바퀴들은 사실상 연인 사이가 되었기 때문이다. 톱니바퀴들이 서로를 제대로 만지지 않았음에도, 카슈미르 힘이 그것들을 붙인다. 아주 미세한 공이 결정격자에 부딪히면 튕기거나 그 안으로 들어갈 수 있다 — 또는 두 가지 모두를 수행할 수 있다.

앞서 「서론」에서 보았듯, 우리가 인과성을 생각할 때 떠올리는 것은 일종의 둔탁한 부딪침이다. 그러나 개구리의 내분비계에 있는 호르몬을 생각해 보라. 화학계 안에서는 명백하게 운동하는 부분이 없는 경우에도 촉매가 반응을 일으킬 수 있다. 한 공이 다른 공을 치는 것으로 개구리의 성적 자극을 고찰하는 것은 최선이 아닐 것이다(어색한 이중적 의미를 양해해 주기

바란다). 정보의 전달을 고찰하는 것이 더 나을 수 있다 — 인과성은 미적 과정이라고 생각하는 것이 더 나을 수 있다.

우리는 일종의 미적 현상을 통해 사건이 시작되는 방식을 보았다. 이것은 괴상한 개념이 아니다. 사실, 그것은 둔탁한 부딪침의 인과성의 이미지보다 훨씬 덜 괴상하다. 어떻게 나노 규모 톱니바퀴가 카슈미르 힘을 통해 서로 붙을 수 있을까? 어떻게 미세한 소리굽쇠가 진동하면서 동시에 진동하지 않을 수 있을까? 어떻게 "과거"와 "미래"가 광원뿔을 벗어나면 무의미할까? 이 모든 현상이, 누군가가 자동차 덮개 아래의 기계를 조사하기 위해 자동차 덮개를 여는 것처럼 인과성을 그런 식으로 찾을 때 우리가 잘못된 곳을 보고 있다는 가능성을 강력하게 시사하지 않는가? 다른 말로 하자면, 인과관계의 마술은 미적 차원 속에서, 즉 우리의 바로 눈앞에서 일어난다는 의미에서 마술이다. 앞서 말했듯, 무언가를 숨기기에 가장 좋은 장소는 보안 카메라 바로 앞이다. 그 누구도 숨기기가 일어나고 있다는 사실을 믿지 못할 것이다. 다시 말해서, 설명해야 하는 사태는 덮개 아래에 있는 맹목적인 기계가 아니라, 바로 여기에서 모든 일이 발생하는 것처럼 보인다는 사실이다.

객체 밑에 있는 인과적 기계를 향한 추구는 인과성이 우리의 코앞에서 일어나는 신비라는 사실에 대한 방어적 반응일 수 있다. 그러나 그 신비는 미적인 것에 의존하지 않고는 설명할 수 없는 것이며, 17세기 이후로 우리가 세계에 관해 만들어 온 수

많은 가정을 진지하게 수정하지 않고서는 설명할 수 없는 사실이다. 거대한 공허 속으로 점점 가라앉아 가며 점점 작아져 가는 인간의 의미라는 섬으로 철학을 규제하는 것은 이러한 가정들을 확인하는 데 그쳤다. 이러한 역사적 사건의 슬픈 흐름과 병행하여 예술과 삶의 미적 차원은 점점 더 기계 표면을 장식하는 상당히 보기 좋지만 기본적으로 쓸모없는 사탕가루가 뿌려지는 것으로 추락하고 있다. 나는 정확히 정반대의 것을 주장할 것이다. 기계가 인간의 환상이고 미적 차원이 바로 인과성의 피와 살이다. 효과는 언제나 미적 효과이다. 즉, 효과는 존재자가 피부, 신경 또는 뇌를 가졌는지의 여부와 관계없이 어떤 존재자에 대한 일종의 지각적 사건이다. 이토록 기이하게 들리는 제안을 내가 하는 이유는 무엇일까?

왜 이런 식으로 생각하는 것이 설득력 있고 심지어 합리적일 수 있는지를 생각하기 시작하는 한 가지 방법은 내 지각과 개구리의 지각, 또는 더 나아가 거미의 지각, 혹은 심지어는 거미줄의 지각 사이에 엄청난 차이라는 것이 과연 있는지를 탐구하는 것이다. 콘크리트 블록에 정신이 있다고 주장하는 방향과는 다른 방향으로 가보자 – 무언가의 마음챙김이 어떻게 콘크리트 블록으로 있는 것과 같은지 상상해 보자. 우리는 여기서 가장 어려운 심화 진화론으로부터 위안을 얻을 수 있다. 만약 우리가 지각을 고도로 진화된 것을 위한 일종의 특별 보너스 상품이라고 생각한다면 우리는 훌륭한 다윈주의자가 아니다.

그것은 목적론적 개념이고, 만약 다윈이었다면 거대한 쇠못으로 목적론의 심장을 오히려 무자비하게 관통했을 것이다. 내가 진화한 만큼 연못에서 우는 개구리도 진화했다. 개구리는 내가 아는 모든 유전자보다도 더 많은 유전자를 가지고 있을지도 모른다. 초파리는 인간보다 유전자가 더 많다. 유전적 돌연변이는 현재의 필요에 따라 무작위로 일어난다. 뇌는 수백만 년의 진화 역사에 걸쳐 어색하게 뒤엉킨 덩어리다. 아마도 요점은 뇌가 뇌어를 가지고 세계를 표현할 때, 그것은 콘크리트 블록이 콘크리트 블록어로 세계를 표현하는 것과 다르지 않으리라는 것이다. 어째서인가?

내가 개구리가 개굴개굴하는 소리를 들을 때, 그 듣기는 개구리 울음소리의 본질을 무신경하게 의인화하며 말모둠을 조각한다. MP3 녹음기는 1초에 4만 번 동일한 소리에 대한 구멍 뚫린 샘플을 채취하면서, 내가 울음소리를 무자비하게 의인화한 것처럼 무자비하게 울음소리를 MP3화한다. 울음소리는 내 귀가 들은 것으로서, 혹은 녹음기가 녹음한 것으로서 들렸다. 듣기는 ~로서-듣기이다. 이것은 하먼이 하이데거를 통해 ~로서의-구조라고 부르는 것의 한 예시다. 나의 인간 귀는 인간 귀로서 개구리를 듣는다. 디지털 녹음기는 디지털 녹음기로서 개구리를 듣는다. 거미줄은 거미줄화하는 방식으로 개구리를 듣는다. 귀는 귀화하고 녹음기는 녹음기화한다. 당신이 바람을 들을 때, 당신이 듣는 것은 나무를 스치는 바람이다 — 나무는 바람을 나무화한다. 당신은 문을 스치는 바람을 듣고 문은 바람을 문화한다.[14] 당신은 윈드차임의 바람을 듣고 윈드차임은 자신의 고유한 방식으로 바람을 샘플링한다.

상호사물성 재고

이를 말하는 또 다른 방식은 바람이 윈드차임 소리를 초래한다cause고 말하는 것이다. 바람이 출입구의 부드러운 신음을 초래한다. 바람이 나무의 움츠림과 흔들림을 초래한다. 개구리는 거미줄의 흔들림을 초래한다. 개구리가 내 고막의 진동을 초래한다. 이는 완벽하게 직설적이다. 인과성은 미적이다.

이 사실은 인과적 사건들이 결코 둔탁하게 부딪치지 않음을 의미하는데, 둔탁하게 부딪친다는 것은 선형적인 시간 시퀀스, 하나의 금속 공이 다른 금속 공을 향해 날아가고 그 공과 맞부딪치는 사건을 담을 수 있는 용기를 함의하기 때문이다. 그러나 전과 후는 정보 공유보다 엄밀하게 이차적이다. 거기에는 사무실 장난감, 책상, 방, 그리고 적어도 한 명의 지루해진 사무원이 포함된 전체적 설정이 맞부딪침이 발생하기 이전에 있어야 한다. 둔탁한 부딪침의 인과성은 감각적 인과성이 아니라 미신적 물신화이다!

---

14. Heidegger, "The Origin of the Work of Art," 26. [하이데거, 『예술작품의 근원』.]

객체들은 미적 수준에서 서로 얽혀 있는 것처럼 보인다. 이제 양자 얽힘은 매우 낯익은 현상이 되기 시작했다. 당신은 광자 또는 그보다 작은 분자와 같은 두 개의 입자를 얽혀서 그들이 마치 텔레파시를 하는 듯한 행동을 하게 할 수 있다. 임의의 거리(몇몇은 제한이 없다고 생각하는데)에 걸쳐서 당신은 한 입자에 일부 정보를 전할 수 있다. 그리고 다른 입자가 동일한 정보를 동시에 수신하는 것처럼 보인다.[15] 양자 얽힘에 있어서 시공간적 차이는 의미가 없다. 만약 이것이 소금통과 손가락, 연못과 밤공기, MP3 플레이어와 음파의 경우에도 마찬가지라면 어떨까? 인과성은 사물이 서로 얽히는 방식이다. 그러므로 인과성은 분산되었다. 인과성에 대해 책임이 있는 어떤 단일한 객체는 없다. 책임은 어디로도 돌릴 수 없는데, 왜냐하면 인과성 자체가 책임이 여러 장소에 동시에 있음을 의미하기 때문이다. 그 개구리들의 울음소리를 들은 지 이틀이 지났고, 지금도 여전히 개구리에 관해 쓰고 있다. 얽힘은 시간에 걸쳐 퍼진다. 혹은 오히려 내가 얽힌 개굴개굴 리듬에 맞춰, 나는 시간의 흐름을 알려준다. "어제"는 수정quartz, 일출, 중력, 그리고 지속적인 인후염과 내가 맺은 관계이다.

이를 말하는 다른 방식은 인과성이 상호사물적이라고 말하는 것이다. 우리는 이전 장에서 이것을 탐구하기 시작했다. 반

---

15. Zeilinger, *Dance of the Photons*, 206~207, 208~217, 247~248.

복하자면, 상호주관성이라는 용어는 우리에게 상당히 친숙하다. 그것은 무언가가 주체들 사이에서 공유되었다는 것을 의미한다. 예를 들어, 나는 여러 사람이 팀[16]이라고 생각하는 누군가이다. 팀은 상호주관적 현상이다. 어린아이들은 아직 이 사실을 내면화하지 않았기 때문에 자기 자신에 관해 삼인칭으로 이야기한다. 그들은 자신을 다른 누군가로 지칭하며, 그렇게 함으로써 진실을 말하고 있다. 그러나 여기서 나는 상호주관성 — 사실상 어떤 의미에서든 주체성이라고 부르는 것이면 무엇이든 — 이 훨씬 더 광대한 현상, 즉 상호사물성이 인간적으로-조각된 모형이라고 주장할 것이다. 이것이 훨씬 광범위한 함의를 갖는다. 주체성, 정신과 같은 현상을 상호사물적 사태로 기술하는 편이 효율적이다. 양동이에 담긴 뇌, 마약에 빠진 뇌, 40세 남성의 제대로 기능하는 뇌, 이것들은 모두 서로 다른 상호사물적 상태이다. 상호주관성은 객체들의 광활한 대양에서 인간적 의미의 조그마한 영역에 불과하며, 이 객체들의 광활한 대양에서 모든 객체는 서로 소통하고 정보를 받는다. 실재라는 연못의 개구리들이다. 정신을 상호사물적인 감각적 영역 "밑에" 있는 실체로 생각하는 테오프라스토스가 시작한 전통은 이슬람 철학자 이븐 루슈드가 지적했듯이 온갖 수수께끼를 낳는 결과를 초래한다.[17]

---

16. * 팀(Tim)은 티머시 모턴(Timothy Morton)의 줄임말이다.
17. Ibn Rushd, *Classical Amble Philosophy*, 342, 349.

상호사물성은 어떤 주어진 상황 – 주어진 객체들의 구성 – 에서 정보 공유에 필요한 것보다 하나 이상$^{1+n}$의 객체가 항상 더 많기 때문에 언제든지 생생한 것이 일어날 수 있음을 의미한다. 개구리 울음소리가 연못을 가로질러 이동한다. 물은 음파가 연못 주변의 대기로 원활하게 전달되도록 돕는다. 그러나 연못 가장자리의 풀은 소리의 일부를 흡수하며 소리의 일부를 상쇄하고, 그러면서 자신의 가녀리게 바스락거리는 소리에 각인한다. 내가 차고 문의 열쇠를 돌리며 개굴개굴 소리를 들을 때, 나는 대기와 풀, 물과 개구리에 관한 이야기를 듣는다. 그것은 개구리 울음소리 더하기 n개의 객체이다. 소리는 텅 빈 공간을 가로질러 이동하지 않는다. 소리는 다른 객체들이 거주하는 객체를 가로질러 이동한다. 예를 들어, 소리는 그 안에 다양한 행성, 은하, 그리고 진공 요동이 현존하는 광원뿔을 가로질러 이동한다. 소리는 미국 서부 교외 지역을 가로질러 이동한다. 소리는 개구리들의 사회를 가로질러 이동한다. 엄밀하게 말해서 세계는 없다 – 환경도, 자연도, 배경도 없다. 이것들은 일어나고 있는 사건에서 상호사물적 관계를 성립시키는 n개의 객체에 대한 편리한 용어일 뿐이다. 모든 측면을 누르고 있는 객체들의 총회가 있을 뿐이며, 객체들은 빽빽한 표현주의 그림의 정신없는 등장인물들처럼 우리를 빤히 쳐다본다.

상호사물성은 새로움이 자라나는 자궁이다. 상호사물성은 새로운 무언가가 발생할 수 있음을 긍정적으로 보장한다. 왜냐하면 각각의 샘플, 각각의 거미줄 진동, 다른 객체에 찍힌 객체의 각 발자국 자체가 주위를 둘러싼 존재자들과 완전히 새로운 관계 집합을 맺은 완전히 새로운 객체이기 때문이다. 새로움의 증거가 신선한 객체 주위에서 쏟아진다. 내가 들은 인간적으로-조각된 개구리 울음소리는 인과성에 관한 내 책의 장 하나를 쓰도록 영감을 준다. MP3적으로-조각된 개구리 울음소리는 녹음기의 칩 메모리에 쪼그리고 앉아 다른 여건을 방해한다. 거미줄적으로-조각된 개구리 울음소리는 거미를 0.5초 동안 속이며 소란의 근원지로 유인한다. 그리고 인간의 안구는 개굴개굴하는 소리에 무심한 채로, 젖어있는 우윳빛 표면 위를 떠도는 속눈썹에 그대로 초점을 맞춘다. 온갖 주머니와 과잉, 여분의 차원을 가지고 있는 객체는 새로워질 준비가 되어 있다. 요컨대 객체는 온갖 다른 객체들, 하나 이상$^{1+n}$의 객체를 포함한다.

객체의 시작이 이야기의 시작이라면, 그것은 개구aperture라고 불릴 것이다. 인과성이 미적인 한, 새로운 객체가 탄생할 때 그 탄생을 우리는 정확히 개구라 부를 수 있다. 개구란 무엇인가? 우리에게 낯익은 미적 객체에서 무엇을 배울 수 있을까? 이것을 다른 종류의 객체, 그리고 객체-객체 상호작용에 외삽할 수 있을까? 이를 위해서는 아리스토텔레스로 회귀하는 것이 용이하다. 형상인에 관한 그의 개념은 예술 작품을 실체, 즉 특정 형태, 특정 윤곽과 선을 가진 객체로서 생각하는 데 매우 유용하다. 이것이 우리에게 유용한 근본적인 이유는 예술 작품이 인과성을 온갖 특이한 형태로 접는 종이접기, 우리가 인과성을 연구하기 위해 그것을 이례적인 형태로 접는 종이접기이기 때문이다.

개구 : 왜곡으로서의 시작

하나의 이야기란 특정한 종류의 형상이라고 생각해 보라. 이야기에 관한 아리스토텔레스의 생각은 옳았다. 이야기에는 시작이 있고 중간과 끝이 있다고 아리스토텔레스는 주장한다.[18] 처음 이것을 읽었을 때 나는 푸념했다. 내가 모르는 것을 말해 줘, 아리스토텔레스! 보라, 여기에 이야기의 시작이 있다(1페이지). 여기에 중간이 있다(전체 페이지 수를 둘로 나눈 것). 그리고 여기에 끝이 있다(마지막 페이지). 물론 이는 아리스토텔레스가 의미한 바가 아니다. 그가 의미한 바는 이야기에 시작의 느낌(개구), 중간의 느낌(전개), 그리고 끝의 느낌(닫힘)이 있다는 것이다. 이러한 느낌은 이야기에 따라 다소 강렬할 수 있으며 다르게 지속할 수 있다.

시작, 중간, 그리고 끝은 감각적이다. 다른 말로 하자면, 그것들은 미적 차원, 즉 객체들이 그 안에서 상호작용하는 에테르에 속한다. 전-감각적이거나 비-감각적인 시작, 중간 또는 끝을 특정하려는 모든 시도는 아포리아, 역설, 그리고 막다른 골목을

---

18. Aristotle, *Poetics*. [아리스토텔레스, 『아리스토텔레스 시학』.]

초래할 것이다. 자연에 관한 헤라클레이토스의 유명한 말을 채택하자면 객체는 숨기를 좋아하며, 따라서 객체가 시작되고, 계속되고, 끝나는 방식을 추적하는 것은 욕조 안에서 비누를 찾는 것과 같다.

그렇다면 개구, 시작의 느낌은 무엇인가? 이것에 관해 생각해 나가면서, 어쩌면 객체가 어떻게 시작되는지에 관한 단서를 얻을 수 있을지도 모른다. 이야기는 불확실성이 점멸하는 것으로 시작된다. 독자로서 당신은 누가 주인공인지 전혀 모른다. 당신은 어떤 것이 큰 사건이고 어떤 것이 작은 사건인지 모른다. 프롤로그가 지속적으로 빅토리아 시대 말기 런던 교외의 거실에서 일어나는 일에 초점을 맞추는 것이 뒤에서 중요해질지 알 수는 없다. 모든 세부사항이 낯설게 보이며, 잠재적 의의로 가득 찬 욕조에 떠 있다. 이야기의 본편이 시작되었는지의 여부조차 불확실하다. 이것은 프롤로그에 불과한 것인가?

라디오에서 이야기를 듣는다고 상상해 보라. 어떤 무작위 순간에 라디오를 켜서 이야기를 엿들어 본다고 상상해 보라. 서술자가 이야기를 풀어내는 방식을 듣고 당신이 처음부터 듣고 있는지, 중간부터 듣기 시작했는지, 아니면 끝을 듣고 있는지 알 수 있을까? 이야기가 1790년경에 쓰인 리얼리즘 이야기였다면, 당신은 운이 좋은 것일지도 모른다. 리얼리즘 서사에서 개구, 전개와 닫힘을 수행하는 것에는 꽤 정확한 규칙이 있다. 자! 내가 진정한 실재는 리얼리즘 서사에 상응한다고 주장하지 않을 것은 명백하다. 그러나 미학적 리얼리즘은 우리가 예술이 어떻게 새로움, 낯익음, 최종성의 감각을 전달할 수 있는지에 관해 생각할 때 유용한 도구를 제공한다. 그리고 인과성이 일종의 예술인 한, 이 점을 조사해 볼 만한 타당한 이유가 있다. 그러나 리얼리즘 소설이 반드시 존재론이 실재론적인 방식으로 실재론적임을 의미하지는 않는다는 점에 유의해야 한다. 리얼리즘 소설에는 시작, 중간, 끝으로 간주되는 매개변수가 매우 명료하게 정의되어 있을 뿐이다.

우리는 내 집 건너편에 있는 연못, 객체들을 위한 보육원nursery에서 시간을 보냈다. 이제 우리가 객체의 탄생을 목격할 때 어떤 일이 일어나는지를 보자. 객체는 어떻게 시작되는가?

쾅! 갑자기 깨진 유리들이 공중을 가득 채운다. 유리 파편은 부서진 와인 잔에서 갓 태어난 신선한 객체이다. 이 객체는 내 감관을 공격하고, 내가 조심하지 않으면 내 눈을 벨 수도 있다. 거기에 유리 파편이 있다. 무슨 일이 일어나고 있을까? 유리 파편은 얼마나 많을까? 어떻게 이런 일이 일어났을까? 나는 시작의 심오한 소여성을 나의 인지적·정신적·철학적 공간의 왜곡, 즉 왜상anamorphosis으로서 경험한다.[19] 객체의 탄생은 주변 객체들의 변형이다. 객체는 실재적인 것이 균열되는 것처럼 나타난다. 이 왜곡은 감각적 영역에서 발생하지만, 새로움과 놀라움이

19. 나는 이 용어를 마리옹에게서 가져왔다. Jean-Luc Marion, *In Excess*, 37~40.

라는 필수 요소로 인해, 실재적인 것이 왜곡된 방식으로 희미하게 반짝인다. 시작은 열려 있고, 불편하고, 행복하고, 끔찍하다.

이야기의 시작에서 필연적으로 내게 발생하는 수수께끼 같은 질문들은 모두 개구의 표시, 시작의 느낌이다. 미학이 객체지향 존재론에서 근본적인 역할을 하므로, 시작의 미학에 관해 생각해 보자. 시작의 느낌은 불확실성의 바로 그 성질에서 찾을 수 있다. 이 성질은 『햄릿』의 시작 부분에서 잘 확립되어 있다. 거기서 첫 구절은 질문으로 시작된다 – "거기 누구인가?"[20] 영화가 되었든 연극이 되었든, 그것이야말로 드라마 시작의 가장 기본이 되는 문제가 아닐까? 주인공은 누구인가? 우리는 지금 누구를 보고 있는가? 그들은 비주류 등장인물인가 아니면 주류 등장인물인가? 우리가 어떻게 알 수 있을까? 알 수 없다. 영화나 연극이 일정 시간 계속되어야만 우리는 이것을 알아낼 수 있다.

개구는 왜곡(왜상)이며 참조점의 부재이다. 아직 아무 일도 일어나지 않았는데, "일어남"이 역설적이기 때문이다. 헤겔이 주장한 것처럼 사건이 일어나기 위해서는 최소한 두 번 일어나야 한다. 게다가 개구는 유연하다. 개구는 늘어나기도 하고 압축되기도 한다. 누가 누군지 알아낼 필요가 거의 없이 바로 이야기 속으로 빠져들게 하는 시작이 있을 수 있다 : 액션 영화가 좋은 예시이다. 영화 전체를 차지하는 시작도 있을 수 있다. 시작

---

20. William Shakespeare, *Hamlet* 1.1. [윌리엄 셰익스피어, 『햄릿』.]

은 측정 불가능한 것이지만 그럼에도 한정적인 것이다 — 시작은 정확한 좌표를 가지고 있지만 공간적이거나 시간적인 좌표가 아니라 미적인 좌표를 가진다.

당신이 이야기 — 서술자가 있다면 무엇이든 — 를 읽기 시작하면 마음속에 몇 가지 부가적 질문이 떠오를 것이다. 이 이야기에서 무엇이 사건을 형성하는가? 나는 중대한 사건을 보고 있는 것인가 아니면 대수롭지 않은 사건을 보고 있는 것인가? 이를 수행하는 몇 가지 전통적인 방법이 있는데, 예를 들어 미장센(장면 설정)이 있다. 개구는 이야기의 상대적 속도와 박자에 관한 불확실성의 느낌이다. 우리가 어떻게 지금 알 수 있겠는가? 속도와 박자는 상대적이므로 비교할 사건들의 시퀀스가 필요하다. 마찬가지로, 오직 하나의 객체만이 탄생하는 것은 사물들의 풍만함을 왜곡할 따름이다. 그 왜곡의 정도가 아무리 미미할지라도 말이다. 새로운 시구를 추가하면 그 이전의 시구가 바뀌듯이, 새로운 사물이 도래하면 다른 사물들이 서로 간에 맞물리지 않게 되기 때문에 OOO 우주에서는 새로움이 보장된다. 새로운 사물은 다른 사물들의 왜곡이다.

리얼리즘 소설가들이 이야기를 시작하고 개구를 불러일으키기 위해 사용하는 몇 가지 속임수가 있다. 이러한 속임수는 인과성이 기능하는 방식에 관한 무언가를 전해 주기 때문에 탐구해 볼 가치가 있다. 오스카 와일드의 『도리언 그레이의 초상』의 시작을 생각해 보라.

그 화실은 풍부한 장미 향기로 가득했고, 정원의 나무들 사이에서 가벼운 여름 바람이 휘젓고 지나가자, 라일락 향기의 짙은 향기, 혹은 연분홍 꽃이 피어 있는 가시나무의 더 섬세한 향수가 열린 문을 통해 들어왔다.
페르시아산 안장주머니처럼 생긴 소파의 한쪽 구석에 누워, 평소에 하던 대로 줄담배를 피워대던 헨리 워튼 경도 꿀처럼 달콤하고 꿀처럼 노란 빛깔을 띠는 금사슬나무 꽃이 만개하는 눈부신 자태를 볼 수 있었다. 금사슬나무의 가지는 불꽃처럼 눈부신 아름다움의 무게를 도저히 버텨내지 못해 파르르 떨고 있는 듯 보였다. 이따금 커다란 창문 앞에 길게 늘어진 비단 장막을 휙 스치며 날아가는 새들의 환상적인 그림자는 그 찰나에 일본풍의 효과를 자아냈다. 그 광경을 보자 헨리 경의 뇌리에는 필연적으로 고정된 예술이란 매체를 통해 속도감과 운동감을 전하고자 하는 비취처럼 얼굴빛이 창백한 도쿄의 화가들이 떠올랐다.[21]

"그 화실은 … ."[22] 와일드는 자신의 천재적인 미니멀리즘적 감각을 가지고 정관사로 이야기를 시작한다. 거기에 이미 화실이 있다. 어떤 화실 말인가? 하? 그렇군. 그것이 시작의 느낌, 개구

21. Oscar Wilde, *The Picture of Dorian Gray*, 5. [오스카 와일드, 『도리언 그레이의 초상』.]
22. Wilde, *The Picture of Dorian Gray*, 5. [와일드, 『도리언 그레이의 초상』.]

이다. 그 화실이라고 말하는 것은 화실을 드러내는 서사가 어떤 방식으로 선재하는 화실을 참조하는 것이다. 와일드가 "어떤 화실은…"으로 이야기를 시작했다면 어떤 느낌일지 상상해 보라. 우리는 어쩐지 이야기의 "외부"를 느낄 것이다. 우리는 우리가 통제권을 가지고 있다고 느낄 것이다. 대신, 우리는 우리 자신이 일어나고 있는 상황에 던져져 있는 것을 발견한다. 거기에는 이미 적어도 하나의 객체가 있다. 이것이 바로 개구의 "느낌"이다. 우리가 그 느낌에 이름을 붙인다면, 알랭 바디우의 용어를 차용하여 "더하기 하나"라고 부를 수 있겠다 — "더하기 하나" 객체가 객체들의 총회에 추가됨으로써, 우주는 교란된다.

이야기를 시작하는 보다 전통적인 방식이 있다. "옛날 옛적에 어떤 화실이 있었다…." 이러한 시작 구절은 부드럽게 우리를 서사적 영역으로 이끈다. 반면에 정관사의 실재론적 사용은 호라티우스가 말했듯 불시에 사물 한가운데로in medias res 우리를 불러들인다.[23] 그것이 객체가 시작되는 방식이 아닐까? 이야기 자체의 강력한 힘이 객체의 ~로서의-이용 가능성, ~로서의-사용, ~로서의-지각을 지원하는 실재적 객체의 메아리가 아닐까? ~로서의-구조에 선재하는 객체? 객체의 시작은 왜곡이다. 리얼리즘 서사의 독자와 같은 여타의 객체들은 갑작스럽게 더하기-하나의 영역, 사물 한가운데에서 자신을 발견한다. 이러한 이유로,

---

23. Horace, *On the Art of Poetry*, 84.

어떤 깔끔한 전체성의 감각이 객체들의 총회에 자의적으로 부여된다.

서사에 관한 우리의 분석은 어떤 의미에서도 인간의 구성물과 관련된 몇몇 사소한 사실을 피상적으로 일별하는 것이 아니다. 오히려, 개구의 언제나-이미 성질은 존재론적 함의를 지닌다. 유리잔이 깨지는 영상을 매우 느리게 역방향으로 재생하더라도, 우리는 유리잔이 유리 파편이 되는 시점을 정확히 특정할 수 없다. 우리는 「서론」에서 보았던 조각나는 탁자의 문제와 별반 다르지 않은 더미 역설에 직면한다. 우리는 소급적으로 유리 조각의 현존을 정립할 수 있을 뿐이다. 조각나는 유리잔은 어떤 중립적인 시간의 용기 안에서 조각나지 않는다. 유리 조각은 자신의 시간, 영향을 받을 수 있는 사정거리 안에 있는 주변의 모든 객체로 방출되는 자체적인 시간적 소용돌이를 창조한다. 완전히 새로운 객체가 탄생했고, 나머지 실재를 고려해 볼 때 이는 이질적 존재자이다—유리 파편이 고속으로 허공을 가로질러 여행한다. 유리 파편이 거기에 있다. 그 화실은… 객체들의 총회는 더하기-하나 객체에 의해 조명된다—총회로서의 총회는 결코 안정적으로 경계 지어진 전체가 아니다. 총회는 하나 이상$^{1+n}$의 객체들의 비결정적으로 광대한 배열인데, 그 전체적인 인상은 제임스 앙소르의 그림에 나오는 등장인물들처럼 곁눈질하는 낯선 자들로 구성된 무질서한 군중 같다.

에마뉘엘 레비나스는 총체화에 대항하는 무한을 생각한 위대한 철학자였다—하나의 존재자, 진정으로 다른 것, 낯선 자가 소위 내 세계의 정합성을 약화하는 방식으로 총체화에 대항한다. 그런데 레비나스는 또한 "거기-있음"il y a의 철학자이기도 하다.[24] 잊히지 않을 정도로 환기적인 산문을 통해 레비나스는 거기-있음을 불면증에 시달리는 사람에게 밤이 드러나는 것, 아무것도 아닌 것이 아닌 순수한 현존에 의해 둘러싸이는 오싹한 감각과 같다고 기술한다. 자! 이 거기-있음은 OOO를 고려하는 한 다소 부적합하다. 그 거기-있음은 모호한 요소적 "첨벙임" 또는 "웅성거림," 즉 당신을 감싸는 것처럼 보이는 초기의 환경성일 뿐이다. 이 모호성은 레비나스의 관념을 당신의 팔에 박혀 피를 흘리게 만드는 유리 파편의 생생한 특정성과 상당히 다르게 만든다—또는 정원, 새, 장막, 딜레탕트, 그림, 소파, 런던 등 그 화실을 아우르며 그 안에 머무는 모든 현상으로부터 자신의 유혹적인 매력을 풍기는 것처럼 보이는 그 화실의 특정성과는 상당히 다르게 만든다.

그럼에도 불구하고, 그 거기-있음은 개구의 효과를 기술하는 데 유용하게 작용한다. 분명 이것이 콜리지가 자신의 걸작 「늙은 선원의 노래」를 "거기 늙은 선원 하나가 있었는데 …"(1행)로 시작하는 이유일 것이다.[25] 갑자기, 교회 입구에서 노숙자

---

24. Emmanuel Levinas, *Existence and Existents*, 51~60. [에마뉘엘 레비나스, 『존재에서 존재자로』.] 또한, Harman, *Guerrilla Metaphysics*, 59~70를 보라.
25. Samuel Taylor Coleridge, *Coleridge's Poetry and Prose*. [새뮤얼 테일러 콜리

처럼 숨어 가쁜 숨을 몰아쉬고 거친 몽골에 억압된 듯한 비굴함을 내뿜는 그가 거기에 있다. 거기-있음은 모호한 수프가 아니라 충격적으로 특정한 객체이다. 레비나스가 말하길 "다른 것으로부터 영향을 받는 것은 무질서적인 트라우마이다."[26] 그것은 너무 특정적이어서 (아직) 이름이 없다. 그것은 완전히 고유하다. 그것은 일상적 실재를 구성하는 순전한 반복의 "동질적인 텅 빈 시간"을 뚫고 나타나는 일종의 메시아다.[27] 더하기-하나의 뚫고-나타남은 우주의 정합성을 산산조각낸다. 마찬가지로, 역사가 시간의 관 내부에서 일어나고 있다는 생각은 하이데거가 "천박한 환상"이라고 부르는 것이다.[28] 혁명은 이 환상을 벗겨버린다.

숭고한 시작들

우리가 시작의 미학을 기술하는 용어를 원한다면, 숭고라는 용어를 사용하는 것보다 더 좋은 것은 없다. 우리에게 필요한

지, 『콜리지 시선』.]

26. Emmanuel Levinas, *Otherwise than Being*, 123. [에마뉘엘 레비나스, 『존재와 달리 또는 존재성을 넘어』.]

27. 나는 발터 벤야민의 적절한 문구를 사용하고 있다. Walter Benjamin, "Theses on the Philosophy of History," 261. [발터 벤야민, 『역사의 개념에 대하여/폭력비판을 위하여/초현실주의 외』.]

28. Heidegger, *Being and Time*, 290. [하이데거, 『존재와 시간』.]

숭고는 어떤 저 너머에서 오는 것이 아니다. 왜냐하면, 저 너머란 상관주의, 즉 칸트 이후 의미성을 인간-세계의 상관관계로 환원했던 것의 착시로 판명되기 때문이다. OOO는 저 너머를 생각할 수 없는데, 왜냐하면 객체들의 우주 밑에는 아무것도 없기 때문이다. 혹은 당신의 선호에 따라 다음과 같이 말할 수도 있다 : 객체들의 우주 밑에는 무조차도 없다. 숭고는 저 너머 멀리에 있는 것이 아니라 특수성에 있다. 그리고 숭고는 모든 객체로 일반화될 수 있는데, 객체들이 모두 '낯설고 낯선 자,' 즉 환원될 수 없는 방식으로 객체 자신과 다른 객체에 이질적인 것이기 때문이다.[29]

숭고에 관한 두 가지 지배적인 이론 중에서 우리는 권위와 자유 사이, 외부성과 내부성 사이에서 선택의 기로에 놓인다. 그런데 두 선택지 모두 상관주의적이다. 즉, 숭고에 관한 두 이론 모두 객체에 대한 인간의 주관적 접근과 관련되어 있다. 한편으로 우리에게는 에드먼드 버크의 숭고가 있는데, 여기서 숭고는 충격과 경외가 된다 — 그것은 당신이 복종해야 하는 두려운 권위의 경험이다.[30] 다른 한편으로 우리에게는 임마누엘 칸트의 숭고가 있는데, 이 숭고는 일시적인 인지 실패를 기반으로

---

29. Morton, *The Ecological Thought*, 38~50.

30. Edmund Burke, *A Philosophical Enquiry into the Origin of our Ideas of the Sublime and the Beautiful*, 57~70. [에드먼드 버크, 『숭고와 아름다움의 관념의 기원에 대한 철학적 탐구』.]

하는 내적 자유의 경험이다. 무한을 세어 보라. 당신은 셀 수 없다. 그것이 정확히 무한이 의미하는 바이다. 정신의 힘은 무한을 계산하지 못하는 것에서 드러난다.[31]

두 숭고는 다음과 같이 가정한다. (1) 세계는 인간이 특별하게 또는 고유하게 접근할 수 있는 것이며, (2) 숭고는 세계가 인간과 고유한 상관관계를 맺게 하고, (3) 숭고에 관해 중요한 점은 주체의 반응이다. 버크주의적 숭고는 법, 폭군 신의 전능함, 왕의 권력, 처형의 위협과 같은 권위의 현전 앞에서 단순히 겁을 먹고 무릎을 꿇는 것이다. 권위에 관한 진정한 지식은 가정되지 않으며, 두려운 무지가 가정된다. 버크는 미적인 것의 유리패널에 의해 매개되는 숭고는 항상 안전한 고통이라고 노골적으로 주장한다. 그야말로 사변적 장르라 할 수 있는 공포 영화가 틈만 나면 이 미적 화면을 뚫고 나오려는 것은 이 때문이다.

우리에게 필요한 것은 실제로 다른 것과 내밀해지려고 시도하는 보다 사변적인 숭고이며, 여기서 칸트는 적어도 버크보다는 낫다. 실제로 칸트주의적 숭고 속에는 실재의 메아리가 있다. 분명 칸트에게 미적 차원은 평범한 주체-객체 이분법이 유보되는 방식이었다. 그리고 숭고는 미적 경험의 본질적인 하위 프로그램, 우리가 어떤 외부 장애물에 맞서서 우리 정신의 힘을 경험할 수 있게 해주는 것이다. 칸트는 인간 지각의 제한을 넘어 인

---

31. Kant, *Critique of Judgment*, 103~6. [칸트, 『판단력 비판』.]

간 지각을 확장하는 것으로서 망원경과 현미경을 언급한다.[32] 인간의 정신이 인간의 신장을 아우르는 방식, 단순한 곱셈으로 "은하계"의 광활함을 이해할 수 있는 방식에 관한 칸트의 아름다운 구절은 인간의 사유 능력을 숭고하게 확장한다.[33] 칸트의 숭고가 셸링, 쇼펜하우어, 니체의 강렬한 사변에 영감을 주었다는 것은 사실이다. 이 철학자들이 인간 너머의 실재를 어떻게 생각하기 시작했는지 알아보기 위한 더 많은 연구가 수행되어야 한다(특히 오늘날에는 이에인 해밀턴 그랜트와 벤 우다드의 사상이 눈에 띈다).[34] 제3비판 §28에서 칸트가 대양이나 하늘과 같은 광활함의 공포 속에서 우리가 어떻게 "역동적 숭고"를 경험하는지에 관해 이야기한 것은 참이다. 그러나 이것은 하늘이나 대양과의 내밀성 같은 것이 아니다.

이어지는 절에서 실제로 칸트는 하늘에 현존할 수 있는 것에 관한 과학적 또는 탐사적 분석과 같은 것을 명시적으로 배제한다. 우리가 대양을 우리의 프시케를 위한 캔버스라기보다는 물고기와 고래가 포함된 수역으로 생각하자마자, 하늘을 별과 블랙홀로 구성된 실재적 우주라고 생각하자마자, 우리는 숭고를 경험하지 못한다(§29).

---

32. 같은 책, 106. [같은 책.]
33. 같은 책, 113. [같은 책.]
34. Iain Hamilton Grant, *Philosophies of Nature after Schelling*. Ben Woodard, *Slime Dynamics*.

그러므로, 우리가 별이 빛나는 광경을 숭고하다고 할 때 우리는 이성적 존재자가 거주하는 세계의 개념들에 우리의 판단을 기초해서는 안 되며, 그런 다음 우리 머리 위의 공간을 차지하고 있는 것처럼 보이는 이 세계의 태양이 원대한 합목적성을 위해 규정된 궤도로 움직이는 것을 밝은 점들로 구상해서는 안 된다. 오히려 우리는 그것을 모든 것을 아우르는 광대한 금고로서 보는 우리의 방식에 기초하여 그것에 관한 판단을 내려야 하며, 단지 이 현시 아래에서 순수 미적 판단이 이 대상에 귀속시키는 숭고함을 상정할 수 있다. 마찬가지로, 우리가 대양의 광경을 판단할 때 우리가 소유하고 있는 (그러나 직접적인 직관에 포함되어 있지 않은) 온갖 지식으로 가득 찬 사고 방식에 기초하여 그것을 판단해서는 안 된다. 예를 들어, 수생 생물들의 광대한 영역으로서, 또는 육지들의 이익을 위해 대기를 구름으로 채우는 수증기를 위한 거대 저수지로서, 또는 대륙들을 서로 분리하면서도 서로 간에 중대한 소통을 가능하게 하는 요소로서 판단해서는 안 되는데, 그러한 모든 판단은 목적론적이기 때문이다. 대신 우리는 대양을 시인이 그렇게 하듯 대양 자체가 눈에 현시되는 것으로 볼 수 있어야 한다. 예를 들어 대양이 고요할 때는 오로지 하늘과만 맞닿아 있는 명경지수로 관찰한다면, 혹은 대양이 사나울 때는 모든 것을 집어삼킬 것만 같은 위협적인 심연으로 관찰한다면, 여전히 그것이 숭고함을 볼 수 있다.[35]

목적론에 관한 칸트의 불안은 공감할 수 있는 것이지만, 그의 요점은 사변적 실재론자의 관점에서 볼 때 만족스럽지 못하다. 숭고를 경험할 때 우리는 긍정적으로 사변해서는 안 된다. 정확히 사변의 결여가 숭고이다. 그렇다면 우리는 몇몇 사변적 실재론자가 해 왔던 것처럼 숭고보다는 공포 — 감각적 생명체의 극한 경험 — 만을 선택하면서 숭고의 패배를 인정하고 숭고를 모두 포기해야 할까? 우리는 우리 자신의 피부가 찢어질 것만 같거나 폐에서 구토가 나올 것만 같이 느끼는 입장으로부터, 그리고 그 입장을 향해서만 사변할 수 있을까?

그런데 공포는 적어도 하나의 다른 존재자의 근접성을 전제로 하는데, 예를 들어 치명적인 바이러스, 폭발하는 수소 폭탄, 다가오는 쓰나미가 그것이다. 따라서 내밀성은 공포의 전제조건이다. 이러한 관점에서, 공포조차도 반응 장면을 지나치게 강조하는 것이며, 존재자가 관찰자와 상관관계를 맺는 방식에 지나치게 집중한다. 우리에게 필요한 것은 칸트주의적 숭고를 아래로부터 지원하는 더 심오한 것이다. 그렇다면 우리에게는 살아있건 살아있지 않건 하나 이상$^{1+n}$의 다른 존재자와 공존하는 미적 경험이 필요하다. 사변적 실재론에 필요한 것은 실재적 존재자들과의 일종의 내밀성을 보장하는 숭고일 것이다. 이 내밀성은 정확히 칸트가 금지한 그런 종류의 것인데, 칸트의 숭고는

---

35. Kant, *Critique of Judgment*, 130. [칸트, 『판단력 비판』.]

너무 가깝지도 너무 멀지도 않은 골디락스[36]의 미적 거리를 요구하기 때문이다(§25).

> 피라미드의 규모에서 완전한 감정적 효과를 얻고자 한다면, 피라미드에 너무 가까이 가지도 너무 멀리 떨어져 있지도 말아야 한다. 너무 멀리 떨어져 있으면 포착된 부분들(돌들끼리 겹쳐진 것)이 모호하게만 현시되므로 그 현시는 주체의 미적 판단에 영향을 미치지 못한다. 너무 가까이 다가가면 눈은 밑바닥에서 정점까지 포착하는 데 시간이 필요하게 되는데, 그 시간 동안 앞선 부분 중 일부는 상상력이 뒤에 오는 부분을 포착하기 전에 불가피하게 상상 속에서 소멸한다. 그렇게 이해는 결코 완전하지 않다.[37]

칸트주의적 미적 차원은 보호 필름으로 객체를 수축-포장한다. 극단적 내밀성의 위협으로부터 안전한 칸트주의적인 자유의 내적 공간은 방해받지 않은 채 전개된다. 자고로 좋은 취향이란 토해야 할 때 — 역겹고 그러므로 유독하다고 지각되는 이물질을 배출할 때 — 를 정확히 아는 것이다.[38] "벗어남"away — 구토의 전제조건 — 이 더는 현존하지 않는 생태 시대에는 이것이 통하

---

36. * 양극단에 대비되는 적절한 가운데를 뜻한다.
37. 같은 책, 108. [같은 책.]
38. Jacques Derrida, "Economimesis."

지 않는다. 우리의 토사물은 우리 근처 어딘가에서 떠돌아다닐 뿐인데, 왜냐하면 우리에게는 이제 신의성실의 원칙에 따라 토사물을 씻어낼 수 있는 "벗어남"이 없기 때문이다.

상관주의적 숭고에 반대하며 나는 이제 사변적 숭고, 더 정확하게는 객체지향 숭고를 주장할 것이다. 정확히 그러한 숭고를 위한 모델 — 현존하는 숭고에 관한 가장 오래된 텍스트, 롱기누스의 『숭고에 관하여』*Peri Hypsous* — 이 이미 시중에 나와 있다. 롱기누스적 숭고는 낯선 현전의 물리적 침입에 관한 것이다. 따라서 롱기누스적 숭고는 손쉽게 확장되어 비인간 존재자 — 그리고 비감각적 존재자 — 를 포함할 수 있다. 롱기누스는 숭고한 것과 숭고하지 않은 것 사이를 존재적으로 구별하기보다는 숭고미를 달성하는 방식을 기술한다. 롱기누스는 인간 경험으로서의 숭고가 무엇인지보다는 수사적으로 숭고미의 효과를 달성하는 방법에 더 관심이 있었다. 그렇기 때문에 롱기누스적 숭고는 온갖 존재자 사이에서 일어나는 온갖 숭고한 사건을 자유롭게 외삽할 수 있게 해준다.

롱기누스의 숭고는 객체-같은 이질적 현전과 이미 관련이 있다 — 그는 그 현전을 신이라고 부를 테지만, 우리가 그 현전을 스티로폼 땅콩 또는 목성의 대적점이라고 부르는 데는 어려움이 없다. 객체가 서로에게 나타나는 방식이 숭고이다 — 그것은 이질적 현전과 접촉하는 것에 관한 문제이며, 이후의 극단적인 번역 작업에 관한 문제이다. 롱기누스는 이것을 다른 것과의 접촉으로 생각한다. "숭고미는 고귀한 정신의 메아리이다."[39] 메아리, 정신 — 마치 정신이 어떤 영묘한 혼 같은 것이 아니라 벽에 부딪히는 단단한 실체인 것만 같다. 우리는 이것을 확장해서 객체의 감각성을 포함할 수 있다. 왜 안 되겠는가? 정신적 현상이라고 추정된 수많은 것 — 꿈, 환각, 격한 감정 — 이 마치 객체인 것처럼 자동적인 방식으로 현현한다. 콜리지는 「쿠블라 칸」에 영감을 준 그의 아편 꿈에 관해서, 이미지가 그의 마음에 이산적 사물로서 떠올랐다고 말한다. 인지가 그저 자기 일을 하는 뒤엉킨 단위조작들(이언 보고스트의 용어)의 회집체라면 이것은 놀라운 일이 아니다. 이 펜이 살아있다는 말이 아니다. 내 정신이 펜에 머물러 있을 때 의미 있는 모든 것은 책상 위에 놓여 있는 펜에 대해서도 말할 수 있다는 것이다. 신경과학자와 AI (그리고 반AI) 이론가들은 잘못된 장소에서 의식을 찾고 있는 것인지도 모른다 — 의식은 믿기 힘들 정도로 표준적인 것일지도 모른다. 정신은 여타의 것과 마찬가지로 상호사물적 현상에 불과할 수 있다 — 뉴런, 책상, 요리 도구, 어린이, 나무로 구성된 분산된 정신이다.[40]

롱기누스의 용어를 고려해 보자. OOO에 안성맞춤인 네 개의 용어가 있다 — 수송, 몽상, 선명함, 광채이다. 더 행운인 점은

---

39. Longinus, *On the Sublime*, 109.
40. Graham Harman, "Zero-Person and the Psyche."

이 네 가지가 객체의 기본 특성에 관한 집합으로서의 하이데거주의적 4중주(땅, 하늘, 신, 필멸자)에 관한 하먼의 해석과 상응한다는 것이다. 여기서 속임수는 우리가 앞서 수사학 일반에서 그랬던 것처럼 롱기누스의 용어를 거꾸로 읽는 것이다. 앞에 오는 두 용어인 선명함과 광채는 객체-객체 조우의 현실성을 지시한다. 뒤따르는 두 용어 수송과 몽상은 이러한 조우의 나타남을 지시한다. 광채가 물러남과 등가라는 것은 반직관적으로 들리지만, 플라톤, 롱기누스, 하이데거가 이 용어(에파네스타톤 ekphanestaton)에 관해 말한 것을 읽으면 더 명확해질 것이다.

(1) 광채 : 땅. 접근으로부터 떨어진 비밀스러운 "어떤 것"으로서의 객체.
(2) 선명함 : 신들. 접근으로부터 떨어진 특정한 것으로서의 객체.
(3) 수송 : 필멸자. 다른 객체에 대한 어떤 것으로서의 객체.
(4) 몽상 : 하늘. 다른 객체에 대한 특정한 나타남으로서의 객체.[41]

각각의 용어는 이질적 현전과의 관계를 설정한다.

(1) 광채. 그리스어로 에파네스타톤은 광택, 광채, 후광이다. 에파네스타톤은 최상급이므로 그것은 "가장 찬란한 것," "탁

41. Harman, *Tool-Being*, 190~204.

월한 광채"를 의미한다. 이 탁월함은 모든 관계보다 우선됨을 의미해야 한다. 롱기누스는 다음과 같이 선언하는데, "희미한 빛이 태양의 후광 속으로 사라지는 것과 같은 방식으로, 주위에 가득 퍼지는 장엄함의 발산도 수사의 기교를 완전히 가려버린다."[42] 광채는 객체를 숨기는 무언가이다. 광채는 객체의 비밀스러움이며, 관계에 선행하는 객체의 총체적 접근 불가능성이다. 숭고의 양태에서 그것은 엄밀하게는 맛보는 것이 불가능한데도 마치 우리가 그것을 맛볼 수 있는 것처럼 있다. 이 내적 마그마의 빛이 눈을 멀게 한다 — 이상하게도 이것이 객체가 물러나 있는 이유이다. 현실적 객체가 바로 거기에 있다. 그러므로 롱기누스는 이 광채를 숭고한 것의 기이한 사실이라고 부른다.

플라톤에게 에파네스타톤은 본질적인 저 너머의 지표였다. 객체지향 존재론자에게 광채는 객체가 자신의 극명한 단위성을 가지고 나타나는 것이다. 무언가가 다가오고 있다. 혹은 차라리, 우리는 무언가가 이미 거기에 있음을 깨닫는다. 이곳은 낯설게 낯익고 낯익게 낯선 기이한 영역이다.

(2) 선명함(에나르게이아enargeia). "현현," "자명함." 이것은 에크프라시스와 관련이 있다.[43] 에크프라시스 그 자체가 OOO에서 흥미로운데, 에크프라시스가 정확히 기술적 산문에서 불

42. Longinus, *On the Sublime*, 127.
43. 같은 책, 121.

쑥 튀어나오는 객체-같은 존재자이기 때문이다. 그것은 독자에게 튀어나와 그녀 또는 그를 꼼짝달싹 못하게 하고(석화시키고), 〈매트릭스〉의 불릿타임과 같은 이상한 시간 유보를 초래하는 초-기술적hyper-descriptive 부분이다. 이것은 시네마 연구에서 들뢰즈가 "시간 수정"에 관해 이야기할 때 의미하는 것과 다소 비슷하다.[44] 이것은 에크프라시스의 튀어나옴의 양상, 서사의 흐름을 방해하고 독자를 안일함에서 빠져나오게 하는 강렬한 생생함이다. 퀸틸리아누스는 마치 객체가 우리를 빨아들이는 자체적인 중력장을 가지고 있는 것처럼 시간 안으로 우리를 수송하는 에나르게이아(이 용어는 전이metastasis 또는 치환metathesis)의 시간-왜곡적 양상을 강조한다. 강렬한 특정성에 있어서의 객체이다.

롱기누스는 숭고한 수사에는 에나르게이아가 포함되어야 하지만, 숭고한 시는 엑플레시스ekplexis, 즉 놀라움을 불러일으켜야 한다고 주장한다.[45] 이것 또한 일종의 특정한 충격으로 볼 수 있다. 엄밀하게 OOO의 용어로 말하자면, 엑플레시스는 불가피하게 비밀스러운 객체를 놓치지만 그 과정에서 자신만의 객체를 생성해 내는 번역이다. 엑플레시스는 객체에 대한 우리의 알아차림 또는 알아차림의 결여에도 불구하고 객체가 어떻

44. Gilles Deleuze, *Cinema 2*, 66~97. [질 들뢰즈, 『시네마 2』.]
45. Longinus, *On the Sublime*, 123~124.

게 운동하고 작인을 갖는지에 관해 말한다. 『도구-존재』에서 마약에 취한 사람에 관한 하먼의 유비는 설득력 있는 예시를 제공한다.[46] 자! 이를 어떤 방식으로 잘못 이해하면 허풍으로 끝나는데, 거기서 객체는 모호하고 정의되지 않은 채 단순히 뒤죽박죽인 것이 되는 한계에 도달한다(허풍bombast이라는 단어는 문자 그대로 "채움," 어깨 패드 같은 것이다).

(3) 수송. 서술자는 무언가가 당신의 내부를 뒤흔드는 것처럼 느끼게 만드는데, 이 무언가는 일종의 신성하거나 악마적인 에너지여서 마치 당신이 외계인에 의해 점령당한 것처럼 느끼게 만든다. "움직여지기," "뒤흔들리기."[47] 우리는 숭고한 것을 일종의 〈스타트렉〉 속 수송기, 다른 객체의 참조틀에 이질적 객체를 쏘아 비추는 장치로 상상해 볼 수 있다. 수송은 이질적 우주로서의 객체와의 감각적 접촉으로 구성되어 있다. 수송기가 입자를 한 장소에서 다른 장소로 번역함으로써만 작동하는 것처럼, 롱기누스의 수송은 한 객체가 자신의 특정한 참조틀을 통해 다른 객체를 번역함으로써만 작동한다. 그렇게 함으로써 우리는 번역 속에서 무엇을 잃었는지 알아차리게 된다. 따라서 수송은 공허보다 훨씬 더 풍부한 것에 의존하는데, 그것은 객체들의 우주의 공공연한 비밀 실재, 접근이 영원히 차단되었지만

46. Harman, *Tool-Being*, 62~63.
47. Longinus, *On the Sublime*, 100.

그럼에도 불구하고 사유 가능한 양상이다.

수송 기계, 수송기 그 자체는 롱기누스가 증폭이라고 부르는 것이다 — 예를 들어, 거대함이 아니라 (닥터 수스가 말했듯이) "커져지는"biggering 느낌이다. 그것은 "논의 중인 문제나 논증의 요점이 절에서 절로 흘러가면서 많은 일시 정지와 많은 새로운 시작을 허용하고 장엄한 구절들을 차례로 등장시키면서 효과를 증가시킬 때 채택하는 〔비유이다〕." 예를 들어 플라톤은 이런 식으로 "종종 거대하고 장엄한 창공으로 부풀어 오른다."[48] 우리의 정신을 객체의 폭발적인 음표들에 조율하면 증폭은 일종의 주체-요동, 영혼-요동을 발생시킨다.

(4) 몽상phantasia. 종종 "시각화"로 번역된다.[49] 사진이 아닌 내적 객체를 생산하는 시각화이다. 그것은 텍스트 속이 아닌 당신 속의 이미지이다. 퀸틸리아누스는 몽상이 부재한 사물을 현재하는 것으로 나타나게 만든다고 말한다.[50] 몽상은 객체를 불러낸다. 만약 내가 "뉴욕"이라고 말하고 당신이 뉴욕 시민이라면, 당신은 각각 분리된 건물과 거리를 지루하게 마음속으로 그릴 필요가 없다. 당신은 당신의 마음속에 뉴욕성을 불러일으킨다. 그것이 몽상이다. 내가 향신료의 시학이라고 부르는 것은 이런 식으로 작용한다 — 시에서 "향신료"라는 단어(계피나 후추

---

48. 같은 책, 116, 117; Doctor Seuss, *The Lorax*, 49.
49. Longinus, *On the Sublime*, 15장.
50. Quintilian, *Institutio Oratorio*. [퀸틸리아누스, 『스피치교육』.]

가 아닌)를 사용하는 것은 시각화와 유사한 후각적 상상의 작용을 허용하는 공백 역할을 한다.[51] 그것은 의도된 사고라기보다는 환각에 가깝다.[52] 예를 들어 이야기에서 몽상은 우리를 서사적 흐름에서 분리하는 객체-같은 존재자를 생성한다 — 그리고 에일리언을 에일리언으로서 만지게 한다. 시각화는 약간 무서워야 한다 — 결국 당신은 진정한 신성을 소환하는 것이며, 그것에 압도당하기를, 만져지기를, 움직여지기를, 뒤흔들려지기를 요청하는 것이다.

나의 현상적 공간에 들어온 이질적 나타남의 갑작스러움은 유령 출몰이다. OOO의 용어로 몽상은 다른 객체를 상상할 줄 아는 객체의 능력이다. 이는 일정한 감각적 접촉에 의존한다. 종이는 돌을 어떻게 보는가. 가위는 종이를 어떻게 보는가. 객체는 꿈을 꾸는가? 객체는 다른 객체의 일정한 가상적 형태를 자기 내부에 포함하는가? 이런 것들은 몽상의 예시다. 한 객체가 다른 객체에 침투하는 방법은 무엇일까. 그 방법은 수없이 많다. 그것은 끔찍한 충동을 가지고 우리를 매료시킨다.

이제 우리가 롱기누스적인 숭고에 관해 아는 것을 요약해야 한다. 롱기누스는 숭고미가 "고귀한 정신의 메아리"라고 말한다. 만약 그런 것이 현존한다면 인간 영혼, 오소리, 양치식물, 조개

---

51. Timothy Morton, *The Poetics of Spice*, 33~8, 129~31.

52. 몽상의 유혹성에 관해서는 Lingis, *The Imperative*, 107~116을 보라.

껍데기의 영혼 사이에는 큰 차이가 없을 것이다. 롱기누스적 숭고는 공존에 기반하고 있다. 나와 떨어져서 현존하는 적어도 하나의 다른 사물, "고귀한 정신"이 있으며, 나는 나의 내적 공간에서 그 사물의 발자국을 발견한다. 이와는 대조적으로, 더 낯익은 개념으로서의 숭고는 그저 한 사람의 경험에 기반한다. 그것은 나의 두려움과 공포, 충격과 경외다(버크). 그것은 나의 자유, 나의 무한한 내적 공간이다(칸트). 물론 어떤 객체는 숭고의 방아쇠를 당긴다. 그러나 그 후 당신은 방아쇠를 놓고 그저 상태에만 집중하는데, 이것은 특히 칸트에게서 참이다. 그리고 버크는 억압에 관해 말할 뿐이다. 그것은 왕의 권능과 폭격에 관한 것이다. 어째서 숭고한 객체는 연약하거나 친절한 것이 될 수 없을까?

인과성이 미적인 방식에 관해 다시 생각해 보자. 이 관점에 따를 때, 숭고는 신선한 객체가 탄생하는 방식이다. 갑자기, 다른 객체가 자신의 세계 속에서 이러한 유리 파편들, 자신의 살에 박힌 부서진 객체의 파편들이 바닥에 흩어져 있는 것을 발견한다. 요점은 버크와 칸트가 틀렸다는 것이 아니라, 그들이 생각하는 것은 공존이라는 개념과 비교해서 존재론적으로 이차적이라는 것이다. 롱기누스는 숭고를 인과적 시퀀스, 당신에게 발자국을 남기는 "고귀한" 존재자로 되돌려 놓는다. 이런 의미에서 숭고는 객체 안에, 나-아님 안에 있다. 따라서 숭고는 나를 나-아닌 것에 조율한다. 이는 생태 시대에 있어 희소식이다.

숭고가 두려움이나 자유이기 이전에, 그것은 공존이다.

이제 롱기누스적 숭고의 훌륭한 예시로서, 하먼의 논문 「객체지향 철학」에서 하먼의 "한편"meanwhile의 비유(퀑탱 메이야수는 하먼의 이 비유를 풍부한 다른 곳이라고 부른다)를 살펴보자.

> 한편, 이 끊임없는 논증 아래에서는 실재가 부글거리고 있다. 언어 철학과 반동적이라고 추정되는 그것의 반대자들 모두가 자신들의 승리를 선언하지만, 세계의 경기장은 다양한 객체로 가득 차 있으며 그들의 힘은 해방되었고 대부분은 사랑받지 못했다. 빨간 당구공이 녹색 당구공을 친다. 눈송이들은 그들을 잔인하게 소멸시키는 따스한 빛 아래에서 반짝이고, 손상된 잠수함이 대양저를 따라 녹슬어 간다. 제분소에서 밀가루가 나오고 지진으로 석회암 블록이 압축됨에 따라, 미시간 숲에 거대한 버섯이 퍼진다. 인간 철학자들이 세계에 대한 "접근" 가능성을 두고 서로 때려 부수는 동안 상어는 참치를 때려 부수고, 빙산은 해안선을 강타한다.
>
> 이 모든 존재자는 코스모스를 배회하며 그들이 만지는 모든 것에 축복과 처벌을 가하고, 흔적도 없이 죽거나 자신들의 힘을 더 멀리 퍼뜨린다 — 마치 티베트 우주론에서 백만 마리의 동물이 동물원에서 풀려난 것처럼….[53]

이것은 누구의 세계도 아니다. 이것은 상투적인 환경주의자의 수사(다른 곳에서 나는 이를 에코미메시스ecomimesis라고 불렀는데)와는 정반대이다 – "저는 여기 아름다운 사막에 나와 있습니다. 그리고 제가 여기 있다는 것을 증명할 수 있습니다. 왜냐하면, 여기 붉은 뱀이 크레오소트 관목 속으로 사라지는 것을 제가 본다고 쓸 수 있기 때문이랍니다. 제가 지금 사막에 직접 나와 있다고 말씀드렸던가요? 네, 접니다. 저예요. 여기, 사막에 있는 사람은 접니다. 저는 지금 사막에 있습니다."[54] 이곳은 사람의 땅이 아니다. 하지만 그렇다고 해서 황량한 공허인 것도 아니다. 황량한 공허는 그저 상관주의적 세계의 이면일 뿐이라는 것이 밝혀졌다. 아니, 이것은 기이하고 광대-같은 객체들의 표현주의적 행진이며, 혼잡한 티베트 동물원이다. 우리는 에드먼드 버크라면 원했을 것처럼 이 객체들에게 굽신거려서는 안 된다. 그러나 우리는 우리의 내적 자유도 찾지 말아야 한다(칸트). 그것은 작은 빨간색 화살표가 당신의 현 위치를 알려주고 있는 그런 지도와 같다. 다만 이 지도에서는 당신이 현 위치에 없다는 것을 알려주고 있을 뿐이다.

새로움 대 창발

53. Harman, "Object-Oriented Philosophy," 94~5.
54. Timothy Morton, *Ecology without Nature*, 29~78.

이제 개구의 새로움은 모든 객체에 참이며, 단순히 감각적인 존재자나 인간에게만 해당하는 것이 아님을 깨닫자. 주전자가 끓기 시작한다. 주전자의 물이 부글거리기 시작하고 증기가 발생한다. 아원자 수준에서, 전자는 원자핵 주위를 더 머나먼 궤도로 양자도약한다. 아직 들뜬 상태가 아닌 원자에는 아무 일도 일어나고 있지 않다. 나 같은 측정 장치나 주전자 상단의 휘파람 같은 적어도 하나의 다른 "관찰자"의 관점에서만 주전자가 부드럽게 끓고 있다. 완전히 다른 수준에서는 일련의 갑작스러운 도약이 있는데, 그중 어느 것도 그 자체로는 우리가 끓는다고 부르는 것이 아니다.

이것이 오늘날 유행하는 창발이라는 개념의 커다란 문제점이다. 문제는 창발이 언제나 ~에-대한-창발이기 때문에 사물이 어떻게 시작되는지를 설명하지 못한다는 점이다. 창발은 창발적인 것으로 지각되는 체계 외부에 있는 적어도 하나의 객체를 요구한다. 창발이 일어나기 위해서는 무언가가 이미 현존해야 한다. 즉, 창발적 특성은 OOO의 용어로 감각적이다. 창발적 사물은 하먼이 ~로서의-구조라고 부르는 것, ~로서-나타남 및 ~에-대한-나타남의 현현이다. 창발은 전체가 언제나 자신의 부분들보다 더 큰 전체론적 체계를 요구한다 — 이와는 다르게 주장한다면 그 무엇도 어떤 것으로부터 창발할 수 없다. 그러나 OOO의 실재에서는 부분들이 언제나 전체보다 크다. 객체가 시작될 때 일어나는 일은 안정된 존재자처럼 보이던 객체에서 더 많은 부분이 갑작스럽게 나타나며 그 객체를 벗어나는 것이다. 공포 영화에 나오는 공허 속에서 나뒹구는 팔다리처럼, 이 부분들은 전체가 없다. 나중에야 우리는 부분들이 그로부터 "창발하는" 어떤 전체를 정립할 수 있다.

창발에 관한 모든 고전적 정의는 부분들의 합보다 더 크고, 상대적으로 안정적이며, 하향적인 인과성을 행하는 전체(부분들에 영향을 미칠 수 있음)에 관해 말하고 있음을 지시하고 있는 것처럼 보인다. 현재의 존재론적 이데올로기는 과정에 집착하며, 창발은 세계를 하나로 묶어주는 동시에 세계의 새로운 부분을 만들어 내는 일종의 기본적인 기계라고 가정한다. 그

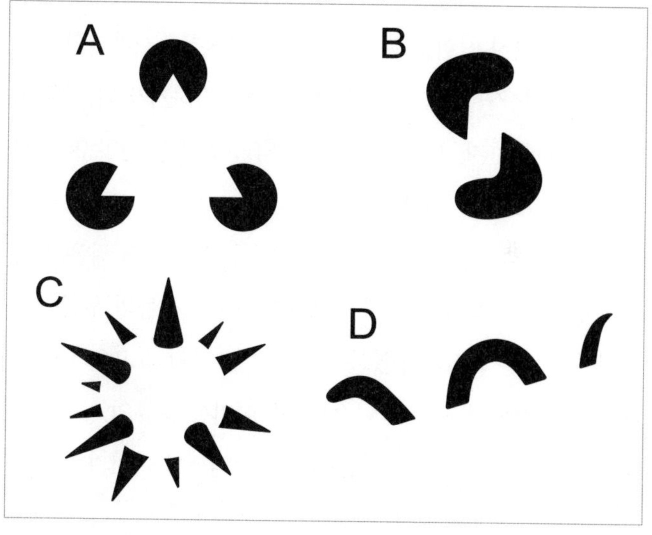

〈그림 1〉 창발. 스티븐 롤러, 『게슈탈트 동형구조와 주관적 의식 경험의 우선성 : 게슈탈트 거품 모델』

경향은 창발을 그로부터 작은 구성요소가 더 큰 상위 구성요소로 기능하기 시작하는 기계론, 사물의 기저에 있는 일종의 인과적 기계론으로 본다. 이것이 참이라면, 그것은 객체지향 설계를 심각하게 좌절시킬 것이다. 어째서인가? 왜냐하면 OOO에서는 객체가 존재론적으로 일차적인 존재자이기 때문이다. OOO 실재에서는 창발이 객체의 특성이지 그 반대가 아니다. 다른 말로 하자면, 창발은 감각적이다.

창발은 하먼이 감각적 에테르라고 부르는 것 속에서 상호작용하는 하나 이상[1+n]의 객체를 함의한다.[55] 이 에테르는 인과적 기계이며, 사물의 기저에 있는 철사나 도르래가 아니다. 이제 어떻게 창발이 실제로는 객체의 감각적 특성일 수 있는지를 고찰해 보자. 고찰하기 쉬운 종류의 창발, 즉 다른 존재자와의 상호작용에서 생산되는 창발 중 감각적이라고 말하기가 더 쉬운 종류를 생각해 보자. 시각적 지각에서의 창발에 대한 수많은 사례가 있다.

짜잔! 구체, 삼각형, 네스호 괴물이 흰색 바탕의 검은색 패턴에서 창발한다. 그 이론에 따르면 당신은 그것들의 부분들을 통해서 형상을 회집하지 않는다. 그것들은 그림 속 명암 파편들과 여백 공간에서 창발해 나온다. 자! 이러한 종류의 창발에는 명백하게 관찰자가 필요하다. 여기에는 최소한 이미지와 다른

55. Harman, *Guerrilla Metaphysics*, 33~44.

존재자 간의 상호작용이 필요하다. 만약 "관찰자"가 너무 (인간) 주체처럼 들린다면, 그것이 작용하는 방식에 관한 신경과학적 설명을 살펴보자.

게슈탈트 이론은 시각적 지각에서의 창발을 설명하는 특정한 계산적 기계론을 제공하지는 않았지만, 코프카(1935)는 비눗방울이라는 물리적 유비를 제시하며 창발의 배후에 놓인 작동 원리를 입증한다. 비눗방울의 구체 형상은 구체 견본이나 추상적인 수학적 부호의 형태로 부호화되지 않고 오히려 표면장력의 수많은 국소적 힘이 일제히 평행 작용하는 것에서 창발한다. 창발의 세부적 특징은 최종적인 포괄적 형상이 단일통과로 계산되지 않고, 역동적 체계 모델이 평형 상태로 완화되는 것처럼 지속적으로 계산된다는 점이다. 다른 말로 하자면, 체계에 작용하는 힘들은 체계 구성이 변화하도록 유도하고, 한편으로 그 변화는 체계에 작용하는 힘들을 수정한다. 따라서 체계 구성과 이를 구동하는 힘들은 평형 상태를 달성할 때까지 시간 속에서 지속적으로 변화하며, 이때 체계는 역동적 평형 상태를 유지한다. 즉, 그 체계의 정적 상태는 균형이 무너지자마자 다시 운동에 들어갈 준비가 되어 있는 힘들의 역동적 균형을 착각하게 만드는 것이다.[56]

---

56. Steven Lehar, "Gestalt Isomorphism."

"형상은 … 수많은 국소적 힘이 일제히 평행 작용하는 것에서 창발한다." 이는 무슨 뜻인가? 이는 창발이 감각적 객체임을 의미한다. 창발은 관계론적이다. 예를 들어 눈송이는 물 결정과 물 결정이 떨어지며 통과하는 주변 공기의 특성(온도, 습도) 사이의 상호작용을 통해 형성된다. 눈송이가 다른 어떤 것과도 상호작용함이 없이 자신을 자신으로부터 마법처럼 회집한다면 정말 이상할 것이다. 이것은 어떤 종류의 신비한 인과성 엔진이 눈송이의 아래 또는 내부에서 작용하고 있음을 의미할 것이다. 이런 종류의 깊은 창발은 우리에게 약간 이상하게 느껴진다 — 어떻게 무언가가 스스로 구축할 수 있는가?

우리가 정신을 생각하는 데 어려움을 겪는 것은 당연하다. 뉴런의 패턴이 어떻게 갑자기 정신 활동으로 떠오르는가? 그러나 창발이 뉴런과 그 인근에 있는 다른 존재자가 더해지면서 생성된 감각적 객체라면 문제가 생기지 않는다. 하먼은 내 의자가 바닥에 하는 일(하먼이 인상적으로 표현하듯, 내가 "30미터 아래로 곤두박질치는" 것을 방지함)과 내 정신이 바닥에 하는 일 사이의 차이를 볼 필요가 없다고 주장한다.[57] 즉, 내 의자는 정확히 내 정신이 그러하듯 바닥에 의존하면서도 동시에 그것을 아주 많이 무시하기도 한다. 이것은 의자가 정신-같다고 주장하는 것이 아니라 그 반대이다. 존재론적으로 정신은 바닥 위

57. Graham Harman, "On Panpsychism and OOO."

에 놓여있는 의자와 같다. 의자는 별개의 사악한 목적을 위해 바닥성floorness 덩어리를 다듬고rough-hews, 정신도 그렇게 한다. 그렇다면 우리는 "정신"이 고도로 발달했다는 이유로 따라오는 어떤 특별한 보너스 상품이 아니라고 예측할 수 있다. 그렇다고 해서 인간의 정신이 하는 일의 모든 세부사항이 의자가 하는 일과 정확히 같다는 말은 아니다. 아마도 "정신"은 뇌의 창발적 특성이겠지만, 그것은 바닥에 놓인 의자의 창발적 특성과 대단히 다르지는 않다. 그리고 정신에는 뇌뿐만 아니라 계란에서 프라이팬, 신용카드 청구서에 이르기까지 뇌와 얽혀 있는 온갖 객체가 필요하다.

만약 객체들의 밑에 어떤 마술적 특성이 숨겨져 있다면 실재는 진정으로 이상할 것이다. 그러나 객체지향 마술을 위해 필요한 것은 객체뿐이다. 객체들의 상호작용은 마술이 일어나는 감각적 에테르를 생성한다. 마술을 펼치기에 최적화된 장소는 바로 당신의 코앞이다. 만약 마술이 당신의 면전에서 일어난다면 누구도 그것이 마술임을 믿지 못할 것이다. 당신은 어떤 숨겨진 수수께끼가 있으리라 의심한다. 그러나 포우의 『도둑맞은 편지』 이야기에서 알 수 있듯이, 진정한 수수께끼는 당신의 코앞에 있다.

형상과 형상적 인과관계에 대한 근대 과학과 철학의 불안이, 아마도 창발의 개념들을 둘러싼 신비와 약간의 매료 또는 두려움의 원인일 것이다. 아무튼 우리는 인과관계가 둔탁한 부뒷침이기를 바라는데, 물질들이 주지의 사무실 장난감 속 금속 공처럼 서로 부딪치는 것과 관련이 있기를 바란다. 그러나 인과성이 (물질로 인해서 발생할 뿐만 아니라 또는 물질 대신에) 형태로 인해서 발생한다면 우리는 유물론적 과학이 싹을 틔웠던 시기부터 문제를 일으켰던 온갖 것(예를 들어 후성설)을 고려해 보아야 한다. 형상인은 정확히 과학의 검은 양, 큰 빨간색 문자(스콜라 학파를 나타내는 S)가 새겨진 검은 양이다.

창발은 객체들 밑의 실재라는 지하실에 숨어 있는 것으로 추정되는 엔진에 기름을 넣는 일종의 마술적 기름으로서 개입한다. 그러나 창발은 언제나 ~에-대한-창발 또는 ~로서의-창발이다(이 둘은 어느 정도 같은 것이다). 끓는 주전자를 다시 고려해 보라. 무슨 일이 일어나고 있는가? 전자는 낮은 궤도에서 높은 궤도로 양자도약한다. 이 행동, 상전이는 오후의 차를 기다리는 나 같은 관찰자에 대한 끓음으로서 창발한다. 마치 〈그림 1〉의 검은색 조각들에서 구체가 튀어나오는 방식과 마찬가지로, 차가운 물에서 끓는 물까지의 매끄럽고 전체론적인 물의 미끄러짐이 관찰자인 나에게 발생한다. 창발은 통일되고 매끄럽게 나타나지만, 이러한 전체론적인 사건은 언제나 다른-존재자에-대한-것이다. 물에 끓음이라는 창발적 특성이 있어서 적절한 지점에서 어떻게든 끓음이 "튀어나온다"라고 말하는 것은 잘못이다. 내 가스레인지의 가열 요소가 물과 상호작용할 때 물이 끓는다고 말하는 것이 덜 신비롭다. 끓음으로서의-창발은 주전자와 가스레인지의 상호작용으로 생산된 감각적 객체이다.

마찬가지로, 이러한 관점에서 정신은 뉴런 "안"에서 발견되는 것이 아니라 뉴런과 다른 객체들 사이의 감각적 상호작용 속에서 발견된다. 그렇다면 밀교Esoteric Buddhism 사상에서 정신이 신체 "안"에서 발견되지 아니하며, 신체의 "바깥"에서도, "그 중간 어딘가"에서도 발견되지 아니한다고 가르칠 때 거기에는 어떤 진리가 있다. 이 관점에는 수수께끼가 적을지라도 아마도 더 많은 마술이 걸려있다. 주전자가 끓고 정신이 차에 관해 생각하는 광경이 펼쳐지는 일상적 세계는 하나의 (감각적) 객체가 어디에서 시작되고 다른 (감각적) 객체가 어디에서 멈추는지 말하는 것이 불가능한 얽힌 그물망이다.

자! 하나 이상$^{1+n}$의 객체가 선재함은 기원을 생각하는 방법에 관해 무언가를 전해준다. 나는 우주가 신에 의해 창조되었는지의 여부에 대답하는 데는 딱히 관심이 없다. 나의 관점에서는 물리적 사건의 무한한 시간적 퇴행이 있는 것일 수도 있다. 그러나 우리는 객체지향 실재에서 신이 어떻게 작용해야 하는지에 관한 몇 가지 토대적 규칙을 세워볼 수 있다. 신에게는 자신의 현존을 재표시하기 위해 적어도 하나의 다른 존재자가 필요하다. 특히, 우주가 창조되기 전에는 신이 있을 수 없다. (스콜라 철학자들이 말했듯이) 한 존재자가 다른 모든 것에 대해 특권적 관계를 맺게 되는 자기원인으로서의 존재자를 지정하는 것은 불가능할 따름이다.

나는 그림이 글로 쓰인 텍스트와 어떻게 다른지(혹은 그렇지 않은지)에 관한 자크 데리다의 분석을 따라서 재표시라는 용어를 사용한다. 구불구불한 선이 단순히 물감으로 찍찍 그은 것이 아니라 하나의 글자라는 것을 어떻게 알 수 있는가?[58] 이것은 진지한 문제이다. 당신은 교실에 들어간다. 칠판은 글로 휘갈겨져 있다. 그런데 당신이 칠판에 가까이 다가가자, 글이 실제로는 전혀 글이 아니며, 어떤 지점에서는 글이었을 수도 있고 글이 아니었을 수도 있는 반쯤 지워진 분필 표시가 있다는 것을 본다.

데리다는 어떤 표시든 최소한 하나의 다른 사물에 의존한다고 주장한다(다시 성가신 하나 이상$^{1+n}$이 나온다). 이 다른 사물은 새길 수 있는 표면처럼 단순한 것일 수도 있고, 의미 있는 표시로 여겨지는 것의 체계일 수도 있다. 차이를 만드는 차이가 있으려면, 표시가 설명할 수 없으며 표시를 재표시하는 다른 객체가 최소한 하나는 있어야 한다. 표시들은 온전히 스스로 자신들을 의미 있게 만들 수 없다. 만약 그렇다면 의미는 순수한 구조주의적 관계들의 체계로 환원될 것이다. 그것이 스스로 의미를 자아낼 수 없는 한, "첫 번째 표시"는 언제나 불확실할 것인데, 특히 그것이 발생하게 되는 새길 수 있는 표면(또는 그 외)과 비교해서 그것이 엄밀하게 이차적인 것이기 때문이다.

---

58. Jacques Derrida, *Dissemination*, 54, 104, 205, 208, 222, 253.

어떤 체계가 성립하려면 체계의 시작에 어떤 개구가 있어야 한다 — 환원될 수 없는 불확실성이 있어야 한다. 일종의 마술, 무언가의 시작일 수도 있고 아닐 수도 있는 일종의 환상이 있어야 한다.

새길 수 있는 표면이라는 관념은 추상적인 것이 아니다. 게임은 보드, 말, 플레이어, 그리고 규칙과 같은 다양한 행위자로 구성된 상호사물적 공간으로 생각될 수 있다.[59] 이 공간은 자신의 현존을 위해 하나 이상1+n의 물러난 객체에 의존한다. 게임은 공존하는 객체들이 실재한다는 것을 보여주는 증상이다. 브라이언 서튼 스미스는 케네스 버크와 그레고리 베이트슨을 인용하면서, 동물의 놀자고-물기play biting의 기능에 관해 유사한 시사를 한다. 그는 놀이야말로 언어 속에 있는 부정a negative에 우선하는, 부정의 가장 초기적 형태일 수 있다고 시사했다. 놀이는 그것이 표상하는 것을 하지 않는 방식으로 오류를 방지한다. 놀이는 긍정적인 행동적 부정이다. 놀이는 네라고 말함으로써 아니요를 말한다. 그것은 무는 것이지만, 가볍게 무는 것이다.[60] 양쪽 모두에서, 놀이를 향한 충동은 지능적인 생물들이 아직 언어를 습득하지 못한 상황에서 서로 소통하는 수단이다. 포식자 경보의 참조 대상이 사회적 세계라는 점을 제외한다면,

---

59. Janet Murray, *Inventing the Medium*.
60. Brian Sutton-Smith, *The Ambiguity of Play*, 1, 22.

놀이 행위는 포식자 경보와 유사한 신호이다. 당신이 새끼 고양이를 키운 적이 있다면, 놀자고-물기가 포유류의 개체발생에서 원초적이며 근본적이라는 것을 알 수 있다. 이것이 무엇을 의미하는지에 관해 생각해 보라. 그것은 우리가 언어라고 부르는 것이 훨씬 거대한 구성 공간의 작은 부분이라는 것을 의미한다. 한 단어가 놀자고-물기가 되려면, 놀자고-물기가 이미 진심으로-물기를 참조하고 있어야 한다. "의미"가 발생할 수 있는 상호사물적 공간이 현존해야 한다. 그러므로 우리가 말한다는 사실은 우리가 동물과 다르다는 것을 의미하는 것이 아니라 우리가 비인간 존재자와 비인간 행동의 광대한 집합체를 압축한다는 것을 의미한다. 애초에 언어가 현존하려면 온갖 객체가 이미 놀이 중이어야 한다. 온갖 새길 수 있는 표면이 이미 놀이 중이어야 한다.

여기서 다시 우리는 정신의 본성에 관한 몇몇 사유와 조우한다. 앤디 클락과 데이비드 찰머스의 「확장된 마음」을 고려해 보라.[61] 이 논증은 데리다의 「플라톤의 약국」에 담긴 몇몇 함의와 놀라울 정도로 유사하다. 데리다가 그 함의들을 상세히 설명했다는 것이 아니다 — 그는 그것이 무엇인지에 관해 이야기하는 것을 주도면밀하게 피하며, 누락의 죄sin of omission를 범한다. 그러나 데리다는 몇몇 개념적인 내적 기억이 밀랍 조각과 플

61. Andy Clark and David Chalmers, "The Extended Mind."

래시 드라이브 같은 외부 장치보다 낫다고 말하는 것에 의미가 없다고 주장한다.[62] 또는 "인간으로 있음이 의미"에 관해 더 실재적이고 더 본질적인 것을 말하는 데는 의미가 없다고 말할 수 있다.

클락과 찰머스는 인지가 뇌의 "내부"에서 일어난다는 착상은 단지 편견일 뿐이라고 주장할 때 데리다와 공명하는 것 같다. 내가 볼 때 해체주의의 가장 좋은 부분은 관계주의를 논박하는 부분들이다. 구조주의야말로 순수한 관계주의이다. 해체주의는 의미 있음meaningfulness이, 체계에서 배제되는 하나 이상1+n의 존재자에 의존한다는 점을 끊임없이 지적한다. 그 존재자는 체계에서 배제됨으로써 포함되고, 그럼으로써 그 체계의 정합성을 약화시킨다. 이러한 존재자에는 밀랍 조각, 잉크와 종이를 포함할 수 있다. 그들이 "기표"인지 아닌지가 바로 문제이다. 의미는 무의미에서 떠오른다. 관계는 편재하지 않는다.

공허한 의미란 존재하지 않기 때문에, 나는 거칠게 동시대적이라고 말할 수 있는 스펜서-브라운의 표시Mark보다 데리다의 재표시re-mark를 더 선호한다.[63] 스펜서-브라운의 표시는 어떤 긍지에 찬 힌두교의 신이나 유대교-기독교의 신처럼 자기 자신과 자신에 관한 해석을 위한 조건을 공허 속에서 창조하는 것

---

62. Jacques Derrida, "Plato's Pharmacy."
63. George Spencer-Brown, *Laws of Form*.

같다. 그런데 표시가 나타나기 위해 새길 수 있는 표면이 이미 있어야만 한다. 표시에는 자신의 실질을 뽐낼 무대가 필요하다. 이것이 내가 데리다의 원-글쓰기arch-writing라는 용어의 의미로 이해하는 바이다. "모든 것이 뼛속까지 기호다"가 아니다 — 오히려 모든 것이 기호인 것은 아니다.

아마도 이것은 데리다를 너무 쉽게 궁지에서 벗어나게 해주는 것 같다. 왜냐하면 많은 사람이 그러했듯, 그의 저작을 반실재론을 뒷받침하는 데 사용하는 것이 가능하기 때문이다. 그러나 데리다의 반대 진술에도 불구하고 데리다 속에는 일종의 소여성이 있다. 그는 그것을 원-글쓰기, 흔적, 차연, 글자gramma라고 부른다. 이와는 대조적으로 표시는 마술 지팡이나 아브라카다브라 같은 마술 주문인 척을 한다. 실재는 환상과도 같다 — 당신은 결코 알 수 없을 것이다. 객체가 나타나는 방식은 마술과도 같다. 만약 실재가 현실적으로, 확실히, 실증적으로 마술이라면 우리는 유신론자나 허무주의자가 설계한 세계에 있을 것이다(당신의 선택은 무엇인가?). 다시 인용할 시간이다. "결국, 그것이 허상인지 아닌지 모른다는 점이 허상을 구성한다."[64]

스펜서-브라운 양식의 이론들은 오늘날 창발로 불리는 것으로 귀결되었다. 창발주의는 창발이 나타나는 현장 속에서 새로움을 포착하고자 한다. 그것이 지금 불가능한 일처럼 들리지

---

64. Lacan, *Le séminaire, Livre III*, 48.

않는다면, 내가 이 책을 충분히 주의 깊게 쓰지 않은 것일 수도 있다. 어떤 일이 일어나기 위해서는 그것이 두 번 일어나야 한다. 글이 종이 위에 나타나는 것처럼, 객체는 언제나 이미 다른 객체 내부에 있다. 게다가 창발 그 자체는 ~에-대한-창발이다. 최소한 하나의 "관찰자"가 있어야 하며, 당연히 이 관찰자는 인간이거나 심지어는 전통적인 감각적 존재자일 필요가 없다. 들뜬 비활성 기체가 형광등 속 광자로서 창발할 때, 기체는 벽에서 광자가 반사되는 욕실에 대해-창발한다. 깜빡 방치해둔 그릇에 먼지 포자 구름이 곰팡이가 핀 썩은 복숭아로서 창발할 때, 먼지는 황량한 부엌의 기류에 대해-창발한다. 주전자가 안 보이는 곳에서 끓을 때, 수증기는 가스레인지 위의 물속 덜 들뜬 입자에 대해-창발하며, 유리가 미세한 안개층으로 덮인 창턱의 액자 사진에 대해-창발한다.

우리는 특정한 형태의 유물론이 가진 문제 중 일부가 존재신론적 사실로서의 창발에 집착하는 것에 있다고 추적해 볼 수 있다. 이 경우 창발은 ~에-대한-창발이 아니라 자체적으로 작동하는 일종의 인과적 기적으로 여겨진다. 산업자본주의의 출현[창발]에 관한 맑스주의 이론을 고려해 보라. 이러한 견지에서 볼 때, 맑스주의의 진정한 문제는 맑스가 관념론자이거나 혹은 상관주의자일 수도 있다는 점이다. 어떻게 이런 괴상한 생각이 정당화될 수 있는가? 사실, 방법은 많다. 예를 들어 우리는 맑스의 철 지난 인간중심주의에 주목해 볼 수 있는데, 그가 사랑하는 다윈은 그가 종이에 펜을 댈 무렵에 인간중심주의를 철저히 공격하고 있었다. 그러나 여기서 내 주장은 더 기술적인technical 문제, 우리가 지금 당면한 문제와 관련이 있다. 즉, 사물은 어떻게 나타나는가?

『자본』 1권의 15장을 고려해 보라. 거기서 맑스는 자신의 기계 이론을 설명한다. 기본적으로 이것이 논하는 바는 다른 기계를 만드는 기계들이 충분할 때 본격적인 산업자본주의로의 질적 도약이 성사된다는 것이다. 맑스는 이 질적 도약에 얼마나 많은 기계가 필요한지는 결코 특정해 주지 않는다. 그저 보면 알 것이다. 만약 그것이 산업자본주의처럼 보이고 산업자본주의처럼 꽥꽥거린다면… 결국에 이것은 창발 이론으로 귀결되는 것이다. 자본주의는 그것의 상업적 단계에서 쾅쾅거리며 돌아가기에 충분한 기계가 있을 때 창발한다. 이것은 튜링 시험을 연상시키는 바가 많다.[65] 지능은 이론을 실행하며 자기 일을 하는 알고리즘들이 충분할 때 나오는 창발적 특성이다. 요점은 이것이다. 누구에 대해서 창발적인 것인가? 만약 내가 두 개의 방의 맞은편에 있고, 그 두 개의 방에서 유사해 보이는 인쇄물들을 받았는데, 그 인쇄물이 나에게 문 뒤에 지능적인 사람이 있다고 생각하게 만든다면, 지능적 인격이 문 뒤에 있는 것이 된다. 사회적 공간 전체를 설명하려는 이론에 있어서 이것은 중대

---

65. Alan Turing, "Computing Machinery and Intelligence."

한 문제이다.

그것이 창발주의의 문제이다. 모든 체계는 그것이 현존하고 측정되기 위해서는 자신에 대해 외적인 하나 이상$^{1+n}$의 존재자가 필요하다. 이것이 구조주의에 관한 데리다의 환상적인 결론이다. 해체주의는 종종 구조주의와 혼동되지만, 모든 것이 관계론적이어서 그 어떤 것도 실제로는 아무 의미가 없다고 말하는 것은 후자이다. 해체주의가 주장하는 바는 모든 의미 체계에 있어서 그 체계가 동화시킬 수 없는 적어도 하나의 불투명한 존재자가 있으며, 그 체계는 현존하기 위해서 그 존재자를 포함하는 동시에 배제해야 한다는 것이다.

창발은 모든 인과적 가능성을 포함하기에는 겉만 번지르르한 우산이다. 이명호의 사진을 고려해 보라. 이명호는 나무 뒤에 거대한 천을 한 장 추가할 따름이다. 그런 다음 사진을 찍어 순간적인 아우라를 자아낸다. 데생이나 그림처럼 나무는 마치 2차원 표면에 새겨진 것처럼 나타난다. 그것은 마그리트가 전개한 초현실주의 기법에 대한 일종의 역전이다. 실제 나무 앞에 나무 그림이 서 있는 그림을 그리는 대신, 이명호는 이 기묘하고 유보된 가상적 상태에 있는 실제 나무의 사진을 찍는다. 배경을 추가하는 것은 기본적으로 객체가 어떻게 현존하는지에 관해 해설하는 것이다. 객체가 현존하기 위해서는 인근에 이미 다른 객체가 있어야 하기 때문이다. 표시가 현존하기 위해서는 거기에 잉크와 종이가 있어야 한다. 의미는 아무것도 아닌 곳에서 생기지 않는다. 의미는 표시와 새길 수 있는 표면 사이의 상호 작용으로부터 생긴다. 마치 자신들의 거대한 1 대 1 규모의 그림 엽서로 우리와 마주하듯이, 나무들은 마치 광대-같은 기교로 우리를 위협하고 있는 것만 같다. 그것이 무대 장치임을 안다는 사실, 천의 주름을 볼 수 있다는 사실은 나무들을 더욱 강렬하게 만들 뿐이다. 마치 변장한 누군가를 보는 것처럼, 당신은 그녀나 그가 연기하고 있음을 안다 : 퀴어 나무들이다.

사물들 한가운데서

몰리 앤 로텐버그의 저서 『초과적 주체』는 일종의 "외부와의 내밀성," 즉 "외밀성"extimacy이라는 라캉의 개념에 기반해서 소급적 인과관계 이론을 정식화한다. 우리는 그 통찰의 일부를 아주 쉽게 비인간과 비감각적 존재자로 확장할 수 있다. 이는 객체가 이미 외밀성의 현상 안에 있기 때문이다. 외밀한 것은 "당신 자신보다도 더 당신 안에" 있는 객체-같은 현전이다. 그것은 당신의 아갈마agalma(그리스어), "보물"이다. 로텐버그 자신의 예시에 따르면 "칼Carl은 미소를 지으며 그의 연인의 피부를 부드럽게 찌르고 있었는데, 그런 그의 손에는 예리한 칼날knife이 들려 있었다."[66] 문장의 끝에 오는 칼날은 장면을 소급적으

---

66. Molly Ann Rothenberg, *The Excessive Subject*, ix, 1~2.

로 재배열하며 "칼"에 관한 우리의 생각을 바꾼다. 이것을 수행하는 것이 칼날이라는 점에 유의하라 — "외밀한" 객체이다. 비인간과 비감각 존재자에 소급적 인과관계를 적용하는 방법을 상상하기 위해서는 이러한 단서만으로 충분하다. 하면은 정확히 이것을 주장한다. 철봉이 창고 바닥에 땡그랑 떨어지자, 그것은 창고 바닥을 일정한 방식을 가지고 소급적으로 정립한다. 그것이 번역이다. 하면에게 객체는 "〔그것이〕 조우하는 모든 객체에 〔자신의〕 DNA를 다시 주입하는" 레트로바이러스와 같다.[67]

음악에서 샘플링 현상을 고려해 보라. 샘플러는 소리를 규칙적으로 구멍 뚫린 형태의 소리로 번역한다 — 기본 샘플링 속도는 초당 44,000회이므로, 샘플의 미세한 부분들 사이와 양 측면에는 44,001개의 작은 구멍이 있게 된다. 객체에서 감각적인 조각을 잘라내고, 그리하여 다른 객체를 창조한다는 점에서 모든 샘플은 번역이다. 그런 한에서 인과성은 일종의 샘플링이다. 그러므로 우리가 현상을 관찰할 때 우리는 언제나 엄밀하게 과거를 보고 있는 것인데, 우리가 다른 객체의 샘플을 관찰하고 있는 것이기 때문이다. 샘플을 따는 것은 소급적으로 정립하는 것이다. 이것이 객체의 기이한 성질을 설명한다. 모든 객체는 그들 스스로 샘플이 된다는 점에서, 그리고 다른 객체를 샘플링한다는 점에서, 일종의 완강한 외밀성을 가지고 있다. 초과적 주체란

67. Harman, *Tool-Being*, 212.

그저 초과적 객체들이라는 총회의 한 구성원일 뿐이다.

시작은 소급적이다. 시작은 역전 인과관계를 포함한다. 당신은 "무언가의 한가운데서," 또는 호라티우스가 위대한 서사시에 대해 말했듯이 "인 메디아스 레스"in medias res — 문자 그대로, 사물 한가운데서 — 자신을 찾는다. 이것은 세계, 환경, 대자연 등과 같은, 그 안에서 사물이 나타나는 중간 객체를 발명하는 것보다 훨씬 솔직한 접근법이다. 객체는 다른 객체의 내부에서, 사물 한가운데서 깨어날 따름이다. 현존은 공존이다. 가설적으로 고립된 사물조차도 자신의 부분들과 공존하기 때문에, 공존은 사물의 내부에서 사물의 존재를 비워낸다. 하이데거는 이 낯선 함께-있음이 인간에게만 적용된다고 가정하지만, 이러한 측면에서 볼 때 인간이 전화기, 폭포, 벨벳 커튼과 다르다고 주장하는 것에는 중대한 의미가 없다.

따라서 어떤 것의 절대적 시작은 우주의 어떤 객체도 존재론적으로 이용 불가능한 것이다. 그것은 언제나 이미 "거기에" 있다. 우주 밖에서 스톱워치나 시작 신호용 피스톨을 들고 서 있는 사람이 아무도 없기 때문에 — 메타언어가 없기 때문에 — , 어떤 것의 시작은 신비에 싸여 있을 뿐만 아니라 그 자체가 신비의 정수이다. 기원은 어두운 칠흑이다. 여기 현대적 예시가 있다. 우리는 어떻게 지구 온난화가 일어나고 있다고 말할 수 있을까? 지구 온난화가 시작되었는지 아닌지 우리가 계속 궁금해하기 때문이다.

따라서 시작은 내가 회귀적apoleptic이라고 부르는 독특한 아이러니 유형을 포함한다. 예기적proleptic 아이러니는 우리 모두에게 상당히 낯익다. 예기적 아이러니는 예상의 아이러니인데, 거기서 우리는 서사의 등장인물이 아직 알지 못하는 것을 알고 있다. 회귀적 아이러니는 예기적 아이러니의 기묘한 자매다. 회귀적 아이러니는 서사의 결말이 서사를 다르게 되돌아보게 할 때 우리가 느끼는 소급적 아이러니이다. 거기서는 우리가 읽고 있다고 생각했던 것과 지금 읽고 있는 것 사이의 간극이 활용된다. (이를 가르치는 동안 나는 아이러니를 간극활용gapsploitation이라 기술하는데, 이는 하나 이상1+n의 의미작용의 수준 사이의 간극을 미적으로 활용함을 의미한다. "간극활용"이라는 단어보다 길고 복잡하다.) 앨라니스 모리세트의 노래 〈아이러니〉의 무엇이 아이러니한가?[68] 그 노래의 아이러니한 점은 그녀가 제공하는 예시 중 어느 것도 아이러니의 예시가 아니라는 사실이다. 노래가 말하는 노래의 내용과 노래의 실제 내용 사이에는 간극이 있다. 나의 관점에 따르면 객체와 그것의 감각적 현현 사이에는 존재론적 간극이 있기에, 아이러니는 그저 제인 오스틴의 소설에서 일어나는 재미있는 일에 불과한 것이 아니라 실재의 기본적 특성으로 보일 것이다.

우리는 빈정대기sarcasm와 아이러니를 구별해야 한다. 빈정

68. Alanis Morisette, "Ironic."

대기는 아이러니가 없이도 있을 수 있으며, 아이러니는 빈정거림 없이 매우 온화할 수 있다. 빈정대기는 고통을 초래하기 위해 의미작용의 수준을 두 배 이상 사용하는 것이다. 그것은 내 딸이 "아빠, 정말 '사랑'해요"라고 말할 때 손 따옴표를 사용하는 것과 같다. 이것은 사소한 구별이 아닌데, 왜냐하면 우리가 아이러니 자체 내에서도 티셔츠에 새겨진 슬로건 같은 물신화된 종류의 아이러니와 좀 더 개방적이고 유동적이며 머뭇거리는 아이러니를 구별할 수 있기 때문이다. 빈정대기는 티셔츠에 새겨진 아이러니 변종보다 훨씬 더 묵직한 형태이기에 아이러니의 섬세한 체계에서 벗어나는 경향이 있다. 빈정대기와 무거운 아이러니는 사물에 대한 "메타"적 입장을 함의하며, OOO는 이를 엄격하게 불가능한 것으로 삼는다.

아이러니는 체계다. 그것은 상호사물적이다. 그것은 간극과 관련이 있다. 디지털 녹음기에 의해 샘플링되는 소리처럼, 상호사물성은 한 객체가 다른 객체에 자신의 발자국을 찍을 때 도입되는 객체들 사이의 간극의 영역이다. 아이러니는 언제나 무언가가 이미 거기에 있음을 의미한다. 그렇지 않으면 어떤 간극도 일어날 수 없다. 자! 다양한 유형의 아이러니가 있다. 예기적 아이러니, 예상의 아이러니에서는 등장인물이 무언가를 예상하지만, 독자 및 청자는 사건이 다르게 돌아갈 것을 알고 있다. 극적 아이러니에서 청자는 등장인물이 모르는 무언가를 알고 있다. 낭만적 아이러니는 특히 서술자가 자신이 주인공임을 알게 될 때 발생한다. 이러한 지식은 모든 일인칭 서사에 함축되어 있는데, 왜냐하면 서술하는 나는 이야기의 주제인 나와 구조적으로 다르기 때문이다. 그것이 낭만적 아이러니의 1.0 버전이다. 그러나 온전한 낭만적 아이러니는 이 구조적 간극이 주제화될 때이다. 〈블레이드 러너〉를 생각해 보라. 데커드는 이야기 내내 자신이 쫓아 왔던 인간이 자신이라는 것을 알게 된다 — 그가 바로 복제된 존재자, 4년 수명의 인공 인간이다.[69] 이것은 낭만적 아이러니 버전 2.0이다. 버전 3.0도 있는데, 거기서는 이야기 전체가 그러한 간극의 발견에 전념한다. 〈쇼생크 탈출〉을 생각해 보라.[70] 이야기를 통틀어 우리는 냉소적이고 시설에 길든 서술자 레드가 장엄하고 해방되어 있으면서 해방적인 앤디 듀프레인의 이야기를 하고 있다고 믿도록 유도된다. 그러나 레드가 나무 아래에 있는 상자를 열었을 때, 그와 우리는 이야기 전체가 실제로는 그에게 일어난 것이고 듀프레인의 모든 행위는 내면의 레드를 해방하는 데 바쳐진 것이었으며, 따라서 제목에서 드러나듯 그 해방이 "탈출"이라는 것을 레드와 우리가 동시에 발견한다. 두 영화 모두 하먼이 슬라보예 지젝의 사유와 연결한 OOO의 특징을 아름답게 보여주는 모델이다. 인과관계는 어떤 의미에서 소급적이며, 따라서 회귀적 아이러니가 소급적 인과관

69. Ridley Scott, 감독, *Blade Runner*.
70. Frank Darabont, 감독, *The Shawshank Redemption*.

계의 전율에 대한 원인이 된다.[71]

〈쇼생크 탈출〉이 끝날 무렵, 감옥 밖에서의 "삶"이 시작될 때 레드는 자신의 냉소주의가 붕괴했다는 것을 발견한다. 그는 더는 외부에 있지 않다. 냉소주의는 서사의 외부에서 일종의 메타언어적 입장을 찾으려는 시도이다. 아이러니는 존재자들을 결합하는 만큼 분리하기도 한다 — 인과관계가 발생하려면 존재자들은 결합해야 하지만, 그렇다고 모든 것이 접착제 속에서 헤엄친다면 그 무엇도 일어나지 못할 것이다. 회귀적 아이러니는 빈정대기나 냉소적 거리 두기의 한 형태가 아니다. 그것은 총체적 진실성의 경험이자, 사물 내부가 각성하는 경험이자, 사물 한가운데 있는 경험, 인 메디아스 레스의 경험이다. 이 총체적 진실성은 탄생의 순간이며, 이 순간은 시간 "안의" 한순간으로서의 순간이 아니라 마치 빙하가 녹으며 생긴 용빙수가 퍼져서 선상지를 만드는 것처럼, 그로부터 시간이 솟구치고 연속성과 존속성으로 퍼져가는 사건으로서의 순간이다. 이제 우리가 다루어야 할 것은 연속성이다.

---

71. Harman, *Tool-Being*, 205~216.

3장
마술의 삶

현재 순간의 디스코
유보 기계
용암의 문제
디스플레이서 비스트 : 운동의 신비
바르도[중유] 1

자기 자신다운 소리를 내기 위해서는
오랜 시간을 연주해야 한다.

마일스 데이비스

다음은 질 들뢰즈와 펠릭스 과타리의 유쾌하고 충격적인 걸작 『안티 오이디푸스』에서 내가 가장 좋아하는 부분이다.

산책하러 나간 정신분열증 환자는 분석가의 소파에 누워있는 신경증 환자보다 더 나은 모델이다. 신선한 공기를 마시고 외부 세계와 관계한다. 예를 들어 뷔히너가 재구축한 렌츠의 산책을 보라. 이 야외 산책은 렌츠가 자신을 기성 종교의 신과의 관계에, 아버지 어머니와의 관계에 사회적으로 위치시키도록 강요하는 목사와 밀담을 나누던 순간과는 다르다. 야외에서 산책하면서, 그는 산속에, 떨어지는 눈송이 사이에, 다른 신들과 함께, 아니면 어떤 신도 전혀 없이, 가족도, 아버지도 어머니도 없이, 자연에 있다. "아버지는 무엇을 원하는 거지? 아버지가 이것보다 더한 걸 줄 수 있을까? 불가능해. 날 그냥 내버려 둬." 모든 것은 기계다. 천체 기계, 하늘의 별과 무지개, 알프스 기계, 모두 그의 몸과 연결되어 있다. 기계는 계속해서 윙윙거리며 돌아간다. "달이 차고 지는 것과 함께 숨 쉬는 꽃처럼, 그는 그것이 모든 형태의 심오한 생명과 접촉하고, 바위, 금속, 물, 식물의 영혼을 갖고 꿈에서처럼 자연의 모든 요소를 자신에게 끌어들이는 끝없는 축복의 느낌이 틀림없다고 생각했다." 엽록소 기계나 광합성 기계가 되기, 혹은 적어도 그의 몸을 다른 부분들 사이의 한 부분으로서 그러한 기계 속으로 슬며시 밀어 넣기. 렌츠는 자신을 인간-자연 이분법 이전으로, 이 근본적인 이분

> 법에 기초한 모든 좌표가 정리되기 이전으로 투사했다. 그는 자연을 자연으로서가 아니라 생산의 과정으로서 살아간다. 지금은 인간도 자연도 존재하지 않는다. 그저 다른 것 안에서 일자를 생산하고 기계들을 결합하는 과정만이 있을 뿐이다. 자아와 무아, 외부와 내부, 그 무엇도 더는 의미가 없다. 생산 기계, 편재하는 욕망 기계, 정신분열증 기계, 모든 종의 생명이 있을 뿐이다.[1]

기계, 리듬, 속도는 모두 서로 함께 운동하면서 서로에 반해서 운동하는데, 마치 기차 객차에 앉아 다른 기차가 역에 들어오고 나가는 광경을 바라보는 것처럼 상대적인 운동으로 인해 지금 이쪽으로 지금 저쪽으로 끌어당겨지는 느낌이다. 본질과 나타남 사이의 대균열은 다른 대균열에 반해서 자신을 유보한다. 객체가 존속한다.

신경증에 대한 정신분열증 환자의 긍정적 평가는 잊어버리고 기술적인 언어에 초점을 맞추어 보자. 이것은 과정관계론의 순수한 시다. 그것은 객체의 존속성, 즉 좌우간 객체가 부서지고 죽기 전까지 한동안 객체가 자신을 유지하는 방식을 환기하기에 완벽한 시다. OOO는 과정을 버려서는 안 된다. OOO는 과

---

1. Gilles Deleuze and Felix Guattari, *Anti-Oedipus*, 2. [질 들뢰즈, 펠릭스 과타리, 『안티 오이디푸스』.]

정을 더 거대한 구성 공간의 일부로 생각해야 한다. 과정은 현존에 대한 멋들어진 은유이다 — 현존이 현존해 가는 것이며, 계속해 가는 것이며, 번성해 가는 것이며, 살아가는 것이기 때문이다. 뒤에서 보게 되겠지만 과정관계론의 실패 — 시간을 객체의 내재적 특징으로 설명하지 못하는 것 — 는 그 자체가 미덕으로 판명되는데, 현재의 마술적 환상이 마치 수영장의 물속에 잠기거나 나이트클럽의 요동치는 리듬에 몰두하는 것처럼 시간 "안에" 있다는 느낌인 한에서 그렇다.

우리는 이전 장에서 전개한 기법을 사용할 것이다 — 예술을 살펴보고, 사물이 어떻게 그 사물인 채로 남아 있는지에 관해 예술이 무엇을 말해줄 수 있는지를 검토해 보자. 그러기 위해서 우리는 세 부분으로 나누어진 시작, 중간, 끝의 아리스토텔레스적 구분에서 두 번째 부분에 관해 생각해야 한다. 중간에 있다는 느낌은 무엇일까? 뒤에서 보겠지만, 그것은 정확히 리듬의 다양체에 갇히거나 그 속에서 유보되어 있다는 느낌이다. 그것은 마치 들뢰즈와 과타리가 인상적으로 "기계의 계속되는 윙윙거림"이라 부른 것을 들으며 공장, 거대한 공장 안에 있는 것과 같다. 이러한 리듬은 근본적으로 객체와 그 감각적 성질 사이의 환원될 수 없는 차이로 구성되고, 이러한 감각적 성질은 다른 객체의 감각적 성질과 상호작용한다. 따라서 가장 기본적인 리듬은 객체 그 자신으로부터의 차이이며, 이는 뒤에서 계속해서 탐구하게 될 양진문장적 현상이다. 이 그-자신으로부터의-차이가 존속을 구성한다. 객체가 창조와 파괴 없이 공존할 때, 이 그-자신으로부터의-차이는 마치 테크노 선율의 확장하는 파동처럼 증대한다.

현재 순간의 디스코

이야기가 순환하기 시작하는 것처럼 보일 때 당신은 고전적인 리얼리즘 이야기의 한가운데 있다고 말할 수 있다. 다시 말하지만, 문학적 리얼리즘과 존재론적 실재론 사이의 차이에 유의하라. 나의 주장은 문학적 리얼리즘이 실재론적으로 보이는 것은 거기에 실재가 있기 때문일 따름이라는 것이다 — 그 예술 속 리얼리즘은 유아론적 인간의 혼합물에 불과한 것이 아니다. 리얼리즘은 그저 인간이 실재적인 것을 의인화하는 방법을 활용한다 — 이 의인화가 일어나려면 실재적인 것이 있어야 한다. 그래서 우리는 실재에 관해 이야기하기 위해 예술을 통해 보장된 경험에서 거꾸로 거슬러 올라가며 작업할 수 있다. 이 움직임이 반직관적으로 보이는 것은 내가 주장한 것처럼 근대성을 괴롭혀 온 문제들의 증상이다.

주기 구조라고 불리기도 하는 서사 순환narrative cycling은 이야기꾼이 원하는 만큼 단순하거나 복잡할 수 있다. 그러나 일반적으로 고리와 순환의 느낌은 주기적 형상, 사물의 반복을 도입함으로써 달성된다. 게다가 거기에는 유보되었다는 느낌이 있다 – 그것은 정지해 있으면서 운동하는 것, 운동 속 정태의 느낌이다. 이야기꾼은 어떤 방식으로든 상대적 운동의 느낌을 달성하는데, 그것은 역에 정차 중인 기차 안에서 옆에 있는 다른 기차가 움직이는 것을 보고 당신이 타고 있는 기차가 운동 중이지 않음에도 불구하고 움직임을 느끼는 것과 같다.

서술자는 어떻게 이를 달성할까? 서술자는 사건들의 서사 시퀀스와 시간순 시퀀스 속의 사건의 빈도와 지속 사이에 반비례를 도입한다. 이는 무엇을 의미하는가? 서사 시퀀스를 구성plot이라 부르고 시간순 시퀀스를 이야기story라고 불러보자. 우리의 목적을 위해, 서사 속 동사가 붙은 모든 것을 "사건"이라고 부르며 설명하기 쉽게 만들어 보자. 그러므로 "험프티 덤프티가 혁명을 일으키기로 결정했다"는 하나의 사건이다. 그것은 "험프티 덤프티가 결정했다"는 사건이다. 이러한 사건에는 번호를 할당할 수 있다. 이제 이야기를 구성으로 바꾸는 한 가지 쉬운 방법은 시퀀스를 재배열하는 것이다. 내 이야기가 1, 2, 3, 4, 5로 진행된다고 가정해 보자(이야기는 시간순이므로 그래야 한다). 그러나 나는 이야기를 재배열해서 2, 1, 5, 3, 4를 얻을 수 있다. 당신은 내가 사건을 설명하는 데 있어서 몇몇 회상 장면과 급진전, 조금의 혼란을 도입했음을 알 수 있을 것이다.

그러므로 이야기꾼으로서 나는 사건 시퀀스를 가지고 놀 수 있다. 그러나 나는 서사적 사건의 두 가지 기본적 특징, 즉 빈도와 지속을 가지고 놀 수도 있다.[2] 빈도는 사건이 발생한 횟수를 나타낸다. 지속은 사건에 드는 시간을 나타낸다. 이야기 속에서 오직 한 번만 일어나는 사건은 분명 여러 번 서술될 수 있으며 그 반대의 경우도 가능하다는 점에 주목해 보자. "8월 내내 험프티 덤프티는 프라하에 있는 그 운명적인 광장으로 계속 돌아오고는 했다." 여러 번 발생하는 사건은 한 번만 서술될 수 있다. 이 경우, 우리는 이야기 속에서 그 사건이 얼마나 발생했는지 모른다. 그러므로 그 사건을 n이라고 부르자. 빈도는 언제나 비율로 표현할 수 있으며, 이 경우에는 n분의 1이라고 표현할 수 있다. 혹은 이야기 속에서 오직 한 번만 일어나는 사건을 여러 번 서술할 수도 있다. "험프티 덤프티는 자신의 총을 닦았다… 그는 자신의 총을 꺼내서 닦았다… 그는 자신의 총을 손질했다… ." (그는 분명 강박증일 것이다). 여기서 비율은 1분의 n이 된다.

지속에 관해서도 같은 것을 말할 수 있다. 이야기 속에서 매우 짧은 시간에 일어나는 사건은 구성의 여러 페이지에 걸쳐 펼쳐질 수 있으며 그 반대의 경우도 가능하다. 우리는 이미 개구, 시작의 느낌이 어떻게 불확실성의 느낌인지 탐구했다. 우리는 이것을 이야기 속에서 사건이 펼쳐지는 방식의 리듬에 적용할 수 있다. 이야기의 시작은 빈도와 지속의 혼돈스러운 유동이

---

2. 나는 제라르 주네트의 구조주의적 서사론을 채택하고 있다. Gérard Genette, *Narrative Discourse*를 보라.

공존하는 것에 의해 표시된다. 개구는 아직 끝이 어디인지 알 수 없는 느낌이다. 그런 경우, 이야기의 중간, 즉 적어도 리얼리즘 이야기의 중간에 있다는 느낌에 있어서 전형적인 것은 무엇인가? 그것은 규칙적인 리듬, 주기성에의 정착이다. 이제부터 전개라고 부를 중간의 핵심은 마치 첫 번째 악장의 모든 주제와 조표가 논리적 결론에 이르기까지 연주되는 소나타의 전개부와도 같다. 전개부의 이러한 핵심은 우리를 주기성에 침투시킨다. 서사는 이를 어떻게 달성하는가?

서사는 빈도와 지속 사이의 비율을 활용하며 이를 달성한다. 리얼리즘 소설 중간의 한가운데에서, 빈도와 지속 비율은 일종의 역전 형식을 취한다. 즉, 그들은 각각 n분의 1과 1분의 n의 형식을 취한다. 이것이 독자들, 즉 우리에게 어떤 영향을 미칠까? 시간은 팽창되고 압축되는 것처럼 보인다. 한 문장으로 며칠이 흐른다. 몇 분이 몇 년처럼 흐른다. 수천 번의 반복이 단일한 구절 속에서 이루어질 수 있다. 하나의 사건이 수천 번 목도된다. 독자는 시간 가는 줄 모르게 되는데, 시간이 없어서가 아니라 수많은 교차 리듬이 흘러나오기 때문이다. 시간이 유보되었다.

만화에서 "중간에 있음"의 효과는 종종 방금 기술한 것과 유사한 기계적 반복을 통해 달성된다. 등장인물들은 동작이 유보된 것처럼 보이고, 이러한 반복은 희극적인 기계적 성질을 풍긴다.[3] 즐겁고 불편한 반복이 일어난다. 시작은 행복하거나 끔찍하며, 현존하는 나타남들에 대한 왜상적 왜곡이다. 그러나 베르그손이 언급했듯 연속은 희극적인 것인데, 자고로 기계같이 작동하는 것은 본질적으로 웃기다. "중간에 있음"에 대한 지배적인 인간 미학적 활용은 다양한 종류의 희극에서 발견된다. 소극은 등장인물들의 끊임없는 빠른 교대와 문의 여닫음을 가지고 유보를 연장하여 유머를 유발한다. 낭만적 희극영화에서 팝송은 그것의 규칙적인 절-후렴-절verse-chorus-verse 주기성을 장면에 동반시키며 중간에 있음을 나타낸다. 노래가 말하기를 "이 영화가 지금 서술하고 있는 것보다 몇 배나 더 많이 이러한 사건들이 계속 일어나고 있다." 음악에서 유보[걸림음]suspension는 방금 기술한 서사적 효과와 유사한 효과에 대한 전문 용어이다. 단일한 음표 또는 화음, 지속음이 변화하는 선율의 아래나 위에서 유지된다. 선율은 지속음을 끊임없이 다시 맥락화한다. 정지 상태에서 운동하는 정동이 현현한다. 디스코 음악은 우리가 가능한 한 오랫동안 무도장에 머물게 하는 것이 목적이므로, 이러한 유보를 사방에 사용하는 것으로 유명하다. "정지 상태에서 걷는" 형태인 춤은 그 자체로 유보의 체화이다.

현재 순간의 디스코에 관해서 무언가 이상한 것이 있다. 음악이 춤꾼들 그 자체에서 방출되는 것처럼 보인다. 이런 한에서 시간은 동사이다 — 내가 건축물 주변을 돌며 춤추는 것과 같은 방식으로 시계는 시간한다. 이러한 관점에 있어서 시계의 시

---

3. Henri Bergson, *Laughter*, 62, 158~161. [앙리 베르그손, 『웃음』.]

간은 감각적 효과, 하나 이상1+n의 객체의 현존이 요구되는 주기성의 놀이이다 — 상호사물적 체계 말이다. 시계의 시간은 객체 자체가 방출하는 시간의 창발적 효과이다. 시간함은 자동사이며 객체 그 자체 내부의 대균열과 관련이 있다. 게다가 디스코장에서 충분히 멀리 떨어져 있는 춤꾼들은 우리 주위에서 들려오는 곡조에 맞춰 춤을 추고 있지 않을 수도 있다. 객체로부터 시간이 창발한다는 것은 그저 물리적 사실일 뿐이다. 이 사실은 보편적 시계라는 개념에 심각한 제약을 가한다. 심지어는 하나의 광자에 대해서도 빛의 속도는 엄격히 제한되어 있기 때문에, 우주의 모든 사건은 사건이 과거나 미래, 이쪽이나 저쪽에서 일어났다고 말할 수 있는 "광원뿔"을 가지고 있다. 광원뿔을 벗어난 사건은 미래, 과거 또는 현재의 이쪽 또는 저쪽에서 발생한다고 말할 수 없다.

이는 모든 존재자에게 '미래적 미래' — 근본적으로 알 수 없는 것 — 가 있으며, '다른 곳적 다른 곳' — 마찬가지로 근본적으로 알 수 없는 것 — 이 있음을 의미한다. 보편적인 용기로서의 시간이라는 개념은 마치 우주 전체가 아바ABBA의 동일한 음반에 맞춰 춤을 추고 있다고 말하는 것처럼 인간의 감각적 객체를 물신화한 것이다. 심지어는 우리의 인근에서도 어떤 객체는 우리보다 훨씬 더 광대한 현재 순간을 가지고 있다. 독일의 애니메이션 영화 〈수레바퀴〉*Das Rad*는 도로 옆에 놓인 두 개의 감각적 바위의 관점에서 인간 도로의 형성을 보여준다. 인간의 시간으로 수만 년 동안 바위들은 수레바퀴, 도시와 포스트아포칼립스 풍경이 왔다가 가는 몇 가지 순간을 함께 관찰한다.[4]

현재 순간의 디스코는 거대한 변환transduction의 집합이다. 레코드 바늘(자기 카트리지)은 레코드판의 기계적 진동을 전기 신호로 변환한다. 확성기는 이 전기 신호를 음파로 변환한다. 압전 효과는 기계적 압력을 전자들의 분출, 고전압 전기 에너지로 변환한다. 이러한 정보의 분출은 부탄에 의해 더욱 증폭되어 불꽃을 일으키기에 이른다. 전자는 전선을 가로질러 흐른다. 형광등은 그 에너지를 빛으로 변환한다. 전자기파는 공간을 가로질러 전파된다. 안테나는 전자기파를 집중시키고 전기 신호로 변환한다. 변환기는 한 종류의 에너지를 다른 종류의 에너지로 변환한다.

변환기는 한 객체와 다른 객체 사이를 매개하는 객체이며, 따라서 변환기는 대리적 인과관계에서 본질적인 수송적 구성 요소이다. 변환기에 대한 입력은 정보로 처리되어 변환기 속의 에너지에 특정 형상을 제공한다. 변환 에너지는 이 정보에 대한 반송파로서 작용한다. 이러한 관점에서 "둔탁한 부딪침의 인과성"(기계론적 인과관계)은 변환의 구성 공간의 작은 영역일 뿐이다. 한 체계의 기계론적 에너지는 다른 체계의 기계론적 에너지로 변환되어, 기계론적-규모의 객체(예를 들어 인간)에게 인

---

4. Chris Stenner, Arvid Uibel and Heidi Wittinger, 감독, *Das Rad*.

과성은 기계론적일 뿐이며 정보는 물리적이지 않고 관념적일 뿐이라는 환상을 일으킨다. 또한, 이러한 관점에 있어서 지각은 변환 공간의 작은 영역일 뿐이다. 예를 들어 청력은 달팽이관의 압력 세포에 의존한다. (우연히도, 이것은 포유류의 신체가 가진 유일한 식물세포이다.) 따라서 어떤 인과적 사건에서 우리는 변환기의 관점에서 생각하는지 또는 변환된 것의 관점에서 생각하는지에 따라 갈리는 두 개의 계열을 갖게 된다. 변환된 것의 관점에서 변환기는 무관하다(비감각적이고 밀폐된 것이다). 이것은 실재적 객체의 실재성과 일맥상통한다. 실재는 그 어떤 것"과도 같지" 않다.

따라서 비대칭, OOO 비대칭이 있게 된다. 안테나, 마이크, 압전결정 등에 의해 포착되거나 증폭되거나 하는 것은 변환된 것에 있어서는 전혀 문제가 되지 않는다. 전자기파는 안테나가 있든 없든 안테나 사방으로 계속 전파되어 간다. 안테나는 거기에 없을 수도 있다. 구조주의 같은 기호 이론은 변환기의 관점만을 다룬다. 변환기에 있어서 모든 것은 정보처럼 보인다. OOO는 (예를 들어 흐름과 같은 어떤 형태의 신소재로 대체하여) 이를 무시하거나 이로부터 퇴보하기보다는 물리적인 것을 포함하는 더 넓은 구성 공간으로 언어론적 전환 이론을 포괄한다. 언어론적 전환의 시대는 기표와 기의(구조주의)로 정보의 모델을 생각했다. 이것들은 다양한 분석의 주제가 되었는데, 예를 들어 해체주의는 진정한 기의란 없으며 단지 무한히 연기되는 기표의 사슬만이 있을 뿐이라고 주장한다. 비록 해체주의 내에서 그렇게 명시되어 있지는 않지만, 이러한 관측을 할 때 해체주의가 함의하는 바는 의미작용 체계 외부에 있는 물러난 객체(정확히 하나 이상$^{1+n}$의 객체)의 현전이다. 지금 이 페이지에 있는 글자들은 자신을 구성하는 픽셀에 관해 신경 쓰지 않지만, 그러나 픽셀이 없으면 글자들은 현존할 수 없다. 따라서 기표와 기의에 이어 OOO는 그것의 신비한 쌍둥이 형제라 할 수 있는 변환된 것과 변환기를 도입한다.

유보 기계

현재는 몇몇 철학자가 여기는 것처럼 실재적이지 않다.[5] (사실, 4장에 이르면 현재가 과거나 미래보다 덜 실재적이라는 좋은 사례를 보게 될 것이다.) 현전은 내가 논한 자동사적 의미에서 객체가 시간하는 방식이다. 객체는 그 자신을 유보하고 본질과 나타남 사이의 대균열을 유지한다. 따라서 현전은 상자나 거리, 또는 평행하게 펼쳐지는 거리들의 집합체와 같지 않다. 현전은 시간들의 거친 화음, 작은 조화의 섬들로 채워진 유보 기계의 불협화음이다. 우리가 현전을 찾을 때 우리는 당김음 리듬이 똑딱거리는 유보 기계를 사방에서 발견한다. 현전은 실제로 기계

5. Denkel, *Object and Property*, 96~97.

로서 가장 잘 기술될 수 있는데, 그것이 서로 중첩하는 주기적 순환들을 포함하기 때문이다. 이러한 기계론에는 네바다 사막에서 조립된 (디지털이 아닌) 기계식 시계인 롱나우 시계가 포함된다. 그 시계는 한 번 만들어지고 나면 1만 년 동안 작동할 것이다.[6] 그 시계는 "현재"라는 개념이 근본적으로 감각적 객체의 특성, 즉 관계 집합에 대한 반응이라는 것을 우리에게 보여준다. 그것은 100만분의 1초 동안 지속할 수 있고 1만 년 동안 지속할 수도 있다. 하먼은 10분의 1초 이하로 서로 뒤따르는 두 사건을 동시적인 것으로 간주한다("외양적 현재").[7]

어떤 사물의 영향은 그것이 얼마나 주기성을 확립하느냐에 따라 측정될 수 있다. 음악 치료에서 치료사는 반복을 사용하여 환자의 정신이 최면 상태에 걸리게 한다. 그러한 상태에서 인간은 영향을 받을 수 있다. 당신을 유보 상태에 두는 것은 내가 당신에 대한 권한을 갖는 것이다. 유보 상태에 놓이는 것은 이언 보고스트가 "경이"라고 부르는 것이 설계되는 방식이다.[8] 나는 시를 읽을 때 그것에 관해 경이로워한다. 그것은 나에게 힘을 행사하기 시작한다. 산이 금속 표면에 떨어지면, 금속은 그것에 관해 경이로워한다. 경이는 그 안에서 한 존재자가 다른 존재자를 끌어당기는 유보 상태이며, 하먼이 말했듯이 "매혹"이다.[9]

---

6. longnow.org/clock/를 보라.
7. Bohm, *The Special Theory of Relativity*, 247~248.
8. Bogost, *Alien Phenomenology*, 113~134. [보고스트, 『에일리언 현상학』.]

유보 기계는 우리가 주체라고 부르는 것의 작용을 특징짓는다. 멜랑콜리나 우울함, 슬픔을 고려해 보라. 멜랑콜리는 우리의 프시케에 거주하는 변할 것처럼 보이지 않는 객체-같은 존재자이다. 슬픔은 왔다가 가며 순환하는 것 같다. 멜랑콜리는 종류에 상관없이 다른 존재자의 발자국인데, 거기서 그 존재자의 근접성은 트라우마로서 경험된다. 죽음충동에 관한 프로이트의 논리는 외부 자극을 소화하고 평형을 유지하려고 투쟁하는 유기체 내부의 주기적 과정이다. 앞서 언급한 바와 같이, 프로이트는 자아 자체가 "버려진 객체-카섹시스"의 기록일 뿐이라고 주장한다.[10] 자아는 감각적 객체이다. 멜랑콜리는 그 정의에서부터 공존을 함의하는데, 이는 생태학이 가능한 한 광범위하고 깊이 있는 공존에 관한 사고인 한에서 멜랑콜리가 생태학적 사유에 중요한 이유가 된다. 이 공존은 감각적 존재자나 생명체 그 자체만을 포함할 필요는 없으며, 암석, 플루토늄, 그리고 이산화탄소와 같은 모든 존재자를 포함할 수 있다.

그러나 그 못지않게 중요한 것은 멜랑콜리가 주체성에 관한 어떤 것도 함의하지 않는다는 것이다. 멜랑콜리에 필요한 것은 다양한 종류의 객체뿐이다. 이것이 전통적인 정신분석 이론에서 멜랑콜리가 다른 정동과 다른 점이다. 실제로, 멜랑콜리는

9. Harman, *Guerrilla Metaphysics*, 141~144.

10. Freud, *The Ego and the Id*, 24.

모든 객체의 진실을 말한다 — 여기서 나는 "객체"라는 용어를 가치-중립적인 방식으로 사용하고 있으며, 객체화나 주체-객체 이원론에서 말하는 객체가 아닌 실재적인 존재자라면 무엇이든 함의하고 있음을 기억하라. 멜랑콜리는 완전히 형성된 주체성을 요구하지 않는다. 사실, 주체성은 멜랑콜리한 사물을 부인한 결과인데, 줄리아 크리스테바는 그것을 주체와 객체라는 습관적인 개념과 구별하기 위해 비체abject라고 부른다.[11] 객체들의 멜랑콜리한 공존은 자아의 현존보다 앞선다. 자아는 존재자들의 고대 층, 화석화된 유적을 전제로 한다.

반복에 대한 강박은 유기체의 구체적 욕구를 능가하는 것처럼 보인다.[12] 프로이트는 죽음충동의 주기적 순환을 선-감각적 생명체, 단세포 유기체로까지 세분화한다. 아마도 반복은 이것보다 훨씬 더 "아래로" 내려갈 수 있다고 추정할 수 있을 것이다. DNA는 비평형 상태에 있는 것으로 보인다. "나는 거짓말을 하고 있다"나 "이 진술은 거짓이다"와 같은 역설적인 문장과 유사하다. 복제체는 어째서 복제하는가? 분자가 어떻게든 "떨쳐내려고 시도하는" 근본적인 비평형 때문이 아닐까? DNA 또한 "무기적 세계의 침묵으로 돌아가려" 하고 있지 않은가? 그렇다면 죽음충동은 단세포 유기체보다 훨씬 아래로 내려갈 수 있지 않

11. Julia Kristeva, *Powers of Horror*. [줄리아 크리스테바, 『공포의 권력』.]
12. Slavoj Zizek, "How to Read Lacan 5. Troubles with the Real."

은가? 단세포 유기체는 45억 년이 지난 무대의 관점에서 볼 때 상대적으로 신참이다. 죽음충동이 이 근본적인 수준에서 설치되었다면, 그렇다면 우리가 의식의 자기-반성 수준, 그리고 인간과 다른 생명체가 스스로 회전하는 의미가-범람하는 세계, 한마디로 문명이라는 수준에 도달할 때까지, 죽음충동이 설치된 근본적인 수준 위의 모든 수준이 다른 방식으로 죽음충동을 드러내리라는 것은 당연한 것이 아닐까?

내적 비평형을 해결하려는 과정에서 DNA와 다른 복제체는 그것들이 하는 유일한 일, 즉 복제를 한다. 문제는 당신이 그것을 추구하면 추구할수록 더 많은 삶을 산다는 것이다. 죽음충동은 정확히 자기 자신을 상쇄하고 현존의 얼룩을 지우려는 추진력이다 – 죽음은 삶의 본질이다.

> 생명이라는 속성은 어느 시점에서, 우리가 그 본성에 관해 어떤 개념도 형성할 수 없는 힘의 작용으로 인해 비생명 물질 속에서 눈을 떴다. 아마도 그것은 나중에 살아있는 물질의 특정 지층에서 의식의 발달을 초래한 것과 유사한 유형의 과정이었을 것이다. 지금까지 비생명 실체였던 것이 그 자신을 상쇄하려고 하자 긴장이 생겼다. 이렇게 해서 첫 번째 본능, 즉 비생명 상태로 돌아가려는 본능이 생겨났다.[13]

---

13. Sigmund Freud, *Beyond the Pleasure Principle*, 32. [지그문트 프로이트, 『쾌

형사가 자신이 살인범임을 알게 되는 누아르의 구성에는 DNA가 연루되어 있다. 자신의 현존에 담긴 수수께끼를 풀고자 시도하면서 DNA는 현존을 배가시킨다. 하지만 어째서인가? 어째서 DNA와 같은 사물이 현존하는가? 분자 끈은 어떻게 해서 자신을 (해체)해결(dis)solve하려는 시도 속에서 자신을 재생산하며 컴퓨터 바이러스처럼 행동하는가? DNA, 죽음충동, 슬픔, 그리고 멜랑콜리 같은 유보 기계의 현존 이유는 객체의 심장에 깊숙이 자리 잡은 비일관성이 아닐까? 비일관성은 살아있는 체계뿐만이 아니라 모든 존재자에 적용되는 것이 아닐까?

서사에서 연속성이 달성되는 방식을 다시 고려해 보자. 사건의 시간순 시퀀스를 서사 시퀀스와 비교하는 모델을 주의 깊게 살펴보면, 중요한 사실을 발견하게 된다. 시간순 계열은 엄밀하게 말해서 배열이기도 하다. 그러한 계열 속에서 정확히 "시간을 알려주는 것"은 누구 또는 무엇인가? 설명되어야 할 것은, 특정한 줄거리가 엄밀하게 시간 순서로 되어 있음에도 불구하고 사건들의 흐름으로서의 시간이 그 줄거리 뒤로 후퇴하는 것처럼 보인다는 점이다. 이것은 추가적인 문제로 이어진다. 물론, 베트남 전쟁이 실제로 얼마나 오래 지속하였는지 누가 말할 수 있을까? 연 단위로 계산하는 것은 합리적으로 보이지만 마이크로초 단위로 계산하는 것은 불가능해 보인다. 이를 닦거나 사

락 원리의 저편』.]

람을 죽이는 데 평균적으로 얼마나 걸리는지 누가 말할 수 있겠는가? 그렇다면 지속과 빈도에 관한 이야기는 모호한 것이다. "실재적 사건"은 우리가 그것을 붙잡으려고 할 때 우리 앞에서 후퇴하는 것처럼 보인다. 걱정할 것 없다 — 이 실재적인 것의 후퇴가 사물의 본성에 관한 어떤 진실을 말해 주지 않을까? 한 서사학자의 말을 빌리자면, 구성과 이야기 사이의 총체적 동시성, 총체적 동시발생isochrony의 시간순적 "참조성 0"이 환상에 불과하다면, 이것이야말로 우리가 연구하고 있는 실재적 객체와 감각적 객체 사이의 코리스모스의 효과에 해당하는 것이 아닐까?[14] 현전은 미적 효과이다.

이제 우리는 유보의 개념에 접근하면서 객체가 유보되는 방식이 존재론적이라는 점을 분명히 해야 한다. 다시 말해서, 객체란 어떤 것의 객관적으로 현재하는 블록이 유보적인 관계에 놓이게 되는 것이 아니다. 그 반대 방향으로 나아간다. 유보적 관계는 오로지 객체가 환원될 수 없이 내적으로 유보되었을 때를 기반으로만 가능하다. 다시 말해서, 유보는 언제나 이미 객체 속에서, 단일한 객체 속에서만 작용하고 있다. 관찰자 또는 상호작용에 상관없이 객체는 고유하게 자기 자신이다. 이것은 내가 여기서 나타남이라고 부르는 것이 객체와 분리될 수 없음을 의미한다. 그런데 객체는 자신의 나타남으로 환원될 수도 없

---

14. Genette, *Narrative Discourse*, 88.

다. 이 시점에서 우리는 선택의 기로에 선다. 우리는 감각적 객체가 실재적 객체와 다른 객체라고 주장할 수 있다. 또는 내가 이 책에서 채택하는 대로 사물의 단위성은 비모순율을 거스를 것을 요구한다고 가정할 수 있다. 객체의 본질과 나타남 사이에 대균열(코리스모스)이 있는 한, 객체는 "그 자체임"과 "그 자체가-아님" 사이에서 유보된다($p \wedge \neg p$, 양진문장). 이 점을 받아들이지 않으면, 우리는 객체가 기능하기 위해 다른 존재자를 요구하게 되는 실재에 갇히게 될 위험에 처하며, 이는 일종의 위로-환원하기나 아래로-환원하기의 결과를 초래하게 된다. 시간, 공간, 그리고 인과성을 위해 필요한 모든 연료는 단일한 객체의 "내부"에 현존한다.

이는 하이데거가 『존재와 시간』의 끝을 향하면서 존속에 관해 말한 것과 일맥상통하는 것 같다. 하이데거는 존속성이 단순히 시간 "안에서" 현존하기를 계속하는 것일 수 없다고 주장하는데, 왜냐하면 그렇게 말하는 것은 순환논법이기 때문이다.[15] 만약 우리가 비인간과 비감각적 객체를 포함하여 모든 객체를 포괄하기 위해 하먼의 하이데거 일반화를 적용한다면, 객체가 존속한다는 것은 그 객체가 다른 객체에 의해 포착당하는 것, 눈앞에-있는vorhanden 것이 되는 것이라고 주장할 수 있다. 그렇지만 어째서 이것이 참인가? 다시 말하지만, 본질과 나

---

15. Heidegger, *Being and Time*, 385, 386. [하이데거, 『존재와 시간』.]

타남 사이의 대균열 때문이다. 객체의 나타남 — 운동량, 밀도, 질감, 색상, 모양 등 우리가 그것에 관해 말할 수 있는 모든 것을 포함해서 — 을 추적할 때, 다른 객체는 그 객체의 본질을 포착하는 데 실패한다. 객체는 포착됨과 포착되지-않음 사이에서 유보되었다. 이는 객체의 본성이 언제나 이미 유보되어 있기 때문이고, 객체의 본성이 본질과 나타남 사이의 유보이기 때문이다. 우리는 뒤에서 이 역설적이고 복잡한 문제를 다시 탐구할 것이다.

지금은 우리가 이미 상당히 중요한 발견을 했다는 점에 주목하자. 우리는 존속성을 ~에-대한 존속성이라고 추정할 수 있는 입장에 서있다. 즉, 존속성은 감각적 객체이다. 객체의 "현전"은 결코 실재적 객체로서의 객체가 아니다. 그렇지 않으면 존속성은 중대한 문제가 된다 — 객체가 나타나는 대로의 자기 자신이라면, 어떻게 객체의 존속성을 일종의 인과관계라고 할 수 있을까? 그러나 특정한 의미에서 인과관계 이론을 요구하는 관성과 같은 물리적 에너지라는 명확한 예시가 있는데, 어떻게 그렇지 않을 수 있을까?[16] 관성은 본질적으로 객체가 간섭받지 않는다면 객체가 스스로 그러한 것으로 유지된다는 사실이다. 뉴턴의 운동 제1법칙은 어떤 것이 객체를 방해하지 않는 한 객체는 계속 운동한다는 것이다. 이 법칙은 과학에 코페르니쿠스적 전환의 토대를 만들었다. 그러나 철학적 의미에서 무엇이 일어

16. Dowe, *Physical Causation*, 50.

나고 있는지를 정확히 이해하는 것은 매우 오묘한 일이다.

존속성을 다루기 위해 러셀은 준-영속성을 말하고 스피노자는 내재적 인과관계를 말한다. 그러나 이러한 이론들은 사물에 관한 실체-더하기-우유성의 관점에 어색하게 붙어 있는 보조제처럼 보인다. 또한, 그러한 이론들은 현대 물리학과 그다지 일치하지 않는다. 객체가 같은 것으로 남아 있다면, 그 객체에는 어떤 일도 일어날 수 없다 — 그런데 우리는 객체가 사방에서 몸부림치면서도 스스로 그러한 것으로 남아 있음을 본다. 이것이 아리스토텔레스가 피시스phusis, 혹은 하이데거의 훌륭한 번역을 따르면 "현출"emergence에 관해 말하면서 포착하는 "운동"의 더 깊은 의미이다.[17] 피시스는 전질변화metabole 또는 변화로서 현현한다. 단순한 같은-것으로-남음조차 운동의 부분집합이다.[18] 그러므로 라이프니츠는 사물에는 변화하려는 내적 경향이 있으며, 사물은 "그 본성에 있어서 활동적"이라고 주장한다. 이 활동성, 혹은 충동은 사물 속에 영혼-같은 및 정신-같은 현전으로서 현현할 수 있다 — 이 점에서 돌덩어리와 인격 사이에는 본질적인 차이가 없다.[19]

우리가 나타남과 본질 사이에 대균열이 있다는 것을 인정하

---

17. Heidegger, *What Is a Thing?*, 83.
18. 같은 책, 82.
19. Martin Heidegger, "From the Last Marburg Lecture Course," 77, 75, 73~74. [마르틴 하이데거, 『이정표 1, 2』.]

지 않는 한, 관성을 설명하기란 매우 어려운 일이 된다. 만약 사물이 단순히 자기 자신이라면 변화하기 위해서는 다른 사물이 필요할 것처럼 보인다. 존속성이라는 사실만큼 객체의 환상적 성질에 관해 말해 주는 것은 없다. 마일스 데이비스의 말을 좀 바꾸자면, 존속성은 오랜 시간 연주하면서 들려오는 자신다운 소리이다. 폭포수와 같은 객체를 고려해 보라. 폭포는 명확하게 폭포로 식별될 수 있지만, 그 안의 물은 계속 변한다. 나를 고려해 보라. 내 몸의 수많은 세포가 몇 년에 걸쳐 변하지만, 어떤 의미에서 나는 팀Tim으로 남아있다. 또는 수백만 년에 걸쳐 살아남은 어떤 종을 생각해 보라. 셀 수 없이 많은 개체가 왔다가 갔지만, 그 종은 모호하게 같은 종으로서 남아있다. 동일하게 있다는 것은 같은 것으로서 있다는 것이고(라틴어로 이뎀idem), 그러므로 동일하게 있다는 것은 약간 다르게 있다는 것이다. 이는 이상하게 들리겠지만, 동일성 안에는 일종의 차이가 있다.

이후의 절에서 우리는 현재 순간의 디스코에 약간의 수정을 가할 것이다. 왜냐하면 우리는 이것을 낯익고 일상적인 것들에서 빌려왔을 뿐, 존재론을 깊이 살펴보며 얻은 것이 아니기 때문이다. 그래도 지금으로서는 채용하기 꽤 괜찮은 이미지다.

용암의 문제

우리는 이제 오늘날 시중에 나와 있는 존속성에 관한 몇 가지 이론을 검토할 수 있어야 한다. 문제는 현재 순간의 디스코가 지닌 즐겁고 광분적인 주기적 활동성을 실재적 객체의 실재적 양상으로 여기기 시작할 때 발생한다. 이 비전을 존재신론으로 전환함으로써 문제가 구성된다. 이 경우, 내가 뒤에서 설명하겠지만 과정은 원자, 일종의 라바 램프 같은 원자에 불과하다. 세계는 방울과 흐름, 조각과 덩어리로 환원될 수 있다.[20] 다른 많은 것과 함께 비일관성이 사라지게 된다. 고양이, 구리 선, 태양계 가장자리의 오르트 구름은 사라지게 된다. 그 자리는 어떤 모호한 의미에서만 – 위로-환원하기의 참상을 생각할 때, 종종 인간이나 정신에 대해서만 – 고양이와 구리 선으로 현현할 뿐인 용암-같은 실체의 흐름이 차지한다.

오늘날 수용할 만한 것으로서 통용되는 대부분의 존재론은 원자론의 한 형태일 뿐이다. 물론 존재론을 수용하는 일 자체를 감히 하려는 사람이 있는 경우에 말이다. 원자는 더 이상 쪼개질 수 없는 어떤 것이다. 우리는 그것을 고등학교 화학 시간에 보는 작고 반짝이는 탁구공 같은 것으로 생각한다. 이런 부류의 원자론은 세련되지 못한 것으로 여겨졌다. 그렇게 다양한 대안이 창안되었는데, 내게는 그것들이 "새롭게 개선된" 똑같은 것으로밖에 보이지 않는다.

---

20. 예를 들어, Heller, *The Ontology of Physical Objects*, 47~51을 보라.

과정은 원자이며, 그저 라바 램프 같은 것이다.

끈은 원자이며, 그저 아양자 같은 것이다.

양자는 원자이며, 단지 미결정적이거나

"내부-활동적"intra-active인 것이다 (캐런 바라드의 정식을 사용하자면).[21]

원자는 데모크리토스 이후 2500년 동안 군림해 왔다. 과정이라는 이름을 통해 널리 홍보했음에도 불구하고, 이러한 과정은 사물의 물신화이다.[22] 왜 그런지 탐구해 보자.

진정 당신이 과격한 유물론자가 되고 싶다면, 파르메니데스, 스피노자, 혹은 데이비드 봄처럼 일원론을 따라가야 한다. 아니면 물질을 실추시키고 마치 아낙사고라스처럼 모든 것이 정신에 의해 통제된다고 말해야 한다. 만약 당신이 근래의 발견들의 이름을 바꾸어서 "물"과 "불"로 대체하면 사실상 전-소크라테스 시대를 보게 된다. 전-아리스토텔레스주의적 과학주의(무엇이 세계를 구성하는지 – 일종의 유동이나 일종의 아페이론, 불, 물 등 – 에 관해 결단을 내리는 그곳)로의 회귀는 변화를 철저하게 설명할 수 없다. 변화는 나타남의 수준에서 숭배되지만, 정작 설명되지는 않는다. 유물론적 결단이 그것을 막는다. 당신은 그

---

21. Karen Barad, *Meeting the Universe Halfway*, 139~140, 178, 214, 235.

22. Martin Heidegger, *Contributions to Philosophy*, 332. [마르틴 하이데거, 『철학에의 기여』.]

저 이름을 대체하기만 하면 된다 — 헤라클레이토스의 자리에는 들뢰즈나 화이트헤드를 두고 바라드의 자리에는 아낙시만드로스 등을 두면 된다. 아리스토텔레스의 대답은 전-소피스트들에게 그랬던 것처럼 지금도 강력하다 — 만약 모든 것이 반성이라면, 만약 모든 것이 다른 모든 것에 귀속될 수 있다면, 그렇다면 아무것도 변할 수 없다.[23]

그것이 바로 과학주의가 이끄는 장소, 기원전 6세기에 과학주의가 시작된 곳이다. 과학이 상당히 오래된 고정 관념에 정착하려는 것처럼 보일 때마다 인문학자들이 과학자들에게 다시 생각할 방법을 알려야 할 시간이 가까워진다. 이것은 다시 우리를 시중에 나와 있는 유일하게 비환원론적이며 비원자론적인 존재론, 그 외의 표준적인 것보다 훨씬 더 아리스토텔레스 보장적인 OOO로 이끈다.

포스트모던 사상의 대다수는 퇴보이지 진보가 아니다. 그것은 데리다와 다른 사람들이 지워버린 오래된 대자연의 "새롭고 개선된" 형태를 구축하려는 필사적인 시도를 표상할 뿐이다. 이번에는 자기생산적autopoietic이고 과정적이며 라바 램프스러운 대자연을 구축하려는 것일 뿐이다. 나는 그것을 라바 램프 유물론이라고 부른다. 그것은 어떤 형태의 현대적 기쁨을 불러일으키는 것 같다 — "이봐, 나를 봐! 나는 나-아님과 완전히 얽혀

23. 이 문제에 관해 이야기해 준 조셉 굿슨에게 감사한다.

있어!" "나는 바다코끼리야! 그리고 나는 그것을 증명할 양자 이론을 가지고 있어." 그런데 정말일까? 이에 대한 반론은 양자 이론이 심오하게 객체지향적이라는 것을 입증할 것이다.[24] 양자 이론은 객체가 실제로 어떻게 서로 분리되어 현존하는지를 결정적으로 보여준다. 그것은 다음을 긍정적으로 보장한다. 만약 사물들, (적어도) 미시적인 사물들이 서로 같은 것이라면, 그들의 기본적인 특성, 즉 얽힘은 난센스를 만들 것이다. 더욱이, 나-아님에 대한 몰입은 마치 텔레비전을 보는 것처럼 종종 무한한 거리를 두는 것으로 보인다. 따라서 우리가 이러한 사유가 함의하는 태도를 따른다면, 우주에는 얽히지 않은 존재자가 단 하나 있음이 밝혀지는데, 그것이 바로 의식이다. 그리고 나, 라바 램프 유물론자는 의식을 의식의 외부에서 판단할 수 있다… 라바 램프 유물론은 데카르트 이원론의 출발점으로 계속해서 돌아간다. 그리고 결국, 그것은 원자론의 한 형태로 끝난다. 정신, 피자, 블랙홀은 과정의 창발적 효과가 된다. 대자연에 시간을 낭비하지 않는 편이 좋을 것이다.

과정 철학은 사건의 현상적 표면만을 훑어보며 인과성을 설명하지 못하는 위험에 처해있다.[25] 대신, 만약 우리가 과정process을 절차procedure(한정적 단계들을 가진 알고리즘-같은 조

---

24. Morton, "Here Comes Everything." [이 논문은 이 책의 부록에 수록되었다.]
25. Ian Bogost, "Process vs. Procedure." 보고스트는 "소방호스 유물론"이라는 용어를 내가 말하는 라바 램프와 유사한 방식으로 사용한다.

작)로 생각하면 우리는 인과성에 더 가까워질 수 있다. 라바 램프는 과정 철학에 호소하는 미학을 예시한다. 그러나 라바 램프는 원자론 및 인과성과도 관계가 있다. 등불을 가로질러 흐르는 용암을 고려해 보라. 시간 T1에서 용암은 등불 지점 a에 있을 것이다. 시간 T2에서 액체는 등불 지점 b에 있을 것이다. 이 관점에서 시간은 액체의 흐름에 상대적인 외적 틀이라는 것이 기본적인 것처럼 보인다. 이 유비에서 등불은 시간인데, 액체는 그 안에서 어떤 결정적인 방향으로 등불을 가로지르며 나아간다. 시간은 과정에 외적이다.

과정 철학은 과정 철학을 사람들에게 매력적인 것으로 만드는 한 가지를 설명하지 못한다 — 정적인 것으로부터의 탈출이 그것이다. 모든 과정에는 그 안에서 과정이 발생할 수 있는 정적 틀(등불)이 요구된다. 호스 안의 물의 흐름은 과정의 원자적 단위체이다. 물론 이 단위체는 작은 공이 아니지만, 그럼에도 시간적인 앞뒤가 있어 정적인 용기에 대해서 상대적으로 움직인다. 같은 것이 라바 램프에도 해당한다 — 그것은 공이 아니라 방울이지만, 정적인 용기와 선형적인 시간 시퀀스에 대해서 상대적으로 일관되게 자기 자신이다.

과정관계론적 유물론의 관점에서, 존재자들은 시간 안에서 펼쳐진다. 정적인 것의 폄하를 따라가며, 우리는 그것들을 "달성"achievement이라고 부를 것이다 — 동명사, 동사에 기반한 명사, 그리고 동사는 명사보다 나은데, 왜냐하면 동사가 사물이 만들어지는 근본적인 과정에 관해 더 명시적으로 말해 주기 때문이다. 깔개는 깔기, 고양이는 고양이하기, 존재자는 달성이다. 달성의 진화를 구성해 보자.

T축은 시간이다. A축은 달성이다. 이 달성이 어떻게 발생하는지는 중요하지 않다 — 다른 존재자들은 하나의 존재자가 다른 형태로 녹아내린 것이다. 아마도 이 존재자는 진화, 신, 새로움, 혹은 생기론일 것이다. 일단 아무튼 그것이 발생했다고 가정하자. 방울이 사과와 다소 비슷해지기 시작한다. 라바 램프의 바닥에서 (시간 T1) 방울은 그저 방울이다. 정상에 도달했을 때 방울은 사과-같은 달성으로 변형된다(시간 T2). 아마도 미래의 어느 지점에서 그것은 다른 무언가로 녹아내릴 것이다. 그것의

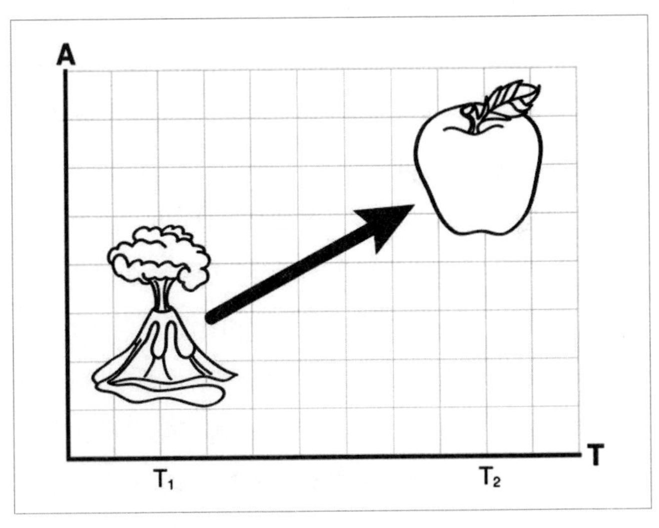

〈그림 2〉 "달성"의 발생. 이언 보고스트의 이미지

사과-풍의 아름다움에 간섭하는 다른 방울이 있을 수 있다.

A축에 관한 우려는 제쳐두어라. 사과-방울이 사과라기보다는 방울이라는 사실을 무시하라(어떤 더 근본적인 아무개가 그것의 사과성을 보증한다). 사과-방울이 오로지 사과-방울 사용자(당신, 나, 어떤 벌레 등)의 눈 속에서만 사과-방울과 유사할 수 있다는 가능성을 무시하라. 이 점에서 그것의 내적 사과성은 단순히 그것이 "지각"되는 방식의 함수이며, 이는 위로-환원하기의 고전적인 사례이다. 모든 것을 제쳐두고, 도표 자체에 내적인 용어에만 초점을 맞추어라. 그저 T1에서 원형-사과는 단순한 방울이고 T2에서 그것은 사과-로이드 방울이라는 사실에 집중하라. 이것은 사과가 생성되는 시간적 틀을 제외하고 사과가 어떻게 생겨나는지에 관해 알아야 할 모든 것을 설명한다. 라바 램프 속에 현현하는 존재자를 설명하려면 T와 A가 필요하다. 실재의 주된 사실 – 시간 – 은 존재론적으로 설명될 수 없으며, 그저 가정될 뿐이다.

당신이 라바 램프 유물론을 옹호하고 싶다면, 여기서 상대성 이론은 도움이 되지 않는다. 상대성은 단순히 틀이 딱딱한 것(갈릴레이)이기보다는 방울진 것(가우시안)임을 의미할 뿐이다. 그것은 여전히 틀이며, 여전히 존재론적으로 존재자의 외부에 있다. 도표를 오렌지로 두른다고 상상해 보라. 축하한다. 당신은 오렌지로 둘렀을 뿐인 정확히 같은 문제에 다시 놓이게 된다. 양자 이론 또한 도움이 되지 않는다. 시간의 화살을 되돌릴 수 있게 하여 사과-로이드가 빛보다 빠르게 방울에 말을 걸고 자기 자신을 달성할 수 있게 한다. 혹은 끈 이론에서 그렇게 하듯 완전히 새로운 차원을 창시하고 방울이 틀에서 (다른 또는 더 큰 틀로) 튀어나오게 한다. 똑같은 문제가 뒤따른다 — 어떤 과학적 사실-사탕도 이 논박에 대항해서 라바 램프 유물론을 지지하게 만들지 않는다. 유물론을 논박하는 이러한 방식은 투박하게 아리스토텔레스의 방식과 유사하다. 아리스토텔레스에게도 문제가 있지만, 전-아리스토텔레스적 관점으로 회귀하여 문제를 해결하지는 말아야 한다.

참인 것처럼 보이는 바로 그것 — 우리의 존재론에 아인슈타인-같은 시간성을 구축한 것 — 이 행방불명인 한 가지의 것이다. 당신이 정말로 아인슈타인하고 싶다면, 시간은 객체 그 자체에서 방출되는 것이어야 한다. 시간이 라바 램프 활동에 외적인 용기라는 사실은 용암이 등불 안에 포함되어 있다고 말하는 또 다른 방법일 뿐이다. 용암은 등불이라는 넓은 매개체 안에서 유보된 채로, 등불 내부에서 자신을 찾는다. 요약하자면, 라바 램프 형태의 유물론은 시간을 설명할 수 없다. 이제 우리가 아는 것은 용암이 등불 안에 있다는 점뿐이다… 그리고 이것은 우리가 처음부터 가지고 있던 정보이다. 이것은 과정 철학에 내재한 환원주의와 관련하여 더 넓은 질문으로 이어진다. 어떻게 현시적인 것에서 뛰쳐나오는 것이 현시적인 것에 머무르는 것보다 더 실재적일 수 있는가? 어떻게 용암-같은 실체의 흐름이 얼룩 고양이보다 더 실재적일 수 있는가?

실재에 관한 제거주의적 모델에서 라바-램프주의가 유행한 것은 놀라운 일이 아니다. 다음 구절을 고려하고 자문해 보라. 이 구절은 흐름의 철학자 들뢰즈의 것인가? 아니면 뉴에이지 통합주의자 켄 윌버의 것인가? 여기 문제의 구절이 있다.

> 우리의 현상적 세계는 빌딩 블록으로 만들어진 요소론적 세계가 아니며, 레고 우주가 아니다. 우리의 현상적 세계가 유기적 구조를 갖추고 있기 때문이다. 그것은 준-액체 네트워크로 더 적절하게 특징지어진다.[26]

그러나 나는 이 구절이 신경-제거주의자 토마스 메칭거의 것임을 알게 되었지만 놀랍지 않다. 메칭거는 불교로부터 무아 개념을 차용함으로써 불교를 라바 램프 종교로 간주하는 많은 학자와 같은 노선에 선다.

내가 단순히 액체, 유동성, 과정, 유기성, 변화에 대해 적대감을 표현하고 있는 것일까? 실재는 (감히 말하건대 복잡하다고 할 수 있는데) 안정성과 불안정성의 혼합이지 않은가? 시간과 변화의 실재 세계에서 안정성을 표준적인 위치라기보다는

---

26. Thomas Metzinger, *Being No-One*, 145. Graham Harman, "The Problem with Metzinger"를 보라.

달성(라투르라면 그렇게 주장하였을 것인데)으로 보는 편이 더 유용하지 않을까? 이런 식으로 논의의 틀을 잡는 것은 정확히 객체를 위한 시간을 말하지 않는 환원적 유물론을 인정하는 것과 같다. 이 관점에서 "고체성"과 "액체성"은 같은 근본적 "사물"의 위상에 불과하며, 운명은 언제나 액체 방향으로 가중된다 — 그렇게 고체성은 흐르는 과정의 준안정 평형에 불과한 것이 된다. 그 문제를 억제하려 하는 과학주의적 광휘는 잊어버려라. 이것은 단지 미적 이미지이다 — 당신은 그것을 좋아하거나 싫어할 자유가 있지만, 논쟁을 벌일 수는 없다. 이것이 내가 과정철학을 라바 램프 유물론이라고 부르는 이유이다 — 몇몇 사람은 라바 램프가 근사하다고 생각한다. 거기에는 취향에 관한 설명이 없다. 물론 그렇게 하는 데에는 문제가 될 것이 없다 — 사실, 만약 라바 램프주의자들이 과학주의보다는 자신의 취향에 더 진실했다면, 우리는 그것에 관해 이야기할 만했을 것이다. 문학평론가 해럴드 블룸은 모든 시 해석이 환언paraphrase이거나 은유라고 말한 적이 있다. 라바 램프 논의는 정확히 이 한마디로 요약된다. 만약 당신이 과학을 환언하고 싶다면, 물론 라바 램프 유물론을 따르면 된다. 반면에 그 이상을 갈망한다면 당신은 은유의 위험을 감수해야 한다. 그리고 인과적 차원이 미적 차원이라면 환언은 단지 은유의 한 형태일 뿐이다. 환언의 진짜 문제는 그것의 정보 빈약성에 있다 — 좋은 환언의 요점은 정보를 줄이고 군살을 빼는 것에 있다. 그러므로 환언에는 최소한 하나의 내재적 맹점이 포함된다.

그러나 이를 넘어서면 존재론의 문제가 기다리고 있다. 라바 램프 논증은 아래로-환원하기의 한 형태일 뿐이다 — 다른 여러 객체를 더 실재적이라고 여겨지는 몇몇 객체로 환원하는 것이다(고양이와 구리는 어떤 지배적인 과정의 구체화가 된다). 그래서 나는 사물들이 과정으로 이루어져 있다는 점, 더 최악은 어떤 사물이 다른 사물보다 과정에 더 진실하다는 점에 그저 동의할 수 없을 따름이다. (더 유동적일수록 더 근사하다고 여겨진다.) 레고 블록(메칭거가 언급한 객체의 이름을 들자면)에게는 자신의 내재적 용해성을 부인하는 것을 인정하게 만드는 일종의 스탈린주의 여론 재판이 필요한 것일까? 그리고 용암 진보라는 이름을 걸고 자신을 녹여달라고 구걸해야 할까? "어떤 사물은 다른 사물보다 더 과정적이다." 이것은 존재신론이다.

객체가 물러난다는 개념에서 시작하자. 이는 모든 것이 고유함을 의미한다. 이것이 모든 존재자에 적용되는 '낯설고 낯선 자'에 관한 나의 생각이다. 나는 생명체를 포괄하기 위해 '낯설고 낯선 자'라는 관념을 개발하였지만, 그것을 살아있지 않은 존재자에 적용하는 것은 기본이다. 이는 생명과 비-생명 사이의 차이가 여러 수준에서 매우 모호하기 때문이다 — 생명과 비-생명 사이에 얇고 튼튼한 경계를 세우려고 할 때 더미의 역설이 아주 많이 생긴다.

모든 존재자는 기이한 것이며, 이는 심지어 자신에게도 그러하다. 고유함은 개별적임을 의미하지 않는다. 집 앞 잔디밭을 생각해 보라. 그것은 개별주의[개인주의]의 표현이지 고유함의 표현이 아니다. 실제로 적절한 개별주의[개인주의]를 구성하는 규칙이 있는 것처럼 적절한 집 앞 잔디밭이란 어떤 것인지와 관련해서도 몇 가지 매우 엄밀한 규칙이 있다. [미국] 콜로라도주의 일부 도시에서는 집 앞 잔디를 제대로 깎지 않았다는 이유로 체포될 수 있다. 객체가 물러나는 한, 정상 객체와 기저 객체는 없다 ― "물질"도, 용암도, 전체론적인 그물망도 없고, 고유한 객체들의 총회만이 있다. 비환원적 단위체로서의 객체는 다양한 방식으로 "개인화"된 수조 개의 정원 잔디나 아이폰과 같지 않다 ― 그러한 것은 위로-환원하기일 것이다. 또한 비환원적 객체는 모두 똑같은 레고 블록으로 만들어진 다양한 사물인 것도 아니다 ― 그러한 것은 아래로-환원하기일 것이다. OOO는 이 점을 선언하는 것이지 액체보다 고체를 선호해야 한다고 주장하는 것이 아니다.

보고스트의 우아한 용법을 따를 때, OOO 객체는 단위체이다.[27] 축구팀은 하나의 단위체이다. 구름은 하나의 단위체이다. 양자는 하나의 단위체이다. 실제로, 양자 이론은 그것이 단위체에 기반하기에 매우 아름답게 작용한다. 막스 플랑크는 관계주

---

27. Bogost, *Unit Operations*, 3~19; *Alien Phenomenology*, 22~29 [보고스트, 『에일리언 현상학』].

의적 관점의 역설을 우회하기 위해 우선 양자가 있다는 결정을 내린다. 만약 모든 것이, 그 밑바닥에 있어서 에너지의 뒤섞인 파동들(19세기 물리학)이라면, 흑체복사에 대해서 부조리한 결과를 초래할 것이다.(일정 온도 이상에서는 당신의 전자레인지 속 파동들의 합이 무한대인 것처럼 보인다!) 양자는 탁월한 단위체이다 — 이 점은 양자라는 단어 자체에 함의되어 있다. 정합적인 양자의 체계는 손-안에-있는 것이며, 이는 단순히 "나에 대해" 또는 일부 외부 "관찰자"에 대해 그러한 것이 아니라, 체계 자체의 내부에서 그렇다. "측정"(그것에 간섭함)은 그것을 눈앞에-있는 것으로 만든다. 작은 탁구공으로서의 작은 입자는 손-안에-있는 객체의 눈앞에-있는 패러디이다. 그러므로 단일한 양자는 탁월하게 물러난 객체이다.

양자 이론은 어떻게 독립적인 사물들이 있는지에 관한 것이다. 이 책의 다른 곳에서 논의된 바와 같이, 양자 수준에서 "측정함"은 "광자 또는 전자로 친다는 것hit"(혹은 그 외의 것으로 친다는 것)을 의미한다. 이것이 발생하면 체계는 파괴된다 — 이는 다음과 같이 표현해 볼 수 있는데, 즉 체계는 분해될 수 있는 양자들의 회집체다. 양자들은 서로 간에 독립적이다. 만약 양자들이 단위체가 아니라 근본적으로 관계론적이라면, 양자들이 "측정될 때" 그것들은 "정합성"에서 벗어날 수 없을 것이고, 정합성은 닫힌 체계에서 양자들이 서로 스며드는 방식을 나타내는 용어가 된다. 만약 양자들이 진정으로 맞물려 있다면, 그것들은 분리될 수 없다. 그러나 양자들을 분리하는 것은 매우 쉽다. 필요한 것은 일종의 간섭뿐이다. 양자들이 관계할 때 그들의 정합성이 파괴된다. 관계 (혹은 당신이 맺은 관계) "밑에," 관계와는 "다른" 무언가가 있다.

물론, 이것은 사물이 모든 면에서 관계론적이라는 것에 대한 궁극적인 보증으로서 양자 이론을 홍보하는 양자 물리학자들과 철학자들의 행동을 아직 막지 못했다. 양자적 존재자가 관계론이 참이라는 것을 증명한다는 지속적인 선언은 양자 자체가 아니라 우리가 사는 시대의 증상일 뿐이다. 닐스 보어에 의해 제안된 표준 모델은 상관주의의 좋은 예시이다 — 양자는 측정될 때만 의미가 있으며, 양자에 관해 그 이상을 생각하는 것에는 의미가 없다. 양자들에 입혀진 복면 아래를 향한 존재론적 탐색에는 오랜 금기가 있는데, 그것이 데이비드 봄과 바실 힐리의 "존재론적 해석"이 비난받아온 이유이다. 이 책은 다른 양자 이론 해석이 가진 장점을 토론하기 위한 자리가 아니다. 그러나 얽힘과 정합성 같은 현상을 놀랍게 만드는 것은 단위체로서의 양자 그 자체임이 분명하다.

이러한 놀라운 사실은 단위체가 존재론적으로 (미적-인과적) 관계에 우선된다는 사실을 받아들이면 쉽게 설명될 수 있다. 양자 이론에 관한 과정관계론적·존재론적 해석(드 브로이의 향도파pilot waves, 봄Bohm의 내포된 질서Implicate Order)조차도 전자의 크기(10^{-17}센티미터) 아래로 더 작은 존재자들이 이루는 무한소적 층들을 에워싸는 실재적 존재자가 있다는 점에 의존한다. 물론 이 문제의 전체상은 대부분의 양자 이론 지지자가 아래로-환원하는 사람이거나 위로-환원하는 사람이라는 것이며, 그래서 보어의 버전은 위로-환원하기인 반면, 봄의 버전은 아래로-환원하기라는 것이다.

나는 이 논의를 계속하지 않겠다. 과정관계론에 관한 논의로 돌아가자. 과정과 비-과정 사이를 적절하게 타협시킬 수 있다고 상상해 보라 — "사물은 녹으면서도 단단하다." 그런 믿음은 여전히 환원주의, 제거주의 등에 얽매여 있다. 라바 램프는 정확히 녹은 것과 단단한 것 "사이"의 어느 지점에 있다. 다양성을 위한다는 명목으로 나는 정태를 적어도 새로운 관점으로 보자는 입장을 응원하고는 있지만, 그렇다고 해서 내가 사물이 "진정으로" 정적이라고, 혹은 OOO가 고체를 선호한다고 말하는 것은 아니다. 그렇게 생각하는 것은 "당신은 파란색을 더 좋아하지만 난 보라색이 더 낫다는 것을 알아요"라는 사고방식을 따르는 유치한 오독일 것이다. 혹은 더 정확히는, 그렇게 하는 것은 "나는 전자electrons가 당신의 생각보다 훨씬 더 빠르게 궤도를 도는 편을 선호합니다. 그리고 그것은 좋은 일이죠"라고 말하는 것과 같다. (이러한 주장의 전제는 우리가 모두 같은 사물의 다른 종류에 관해 이야기를 하고 있다는 것인데, 이는 참이 아니다.) 그와는 정반대이다. 라바 램프 논증이 피상적인 유미주의로 고통받고 있다. 이 유미주의는 라바 램프 논증이 좀 더 근본적인 수준에서 거부하는 것인데, 왜냐하면 거기서 세계를 운영하는 것은 색깔이나 근사함이 아니라 기계-같은 과정이기 때문이다. 라바 램프 이론은 실재 그 자체보다는 인간의 지각에 정확히 조율되어 있다 — 내가 4차원 존재자라면, 흐르는 용암 방울이 나에게는 정적인 블록으로 보일 것이다.

만약 미학이 실제로 작동하는 존재론을 원한다면 OOO가 필요하다. 그리고 이 점이 나를 마지막 요점으로 이끈다. 라바 램프 학파는 용기container로서의 정적인 시간 개념 — 용암이 그 안에서 질척거리게 되는 등불 — 에 시달리고 있다. OOO는 시간을 객체 자체의 감각성이 가진 특징으로 본다. 그렇다면 아이러니하게도, 당신이 정태를 원한다면 라바 램프 학파를 따르면 된다. 만약 당신이 미니멀리즘적 음악을 들어본 적이 있다면, 어떻게 흐르는 모든 과정이 제자리걸음과 같은 정태의 정확한 효과를 만들어 내는지 알 수 있을 것이다. 가믈란[인도네시아의 민속 음악]을 처음 접한 서양인들은 경이로워하며 이 점에 주목했다.[28] 혹은 평범한 고전 하우스 음악을 고려해 보라 — 포 투 더 플로어 리듬four-to-the-floor의 기계론적 용기 속에서 일어나는, 층을 이루는 과정들의 유체 역학이 춤을 추게 만든다. 즉, 제자리 운동이다. 화려하고 아름다운 정적 기계이다.

유체 역학은 완벽하게 기계론적이다. 유체는 인간의 눈에

---

28. David Toop, *Ocean of Sound*, 13~20.

라바 램프처럼 보인다(이는 상관주의적 사실로 의심된다). 그러나 유체들은 마치 기계의 톱니바퀴들처럼 서로를 밀어낸다.[29] "유기성" 개념은 낭만주의 시, 라바 램프의 시초, 생산물이-아닌-과정에서 그 매력을 발휘하기 시작했다. 오르가논(그리스어)은 도구, "기계의 구성요소"를 의미한다. 기계는 명백하게 유기적이다. 유기체론은 부드러운 구성요소를 가진 기계론의 한 형태이다. 유기적 전체의 부분들은 교체할 수 있다 — 전체론은 고유한 객체에 관해 조금도 신경 쓰지 않는다. 그것은 기계론의 한 형태이다.

자신들의 묘하게 미학화된 과학주의적 밀수품(아무리 항의하더라도 이 밀수품은 결국 기계론인데)과 함께, 인과성을 설명하지 못하는 것은 OOO가 아니라 라바 램프주의자이다. 라바 램프와 마찬가지로 과정 존재론은 21세기의 1960년대적인 과학소설 개념처럼 퇴보적 키치의 한 형태, 미래지향적으로 보이면서도 안심할 수 있는 구식으로의 후퇴이다. 그것은 정확히 언어론적 전환이 인문학을 놓아둔 위치에 인문학을 남긴다 — 과학이라는 케이크 위에 뿌려지는 사탕가루 말이다. 그러나 우리가 라바 램프 과정을 미적 차원 속의 감각적 현상, 즉 인과적 현상으로 간주하면, 정확히 그것을 객체가 존속하는 방식에 관해

---

29. David Bohm, *Wholeness and the Implicate Order*, 11~14, 87, 137, 143~146, 153~155.

생각하기 위해 사용할 수 있다. 라바 램프 흐름은 객체의 뒤나 아래가 아니라 그 앞에 나오는 것이다. 라바 램프 유물론이 가진 깊은 문제는 실증주의적 인과성 이론이 가진 문제이며, 이는 서론에서 탐구했다. 이것은 논리학적이고 집합론적인 문제를 피하고자 객체와 그 특성 사이의 불일치를 환원하거나 매끄럽게 하려는 불안이다. 라바 램프 우주는 만족스럽게 일관적이다. 그것이 지급하는 대가는 실재의 전체 덩어리를 빼버리고 실재적인 것과 허위적인 것 사이의 구별을 강화하는 것이었고, 그렇게 그것은 취약한 것이 되었다.

라바 램프는 흐를지도 모르지만, 라바 램프의 이론은 잘 부서진다. 라바 램프 이론은 우주를, 총체적으로 이산적인 존재자들의 무한대로 쪼개지 않고서는 사물이 어떻게 발생하는지 설명할 수 없다 — 이것은 최근 학계에서 주류 분석 철학과 대륙 철학 전통에 대한 신선한 대안임이 명백해진 알프레드 노스 화이트헤드가 가진 문제이다. 화이트헤드에게 있어서, 존재자가 겪는 모든 상호작용은 그 존재자를 근본적으로 변화시켜 완전히 새로운 존재자를 창조해 낸다.[30] 이것은 정적인 이미지들의 일정한 흐름에 기반해서 변화가 일어나는 것처럼 보이게 하는 영화적 변화의 한 형태이다 — 이러한 이론은 불교 철학자 다르

30. Alfred North Whitehead, *Process and Reality*, 75~78, 210, 214~215. [알프레드 노스 화이트헤드, 『과정과 실재』.]

마키르티에 의해서도 설명되었다. 정합성은 객체를 미시적 영화 틀들로 파편화하는 대가로 달성되었다. 영화가 실행되면 (그렇지만 누구에 대해?) 존재자는 매끄럽고 라바 램프인 것처럼 나타난다. 그러나 그 밑에는 기계론, 암묵적인 생산 과정이 있다. 『오즈의 마법사』를 패러디하자면, 라바 램프 이론은 우리가 화면상의 객체 앞에 있는 영사기에 주의를 기울이지 않기를 원하며, 이론상 모든 것이 관계 또는 화이트헤드의 용어로 파악으로 만들어졌다고 말할 때, 그러한 객체를 실재적 객체로 취급하기를 바란다.[31] 다시 말하지만, 미적 차원의 불편한 양상 – 그것이 거짓말한다는 사실, 그것이 가장한다는 사실 – 은 편집되어 라바 램프 이론이 오히려 최고의 특수 효과를 사용하는 할리우드 SF 영화처럼 나타나게 하며, 그러고 나서는 당신이 환상을 보고 있다는 흔적을 지워버린다.

과정의 문제 뒤에는 항상성이라는 더 큰 문제가 있다. 이러한 측면에서 라바 램프 이론은 객체에 관한 데카르트의 이론, 중세 스콜라 철학에서 대량으로 수입해온 개념들에 크게 의존한다. 우리가 이 책의 앞부분에서 보았듯이, 우유성으로 뒤덮인 실체에 대한 이러한 대량 수입은 철학과 과학의 역사에서 흥미로운 순간이며, 그것은 세계사적 결과를 낳는 순간이기도 하다. 데카르트는 실체와 우유성의 중세적 존재론에 의존했다. 그

31. 같은 책, 18~20. [같은 책.]

런데 데카르트는 다소 무의식적으로 이 관념에 의문을 제기하지 않기로 함으로써 철학의 근대 시대를 개화했다. 대신 데카르트는 그가 존재하는 것으로 여기는 종류 – "항상적인 객관적 현전" – 의 존재자를 "보기 위해" 수학과 물리학에 의존한다.[32]

데카르트가 만들어 낸 문제를 해결하기 위해, 몇몇 철학, 특히 최근 형태의 과정 철학은 일종의 주체와 객체의 뒤엉킴으로 피신처를 만들어 왔다 – 마치 두 파편을 접착하면 만족스러운 결과를 얻을 수 있을 것처럼. 과정은 내가 다른 곳에서 "새롭게 개선된" 형태의 대자연(그것이 벗어나고자 고군분투하는 인공성의 감각을 되돌리기 위해 나는 '대'를 사용한다)이라고 불렀던 것으로서, 환경과 같은 선상에 선다. 이 용어는 객체가 무엇인지 근본적으로 재고하기보다는 마치 객체와 주체 두 가지 방식을 모두 가지려고 하는 것처럼, 주체와 객체 "사이" 어딘가에 떠 있다. 주체와 객체 사이에서 "사이"라는 개념은 "주체"와 "객체"가 무엇인지에 관한 깊은 존재론적 물음을 이미 생략했음을 의미한다. 게다가 OOO에서 객체들과 객체들 사이에 있는 무언가라는 개념은 객관적으로 현재하는 존재적 밀수품을 함의한다.[33] 당신은 이미 특정한 종류의 자기-일관적인 객체가 있다고 가정하고, 그것이 떠다니기 위한 매개체, 로크가 "주변 유체"

32. Heidegger, *Being and Time*, 88~89 (89). [하이데거, 『존재와 시간』.]
33. 같은 책, 124. [같은 책.]

라고 부르는 것을 상상해야 한다.[34] 주변 유체의 입자들 자체를 둘러싸고 있는 것은 무엇인가? 대자연이 사물들 사이에 샌드위치처럼 끼어 있다면, 샌드위치처럼 끼어 있게 유지하는 매개체는 무엇인가? 주변의 마요네즈는 존재론적 샌드위치에서 전부 새어 나올 위험에 처해있다.

주체와 객체를 어떻게든 수용하는 "주변"이나 대자연과 같은 "사이"를 주장한다는 것은 이미 사전에 주체와 객체에 관한 몇 가지 사항을 결정한 것이며, 즉 그것들은 "객관적 현전"으로 물신화되었다.[35] 그러나 만약 당신이 사물의 물러남을 고수한다면

34. John Locke, *An Essay Concerning Human Understanding*, II.23.23~24 (308~309). [존 로크, 『인간지성론』.]

35. Heidegger, *Being and Time*, 124 [하이데거, 『존재와 시간』]를 보라. "내-존재 자체의 현상적 특징을 어디에서 추구해야 할까? 그 대답은 내-존재의 현상을 가리킬 때, 현상학적 시선에 맡겨진 대로 생각해야 한다는 것이다. 즉 내-존재란 어떤 객관적으로 현재하는 것이 다른 객관적으로 현재하는 것 '안'에 객관적으로 현재하고 있다는 의미에서의 내부성과는 다르다. 내-존재란 '세계'의 객관적 현전으로 초래되었거나, 심지어는 그것으로 인해 개시된 객관적으로 현재하는 어떤 주체의 성질이 아니라, 오히려 주체라는 이 존재자 자신의 본질적 존재양식이다. 그러나 그렇다면 객관적으로 현재하는 주체와 객관적으로 현재하는 객체 사이의 객관적으로 현재하는 교류 이외에, 이 현상으로 그 자신을 드러내는 것이 또 무엇이 있겠는가? 현존재를 이 '사이'의 존재라고 한다면, 이 해석은 현상적 내용에 더 가까워질 것이다. 그럼에도 불구하고 '사이'를 기본으로 삼는 것은 여전히 오독일 것이다. 이 '사이' 그 자체가 존재자 사이에 '존재'한다고 생각하며 그 존재자에 대해 존재론적으로 불확정적 접근법과 부지불식간에 결탁하게 되기 때문이다. 사이는 이미 객관적으로 현재하는 두 사물의 화합의 결과로서 이해되었다. 그러나 이러한 종류의 접근법은 언제나 이미 현상을 사전에 분할하고 있으며, 거기에는 파편들을 다시 결합시킬 가능성이 없다. 우리에게는 '접합제'가 부족할 뿐만 아니라, 이 결합이 달성되어야 하

그렇게 할 수 없다. 사실, OOO의 해결책은 "환경"과 같은 "사이"로 불리는 것이 정말 또 다른 객체에 불과하다고 보는 것이다. 사고는 주체-객체 사이에 존재하는 특별한 접착제를 상정해서 주체-객체 이원론을 해결한다고 주장하는 접근법, 또는 주체-객체가 마침내 서로 죽이 맞아 "적절한" 섹스를 할 수 있게 되는 특별한 레스토랑(좋은 분위기, 좋은 음악)을 상정해서 주체-객체 이원론을 해결한다고 주장하는 접근법을 의심해야 한다.

현존하기를 계속함에 관한 관념은 종종 비모순율LNC이 모든 사물에 적용된다는 검증되지 않은 가정에 기반한다. 이 견해에 따르면, 현존하기를 계속한다는 것은 자신과 모순되지 않기를 계속함을 의미한다. 하지만 내가 여기서 설명하는 관점에 따르면 오히려 정반대가 참이다. 사물은 정확히 항상적 모순의 상태에 있기 때문에 현존하기를 계속한다. 어떤 것이 그 자신과 모순되지 못할 때, 그것은 현존하기를 멈춘다 — 이것이 현존하기를 멈춘다는 것이 실제로 함의하는 바이다. 만약 객체가 현존하기 위해 그 자신과 모순되는 데 실패해야 한다면, 우리는 매우 중요한 문제에 봉착하게 된다. 그 문제란 사물이 운동하는 방식을 설명하는 것이다. 사물은 어떻게 운동하는가? 우리는 이어서 이 문제를 탐구할 것이다.

는 '도식'조차 찢어져 있거나 아직 드러나지조차 않았다. 존재론적으로 핵심적인 것은 현상을 사전에 분할하지 않는 것, 즉 긍정적인 현상적 내용을 확보하는 것이다." 이것은 *Ecology without Nature*, 47~54에서 내가 했던 주장이다.

디스플레이서 비스트 : 운동의 신비

이제 몇몇 존재론적 문제를 조금 더 깊이 고려하면서 현재 순간의 디스코를 수정해 보자. 정합성을 위해 투쟁하면서 라바 램프 이론은 객체의 내적 비일관성을 제거한다. 그러나 존속과 운동 같은 현상을 가능하게 만드는 것은 바로 이 비일관성이다. 물질에 관한 물리 이론은 이러한 현상들이 연관된 것으로 간주한다. 물리학에서 존속은 무중력 상태에서 진공을 가로질러 움직이는 경우 객체가 동일한 속도를 가지고 동일한 방향으로 계속 나아가는 관성과 같은 현상으로 드러난다. 양자 수준에서, 존속은 단순히 객체 내부의 양자 사건이 상쇄되는 방식이다. 우리는 이상한 통찰에 도달했다. 결정격자의 존속성은 격자 속 상대적으로 안정적인 원자 및 분자를 아래에서 지원하는 수백만 개의 양자 현상에 의존한다.[36] 이러한 양자 사건은 무엇인가? 그것은 양자들의 정합성, 즉 그들이 한 번에 한 장소 이상을 점유하는 방식, (애런 오코넬의 생생한 용어를 빌려서) "호흡"이다. 이 규모에서 물리학은 장소 x와 y를 동시에 점유하는 객체를 관찰한다. 이러한 객체는 양진문장적이다. 다른 말로 하자면, 현재 순간의 디스코는 매끄럽게 춤을 추는 것처럼 나타나기만 할 뿐이다. 거기서 실제로 일어나고 있는 일은 그것이 주기적

---

36. Bohm, *Quantum Theory*, 20, 352~353.

인 방식으로 항상 자기 자신과 모순되고 있다는 것이다.

우리가 운동을 고려해 볼 때, 처음에 그것은 매우 단순한 사태처럼 보인다. 버트런드 러셀은 운동이란 단순히 객체가 다른 시간에 다른 장소를 점유하는 방식이라고 주장했다. 그러나 우리가 운동을 더 자세히 살펴보면, 사태는 훨씬 더 복잡함을 알 수 있다. 제논의 역설은 운동을 연쇄적인 시간에 연쇄적인 장소를 점유하는 것으로 생각하는 운동 이론을 무참하게 좌절시킨다.[37] 이러한 운동 이론은 그것의 관점을 가지고 날아가는 화살이 그 여정의 모든 단일한 점에서 정지되어 있다는 사실을 다루어야 한다. 그렇게 되면 그 이론은 화살의 지금-점들now-points — 화살이 가만히 지금 여기에 있음 — 의 전체 시퀀스가 부분들의 합보다 크다고 주장할 수밖에 없게 된다. 화살은 운동하지 않고 화살이 정지해 있는 소재location만이 변한다.[38] 이것은 그다지 만족스럽지 않다. 아니면 우리는 파르메니데스처럼 운동이 현존하지 않는다는 결정을 내릴 수 있다. 이 또한 맞는다고 느껴지지 않는다.

만약 객체의 양진문장적 지위가 운동을 보증한다면 어떨까? 헤겔은 이것을 다음과 같이 논한다. 객체는 여기에 있는 동시에 여기에 있지 않기 때문에 운동할 수 있다. 그레이엄 프리스

---

37. Priest, *In Contradiction*, 172~181.
38. 같은 책, 180.

트는 이러한 헤겔의 관념을 분석한다. 객체가 실제로 그 자신으로부터 일정한 길이로 변위되어 있다고 가정해 보자. 덧붙여서 프리스트는 이 길이가 경험론적으로 측정할 수 있는 것인지, 플랑크 길이와 관련이 있는 것인지를 궁금해한다 – 그러나 이는 현재의 논의와는 무관하다. 이것은 엄밀히 말해서 내 논증에 필요한 것이 아니지만, 프리스트가 객체의 모호성이 우리가 알고 있는 물리적 실재의 가장 기본적인 수준에 설치되어 있다고 주장할 준비가 되어 있다는 점은 중요하다. 그것은 아양자적인 물리 수준이나 양자들 사이의 이상한 빛보다-빠른-소통에 호소하지 않고 얽힘을 설명하는 데 도움이 될 것이다.[39] 프리스트는 운동이 단순히 "일정한 이행의 교점에서 모순이 발생한다"는 사실로 구성된다고 가정한다. 따라서 "운동은 모순의 연속적인 상태이다." 내가 방을 나갈 때 나는 방 안에 있는 동시에 밖에 있다. 컵이 깨지는 순간에 그것은 "컵이면서 컵이 아니다."[40]

이런 식으로 프리스트는 "영화적" 운동 이론이라고 부르는 것을 우회할 수 있었다. 이 영화적 운동 이론은 그가 러셀과 연관시켰던 것인데 내가 과정관계론의 문제적 양상이라고 여기는 것이기도 하다.[41] 구체적으로, 프리스트는 객체가 한 번에 한 점을 점유하는 것으로 생각하는 대신 객체는 "시간의 일순간

39. 같은 책, 160.
40. 같은 책, 170~171.
41. 같은 책, 173.

에 점유하는 한 점으로 국소화될 수 없으며, 오로지 그 작은 시간 구역을 점유하는 점들로만 국소화된다"라고 주장한다.[42] 만약 객체가 "단일한" 시간에 공간 "안의" 단일한 소재만 점유한다면, 객체가 운동하는 방식을 생각하려고 할 때 제논의 역설이 적용된다. 그런데 운동은 우리 세계의 기본적이고 단순한 사실인 것처럼 보인다. 그렇다면 모든 것은 그저 환상이고 그 무엇도 진정으로 운동하지 못하는 것일 수도 있다(파르메니데스). 혹은 객체는 여기 있는 "동시에" 여기 없는 것일 수도 있다.[43] 후자의 가능성은 우리가 희망할 수 있는 모든 운동을 위한 기본적인 설정을 제공한다. 객체는 시공간 "안에" 있지 않다. 오히려, 객체는 "시간하고"(동사) "공간한다"(동사). 객체가 시간과 공간을 생산한다. 이러한 동사들을 춤추다와 반발하다와 같은 방식으로 타동사보다는 자동사라고 생각하는 편이 좋다. 그것들은 객체로부터 방출되지만, 그것들 자체는 객체가 아니다. "우리가 어떻게 춤과 춤꾼을 구별할 수 있다는 말인가?"(예이츠).[44] 요점은 물음이 있으려면 구분이 있는 동시에 없어야 한다는 것이다 ($p \wedge \neg p$).[45] 더는 할 말을 잃어버렸고, 어쩌면 라캉을 다시 인용해야 할 때인 것 같다. "결국, 그것이 허상인지 아닌지 모른다는

---

42. 같은 책, 177.
43. 같은 책, 172~181.
44. William Butler Yeats, "Among School Children."
45. Paul de Man, "Semiology and Rhetoric," 30.

점이 허상을 구성한다."[46]

객체가 단일한 시점을 점유하지 않고 "확산"한다는 논증은 시간이 객체 자체로부터 창발하는 OOO에서 훨씬 더 쉽게 설명된다. 그렇다면 객체는 다른 객체와는 물론 자기 자신과도 언제나 위상이 조금씩 어긋나 있다. 이것이 음악에 관한 마일스 데이비스의 말이 그토록 잊히지 않는 이유가 아닐까? "자기 자신다운 소리를 내기 위해서는 오랜 시간을 연주해야 한다." 이 견해에 따를 때, 모든 창조적 활동은 조율 과정이다. 우리는 인과관계가 "창조적 활동"이라고 결정했기에, 마일스 데이비스의 슬로건을 모든 객체에 적용할 수 있다. 하이데거는 현존재가 언제나 자기 자신보다 앞서 달리고 있다고 주장하며 그것을 인간 존재자에 국한시켰다. 그러나 우리는 자기 자신과 위상이 어긋나고 있음의 재미를 인간 존재자에 국한할 필요가 없다.[47] 사실, 어떤 객체가 모든 측면에서 다른 객체와 같은 위상에 도달하는 것을 우리는 파괴라고 부른다. 예를 들어, 서술된 사건들의 빈도가 시간순 시퀀스에서의 사건들의 빈도와 위상이 일치

---

46. Lacan, *Le séminaire, Livre III*, 48. Slavoj Zizek, *The Parallax View*, 206 [슬라보예 지젝, 『시차적 관점』]를 보라. 헤겔에 관해서 한 가지 지적하자면, 양진주의 철학이 헤겔에게 그토록 존경을 표한다는 점에는 약간의 결함이 있다는 사실에 주목해야 한다. 만약 당신이 진정으로 양진문장을 원한다면 당신은 분리된 객체들을 고수해야 한다. 처음부터 결과가 알려진 절대자의 숨바꼭질 게임을 즐기고 싶지는 않을 것이다.

47. Heidegger, *Being and Time,* 304~306, 310~311, 312, 321~322. [하이데거, 『존재와 시간』.]

할 때 서사의 전개 위상은 파괴된다. 액션 영화가 정확히 그런데, 형식적인 수준에서 끊임없는 파괴의 공세가 펼쳐진다 — 폭발하는 건물과 넘어지는 시체는 신경 쓰지 마라. 사물의 존속성은 관계들의 위상 일탈 시퀀스가 낯설게 펼쳐지는 것이다. 시퀀스가 동기화되면 이를 약기躍起, occurrence라고 하며, 그것은 언제나 무언가의 죽음이나 파괴이다. 코요테가 뻐꾸기를 뒤쫓아 산을 어슬렁거린다. 어느 날, 코요테는 뻐꾸기를 따라잡는다. 코요테는 엉망진창으로 살을 찢어 빠르게 꿀꺽 삼키고, 뻐꾸기는 파괴된다. 뻐꾸기는 코요테가 된다. 그것은 코요테의 존재와 위상이 일치하게 된다. 조화롭게 공존하려면 뻐꾸기와 코요테는 서로 간의 위상이 조금이라도 어긋나야 한다.

어째서 그러한가? 객체는 이미 존재론적으로 자기 자신과의 위상 일탈이기 때문이다. 존속성의 현재 순간을 단단한 상자로 정의하는 것은 잘못된 것인데, 왜냐하면 그 경우 그것은 무한히 세분될 수 있기 때문이다(제논의 역설). 객체는 일종의 단단한 시간 상자 안에 자리 잡지 않는다. 대신, 객체는 "내적으로" 자기 자신과 위상이 어긋나 있으며, 이 점이 시간을 생산하고 객체들이 서로 간에 상호작용할 수 있는 가능성을 생산한다. 마치 객체가 객체 자신보다 조금 왼쪽에 있거나 조금 앞에 있는 것만 같다. RPG 게임 〈던전 앤 드래곤〉에는 일종의 촉수 달린 표범, 디스플레이서 비스트[변위 야수]라고 불리는 괴물이 있다. 디스플레이서 비스트는 그 자신의 이미지를 실제 위치에서 약간 어긋나게 투사하여 은신할 수 있다. 모든 객체는 그 내부에서 본질과 나타남 사이로 갈라진 디스플레이서 비스트이다.

따라서 객체가 현존할 때, 그것이 존속할 때, 우리는 그것이 양자 객체와 같다고 말할 수 있다. 그것은 호흡하고, 운동하는 동시에 운동하지 않고, 다른 객체가 동기화되거나 동기화되지 않을 수 있는 일정한 박자를 방출한다. 그렇다면 현재 순간은 객체 내부와 객체들 사이에서 발생하는 현상학적 시간 감각, 낯선 "지금성"에 부여된 허구일 뿐이다. 이 지금성은 문제로 삼고 있는 객체가 호흡하는 방식에 따라 상대적으로 확장되거나 축소될 수 있다. 시간 측정을 위한 엄격한 참조틀이 존재한다고 말하는 것은 단적으로 참이 아니다. 우리가 이 참조틀을 모든 존재자를 아우르는 것으로 생각하든, 아니면 모든 존재자가 자신의 고유한 틀을 가지고 있다고 생각하든, 어떠한 경우에도 그것은 참이 아니다. 존재자가 틀 "안에 있으려면," 다른 객체(들)와의 몇몇 상호작용이 일어났어야 하기 때문이다. 우리는 지금성의 차원을 사전에 특정할 수 없다.

바르도Bardo[중유中有] 1

상호사물적 공간은 우리가 인과성이라고 부르는 것에서 객체들의 나타남들이 상호작용하는 미적 차원이다. 이 공간의 경계를 사전에 결정하는 방법은 없다. 깜짝 장난감 상자가 상자

안의 장난감을 특징으로 삼는 것과는 달리, 공간을 무언가가 "안에" 있음으로 여길 수 없다. 공간에는 우리가 사전에 결정할 수 있는 중심이나 가장자리가 없는데, 그렇게 하는 것은 바로 그 공간 내부에서 일종의 인과적 영향을 행사하는 것이 되기 때문이다. 우리가 상호사물적 공간의 영역을 확정 짓고자 할 때, 경찰용 테이프나 캘리퍼 또는 GPS를 사용하지 않고 우리가 확정을 짓겠다고 생각을 하기만 할 때도, 우리는 바로 그 상호사물적 공간 자체 내부에서 생각한다. 상호사물적 공간은 정확히 그것이 인과성 그 자체의 가능성 공간이기 때문에 그 어떤 특수한 포착도 초과한다. 상호사물적 공간을 시각화하는 것은 엄격하게 불가능하므로, 우리는 대신 은유를 사용해야 한다—"상호사물적 공간" 자체가 은유적 용어이다.

우리가 사용할 수 있는 한 가지 은유는 심연이다. 셸링의 자연 철학(셸링에게 있어서 자연은 모든 것이므로)은 별, 지구 및 사변적 실재론 철학책 등과 같이 우리가 조우하는 생산물 아래에서 소용돌이치는 심연의 역동설을 상정한다.[48] 반면, 객체지향 존재론은 이 심연을 객체들의 뒤나 이전이 아니라 객체들의 앞에 나오는 것으로 위치시킨다. 내가 건배할 때, 나는 인과성의 심연 속으로 손을 집어넣는다. 거리에서 어떤 낯선 사람이 나

48. Grant, *Philosophies of Nature after Schelling*, 37~38, 79, 92, 99, 130~131, 146~147, 162.

를 보며 미소를 지을 때, 그녀의 미소는 사물들의 심연 속에 휘몰아치는 소용돌이를 연다 — 심연은 그녀의 미소 앞에 떠 있다. 객체를 "저기에 있는 것"으로 환원하려는 인간의 경향, 즉 객관적 현전에 관한 허위적 정의는 매 순간 우리가 마주하는 범람하는 심연에 대한 방어 기제에 불과한 것일 수도 있다. 정신분열증 같은 주요한 정신 질환을 가진 사람과 이야기해 보라. 사소한 인과관계가 재앙으로 경험된다. 정신분열증 환자에게는 그를 자신의 세계 속 객체들과 연결하여 거리에 대한 환상을 없애는 실들이 있는 것처럼 보인다.[49] 만약 이 가상성이 실제로 참이라면, 소위 인과성 — 매끄러운 녹색 베이즈 표면 위에서 당구공들이 서로 멍청하고 둔탁하게 부딪치는 것 — 이라고 불리는 것은 환각에 불과한 것이 아닐까? 아무런 이유도 없이 정신분열증적 방어라고 하는 것이 있는 게 아니다.

인과성이 그 속에서 발생하는 상호사물적 심연 — 미적 차원 — 이라고 내가 불렀던 것은 불교에서 바르도라고 부르는 것이다. 바르도는 내-사이in-between를 의미한다. 전통적으로 바르도에는 여섯 가지가 있는데, 현생의 바르도, 죽어감의 바르도, 죽음의 순간의 바르도, 광휘의 바르도, 법성의 바르도, 생성의 바르도가 그것이다. 이러한 틈새 공간 각각은 그 안에 있는 인

49. Paul Fearne, *All in the Mind*, ABC, September 9, 2010; Paul Fearne, *Diary of a Schizophrenic*를 보라.

간의 정신에 따라 구성된다. 이러한 공간은 인과적이다. 다른 말로 하자면, 당신이 그 안에서 하는 일은 다음에 일어날 일에 영향을 미친다. 그리고 당신이 한 일은 이제 그 안에 일어나는 일에 영향을 미친다. 그러나 악몽이 그러하듯 인과성은 미적이다. 당신에게 일어나는 일은 당신의 상태로 인해서 당신이 실재적인 것으로 받아들이는 미적 사건이다.

바르도에서 당신은 당신이 축적해온 패턴들, "카르마의 바람"에 의해 흩날린다. 이러한 패턴들은 어디에 거주하는가? 패턴들은 상호사물적 심연 그 자체에 거주한다. 이 관점에 따르면, 정신이라 불리는 것은 단순히 상호사물적 관계들의 창발적 특성이다. 정신은 심연에 던져지고 거기에서 자신을 발견한다. 정신은 자아의 "수납장" 안에 숨어 있는 어떤 특별한 악마나 초월론적인 증기가 아니다.[50] 정신은 객체들 사이의 상호작용에서 생산될 따름이다. 정신에 관한 이러한 견해는 행화주의enactivist 지능 이론과 일치성이 높으며, 이 이론에서 정신은 행위 시퀀스에 "정신성"의 일정한 성질을 소급적으로 정립하는 행위이다. 아기는 단순히 언어를 부여받는 것이 아니라 이미 의미로 채워져 있는 다른 것들과의 물리적 교류에 관여함으로써 언어를 가진다.[51] 내가 모레인[52] 빙하의 표면을 걸을 때 영리해 보이겠지만,

---

50. Heidegger, *Being and Time*, 56~58. [하이데거, 『존재와 시간』.]
51. Stephen J. Cowley, "The Cradle of Language."
52. * 빙하에 의해 침식·운반·퇴적되는 암석, 자갈, 토양물질들의 총칭.

아마도 나는 그저 넘어지지 않으려고 아등바등하는 중일 것이다.[53] 그러한 가설은 뇌의 진화를 상호사물적 공간 속에서 도마뱀, 생쥐, 원숭이의 기투들에 의해 결합된 장치들의 뒤엉킴으로 설명한다. 주체와 객체, "내적" 현존과 "외적" 현존이라고 불리는 것은 인과성의 심연 안에서 벌어지는 사건들 사이의 관계에 대한 소급적 정립일 뿐이다.

현생의 바르도는 모두 조금씩 다른 악몽을 꾸는 70억 인구가 공존하는 것과 같다. 우리는 이 악몽들을 가로질러 서로에게 영향을 미친다. 이 관점은 유아론이나 관념론이 아니다. 이 악몽들은 공유된 공간 안에서 일어나고, 그것이 발생하는 이유는 우리가 현존하기 때문이다. 그리고 악몽 속에서 일어나는 것은 실재적이다. 그것은 당신에게 영향을 미친다. 자! OOO는 비인간이 하는 일이 인간이 하는 일과 크게 다르지 않다고 주장한다. 그리고 "비인간"은 개구리, 연필, 전자구름을 의미할 수 있다. 그렇게 바르도는 이제 수조 개의 존재자가 꾸는 꿈을 포함한다.

내가 잔디밭을 가로질러 걷는 꿈을 꿀 때, 잔디밭은 나에 관해 꿈을 꾼다. 내가 이 다이어트 콜라를 마실 때, 나는 나의 판타지 콜라를 마시고 있으며, 그 콜라는 내 목구멍의 콜라-판타지를 미끄러져 내려간다. 그것은 마치 앨리스가 자신이 붉은 여왕의 꿈에 나오는 등장인물인지의 여부를 궁금해하는

---

53. Herbert A. Simon, *The Sciences of the Artificial*, 51~53를 보라.

『거울 나라의 앨리스』 속 한 장면과 같다.[54] 그것은 마치 실재의 모든 존재자 — 소금 결정, 솜브레로 은하, 테이크 댓[영국 팝 그룹] — 가 〈인셉션〉-같은 꿈 기계에 연결된 것과 같다. 그것은 무섭고 복잡하다. 유일무이한 안정적인 배경 "세계"란 없다 — 이는 단지 꿈꾸는 존재자들의 총회가 있기 때문만이 아니라, 그러한 배경이 틈새 공간, 바르도를 확정 짓는 인공적인 구성물일 뿐이기 때문이다.

객체가 불가피하게 그 안에서 자신을 찾는 내-사이, 즉 바르도는 객체의 형상적 특성 — 엄밀히 말하면 객체가 그렇게 되기까지 일어난 일들 — 이 그 안에서 그 객체의 운명을 결정짓게 되는 공간이다. 객체는 꿈꾼다. 발자국을 생각해 보라. 그것은 발에 대한 모래의 꿈이다.

일단, OOO 관점이 가진 몇몇 양상을 재고해 보자.

(A) 우리가 정신이라고 부르는 것이 생각하고 있을 때 하는 일과 연필통이 연필을 잡고 있을 때 하는 일 사이에는 존재론적 차이가 거의 없다.

(B) 객체들은 서로에 대해 하먼의 표현대로 "진공으로-밀봉되어 있는" 것이다. 그들은 결코 존재론적으로 서로 만지지 못

54. Lewis Carroll, *Alice Through the Looking Glass*, 189. [루이스 캐럴, 『거울 나라의 앨리스』.]

하며, 오로지 미적으로만 만질 수 있다.

(C) 객체의 내부에서 일어나는 일은 다른 객체들의 온갖 감각적 인상들이다. 브라이언트는 이와 관련해서 야콥 폰 윅스퀼의 세계를 수정한다.

이제 우리가 무의식에 관해 알고 있는 것을 고려해 보자. 프로이트는 무의식이 무언가를 새길 수 있는 일종의 표면이라고 주장한다. 그는 신비스러운 글쓰기 판의 유비를 사용한다. 데리다는 이에 관해 매클루언-같은 환상적인 글을 썼다 (「프로이트와 글쓰기의 현장」) — 프로이트는 무의식이 데리다가 말하는 원-글쓰기, 즉 의미를 아래에서 지원하는 기술적 장치라는 것을 사실상 인정하고 있다.[55] 당신이 신비스러운 글쓰기 판을 사용하면 납지를 지우게 되지만, 글쓰기의 인상은 밑의 밀랍 판에 남는다. 글이 객체에 새겨졌다. 유사한 방식으로 작동하는 하드드라이브를 생각해 보라.

여기서 고려할 만한 몇 가지 흥미로운 생리학적 기억 이론이 있다. 어쩌면 기억은 간섭 패턴들 속에 홀로그램적으로, 즉 비국소적으로 분산되어 있을 것이다.[56] 혹은 어쩌면 기억은 신

55. Jacques Derrida, "Freud and the Scene of Writing." [자크 데리다, 『글쓰기와 차이』.]

56. Karl Pribram and E.H. Carlton, "Holonomic Brain Theory in Imaging and Object Perception."

체 속의 이산적 장소들에 직접적으로 새겨져 있을 수도 있다. 딜런 트리그는 이러한 기억 흔적이 문제의 신체의 수명을 넘어서서 확산하는 방식을 탐구한다.[57] 현대 의학에서 우리가 우리의 트라우마를 신체에 저장한다는 것은 꽤 잘 받아들여지기 시작했다. 그렇다면 이제 우리가 알게 된 것은 무엇일까?

(1) 객체는 오직 다른 객체의 감각적 번역만을 포착한다.
(2) 국소적이든 비국소적이든, 기억은 신체의 객체-같은 표면, 혹은 좀 더 포괄적인 무의식의 객체-같은 표면에 새겨진다.

(1)과 (2) 사이에 교차 연결과 같은 것이 보이지 않는가?

이제 꿈을 꾸는 것은 기억이 다소 무작위적인 뉴런 발화와 혼합되고 — 종종 자신에게 일어난 트라우마(충당되지 않은 객체un-cathected objects)를 이해하려 하는 — 꿈을 꾸는 자가 세계에 대한 가상적 경험을 겪는 신경생리학적 과정이다. 그녀는 가상적 공간에서 자신이 다른 존재자와 상호작용하는 방식을 느낀다. 당신은 무의식을 신비스러운 글쓰기 판이라 부를 수 있는데, 신비스러운 글쓰기 판 자체가 의미 있는 방식으로 기억과 인상을 담고 있기 때문이다. 소화하기 힘든 소리처럼 들릴지 모르지만, 객체 — 비인간, 즉 비감각적 비인간을 포함하여 — 가 의미 있는 방식

57. Dylan Trigg, *The Memory of Place*.

으로 꿈을 꾼다는 가능성을 허용하는 데 즉각적인 장애물은 없다고 생각된다.

퍼시 비시 셸리가 쓴 아래의 구절들을 고려해 보라.

누워있던 푸른 지중해를
여름 꿈에서 깨어나게 한 그대여
수정같이 맑은 물결의 소용돌이에 잠들었구나.

바이아만의 부석 섬 옆에서
파도가 더 사나운 낮 동안 떨고 있는
오래된 궁전과 탑을 잠결에 보았노라.

하늘색 이끼와 꽃들이 온통 우거진 게
너무도 감미로워 그려보기만 해도 어지럽다!
—「서풍부」58

대양이 꿈을 꾸고 있다고 셸리는 말한다. 그것은 무엇에 관한 꿈을 꾸고 있는가? 물에 잠긴 도시에 관한 꿈이다. 물은 바이아만의 침몰한 궁전과 탑 주위를 휘감으며 흐른다. 그것은 이 이질적인 암호화된 객체(OOO 양상 B)를 대양중심적이고 대양형

58. Shelley, *Shelley's Poetry and Prose*.

태적인oceanomorphic 방식(양상 C)으로 포착(양상 A)하려고 한다. 이제 그 영역 안에 놓인 이러한 인간적 구조들은 대양의 세계에서는 낯선 것들이다 — 셸리는 셰익스피어의 『폭풍우』를 암시하며 이 낯섦을 전달한다. "다섯 길 바닷속에 그대 아버지 누워있고, / 그의 뼈로 산호가 만들어졌도다."[59] 그것은 의식이 결코 단순히 중립적인 용기, 공허가 아닌 방식에 관한 놀라운 이미지이다. 그것은 색깔을 가지며 요동친다. "파도가 더 사나운 낮"이 보여주는 전형적인 셸리적 역전을 고려해 보라. 하늘의 푸르름보다 더 푸르다. 하늘보다 더 하늘-같다. 현상학적 진실성의 이미지이다. ("어디에 가든지, 거기에 당신이 있다.") 그런데 이것은 또 다른 객체에 싸인 객체의 이미지이기도 하다 — OOO 우주는 일종의 "객체에 싸인 객체에 싸인 객체"(하먼)이다.[60] 다른 객체에 관해 꿈을 꾸는 것으로 그 객체에 접근하는 객체이다. 이런 방식으로, 객체는 자신의 본질과 나타남 사이의 대균열을 다른 객체에 대해 상대적으로 유보한다. 존속성, 삶, 주기성, 그러한 것은 본질과 나타남 사이의 대균열에 대한 유보이다.

아마도 나는 꿈과 기억 같은 활동적 작용에 관해 설명하지 않은 것 같다. 프로이트를 혼란스럽게 한 것은 무의식이 유입되는 자극을 활동적으로 편집한다는 그의 발견이었다. 이제 이

---

59. William Shakespeare, *The Tempest*, 1.2.399~400. [윌리엄 셰익스피어, 『폭풍우』.]

60. Harman, *Guerrilla Metaphysics*, 23, 158.

작인은 두 가지 별개의 방식으로 여겨질 수 있다. 첫 번째는 상상력이나 의지, 혹은 창의성과 같은 수반적 특성이 혼합체에 무언가를 추가한다는 것이다. 두 번째는 첫 번째와 거의 같은 일을 하는 생리학적 과정이 있다는 것이다.

이 시점에서 두 가지 명제가 유용하다.

(1) 능동성-수동성의 이진법적 대립은 OOO에 따르면 다소 과대평가된 것이다. OOO는 이 대립을 어느 정도 무시하는 경향이 있는데, 왜냐하면 이 대립이 인간-비인간, 혹은 아마도 감각-비감각 이분법에 연결되는 것처럼 보이기 때문이다. 혹은, 아리스토텔레스를 고려하자면, 동물-채소(그리고 광물) 구분에 연결되는 것처럼 보이기 때문이다.

(2) OOO가 능동-수동 이분법을 피하는 더 깊은 이유가 있다. "자유의지는 과대평가되었다"는 하먼의 말은 능동성과 수동성이라고 불리는 것이 모두 ~로서-구조화되어 있다는 점을 시사하고 있다고 나는 생각한다. 둘 다 객체들 사이에서 발생하는 감각적 현상이다. 그리고 이 이분법이 단순히 거짓된 것이라고 가정할 이유가 있다. 이제 이 점을 입증해 보겠다.

기억과 꿈의 활동으로 돌아가자면, 우리는 이러한 활동에 관해서 수반적 존재자의 가설과 생리학적 과정의 가설을 모두 존재론적으로 지원하는 방식으로 생각할 필요가 있다. 모든 것이 준비되었으므로, 사실 상당히 단순하다. 모든 존재자 사이의 모든 조우가 패러디 또는 번역이라면, 우리는 행위, 정념, 상상, 기억 등으로 보이는 것을 설명하기 위해 필요한 모든 연료를 가지고 있다. 그렇다면 우리는 항상, 다른 객체에 대한 또 다른 한 객체의 꿈을 다루고 있다. 무의식은 정확히 이것이며, 우리가 "주체"라고 부르는 것이 아니다. 그것은 자동적인 것이다. 우리는 객체가 꿈꾸는 방식에 관한 이론에 필요한 모든 것을 갖춘 것처럼 보인다.

객체는 심지어 다른 객체의 영향을 받지 않고 (하먼의 용어를 사용하여) "잠자고" 있을 때도, 스스로에 관해 꿈을 꾸고 있다. 이는 본질과 나타남 사이의 심오한 대균열로 인한 것이다. 이 대균열은 운동과 연속성을 위한 임페투스impetus를 제공한다. 단순히 존속함, 단순히 같은 것으로 남음은 이런 측면에서 낯선 현상이다. 객체에 관한 비-OOO적 이론—우유성이 흩뿌려진 표준적 덩어리나 멋진 흐름—의 진정한 문제는 우리가 앞에서 고찰한 바와 같이, 그런 이론들이 일종의 업데이트 패치로서 도입하는 검토되지 않은 개념에 호소하지 않고서는 운동이나 시간을 생각할 수 없다는 점이다. 이것이 작동하는 한 가지 방식은 상호사물적 공간을 객체들의 현실적 실재성으로 간주하는 것인데, 이 공간은 라캉의 대타자 개념처럼 기능한다. 내가 타인들(라캉주의적 용어로 대타자)에 의해 팀Tim이라고 불리는 사람인 것처럼, 객체 또한 상호사물성에서 자신이 맺는 관계들로 정의된다. 이것은 우리가 관계주의라고 부르는 환상을 낳는다. 몇몇 사람이 OOO를 받아들이기 어려운 이유 중 하나는 정신분석이나 생태적 알아차림을 받아들이기 어려운 이유이기도 하다. 거기서 발견되는 것은 대타자에 대한 심오한 결핍, "대타자는 존재하지 않는다"는 깨달음이기 때문이다. 대자연이란 없으며, 의미의 깊은 배경이란 없다 — 우리가 실재적인 것으로 받아들이는 것은 사실 기투이다. 우리가 실재적인 것으로 전제하는 것은 그저 ~로서의-구조의 현현이다.

상호사물성을 객관적 의미를 담은 유일한 공간이라고 믿는 것은 객체가 아무튼 일관적인 덩어리이거나 단지 성질의 다발이라는 환상을 불러일으킨다.[61] 그러나 우리가 보았듯이, 객체가 나타나고 운동하는 데에는 깊은 이유가 있다. 그것은 객체가 결코 관계들이 의미 있는 현존으로 몰아넣을 뿐인 단순한 덩어리나 떠돌아다니는 성질들이 아니라는 사실과 관련이 있다. 만약 존속성이 "형상의 연속성"일 뿐이라면, 더미의 역설에 얽매이지 않고 사물이 어떻게 변화하는지 설명하기 어려워진다. 연속성은 정확히 언제 시작되는가? 성질 또는 성질-다발의 반복으로 여겨지는 것은 무엇인가?[62]

정지와 운동, "정태"와 "과정" 사이에는 차이가 없다. 이러한

61. Denkel, *Object and Property*, 12~13, 37, 152.
62. 같은 책, 132~140.

차이 없음은 피상적인 것이 아니다. 일부 현대 철학은 정적 원반과 "동질적으로 회전하는" 원반 — 이러한 원반이 잠깐 현존할 수 있다고 가정하면 — 을 어떻게 구별할 수 있는지에 관해 고려한다.[63] 이 원반들은 서로 색상이 완전히 균등하고 지각자에게는 정지된 것으로 나타난다. 이 견해에 따를 때, 과학이 객체를 직관하는 방식에는 결함이 있음이 틀림없다. 그러나 과학적 직관에 관한 그러한 논증은 OOO의 관점에 따를 때 나타남에만 치중되어 있다. 그러한 논증은 자신이 사물의 본질에 관해 말하고 있다고 생각한다. 그러나 회전과 비-회전은 나타남이다.

실체와 그것의 나타남 사이에는 대균열이 있다 — 이 대균열은 원반의 존재를 설득력 있는 것으로 만드는 것이지, 그것이 회전하는지 정지하는지의 여부를 결정하는 것이 아니다(그리고 그 사이의 차이를 구별할 수 있는지에 관한 딜레마도 해결해 주지 않는다). 이것은 무엇을 의미하는가? 아주 간단히 말해서, 만약 당신이 그것을 파괴할 수 있다면 그 파괴는 실재적인 것이며, 그것이 실재적인 이유는 파괴가 본질과 나타남 사이의 대균열에 개입하기 때문이라는 것이다. 바로 이 주제에 우리는 이제부터 주목해야 한다. 객체는 어떻게 끝나는가?

---

63. 예를 들어, Craig Callender, "Humean Supervenience and Homogeneous Rotating Matter"를 보라.

4장

마술의 죽음

닫힘 : 아름다운 친구여, 이것이 끝이라네
바르도[중유] 2
하마르티아
현전 없는 객체 : 현재 없는 객체

허공에 매달린 먼지가
이야기가 끝난 장소를 표시한다.

T.S. 엘리엇[1]

객체가 현존하기 위해서 객체는 유약한 것이어야 한다. 이는 명백한 것처럼 들리지만, 우리가 그것의 깊은 존재론적 이유를 생각해 본다면 상당히 신비로운 말이 된다. 객체는 다른 객체를 낳으면서도 우리 주변에서 항상 죽어가고 있다는 것이 밝혀진다. 객체의 감각성은 그것의 사라짐에 대한 애가이다.

하먼이 매혹이라고 부르는 것, 즉 한 존재자가 다른 존재자에 대해 힘을 행사하는 방식은 가능한 죽음의 신호이다.[2] 다른 말로 하자면, 미적 차원은 죽음이 일어나는 곳이다. 이 장에서 명료하게 만들 것이지만, 만약 탄생이 숭고라면 아름다움은 죽음이다. 태어난다는 것은 언제나-이미로 던져지는 것, 몇몇 객체(들)에 의해 지원된 관계 집합 속에서 자신을 찾는 것이다. 태어난다는 것은 나타남과 본질 사이의 새로운 대균열이 열리는 것이다. 존속한다는 것은 대균열이 다른 갈라진 존재자와 관련하여 자신을 유보하는 것이다.

한편, 끝난다는 것은 자신의 감각적 나타남과 일치한다는 것이다. 블랙홀 속으로 사라지며, 나는 사건의 지평선에 빠르게 사라져 가는 나 자신의 이미지를 남긴다.[3] 유리잔은 다른 객체의 감각성과 일치하며 산산조각이 난다. 끝은 사물의 물러남성withdrawnness에 빛을 비춘다. 우리는 부재한 유리잔을 가리

1. T.S. Eliot, *Little Gidding*, 2.3~4.
2. Keiji Nishitani, *On Buddhism*, 156.
3. Roger Penrose, *The Emperor's New Mind*, 334.

킬 수 없다 — 우리는 오직 파편, 깨진 조각을 볼 수 있을 뿐이다. 내가 죽으면, 당신은 내 죽음을 손가락으로 가리킬 수 없다 — 오히려 나는 누군가의 머릿속 기억이 되고, jpeg 모음이 되며, 몇몇 사람이 사물에 관해 생각하는 방식이 되고, 그들이 다루는 객체가 되며, 상처가 된다.[4] 리얼리즘 소설이 끝날 때, 페이지 위에서 벌어지는 행동 빈도와 지속은 사건의 시간순 시퀀스의 행동과 훨씬 더 엄격하게 동기화하게 된다 — 재는 재로 돌아가리라ashes to ashes. 다시 말하지만, "리얼리즘 소설"과 "철학적 실재론" 사이의 차이에 유의하라. 그럼에도 불구하고, 리얼리즘 소설은 미적 효과로서의 실재의 느낌을 유발하기 위한 것이고, 미적 차원은 인과적 차원이기에, 사물이 어떻게 끝나는지를 예시하는 데 리얼리즘 소설을 사용하는 것은 적절해 보인다.

도리언 그레이의 축 늘어진 시체와 칼이 꽂힌 그의 초상을 발견하기까지 경찰이 계단을 올라가면 올라갈수록 독자의 가슴은 더 빨리 뛰기만 한다.[5] 죽은 까마귀는 그것을 둘러싼 먼지와 나무가 된다. 현존들 사이의 공간 중 하나(광휘의 바르도)에서 족첸 요기니[여성 족첸 수행자]가 죽을 때, 그녀는 "어머니의 무릎 위로 뛰어오르는 아이처럼" 그녀의 존재가 투휘광채로 해

---

4. 장-폴 사르트르는 『존재와 무』에서 이에 관한 우아한 설명을 제공한다. Jean-Paul Sartre, *Being and Nothingness*, 41~42, 61~62. [장 폴 사르트르, 『존재와 무 1, 2』.]

5. Wilde, *The Picture of Dorian Gray*, 212~213. [와일드, 『도리언 그레이의 초상』.]

체되도록 놔두었다고 전해진다.[6] 혹은, 그녀는 자신의 몸이 무지갯빛으로 분해되게 한다(티베트어로 칠채화신jalu). 그녀의 관점에서 볼 때, 그것은 마치 몸이 이러한 방식으로 해체되고 싶어 하는 것만 같다. 오직 유약한 자아만이 불가피한 일이 일어나는 것을 막고 있다.

좋은 품질의 고전적인 레코드플레이어를 상상해 보라. 그다음 "나는 이 레코드플레이어에서 재생될 수 없어요"I Cannot Be Played on This Record Player라는 이름의 레코드판을 상상해 보라. 레코드판을 플레이어에 놓으면 디스크에 녹음된 소리가 레코드플레이어를 진동시켜 산산조각이 나게 만든다. 경이로울 정도로 폭넓고 다층적인 『괴델, 에셔, 바흐』의 저자 더글러스 호프스태터는 폭발하는 레코드플레이어를 괴델의 불완전성 정리에 대한 유비로 사용하며 이야기한다. 괴델은 "이 문장은 이 체계 안에서 증명될 수 없다"라는 기묘하고 양진문장적인 문장을 생산해 내지 않는 정합적인 논리 체계를 설계할 수 없음을 보여주었다. 마찬가지로 당신은 그 어떤 레코드판도 재생할 수 있는 레코드플레이어를 설계할 수 없다.[7] 체계가 정합적이 되기 위해서, 그 체계는 반드시 불완전해야 한다. 이 공리를 물리적 사물로 확장해 보자 — 객체가 현존하기 위해서 객체는 유약한 것fragile이어야

---

6. Padmasambhava, *The Tibetan Book of the Dead*, 176. [파드마 삼바바, 『티벳 사자의 서』.]
7. Hofstadter, *Gödel, Escher, Bach*, 75~81. [호프스태터, 『괴델, 에셔, 바흐』.]

한다.

이는 이론들이 결코 참일 수 없음을 의미하지 않는다. 이는 훨씬 이상한 어떤 것을 의미한다. 이 정리에 따르면, 잘 정식화된 체계는 그 체계 자체의 용어에 따를 때 참인 적어도 하나의 진술을 설명하지 못한다. 이것은 러셀과 화이트헤드가 수학을 체계화하려는 시도에서 치른 대가였는데, 이 시도에서 그들은 비모순율을 엄격하게 준수하였지만, 그것은 궁극적으로 취약한 것이었다. 괴델은 논리 체계가 참이 되기 위해서는 어떤 지점에서 자기-모순적이어야 함을 보여주었다. 앨런 튜링은 기계 머리가 데이터[여건]를 테이프 한 뭉치로 시각화함으로써 데이터를 계산하는 튜링 기계를 상상하며 물리적 체계가 괴델의 불완전성 정리를 예시하는 방식을 보여주었다. 튜링 기계는 불완전성 정리의 도형적·물리적 버전을 제공하며, 그 과정에서 괴델이 정확히 논리 체계에 적용하는 방식으로 유약성이 객체에 적용되는 방식을 예시한다. 당신은 모든 알고리즘에 대해서 그것이 중지될지 무한 고리에 진입할지의 여부를 예측할 수 있는 튜링 기계를 설계할 수 없다 — "모든 알고리즘이 예측 가능한 것은 아니다[모두-아님 알고리즘은 예측 가능하다]." 정합적인 체계가 되기 위해서는 체계 내에서 체계가 증명할 수 없는 문장이 적어도 하나는 있어야 한다. "이 문장은 이 체계 내에서 증명될 수 없다"라는 문장이 고리 속에 있다.[8] 그 문장이 참이라면 그것은 증명될 수 있다. 그러나 그 문장은 문장이 증명될 수 없다고 말하므로 그것은 증명될 수 없다. 여기에 명시된 관점에 따를 때, 양진문장적 문장은 객체의 이중-진리적 성질의 증상이다.

레코드플레이어는 단순한 유비 이상의 것이다. 적절한 곡조를 생산하는 레코드판을 만든다면, 당신은 레코드플레이어를 폭발시킬 수 있다. 사실, 이것이 1990년대 초의 레이브 음악 창시자들의 전문 분야였다. 나는 "LFO" – 저주파 발진기Low Frequency Oscillator, 오래된 신시사이저에 수행하는 무익한 일, 그리고 "나는 이 스피커를 통해 재생될 수 없어요"에 대한 농담적 은유 – 라고 불리는 곡조 때문에 스피커가 폭발하고는 했던 댄스파티에 종종 갔었던 것을 기억한다.[9]

호프스태터는 바이러스의 예시를 제시한다. 바이러스는 단백질 꾸러미에 들어 있는 RNA 또는 DNA 코드로, 당신의 게놈에게 이렇게 말한다. "이봐, 네 체계 어딘가에 나의 한 버전이 있어. 가서 가져오지 않을래?" 이것은 헨킨 문장henkin sentence의 한 버전이다.[10] 문제는 이 헨킨 문장이 "내가 이 문장에서 거짓말을 하고 있다는 것은 참이다"라는 구절과 함께 거짓말쟁이 역설과 묶여 있다는 점이다. 그렇게 역설을 해결하고자 필사적으로 바이러스의 복사본을 생성하려 열의를 다하면 당신은 컴퓨터처럼 사망한다. 따라서 바이러스를 탐지하고 파괴하기 위

---

8. Priest, *In Contradiction*, 39~50.

9. LFO, *LFO*.

10. Robert M. Solovay, "Explicit Henkin Sentences."

해, 반대로 생명체의 방어선을 통과하기 위해, 바이러스와 다른 생명체 사이의 경쟁이 시작된다. 그러므로 레코드플레이어 이야기는 또한 생명체에 관한 이야기이기도 하다. "만약 팀Tim이 이것을 다운로드하면 그는 자멸할 것입니다"와 같은 이름을 가진 최소한 하나의 존재자가 있다(그것은 당신의 게놈에 숨어 있을 수도 있다). 이것이 바로 필멸이 의미하는 바이다. 생명체는 정확히 그 생명체가 유약한 한에서만 현존한다.

객체 일반 — 단순히 살아있는 것뿐만 아니라 모든 객체 — 을 고려해 보라. 레코드플레이어 이야기가 객체에 관해 참이라는 말에는 훨씬 덜 은유적인 의미가 있다. 일정 객체의 소멸을 초래할 수 있는 적어도 하나 이상의 다른 객체가 있다. 이것이 전부가 아니다. 객체의 감각성이 결국 그 객체를 파괴할 수도 있다. 그렇기 때문에 다른 객체들에게 치명적인 블랙홀조차도 결국 블랙홀 자체의 증기 아래에서 사라진다. 내가 주장하듯, 감각성은 단순히 "좀 더 실재적인" 어떤 것의 표면에 발라진 장식용 사탕 가루가 아니므로 우리는 이것이 참임을 예상할 수 있어야 한다.

객체는 피상적으로가 아니라 존재론적으로 뼛속까지 유약하다. 그리고 이는 객체가 약하다는 것을 의미한다. 내 말에는 한 방울의 조롱도 섞여 있지 않다 — 우리가 그 약한 객체 중 하나이다. 인간 언어를 고려해 보라. 언어가 사물의 완전한 현전을 비추지 않는다는 것은 언어의 어떤 국소적 기벽이 아니라 실재에 관한 사실이다. "이것"this과 "있음"is 같은 단어는 비인간과 맺은 길고 들쭉날쭉한 관계 역사의 증상이다. 언어의 비일관성 중 일부는 다른 객체와의 공존의 증상이다. 이것은 우리의 언어를 내재적으로 약하게 만든다. 인간 언어를 강력하거나 풍부한 것으로 정립하려는 이론가들과 달리, 나는 언어가 약하고 유연한 것이라고 주장한다. 영어로 "이 문장은 거짓이다"라고 말할 수 있는 이유는 영어가 풍부해서가 아니라 영어가 약하기 때문이다. 그것은 버드나무 가지처럼 휘어진다. 소프트웨어 언어는 영어보다 표현력이 떨어지지 않으며, 어떤 면에서는 표현력이 더 훌륭하다. 모든 용어가 정말로 무언가를 의미한다. 혹은 정말로 무언가를 수행한다. 당신이 거짓말쟁이 역설("이 문장은 거짓이다"와 그 변형)을 해체하려고 할 때면 결국 다른 언어로 도약하게 된다. 이 언어 또한 더 강력할 수 있는 수정된 형태의 거짓말쟁이 역설을 생성할 수 있다. 역설적이게도 모순을 더 엄격하게 배제하려고 하면 할수록, 가능적 양진문장은 더 매서운 것이 된다.

나는 문장으로 간주될 수 있는 것을 설명하는 메타언어가 있다고 상상함으로써 "이 문장은 거짓이다"를 피할 수 있다. 그러고 나서 나는 "이 문장은 거짓이다"가 진정한 문장이 아니라고 결정할 수 있다. 이것은 특히 양진문장에 대처하기 위해 메타언어 개념을 창안한 논리학자 알프레드 타르스키의 전략이다.[11] 타르스키의 지지자는 " '이 문장은 거짓이다'는 문장이 아니다"라고 말할지도 모른다. 그러나 나는 "이것은 문장이 아니다"로 지지자의 책략을 전복할 수 있다. 나의 문장-바이러스는 지지자가 제거하려고 했던 문장보다 타르스키적 문장에 더 해롭다. 그러면 그 지지자는 "이 문장은 거짓이다"와 같은 문장은 참도 거짓도 아니라고 주장할 수도 있다. 그러나 당신은 다음과 같이 거짓말쟁이 역설의 강화된 버전을 상상할 수 있다 — "이 문장은 참이 아니다" 또는 "이 문장은 참도 거짓도 아니다." 그리고 그에 대한 반격으로서 참과 거짓을 벗어나 참도 거짓도 아닌 문장이 될 수 있는 네 번째 항목을 특정하여 거짓말쟁이 역설에 대한 면역을 구축하려고 하면, 강화된 거짓말쟁이 역설을 계속 추가할 수 있다 — "이 문장은 거짓이다, 혹은 참도 거짓도 아니다, 혹은 네 번째 것이다." 그렇게 계속된다.[12]

메타언어는 문제를 완화하려고 하지만, 그렇게 하면서 영어보다 더 취약한 것이 된다. 그 이유는 어떠한 메타언어도 없기 때문이다. 근본적으로 이것은 하먼이 "진실성"이라고 부르는 것에 대한 논증이다.(이 책 앞부분의 논의를 참조하라). 그 이유는 거기에 객체가 있기 때문이다. 메타언어는 다른 것들에 정합성과 동등성을 부여하는 "중간 객체"로 기능할 것이다 — 그리고 우리가 앞서 본 것처럼 중간 객체는 없다.[13] 메타언어가 없는 한, 인과성의 혼란스러운 환상적 놀이를 넘어서는 상승은 없다. 이 문제는 괴

---

11. Priest, *In Contradiction*, 9~27.
12. Graham Priest and Francesco Berto, "Dialetheism"를 보라.
13. Lacan, *Écrits*, 311.

델의 불완전성 정리에 매우 가깝다. 거짓말쟁이 역설 같은 비일관성은 객체 안에 있는 근본적 비일관성, 실재적 객체와 감각적 객체 사이의 환원될 수 없는 간극에 대한 고고학적 증거이다.

라캉이 발견한 발화하는 주어와 발화된 주어 사이의 환원될 수 없는 간극은 거짓말쟁이 역설에서 분명해진다.[14] 문장을 말하는 나I와 문장이 말하는 내I가 있다. 소설가들은 모든 일인칭 서사가 본질적으로 신빙성 없는 것임을 완전히 숙지하며 이 간극을 활용한다. 만약 당신이 아이러니와 역설을 가지고 놀고 싶다면, 자전적 양태로 글을 쓰면 된다. 『프랑켄슈타인』은 왜 그렇게 쓰였을까? 이 문학적 간극은 수조의trillions 간극 중 하나에 불과하다.

괴델은 모든 이론에 내재한 비일관성으로 인하여 한 이론의 의미를 설명하려면 다른 이론이 필요하게 된다고 주장한다. 각각의 이론은 하나 이상1+n의 다른 이론을 요구한다. 이것은 객체가 하나 이상1+n의 객체로 구성된 상호사물적 공간 안에서 포착된다는 OOO의 번역 이론과 몹시 유사하게 들리지 않는가? 당신은 바람 자체를 듣지 못하고 굴뚝의 바람 소리를 듣는다. 나는 계산언어가 영어보다 표현력이 떨어진다고 주장하는 대부분의 계산언어학자와 견해가 다르다. 내가 보기에 그것

---

14. Jacques Lacan, "The Agency of the Letter in the Unconscious or Reason Since Freud."

은 문제가 아니다. 나는 계산언어가 더 명확하고 따라서 더 엄격하다고 생각한다. 영어는 약함에 장점이 있다. 왜냐하면 영어는 계속 유지되려고 노력하던 피와 살로 구성된 객체에 의해 말해지도록 진화했기 때문이다.[15]

닫힘 : 아름다운 친구여, 이것이 끝이라네

칸트는 아름다움과 숭고의 경험이 객체에 자신을 조율하는 것이라고 주장한다. 그렇지만 조율(기분)이란 무엇인가? 극단적인 조율에 관해 생각해 보자. 오페라 가수가 유리잔의 공진주파수에 자신을 맞추면 유리잔이 폭발한다. 죽음에 대한 티베트 불교의 유비는 꽃병이다. 꽃병이 폭발하면 꽃병 안의 공간이 즉시 꽃병 밖의 공간과 합쳐진다. 우리는 간단히 아름다움이 죽음이라고 추측할 수 있다.

오페라 가수가 유리잔에 미치는 영향을 담은 슬로 모션 영상을 보라. 영상의 유리잔이 더 이상 현존하기를 그만두기 직전에 어떻게 떨리는지 보라. "너무 아름다워 거의 죽을 뻔했어요." 테오도르 아도르노는 이것이 미학이 했어야 할 일 – 주체-요동, 위협Einschüchterung, 실신의 시작 – 이라고 주장한다.[16] 지진은 지

---

15. Mark Changizi, "Why Even Data from Star Trek Would Have Fuzzy Language."
16. Adorno, *Aesthetic Theory*, 245~246, 331 [아도르노, 『미학이론』]; 또한 113,

질구조판들 사이의 리듬이 극도로 규칙적이게 될 때 일어난다. 뇌졸중은 뇌파들이 등척적으로isometric 될 때 일어난다. 닫힘은 구성의 빈도 및 지속이 이야기의 빈도 및 지속과 일대일 비율로 동기화될 때 일어난다. 이러한 요동은 사물과 그것의 공명, 그것의 나타남 사이의 차이를 상쇄한다.

칸트는 아름다움이란 객체와 공존하는 경험이라고 주장한다. 이 경험에서 주체와 객체는 마치 꽃병 안과 밖의 공간처럼 갑자기 융합되는 것만 같다. 여기에서 아름다움에 관한 객체지향 이론으로의 도약, 건너뛰기, 짧은 비행이 있다. 아름다움은 객체의 끝인데, 아름다움 속에서 두 객체가 융합되기 때문이다. 음파가 유리잔의 공진주파수와 일치한다. 그것이 임계 진폭에 도달하면, 유리잔은 현존하기를 그만둔다. 유리잔은 유리잔의 환경이 된다.

이야기의 끝에 있다는 느낌이란 무엇일까? 시작의 느낌(개구)은 불확실성이다. 중간의 느낌(전개)은 순환과 유보이다. 끝의 느낌은 닫힘이다. 이야기는 어떻게 닫힘을 달성하는가? 이야기는 구성과 이야기를 등시적인isochronous 방식으로 상관시키기 시작한다. 빈도와 지속의 비율이 서로 일치하기 시작한다. 그것들이 일치하면 일치할수록 더 많은 긴장이 생성된다. 액션 영화는 가능한 한 빨리 닫힘에 도달하고 거기에 머무르려는 서사

281, 323~324, 346를 보라.

이다. 예를 들어 〈본〉 3부작은 전체에 걸쳐 거의 등시적인 서사 시퀀스를 펼친다. 그것이 "빠른 진행"과 "긴장감 고조"가 의미하는 바이다. 당신은 하나의 사건이 발생하고, 그 사건이 투박하게 등시적인 지속을 가지고 단 한 번 서술될 때 고전적인 리얼리즘 소설의 전개 부분이 끝났음을 안다. 당신은 전개의 소용돌이에서 튀어나온다. 끝이 다가오고 있음을 느낄 수 있다. 『도리언 그레이의 초상』 12장의 시작은 효율성의 걸작이다. 서술자는 단 하나의 사건을 서술함으로써 위스망스의 퇴폐적 저서에 대한 유혹적인 반복 독해가 환기했던 이국적인 향기의 세계로부터 빠져나온다. 이 소설의 전개 부분에서 도리언은 위스망스의 그 책에 심취했었다.

> 그날은 11월 9일, 훗날 도리언이 종종 떠올리곤 했던 서른여덟 번째 생일의 전날이었다.
>
> 도리언은 헨리경의 집에서 저녁 식사를 마치고 11시경에 집으로 돌아가는 길이었고, 안개가 자욱하게 깔린 추운 밤이었기에 두꺼운 모피로 온몸을 감싸고 있었다. 그로스브너 광장과 사우스 오들리가 사이의 모퉁이에 이르렀을 때, 안개 속에서 회색 얼스터코트의 옷깃을 세운 한 남자가 아주 빠른 걸음으로 그를 스쳐 지나갔다.[17]

---

17. Wilde, *The Picture of Dorian Gray*, 141. [와일드, 『도리언 그레이의 초상』.]

생생한 세 문장으로 닫힘이 시작된다. 우리는 어떻게든 도리언이 이야기의 끝에서 죽을 것임을 예기하게 된다. 혹은 적어도 끝이 있고 다가오고 있음을 예기하게 된다. 요동이 일어나고 있다. 이제 그것은 "시간문제"일 뿐이다. 마치 찬물을 끼얹는 것처럼 이야기의 끝이 바로 여기에 포함되어 있다.

닫힘은 죽음의 느낌이다. 죽음의 느낌은 등시성의 느낌이다 — 구성과 이야기라는 두 채널이 서로 동기화된다. 구성은 스스로 이야기에 조율한다. 그렇게 함으로써, 경찰이 와서 수습할 몇 구의 시체만 남기며 그것은 사라진다. 이런 측면에서 『도리언 그레이의 초상』의 끝은 모범적이다. 도리언은 그림을 베고 죽는다 — 경찰은 그의 시체를 찾기 위해 서둘러 계단을 올라간다 — 구성이 이야기와 동기화함에 따라 마지막 몇 페이지가 우리 눈앞에서 펼쳐지는 것만 같다. 하나의 사건이 단 한 번만 서술된다. 그것은 유보의 주문을 더욱더 세게 부숴버리기에 충분하다.

드라마가 닫힘을 다루는 방식을 고려해 보라. 연극이나 오페라에서 닫힘은 제4의 벽 — 관객과 가수/배우를 분리하는 미적 화면 — 이 무너지는 순간이다. 그것은 관객 스스로 자신이 연극의 일부라는 것을 느끼게 되는 드라마의 순간이다. 그것은 셰익스피어의 비극의 등장인물이 마지막 장면에서 관객에게 직접 말을 걸 때 형상화되었다. 『폭풍우』에서 프로스페로는 연극 내 가면극의 끝을 표시하는 연설을 하지만 이 연설은 또한 의도적으로 제4의 벽 뒤에 있는 청중에게 전하는 것이기도 하다.

> 이제 연회는 끝났다. 우리네 배우들은
> 아까도 말했지만 모두 영들이고,
> 이제는 대기로 녹아내려, 엷은 공기 속으로 사라져 버렸다.
> 그런데 이 바탕 없이 엮은 환상처럼,
> 구름에 휩싸인 탑도, 찬란한 궁전도,
> 장엄한 사원도, 광활한 지구 자체도,
> 그래! 지상의 온갖 것은 죄다 끝내는 사라져서
> 이 허깨비 놀이가 사라졌듯이,
> 자국조차 남기지 않게 된단 말이다.
> 우리는 꿈과 같은 재료들로 이루어져 있고,
> 우리의 짧은 삶 또한 잠으로 둘러싸여 있는 거지.[18]

이후 연극은 "죽어간다." 연극의 기교는 고조되어 파괴된다 – "이것은 연극일 뿐이고 당신은 그것을 보고 있다." 연극이 일어나는 감각적 공간이 연극 그 자체를 압도한다. 『폭풍우』의 끝에서 아리엘은 우리가 끝의 요동을 확실히 느끼게 하기 위해 닫힘을 반복한다 – 그는 무대의 경계에서 자신을 해방하기 위해 우리에게 박수를 요청한다. 『폭풍우』는 닫힘의 느낌, 기나긴

---

18. Shakespeare, *The Tempest*, 4.1.148~158. [셰익스피어, 『폭풍우』.]

작별을 퍼뜨린다.

죽어감은 상호사물적 공간에서 발생하는 감각적 사건이다. 닫힘은 한 객체가 다른 객체와 위상이 일치하기 시작하며 소멸이 임박하는 방식을 입증한다. 죽음은 예를 들어 바이러스가 당신의 세포를 복사 기계처럼 사용하여 당신의 게놈에 바이러스 자신을 복제하기 시작할 때 일어난다. 세포가 이것을 매우 효율적으로 수행하면, 그것은 죽음이라고 불린다. 그 후 당신의 몸은 분해된다. 박테리아가 당신의 썩어가는 살을 파먹는다. 당신은 박테리아가 된다. 박테리아는 당신의 몸을 박테리아화하여 당신을 박테리아어로 번역한다. 벌레와 곰팡이는 잔류물을 부식시킨다. 내가 이 글을 쓰는 시점에 나는 뒤뜰에 있는 나무 그루터기를 보고 있다. 작년에 텃밭 뒤편에서 거대한 소나무가 베어졌다. 곰팡이가 그루터기를 부식시켜 왔다. 곰팡이가 각각의 나무 나이테로부터 당을 소화해 가며 조금씩 성장해 간다. 그 결과로 마치 오래된 나무의 나이테처럼 고리 모양으로 퍼지는 곰팡이 계열, 나무 나이테의 버섯도해가 초래된다. 그 광경은 상당히 기이하다. 고리 모양으로 형성된 곰팡이는 나무처럼 보이지만 나무가 아니다. 곰팡이는 나무를 곰팡이화한다. 그것은 마치 내 눈앞에서 나이테가 곰팡이로 번역된 것만 같다. 번역이 완전하면 완전할수록, 객체의 죽음 또한 완전한 것이 된다.

바르도[중유] 2

그런데 모든 번역은 필연적으로 불완전하다. 모든 죽음에는 패러디의 요소가 있다. 좀비의 형상과 같은 기이한 유사성, 나의 워킹데드 버전이라는 점을 제외하면 모든 측면에서 나를 닮은 시체가 있다. 그 좀비는 나이기도 하고 내가 아니기도 하다. 우리는 "식물상태"에 있는 인간이 살아있는지 죽어있는지에 관해 논쟁한다. 손톱은 의학에서 죽음이라고 부르는 것 이후에도 계속 자라난다. 그리고 일부 종교는 물리적 죽음 이후에도 일종의 영혼이나 의식이 현존한다고 주장한다. 무엇이 죽음을 구성하는가에 관한 온갖 일상적인 말다툼이 있는데, 이것은 존재론적 대균열로 인한 것이다. 어떤 객체가 죽어갈 때 – 즉, 객체의 현존 전체에 걸쳐서 – 그것은 현존해 가고 있는 것인가 아니면 단순히 현존하기를 멈추어 가고 있는 것인가? 내가 출입구에 서 있을 때, 나는 방 안에 있는가 아니면 방 밖에 있는가? 객체는 현존함으로써 죽음의 문턱에 있다.

그 무엇도 완전히 죽지 않는다. 물리학자 로저 펜로즈는 엔트로피가 모든 것을 질량 없는 입자로 환원하면 광자가 될 것이며 우주는 다시 시작될 수 있다고 주장한다.[19] 진화는 부레를

19. Roger Penrose, *Cycles of Time*, 146, 150, 212; Roger Penrose, *The Road to Reality*, 436~437, 541, 978.

폐로 바꾼다.[20] 유령 같은 반감기라는 더 극적인 사례도 있다. 일부 객체는 새로운 사용을 "기다리는" 것처럼 보인다 — 다락방을 어지럽히는 객체, 아마도 가보로 보관되었겠지만 그것을 상속받은 사람들조차 본 적이 없는 객체를 예시로 들 수 있다. 이 모든 것의 근저에는 모든 객체에 내재적인 특성이 있다 — 객체의 나타남과 본질 사이의 대균열, 그것은 객체를 이미 그 객체 자체의 유령으로 만든다. 이러한 관점에서 죽음, 탄생, 연속성은 "동시에," 더 정확하게는 "동등원초적equiprimordially으로"[21] 발생하고 있다. 객체는 자신의 표면에 자신의 빛바랜 사진이 붙은 "블랙홀"일 뿐이다.[22] 서론에서 말했듯이, 원조 원자론자 루크레티우스는 그의 원자론을 미학으로 보완해야 했다. 객체는 마치 블랙홀 속으로 사라지는 것처럼 과거에 있는 것으로 보인다 — "어떤 것을 본다는 것은 사물 그 자체가 아니라 방출에 의해 영향을 받는 것이며, 그래서 우리가 보는 것은 무엇이든, 필름이나 시뮬라크라가 공허 속을 이동하는 데 시간이 걸리듯이 과거에 일어난 일의 효과이다."[23] 객체는 자기-참조적이다 — "내가 하는 것이 나이다"what I do is me(제라드 맨리 홉킨스). 그런데 이 자기-참조는 거짓말쟁이 역설의 명령에 따른다 — "이 문장

---

20. Darwin, *The Origin of Species*, 160. [다윈, 『종의 기원』.]
21. 현존재의 특징에 대한 하이데거의 용어이다.
22. Harman, *Guerrilla Metaphysics*, 95, 184.
23. Levi Bryant, "Lucretius and the Wilderness."

은 거짓이다." 내I와 나me는 오묘하게 다르다.

데이비드 위즈너는 『아기 돼지 삼형제』를 재집필했다. 이 버전에서 돼지들은 어떤 방식으로 페이지 밖으로 나감으로써 책으로부터 탈출한다.[24] 그들은 자신들이 다른 등장인물들로 채워진 신비로운 틈새 공간 속에 있음을 발견한다. 그들은 용을 그들의 세계로 데려와 늑대를 물리친다. 이로부터 우리의 이데올로기적이고 생태적인 상황에 관해 무엇을 배울 수 있을까? 하나는 우리가 낯익은 윤곽을 가진 우리의 이데올로기적 "세계"에서 벗어날 때 우리는 여전히 어딘가에 있다는 것이다. 이것은 겉보기에 정합적인 세계들 사이에서 일어나는 이행을 보여주는 데이비드 린치 영화의 틈새적 순간이 주는 교훈이 아닐까? 이러한 이행적 공간은 단순한 공허가 아니다. 아마도 철학과 이데올로기는 이러한 공간을 그저 일종의 철학적 또는 이데올로기적 틀 내부에서 유래하는 공허로밖에 생각하지 못할지도 모른다. OOO와 불교는 아주 흥미로운 어떤 것을 공유한다. 그것들은 모두 사물들 사이의 틈새 공간이 텅 빈 공허가 아니라고 주장한다. 사실, 거기에는 의미, 심지어는 인과성이 담겨 있다.

객체에는 자아가 있고 이 자아는 유약하다. 프로이트가 말했듯이 자아가 "버려진 객체-카섹시스"의 양피지일 뿐이라면,

---

24. David Wiesner, *The Three Pigs*.

이 이론을 모든 객체에 적용할 수 없는 이유가 있을까?[25] 아리스토텔레스적인 방식으로 생각해 보자. 형상인은 양자 이론과 OOO 양쪽에서 다소 유사한 이유로 부활하고 있다. 어떤 의미에서 객체의 형상이 그것의 "자아"일까? 좀 단순하게 말하자면, 객체의 형상인은 그 객체에게 "일어난" 모든 것의 기록일 뿐이다. 녹은 유리 덩어리를 불어 냉각시키자 와인 잔이 된다. 유리잔의 형상, 당신이 이 표현을 선호한다면 유리잔의 자아는 유리에 부딪히고, 유리를 불고, 유리가 녹았을 때 유리를 자르고 식히도록 놔두었던 객체들의 기록이다. 수사학적 이론에서 메모리아라고 부르는 것은 전달이 숭고인 것과 마찬가지로 형상인이다.

시작에 관한 장에서 수사학적 전달의 관념을 재고한 것처럼, 이 장에서도 기억에 관한 수사학적 기술을 재고할 것이다. 기억은 근대 초기에 비난을 받은 수사학의 일부였다. 처음에는 에라스무스가 과소평가되었고, 그다음에는 17세기 영국 청교도들이 기억의 기술, 여러 시대에 걸쳐 시행되어온 다양한 연상 기법이 마술과 유사하다고 여기며 완전히 금지했다.[26] 대조적으로 중세 시대에는 상상이 아닌 기억이 경외되었다.[27] 종종 여러 층으로 이루어진 건물로 상상되는 상호사물적 (정신적) 공간 속에서 객체를 다루고 보관하는 것으로서의 인간의 기억 실천은

25. Freud, *The Ego and the Id*, 24.

26. Francis Yates, *The Art of Memory*, 57, 121, 133, 137, 201, 233, 267, 274.

27. Mary Carruthers, *The Book of Memory*, 1.

약화하였다.[28] 이것은 1장에서 살펴본 것처럼 수사학을 단순한 양식(엘로쿠티오)으로 규제하는 데 도움을 주었다. 수사학에서 기억의 부재는 객체를 다루는 사유 능력을 더욱 고갈시킨다.

어떤 것의 형상인은 실리콘 웨이퍼[29]에 새겨진 메모리처럼 그것의 과거, 즉 기억이다. 기억은 정확히 "모든 것이 거기 있지만 그 어떤 것도 현재하지 않는" 상태이다.[30] 우리는 이전 장에서 객체의 계속적 현존을 생각하면서 이미 기억의 문제와 조우하였다. 바르도가 기억의 반복이라면, 다시 한번 바르도라는 개념이 등장하는 것은 적절해 보인다. 그러나 이번에는 죽음의 순간의 바르도, 즉 반복이 치명적으로 무언가에 사로잡히는 방식을 다룬다. 객체의 (피상적인, 주어진) 나타남은 다른 객체에 의한 그 객체의 뒤틀림이며, 이는 객체의 "과거 삶"이 그것의 형상이라고 말하는 또 다른 방식이다.

소행성이 지구에 쌓이면서 거대한 녹은 덩어리가 지구 반대편으로 튀어나와 달이 되는 방식에 관해서는 헤겔이 말하는 나-I의 추상성을 적용할 수 없다. 소행성은 지구를 단지 자신의 판타지와 형상 — 다른 객체에 의한 그것의 뒤틀림 — 을 기투할 뿐인 빈 화면으로서 조우하지 않는다. 소행성은 모든 긍정적 내용에 대한 부정, 즉 헤겔주의적인 "모든 결정성으로부터의 추상화"를

28. 같은 책, 18, 38, 50, 107, 139.

29. * 집적회로를 만드는 토대가 되는 얇은 규소판.

30. Michel Henry, "Material Phenomenology and Language," 351.

수행하지 않는다.[31] 객체의 자아는 단순히 객체에게 일어난 트라우마의 기록이다 — 이는 자아가 가상적이고 감각적인 객체가 되는 인간이라 불리는 객체에도 적용된다. 그러므로 실재에 빈 화면이라는 것은 없다.

하마르티아

시작의 미적 양태가 공포-축복이고 계속의 양태가 희극이라면, 끝의 양태는 비극이다. 이것은 그리스 비극의 주인공처럼 모든 객체가 내적 결함이나 상처, 그리스 비극을 따라서 여기서 내가 하마르티아harmartia라고 부르는 것을 가지고 있기 때문이다.

어딘가에 당신의 이름이 적힌 총알이 적어도 하나는 현존하는데, 그것은 바이러스일 수도 있고, 당신 자신의 DNA일 수도 있다. 어째서인가? 진리는 살을 파고드는 총알보다는 집에 가깝다. 폭발을 생각해 보라. 폭발이 무서운 것은 단순히 나를 위협해서가 아니다. 폭발이 무서운 것은 폭발이 존재론적으로 기이하기 때문이다. 이 기이함은 물리적 위협의 기저에 있다. 어떤 기이함인가? 단순히 말하자면, 그저 "나의 세계"에서 기능하는 객체 — 비행기, 고층 빌딩 — 가 갑자기 매우 다른 방식으로 살아난

31. Heidegger, *Being and Time*, 395. [하이데거, 『존재와 시간』.]

다는 점이다. 나의 세계가 찰나적으로 흔들린다 — 심지어는 붕괴한다.

객체는 다른 객체를 자신의 용어로 최선을 다해 번역하여 그 객체에 영향을 미친다. 비행기가 고층 빌딩에 비행기-형태의 구멍을 판다. 한 객체가 다른 객체에 의해 완벽하게 번역되면 그 객체가 파괴된다. 다시 유리잔을 고려해 보라. 오페라 가수가 일정 음을 매우 크게 부르면 그 소리가 와인 잔의 공진주파수를 휘젓는다. 슬로모션으로 보면 와인 잔이 물결치는 것을 볼 수 있다. 조금 뒤에 유리잔이 폭발한다. 어째서인가? 물론 우리는 그것의 물리를 알고 있거나, 혹은 알고 있다고 생각한다. 그러나 존재론적으로는 어떨까?

그 소리는 유리잔을 순수한 나타남으로 환원할 수 있었다. 본질과 나타남 사이에 존재론적 대균열이 있다. 이것은 실체와 우유성 사이의 거짓된 간극과 전혀 관련이 없다. 실체라고 불리는 것과 우유성이라고 불리는 것은 모두 이 책에서 말하는 나타남의 측면에 속한다. 대균열은 사물의 환원될 수 없는 일부이다 — 사물은 자기 자신인 동시에 자기 자신이 아니다. 나는 사물의 이러한 이중 진리를 사물의 유약성이라고 부른다. 사물의 내적 유약성은 사물이 애초에 현존할 수 있는 이유이다. 유약성은 무언가가 애초에 일어날 수 있는 이유이기도 하다. 현존은 불완전성이다. 이 유약성은 파괴라고 불리는 것 속에서 활성화된다. 어떠한 방식으로 무언가가 본질과 나타남 사이의 대균열에 간섭하고, 객체를 너무 근본적으로 번역하여 대균열이 붕괴하기에 이른다. 그 무엇도 대균열에 자신을 물리적으로 삽입하지 못한다. 객체는 밀폐되어 있고 비밀스럽고 물러나 있기 때문에, 대균열에 대한 간섭은 문제로 삼고 있는 객체가 자신의 번역가에게 미적으로 조율할 때 발생해야 한다. 이는 일정한 조건 아래에서 나의 게놈이 더 많은 바이러스를 생산하는 방식과 유사한 과정이다. 이러한 이론에서 내적 인과관계와 외적 인과관계 사이에는 차이가 현존하지 않는다. 이것은 사물이 존재적으로 완전히 파괴된다고 주장하는 것보다 효과적인데, 그러한 주장은 객체가 우유성으로 장식된 무엇이라고 할 수 없는 덩어리이거나, 혹은 성질들의 다발에 불과하다는 것을 함의할 것이기 때문이다. "존재적 파괴"의 관점에 따를 때, 객체는 더러운 일을 수행하기 위해 다른 객체가 필요하다. 다른 객체를 통한 파괴의 추리 이야기를 추적하면 우리는 곧 시동자와 제1원인으로 돌아간다.

폭발은 사물의 유약성을 드러낸다. 그러나 그것은 사물의 이상한 비일관성을 드러내기도 한다. 시작은 왜상적이지만 끝은 아름답게 대칭적이다. 삶은 왜곡이고, 프로이트가 죽음충동과 관련해서 주장하는 것처럼 죽음은 평화롭다. 시작함은 왜곡함이며, 끝냄은 일관됨이다. 죽이거나 파괴함은 무언가를 일관성으로 환원하는 것이다. 여기에서 전개된 이론은 파괴하는 것이 비일관적으로 만드는 것이라고 말하는 바디우와 반대이다. 내가 죽으면, 나는 기억이, 휴지통에 든 구겨진 종이가, 그리고 옷 몇 벌이 된다. 나는 나의 나타남이 된다. 그러나 번역가도 (비일관적) 객체이기 때문에 객체에 대한 완벽한 번역은 있을 수 없다. 완벽한 번역의 흔적은 없을 것이다. 따라서 재, 파편, 부스러기가 나타난다. 새로운 객체는 부서진 객체의 기이한 잔여물이다. 애도의 문화가 그것들 주위에서 떠오를지도 모른다.

본질과 나타남 사이의 대균열은 객체가 외부를 가지는 이유이다. 대균열은 객체가 현존하는 이유이다. 대균열은 객체가 죽는 방식을 설명해 주기도 한다 — 대균열이야말로 객체의 내적이고 비환원적인 유약성이다. 모든 객체는 "나는 이 객체의 부분이 아닙니다"라고 쓰인 꼬리표가 붙은 몇몇 특징을 가지고 있다. 이 특징은 하마르티아(그리스어로 "상처")이다. 마치 괴델 문장의 물리적 버전과도 같은 내면의 은탄환이다.[32] 객체의 내적 유약성은 그 객체가 다른 객체에 의해 파괴될 수 있게 한다. 그러나 훨씬 더 중요한 점은 내적 유약성이 객체가 자신에 의해 "죽을" 수 있다는 것을 의미한다는 것이다.

모든 객체는 상처 입었다. 하마르티아는 객체 그 자체의 결정성을 구성하는 것이다. 덧없음은 객체가 객체인 이유의 본질적 특징이다. 객체가 자신의 유약성의 위상과 일치하게 되면 그

---

32. 이것은 불안이 도구/망가진-도구 구조와 크게 다르지 않다는 하먼의 논증을 기반으로 한다. Harman, *Tool-Being*, 95~97.

것은 파괴된다. 블랙홀에서 방출되는 호킹복사를 고려해 보라. 모든 것이 블랙홀 안에 갇혀 있는 것은 아니다 — 물리적 우주에서 가장 밀도가 높은 객체인 블랙홀조차도 내적으로 비일관적이다. 언젠가 블랙홀은 자신을 확장할 것이다. 그것의 하마르티아, 그것의 내적 유약성은 그것의 현존을 멈추게 한다. 하마르티아는 아리스토텔레스가 말하는 비극적 결함이다.

그렇다면 객체를 다음과 같이 보는 것은 잘못된 것이다.

(1) 시간의 흐름 속에서 점차 닳아 없어지는 단단한 덩어리로서의 객체.
(2) 시간적 유동의 물신화로서의 객체.
(3) 부분들로 분해 가능한 것으로서의 객체 (아래로-환원하기).
(4) 객체의 외부에서 객체에게 "일어나는" 약기로서의 유약성/죽음.

유약성은 객체의 존재론적 조건이다. 그것은 비-객체에 의존하지 않는다. 이와는 대조적으로 (1)에서 (4)는 유약성을 객체에 더하거나 빼면서 설명한다. 유약성이라는 사실은 객체가 스스로 그러한 것인 동시에 스스로 그러한 것이 아니라는 단순하지만 반직관적인 사실에 기인한다. 객체는 양진문장, 이중-진리를 품고 있다.

객체는 죽음의 문턱에 있다. 객체가 스스로 그 자신을 멈출 수 있다는 사실은 근본적 존재론의 관점에서 매우 만족스럽다. 객체가 "죽는" 데에는 관계는 고사하고 다른 객체가 필요하지 않다. 이것은 이론적으로 최소한 객체가 이해받지 못하고 사랑받지 못한 채로 홀로 죽을 수 있음을 의미한다. 객체가 현존하기를 그만두기 위해 필요한 모든 것은 그 자신과 일치하는 것이다. 일단 그렇게 되면 객체는 증발한다. 순전한 단순성으로 환원하자면, 객체는 뒤에 기억, 재, 감각적 인상만을 남기고 죽는다. 본질과 나타남 사이의 대균열은 붕괴한다. 객체는 다른 객체(들)에 대한-나타남으로 증발한다.

유약성의 문제를 조금 더 자세히 살펴보자. 객체의 내적 유약성은 어떻게 우리가 객체로부터 시간과 공간을 끌어낼 수 있는지와 관련이 있다. 칸트에게 아름다움의 경험은 자신과 아름다운 객체 모두에 내재하는 것처럼 보이는 객체-같은 존재자이며, 이것이 아름다움의 경험을 비인격적인 것, 자아를 넘어선 것으로 만든다. 아름다움은 보편화될 수 있는데, 즉 아름다움은 인근의 어떠한 다른 객체도 포함하도록 확장될 수 있는 일종의 상호작용이다. 내가 〈모나리자〉를 아름답다고 느낀다면, 그 느낌은 모두가 〈모나리자〉를 그렇게 느껴야 한다는 착상으로 구성되어 있다. 만약 내가 어떤 댄스음악을 듣고 경이로울 정도로 아름답다고 느꼈다면, 나는 가장 높은 건물 꼭대기에 스피커를 설치해 나를 둘러싼 세계에 소리를 퍼뜨려 우리 가족을 부끄럽게 하고 싶다. 왜냐하면 만인이 그 댄스음악을 아름답다고 느길 수 있어야 하기 때문이다. 그러나 내가 이것을 수행하며 내가 나의 아름다움으로 사람들을 위협할 때, 나는 더 이상 아름다움의 경험 안에 있지 않다.

어째서인가? 칸트는 아름다움이 비개념적이기 때문이라고 주장한다. 아름다움에는 어떤 뭐라 말할 수 없이 좋은 것이 있다. 오르페우스가 에우리디케를 돌아볼 때 그녀가 다시 하데스의 곁으로 사라지는 것처럼, 내가 아름다움을 손가락으로 가리키는 순간 그것은 사라진다. 나는 마치 객체 그 자체가 아름다움인 것처럼 객체를 붙잡고 아름다움을 놓친다. 혹은 나는 객체의 몇몇 양상을 특정한다. 그러나 객체의 그 어떤 것도 이러한 방식으로 특정될 수 없다 — 부분도 전체도 없다. 그렇다면 아름다움은 환원될 수 없다. 나는 그것을 더 작은 구성요소로 분해할 수 없으며 어떤 전체론적 비전을 향해서 위로 분해할 수 없다("위로-환원하기"). 아름다움은 고유하고 우연적이다. 아름다움은 말해질 수 없는 것이다. 이것이 칸트의 아름다움이 흄주의적 취향의 조건을 제공하는 것이지 그 반대가 아닌 이유이다. 멋진 색깔과 냄새와 소리가 아름다움의 조건인 것처럼 보이지만, 사실 아름다움에서 엿볼 수 있는 심오한 자유는 존재론적으로 그런 것들보다 우선한다. 이 자유가 없었다면 우리가 왜 그런 것들에 신경을 쓰겠는가? 아름다움이 환원될 수 없다는 점은 아름다움이 우리에게 OOO 객체에 관해 말해줄 수 있다는 단서이다.

우리는 아름다움이 나 자신, 〈모나리자〉, 나와 〈모나리자〉 사이의 건조한 공기 같은 하나 이상$^{1+n}$의 객체의 현존에 대한 증거라는 실재론적 결론에 이르게 된다. 그런데 아름다움은 이러한 객체들 어느 것에도 속해있지 않다. 아름다움에 관하여 때때로 기이하고 조금 위협적이기까지 한 점은 그것의 소재를 특정할 수 없음에도 그것이 사물들 사이의 상호작용에서 나타나는 것처럼 보인다는 것이다. 그렇다면 아름다움은 객체가 다른 객체와 상호작용할 때 객체에 관해 말해지는 일종의 거짓말이다 — 아름다운 거짓말이다. 아름다움은 마치 언제 어디서나 모든 것에 있는 것만 같다. 그러나 그것은 순수한 우연성으로부터 창발한다. 그것은 덧없는 것처럼 보이는 객체에 기반하는 한에서만 무시간적이다.

예술 작품의 신비한 성질은 객체 일반의 신비한 성질에 관한 신호이다. 아름다움은 우리가 그것이 현존함을 알고 있지만 그 내용은 알지 못하는 비밀이다. 내가 그것을 다른 사람과 공유할 때 우리는 마치 같은 비밀 속에 있는 것만 같다. 우리는 놀란 눈으로 서로를 바라보거나 알았다는 표정으로 서로를 바라본다. 그러나 이 비밀이 무엇인지 특정하는 것은 불가능하다. 비밀이 있다는 사실만이 중요성을 가진다. 아름다움은 비밀 그 자체의 날것의 사실에 기반한다. 비밀의 윤곽은 마치 눈을 가린 사람이 만지는 대리석 표면의 시원함처럼 느껴진다. 이 책을 통틀어 나는 물러남을 설명하기 위해 비밀이라는 용어를 사용했다. 그렇다면 비밀은 단순히 객체의 객체성을 가리킬 뿐이다 — 그것은 객체가 나타나면서 동시에 나타남에서 물러난다는 사실이다. 단지 감각적인 존재자나 인간만이 아니라 모든 객체에, 사실상 우주에 영속적인 대균열이 있음을 의미하는 양날의 성질을 가지고 있다는 사실이다. 대균열은 객체 내부에서도 일어나고 객체들 사이에서도 일어난다. 혹은 차라리, 대균열이 객체의 내부에 있는지 외부에 있는지 특정하는 것은 불가능해진다. 대균열의 소재는 존재적으로 특정할 수 없다. 즉 객체 주위와 내부 어디에도 그것이 대균열이라며 손가락으로 가리킬 수 없다. 그럼에도 그것은 거기에 있다. 이 대균열이 내가 유약성이라 부르는 것을 설명한다.

유약성은 사물이 부서진다는 사실과 혼동되어서는 안 된다는 점을 기억하자. 사물이 부서진다는 것은 참이지만 그 진리치는 더욱 심오한 존재론적 사실의 증상일 뿐이다. 다른 말로 하자면, 객체는 컨베이어 벨트 위에 놓인 도자기 인형이 끝에 다다르면 콘크리트 바닥으로 떨어져 산산이 부서지는 것처럼 시간 안에 현존하지 않는다. 아니! 객체는 객체로 있기 위해 갈라져 있다. 순간들의 연쇄로서의 시간은 객체 그 자체로부터 방출된다. 즉, 우리(그리고 누구든지 혹은 무엇이든지)가 경험하는 것으로서의 선형적 시간은 객체의 유약성에 기반한 객체들 사이의 일정한 상호작용 집합의 산물이다. 우리는 상당히 쉽게 물리적 유비를 생각해 볼 수 있다. 시간은 방사성 입자의 붕괴로부터 방출되거나 압전결정의 진동으로부터, 또는 행성의 군집성으로부터 방출된다. 어떤 의미에서, 방사성 탄소를 이용한 연대측정법에 사용되는 탄소와 같은 방사성 입자가 가장 좋은 예시를 제공한다. 모든 객체는 자기 자신의 동위원소이며 기이하고 불안정한 이중체이다. 얼굴 없는 실체나 성질의 다발에 의존하는 객체 이론과 인과관계 이론은 정확히 이러한 이유로 인해 동위원소 – 비유적인 의미에서가 아니라 실제 동위원소 – 의 문제에 부딪힌다.[33]

유약성이야말로 아름다움을 설명한다. 칸트주의적 아름다움은 조금 슬픈 것이다. 그것이 당신이 아니기 때문이다. (나는 여기서 약간의 의인관에 탐닉하고 있는데, 제인 베넷이 주장하는 것처럼 이것은 사물에 관한 우리의 이해에 순수하게 도움을 줄 수 있기 때문이다.)[34] 또한 칸트주의적 아름다움은 조금 무서운 것이다. 그것이 허상인지 아닌지 알 수 없기 때문이다. 비인간과 비감각적 객체에 대해서도 같은 것을 말할 수 있다. 어떤 의미에서 객체는 슬픈 것인데, 왜냐하면 그것은 스스로 그러한 자신이 되기 위해 자신이 아닌 것의 알맹이를 자신 속에 포함하고 있기 때문이다. 객체는 일관성과 정합성을 동시에 가질 수 없다. 괴델은 마치 현존을 위한 규칙을 저술한 것만 같

---

33. Denkel, *Object and Property*, 204.
34. Bennett, *Vibrant Matter*, 199~120. [베넷, 『생동하는 물질』.]

다. 객체는 언제든지 1백만 개의 조각 – 즉, 1백만 개의 새로운 객체 – 으로 흩어질 수 있다. 객체의 가능성은 객체의 불가능성에 입각한다. 이런 의미에서 객체는 하이데거가 현존재라고 부르는 것과 크게 다르지 않다.[35] 우리는 이 점을 탐구해야 한다.

불안이 결코 거짓을 말하지 않는 감정 – 또는 그의 표현에 따르면 기분 – 이라는 하이데거의 관념은 라캉에게 강력한 영향을 끼쳤다는 점에 주목해 보자.[36] 불안은, 자신의 본래적 존재자(현존재)에 조율하는 사람을 "방해하거나 혼동시키지" 않는, 존재자의 기저적 기분이다. 이것은 불교의 지도자 초걈 트룽파가 하이데거에게 동조하여 기본적 불안이라고 부르는 것이다.[37]

자! 불안에 관한 이러한 이야기는 모두 객체와 동떨어진 것처럼 보인다. 하지만 이것이 OOO와 동떨어진 이야기일까? 불안이 나타나는 것은 현존재가 잠재적인 동시에 "불가능"하기 때문이 아닐까? 이는 좀 오묘한 논증이므로, 올바르게 이해하려면 몇 단락을 감내해야 한다. 그러나 우리는 논의를 진행하면서 현존재를 특징짓는 것이 인간의 특별한 특성 – 더 나쁘게는 특정한 인간(독일인)의 특별한 특성 – 이기는커녕 모든 객체가 공유하는 성질이라는 것을 알게 될 것이다. 이 성질은 양진문장적, 이중–진리적이다. 서론에서 주장했듯이, 객체는 자기 자신이면서 자기

---

35. Heidegger, *Being and Time*, 134~135. [하이데거, 『존재와 시간』]
36. 같은 책, 316. [같은 책.]
37. Chogyam Trungpa, *The Truth of Suffering and the Path of Liberation*, 9~10.

자신이 아닌 p∧¬p이다.

객체 내부에는 객체 자신으로부터의 차이가 존재하기 때문에 객체가 나타날 수 있다. 즉, 객체 내부에 있는 그 객체로부터의-차이가 그 객체가 다른 객체에게-나타날 수 있는 이유이다. 별코두더지가 흙에서 방출되는 천 가지의 섬세한 향기를 맡을 수 있는 것은 그 향기가 흙이 아니기 때문이다. 흙의 향기는 흙의 "동위원소"이며, 별코두더지의 코 수용기와 같은 다른 존재자에게 흙-정보를 전달하는 불안정한 전달자이다. 이것은 정확히 하이데거가 현존재, "거기-있음"을 특징짓는 방식이다. 현존재는 객관적으로 현재하지 않지만, 그럼에도 공포와 불안 같은 온갖 조율 속에서 현현한다. 특히, 불안은 현존재 그 자체라는 단순한 사실에만 공명하기 때문에 현존재에 대한 명료한 기분이다. 불안 속에서 세계는 평평해지고 무의미해진다. 객체는 우리에 대한 자신의 의의를 잃은 것처럼 보인다 — 하이데거의 상징적 구절을 빌리자면 객체는 "우리에게 더 '말할 것'이 없다."[38] 다시 말해서, 객체의 비밀스러움이 내뿜는 불가능한 섬광을 우리가 알아챈 것만 같다.

현존재 자체에 조율된 불안의 한쪽 발은 감각적 에테르 안에 있고 다른 한쪽 발은 그것의 외부, 어떤 불가능한 비-공간 안에 있다. 이것은 우리가 (몇몇) 사물이 양진문장적일 수 있다

38. Heidegger, *Being and Time*, 315. [하이데거, 『존재와 시간』.]

는 것을, 즉 p인 동시에 비-p일 수 있다는 것을 기꺼이 인정하지 않는 한 언어가 무너지는 지점이다. 예를 들어, 헤겔은 우리가 이전 장에서 본 것처럼 객체가 여기에 있는 동시에 여기에 있지 않다고 가정함으로써 운동을 설명한다. 우리는 우리가 방 안에 있는 동시에 방 밖에 있다는 점을 가지고 출입구에 있음을 설명할 수 있다. 줄자나 스톱워치와 같이 객관적으로 현재하는 물신화된 측정 장치를 사용하여 "방 안에 있음"을 "출입구에 있음"과 반대되는 것으로 특정하는 것은 불가능하다. 그렇게 하면 아무 일도 일어날 수 없고 운동도 있을 수 없다는 결론을 내리게 하는 온갖 제논의 역설에 얽매인다. 문제는 시간 "안에" 현존하는 존재자들을 상상하는 것이 너무 습관화되어 시간이, 그러므로 사건이 어떻게 객체에서 흘러나오는지 알기 어려워졌다는 것이다. 이 흐름은 객체가, 유약성으로 인해 내부에서 갈라진 자신의 동위원소를 방출할 때 발생한다. 그런 의미에서 죽음은 우리를 둘러싸고 있다. 우주가 그저 거대한 객체인 한 우리는 죽음 안에 현존하는 것이 되는데, 그것은 마치 죽음의 신 야마의 턱 안에서 모든 윤회가 일어나는 광경을 담은 불화 〈생명의 수레바퀴〉와도 같다.

"너무 아름다워 죽을 뻔했어요." 이 진술에 은유적 진실보다 더 많은 것이 있는가? 아름다움은 죽음의 경험인가 아니면 임박한 죽음의 경험인가? 아도르노는 아름다움의 전율이 폐쇄된 주체를 산산조각 낸다고 말한다.[39] 오페라 가수가 적절한 음을 적절한 음높이와 음량으로 노래할 때 음파는 와인 잔을 파괴하는 방식으로 와인 잔과 공명한다. 슬로모션 영상에서 우리는 유리잔이 파괴되기 직전에 유리잔이 얼마나 떨리는지를 볼 수 있다. 공진주파수가 유리잔과 완벽하게 일치한다.

유리잔 그 자체의 에일리언 현상학 관점에서 볼 때, 이것이야말로 갑자기 경계 감각을 상실하는 "경험"이 아닐까? 그리고 이것이야말로 아름다움이 아닐까? 아름다움의 사건에서, 나의 내적 공간의 비-자아적 부분이 벽의 색상과 공명하고, 내 귀에 쏟아지는 소리와 공명하는 것처럼 보인다. 엄청나게 증폭된 이러한 공명이 실제로 나를 죽일 수도 있을까? "아름다운 죽음의 길"—나 자신을 나 자신으로부터 제거하는 진동에 의해 파괴되는 것 말이다.

아름다움이 작용하려면 상처를 수용할 수 있는 표면이 이미 거기에 있어야 한다. 아름다움의 칼은 객체의 본질과 나타남 사이의 가느다란 틈에 자신을 찔러 넣을 수 있는 것처럼 보인다. 아름다움은 객체와 방금 말한 같은 객체 사이에 이미 현존하는 대균열, 즉 객체가 양진문장적이고 갈라진 혀로 말한다는 사실에 "자신을 작용시킨다." 이 대균열은 객체를 끝장낼 수 있는 객체 속 비일관성이다. 객체가 그것의 나타남으로부터 완전히 찢어질 때, 그것의 하마르티아는 파괴 및 죽음이라고 불리는

---

39. Adorno, *Aesthetic Theory*, 245~246, 331. [아도르노, 『미학이론』.]

것에 도달한다.

그렇다면 아름다움은 임박한 죽음에 대한 비폭력적인 경험이며, 우주의 다른 모든 것과 마찬가지로 자신이 유약하다는 경고이다. 아름다움은 객체를 향한 위협의 그림자인데, 이 위협은 다시 객체들이다. 본질과 나타남 사이의 대균열로 인해 객체 그 자체는 내적 위협을 수반한다. 아름다움은 연약한 육신과 유약한 유리잔의 부름이다. 이것은 아마도 애덤 스미스 같은 전-칸트적 미적 정동 이론을 사로잡고, 안아트만(무아)에 대한 불교적 관점에 기반한 윤리 이론을 사로잡은 사랑, 공감, 연민의 경험 같은 주제들과 아름다움이 연합하는 이유를 설명한다. 이것이 우리가 아름다움을 바탕으로 비폭력적 공존의 윤리를 기술할 수 있는 이유이다. 이 윤리는 미적 경험에 대한 칸트적인 냉담한 설명에 기반할 수 없다. 왜냐하면 그것은 경직된 인간중심주의와 어두운 가학적 측면을 갖고 있기 때문이다. 그 대신, 그것은 우리가 이미 공유하고 있는 불편한 내밀성에 가능한 한 가까이 다가가는 기획에 기반해야 한다. 지금부터 이 점을 탐구해 보자.

내가 아름다움을 경험할 때, 나는 객체와 공명한다. 객체와 나는 서로에게 조율한다. 칸트는 아름다움을 조율 과정으로 기술한다. "아름답다"는, 객체 그 자체에서 방출되는 것처럼 보이는 비인격적이고 "객체-같은" 인지 상태가 떠오를 때 내가 나에게 말하는 것이다. 마치 객체와 내가 서로 떼려야 뗄 수 없는 결합 속에 묶인 것만 같다. 일반적인 편견을 가진 사람은 종종 자아가 없다는 것이 자기 이빨도 닦을 줄 모른다는 것을 의미한다고 여긴다. 그러나 여기서 전개된 논증에 따르면 당신은 언제나 자아 없이 이를 닦는다. 자아 없음은 이미 일어나고 있다. 무아적 경험을 하는 것은 완벽하게 가능하다. 당신이 지금 이미 경험하고 있다.

아름다운 객체는 마치 장갑처럼 나에게 딱 맞는다. 그러나 칸트주의적 아름다움은 미학이 의복과 같다고 말하는 전통적인 방식의 아리스토텔레스와 호라티우스의 데코룸decorum과는 다르다.[40] 데코룸은 아름다운 것이 무엇을 입어야 하는지에 관한 객관적인 규칙, 아름다운 것으로 여겨지는 것에 관한 외적이고 체계적인 기준 집합, 확인 사항을 제공한다. 이와는 대조적으로, 칸트주의적 아름다움은 더 교란적인 어떤 것의 증상이다. 칸트는 이 발견을 초월론적 주체로 생각하지만, OOO는 그 발견을 객체의 물러남이라고 생각한다. 그러나 이러한 사고들 사이에는 밀접함이 있는데, 왜냐하면 둘 다 일종의 초월론적 갈라짐이나 대균열을 실재에 내적인 것으로 상상하기 때문이다. 아름다움은 손에 맞는 장갑이기보다는 죽음이 당신의 손을 잡고 당기는 것에 가깝다.

아름다움은 비개념적이다. 객체의 그 어떤 것도 객체를 직

40. Horace, *On the Art of Poetry*, 82~83.

접적으로 설명하지 않는다. 부분은 객체를 설명해 주지 않는다. 왜냐하면 그렇다면 그것은 순전한 실증주의적 환원주의가 되고 말 것이기 때문이다. 전체는 객체를 설명해 주지 않는다. 왜냐하면 그렇다면 그것은 또 다른 환원이 되고 말 것이기 때문이다(부분은 이제 소모품이 된다). 그런데 아름다움은 이 사물에서 방출되는 것처럼 보인다. 그저 이 특수하고 고유한 사물이 아름다움의 장소이다. 나는 제정신이라면 누구나 그 사물이 아름답다고 여겨야 한다고 생각한다. 하지만 이것을 남에게 강요한다면 경험을 망칠 것이다. 나는 아름다움에 대한 나의 특수한 경험이 공유되지 않았다는 것을 알고 있지만, 당신이 아름다움이 무엇인지 알고 있다는 것을 안다. 어떤 무조건적인 자유가 내용 없는 어떤 공존과 함께 개방된다. 칸트가 아름다움의 경험을 민주주의의 본질적인 부분으로 간주한 것은 당연하다. 아름다움은 존재자 속의 사건, 일종의 간극, 부드러운 틈새이다. 아름다움은 비강제적이고 심오하게 비폭력적인 인지 상태를 가져온다.[41]

그러나 아름다움의 경험이 일어나기 위한 가능성의 조건은 무엇인가? 이를테면 아름다움의 현상학적 물리학이란 무엇인가? 우리가 이러한 조건을 탐구하면 하나의 주목할 만한 작품 모음집을 발견하게 된다. 그것은 알폰소 링기스의 작품들이다.

---

41. Theodor Adorno, *Aesthetic Theory*, 241 [아도르노, 『미학이론』]를 보라.

칸트주의적 아름다움은 색, 소리, 냄새, 질감, 맛으로 상처를 입을 수 있는 존재자를 암묵적으로 전제한다 — 그래서 아름다움의 조율 과정이 시작될 수 있도록 존재자는 그것들로부터 영향을 받고 공명한다. 이 존재자는 링기스가 일련의 주목할 만한 연구에서 탐구하는 것이다. 이것은 칸트가 제시하는 것처럼 단순한 욕구appetite의 영역이 아니다. 왜냐하면 그것은 인간과 비인간(예를 들어 동물) 사이의 차이를 재생산할 수 있어서 부적합하고 문제적일 것이기 때문이다.[42] 게다가 나는 욕구 속에서 굶주린 늑대처럼 사물들의 시체 위를 배회한다 — 그것은 마치 이 공격적인 갈망을 최소한으로 유보하는 어떤 강력한 객체가 아름다움의 사건이 사로잡기 이전에는 언제나 이미 그것을 유보하는 것만 같다. 그리고 더 이상한 점은 라캉이 잘 지적했듯이 칸트주의적 아름다움과 가학증, 무한히 불투명한 객체와 관련된 차가운 욕정lust 사이에는 대칭이 있다는 것이다.[43] 그렇다면 아름다움의 부드러운 틈이 만들어지기 이전에 칼이 준비되어 있어야 하고 칼에 찔릴 팔이 범위 안에 있어야 한다. 링기스의 사유가 다루는 것은 "수준"과 "지시"의 이 차원, 즉 위험하고 기이한 차원이다.[44] 자아가 단순히 객체의 형상인인 한, 아름다움에 관해서 우리가 말하는 것은 본질과 나타남 사이

---

42. Kant, *Critique of Judgment*, 45~46, 51~52. [칸트, 『판단력 비판』.]
43. Jacques Lacan, "Kant with Sade."
44. Lingis, *The Imperative*, 25~38.

의 대균열과의 미적 공명이다. 링기스가 보여주는 것은 우리의 자아를 넘어서는 경험이 현존하며 그것이 심오하게 물리적이라는 것이다. 링기스의 통찰은 이 책에서 확립된 많은 명제를 제공한다.

아름다움은 자아에 의존하지 않는다. 이 사실은 인간인지에 매우 기본적인 것이다. OOO는 이 기본적인 것이 인간과 다른 사물 사이의 상호작용에서만이 아니라 모든 객체들 사이의 상호작용에서 나타난다고 주장한다. 이 다소 충격적인 관념을 살펴보자. 객체의 샘플은 그 객체가 아니다. 기분은 그 객체가 아니다. 그러나 그것은 객체에 매우 가까이 다가갈 수 있게 해주는 전화가 될 수 있다. 만약 임의의 객체가 다른 객체에 완벽하게 자기 자신을 조율하고 있다면, 그중 적어도 하나는 파괴될 것이다. 다시 유리잔을 고려해 보라. 오페라 가수가 어떤 음을 특정한 음높이로 노래한다. 유리잔의 공진주파수에 따라 음높이가 진동한다. 그 소리는 유리잔과 같지만, 유리잔이 아니다. 음높이는 유리잔에 조율되어 있다. 유리잔이 춤을 추기 시작하고 유리잔이 작은 오르가슴—그들은 이것을 실신little death이라고 부르지 않던가?—을 겪으면 유리잔은 비-유리잔으로 폭발한다. 다시 말하지만, 유리잔의 공진주파수에 조율된 음파가 유리잔에 너무도 완벽하게 맞아떨어지면 유리잔은 파괴된다. 선율이 객체를 산산조각 낸다.

예술은 문자 그대로 사물을 창조하고 파괴할 수 있다. 인과성은 세계에 실재적 효과를 낳는 악마적 에너지의 환상-같은 놀이이다. 어떤 존재자를 그 존재자가 아닌 것에 완벽하게 조율한다는 것은 파괴를 의미한다. 이것이 당신이 죽을 때 일어나는 일이다 — 당신은 당신의 환경이 된다. 음파에 완벽하게 둘러싸이면 유리잔 자체가 일종의 아름다움을 경험할까? 그것은 유리잔과 비-유리잔 사이의 경계가 갑자기 허물어지는 것, 아도르노가 자아를 사라지게 만드는 핵심적인 충격이라 부르는 경험일까? 칸트에게 아름다움은 객체와의 공존에 대한 비개념적 경험이다. 그것은 마치 나의 내적 상태가 객체로부터 방출되는 것만 같은 가상적 경험이다. 이 경험은 마치 꽃병 안과 밖의 공간이 융합되는 것처럼 객체와 주체가 갑자기 융합되는 것만 같다. 만약 그 작인이 객체, 즉 비-나와 비-유리잔으로부터 유래한 것이라면 어떨까? 칸트가 나의 내적 공간을 객체에 기투하는 것으로 여긴 마치-그러함as-if의 성질이 사실은 객체의 방출이라면, 혹은 그러한 방출에 기반한 것이라면 어떨까? 만약 아름다움이 객체가 우리의 연약함에 조율한 것이라면 어떨까? 서론에서 우리가 탐구한 P.M. 던의 그 치명적인 오르골 소리를 들을 때, 당신은 정말로 당신의 죽음의 가능성을 듣고 있다. 그 아름답고 기이한 오르골은 태엽이 감기고 연주하고 또 연주하며 자신을 시행한다. 빙산의 일각이다. 아름다움은 객체가 끝나는 방식이다. 아름다움이 죽음이다.

현전 없는 객체 : 현재 없는 객체

하이데거는 어떤 것의 끝은 다른 어떤 것의 시작이라고 주장한다.[45] 이제 이것은 진부하게 참이다 — 와인 잔이 깨지면 천 개의 조각이 탄생한다. 그러나 하이데거는 이것보다 낯선 무언가를 의미한다. 그는 본래적 현존재의 끝이 "객관적으로 현재하는 무언가의 … 시작"임을 의미한다.[46] 다른 말로 하자면, 끝은 단순히 우리가 줄자나 가이거 계수기로 사물을 측정할 때 사물의 바깥쪽 가장자리에서 찾을 수 있는 것이 아니다. 사물의 끝은 사물 내부에 있다. ~에-대한-나타남으로서의 나타남은 일종의 죽음이다. 우리는 죽음의 우주, 그 안에서 일어나는 객체들의 동위원소들 사이의 상호작용, 그것들의 기이하고 으스스한 귀신들이 크기, 모양, 지속, 운동량, 중력, 색상, 맛과 감정 상태를 결정하는 우주 속에서 살고 있다. 사물이 나타나는 이유는 일종의 죽음이 일어났기 때문이다. 광자는 전자를 변화시킴으로써 전자를 "측정"한다. 내가 시를 오독함으로써 그 시는 나에게 생생한 것이 된다. 보도 위의 모든 걸음은 보도를 닳게 한다. 원자가 다른 무언가가 되면서 탄소14가 붕괴하면 시간이 무너진다.

---

45. Heidegger, *Being and Time*, 221. [하이데거, 『존재와 시간』.]
46. 같은 곳. [같은 책.]

양자의 측정은 그것의 "정합성," 즉 다른 위치들과 운동량들이 서로 "중첩"되는 양진문장적 상태에서의 양자의 현존을 파괴한다. 측정 이전에 무언가가 현존하기 때문에 측정이라는 것이 애초에 일어날 수 있다. 우리는 여기서 에세 에스트 페르키피[존재한다는 것은 지각되는 것이다]esse est percipi를 다루고 있지 않다. 그러나 측정은 진동하면서 진동하지 않는 상태의 객체가 지닌 유약하고 불안정한 성질, 즉 애런 오코넬이 호흡이라 부른 객체의 불안정한 성질을 파괴한다(2장을 참조하라).

이 책의 1장에서 우리는 시의 혁명적 가치에 관한 퍼시 셸리의 감동적인 『시 변론』을 간략하게 살펴보았다. 셸리는 시가 환원될 수 없이 도래할-것의 의미를 지닌 사건이라고 주장한다. 시를 시로 만드는 것은 그것이 무엇을 의미하는지 우리가 아직 모른다는 것이다. 따라서 시인은 "포착되지 않은 상상의 교환, 미래가 현재에 드리우는 거대한 그림자를 비추는 거울"이다.[47] 시는 시간 자체를 존재론적으로 지원하여 지금까지 알려지지 않은 의미와 행위의 가능성을 열어주는 한 "무시간적"이다.

셸리는 자기 논증의 근거를 관념론에 두지 않았다. 오히려, 그는 체계 내적으로 사고를 설명할 수 있는 아름답게 구현된 물리주의에 근거를 두었다. 그에 따르면 인간과 아마도 "다른 모든 감각적 존재자"는 바람의 운동에 공명하는 바람 리라, 에올

---

47. Shelley, *A Defence of Poetry*, 535.

리언 하프와 같다. 이 하프가 18세기에 일반적인 가사용품의 일부였다고 상상하는 것은 낯설다. 제인 오스틴 소설의 등장인물이 하프의 소리를 듣고 있다고 상상해 보라. 그 소리는 〈소닉 유스〉 또는 라 몬테 영의 현대 드론 음악과 다르지 않다. 플라톤의 『이온』에서처럼 바람은 하프의 현에 의해 전달되고, 이는 다시 우리의 귀에 의해 전달된다. 바람이 현을 흔들면 번역의 과정이 진행된다. 그러고 나면 이 번역 자체가 다시 번역된다. 이것이 셸리의 사고 이미지, 번역의 번역이다. 어떤 번역도 변환, 다른 객체를 경유한 오역이므로 셸리의 에올리언 리라 이미지는 물리주의적 실재론에 사고를 포함하기 위해 필요한 모든 도구를 제공한다.

바람의 본질은 물러난다. 그러므로 바람에 대한 "포착"은 잃어버린 것에 대한 애가이다. 바람 소리 속에는 바람이 없다. 그런데 애가의 본질은 무엇인가? 애가의 본질 또한 물러난다. 에올리언 리라의 모든 생동적인 위상적 음은 바람에 관하여 리라화하는 방식으로 말한다. (오)번역(mis)translate의 계열에는 끝이 없다. 바람의 (오)번역은 바람 자체가 물러나는 것처럼 열린-결말이다. 그런데 바람은 유한하고 결정적이다 — 그것은 바람이요, 새우 칵테일이 아니다. 여기서 우리가 조우하는 것은 객체의 비-목적론적 유한성이다. 객체는 특정적이지만 열려 있다 — 그것은 모호하고 흐리멍덩한 것이 아니지만, 그럼에도 정의되기를 거부한다. 객체는 이미 죽었고, 그것의 운명은 객체의 내적 유약함으로 잠겨 있다 – 죽은 객체가 걸어 다니고 있다. 객체는 산송장, 귀신, 떠도는 것이다 – 그것은 살아있는 것도, 야생적이거나 비생명적인 것도 아니다. 깊은 존재론적 수준에서 객체의 미래는 불확실하다. 객체가 불확실한 것은 "미래"가 예측하기 어렵기 때문이 아니라 내적 골, 객체와 객체의 감각성 사이의 코리스모스로 인한 것이다. 그렇다면 객체란 단순히 인간 드라마를 위한 소품일 뿐이고 인간 세계 안에서 조우되는 한에서 역사가 있다고 말하는 하이데거와는 대조적으로, 온갖 객체가 극장의 붉은 장막이 신비롭게 갈라지는 것처럼 미래를 열어젖힌다.[48]

우리는 본질을 객체의 "뒤"나 "이전"에 매장된 어떤 것으로 생각한다. 그러나 지금쯤이면 객체의 본질은 객체 앞에 있다는 것이 상당히 분명해야 한다. 이것이 역설적으로 들릴지 모르지만, 사물의 본질은 미래이고 사물의 나타남은 과거이다.[49] 이러한 다소 놀라운 결론은 좀 더 생각해 볼 가치가 있다.

물질이라고 불리는 것은 OOO의 관점에 따를 때 단순히 ~에-대한-물질이다. 다른 말로 하자면, "물질"은 감각적 객체, 인과성의 일부로 나타나는 미적 현상이다. 아리스토텔레스가 사물의 질료인이라고 부르는 것은 그 사물을 구성하는 존재자(들), "그것이 무엇으로 만들어짐"이다. 물질은 문제로 삼고 있는

48. Heidegger, *Being and Time*, 355. [하이데거, 『존재와 시간』.]
49. 같은 책, 353, 355~356. [같은 책.]

객체를 생산하기 위해 조각되고, 가공되고, 녹고, 얽힌 사물에 대한 소급적 정립이다. 이러한 관점에서 유물론은 이상하게도 유물론적이지 않으며, 심지어는 다소 "상관주의적"이거나 혹은 관념론적이기까지 하다. 상관주의는 실재 자체가 오직 정신과 사물 및 세계 사이의 상관관계에만 의미 있게 내재한다는 지배적인 포스트칸트주의적 견해이다.[50] 즉, 물질은 물질을 정립할 어떤 "관찰자"(감각적인지 인간인지의 여부는 무관하다)를 요구한다. 여기서 "관찰"은 입각하기나 의식적 결정을 내림을 의미하지 않는다. "관찰자"가 문제로 삼고 있는 객체일 뿐이고 그 객체는 감각적이지 않고 지능적이지 않다고 가정해 보자. 그 객체를 이루는 물질은 여전히 ~에-대한-물질, 그 객체 자체의 현존에 의해 소급적으로 정립된 것이다.

물질은 문제로 삼고 있는 물질과 다른 적어도 하나의 다른 존재자의 현존을 함의한다. 데리다의 악명 높은 격언에 관해 생각해 보라 — 일 니야 빠 드호스-텍스트il n'y a pas d'hors-texte.[51] 다행히도, 가야트리 스피박은 이에 대해 두 가지 영어 번역을 제공한다. 두 번째의 괄호로 표현된 번역이 내가 선호하는 것이다 — "바깥-텍스트는 없다."there is no outside-text 이것이 의미하는 바는 모든 것이 순수 언어로 환원될 수 있는 것은 아니라는 것

---

50. 이 표준구(locus classicus)는 퀑탱 메이야수에게서 가져왔다. Meillassoux, *After Finitude*, 5~7. [메이야수, 『유한성 이후』.]

51. Jacques Derrida, *Of Grammatology*, 158. [자크 데리다, 『그라마톨로지』.]

이다. 그렇지 않으면 사물을 사물이 맺는 관계로 환원하는 구조주의가 될 것이다. 그와 대조적으로, 데리다가 말하고 있는 것은 텍스트가 그것이 포함-배제하는 일종의 외부성에 입각하는 닫힌 체계(로이 바스카의 용법)이며, 이 외부성은 말할 수 없는 것이 아니라 부정의 방식으로밖에 말할 수 없는 것이라는 것이다.[52] 예를 들어 단어는 새길 수 있는 표면, 잉크, 글쓰기의 역사와 문화, 다양한 철자 약속 등에 의존한다. 텍스트의 현존은 텍스트와 적어도 하나 이상$^{1+n}$의 물러난 존재자의 공존이다. 이것은 OOO적 진리의 전체가 아니다 — OOO에서는 실재적 망치가 존재한다. 그러나 OOO의 관점에서 볼 때 데리다의 통찰은 아마도 객체지향적 빙산의 일각일 것이다. OOO는 데리다에게서 긍정적이고 실증주의적인 과정관계론이나 어떤 다른 형태의 유물론으로 온화하게 퇴보한 것이 아니다. 오히려 OOO는 최초이자 유일한 진정하게 포스트데리다주의적인 관점이다.

과거라고 불리는 것은 문제로 삼고 있는 객체와 공존하는 진정한 다른 객체(들)이다. OOO 우주는 일원론적일 수 없고 유아론적일 수도 없다. 객체는 말해질 수 없는 것이지만 나는 객체가 현존한다는 것을 안다. 나의 현존 자체가 객체들에 입각하는 것은 "나는 그것들로 만들어졌다"는 이유로 인해서만이 아니다. 본질과 나타남 사이의 대균열로 인해 자기 자신과의 관

52. Roy Bhaskar, *A Realist Theory of Science*, 56, 82, 85, 124, 212.

계에 있어서만 그렇다고 하더라도 객체란 그저 공존일 따름이기 때문이다.

우리가 본 과거의 한 양상은 ~에-대한-물질과 매우 유사하며 현존하는 객체에 의해 소급적으로 정립된 것이다. 이제 아리스토텔레스의 사원인에서 미운 오리 새끼라 할 수 있는 형상인을 다시 고려해 보자. 여러 이유로 인해 형상인은 포스트-스콜라 철학적 합의("과학"이라고 알려진 것)에서 그 운이 다했다. 한 가지 주된 이유는 형상인이 종종 목적론적인 방식으로 해석되었고 과학은 대체로 목적론에 대한 강력한 반발제 역할을 한다는 것이다. 예를 들어 목적론이 가져온 해악을 고려해 보라. 백인이 아닌 인종은 지배되기 "위한" 것이고, 소는 먹기 "위한" 것이며, 그렇게 목적론이 계속된다. 맑스가 다윈에게 팬레터를 쓴 이유는 『종의 기원』이 생명체에 관한 목적론적 관점을 심각하게 훼손시킨다는 점을 인식했기 때문이다.[53] 목적론을 의심해야 하는 더 깊은 OOO적 이유는 목적론이 객체를 어떤 "~를-위한 것," 어떤 목적에 의해 의미가 부여된 방울로 바꾸기 때문이다. 이 관점에서 객체는 이러한 방식으로 목적이 지정될 때까지 어떤 틈새 영역에서 떠돌아다니게 된다 — 존재한다는 것은 어떤 다른 존재자를 위한-목적을 가지는 것이다.

그럼에도 불구하고, 앞에서 보았듯 현대 양자 물리학의 발

---

53. Beer, "Introduction," *The Origin of Species*, xxvii~xviii.

견은 형상인을 다시 불러올 수 있다. 목적론으로부터 분리시키며 형상인을 수정할 수 있을까? OOO의 경우 객체의 물리적 형태, 즉 그것의 형상은 ~로서의-형식이자 ~에-대한-형식이다. 다른 말로 하자면, 그것은 상호사물적이며 그러므로 미적이다. 유리잔은 유리 부는 직공의 손과 호흡을 거쳐 취관과 녹은 유리 덩어리가 상호작용하는 방식으로 형성된다. 유리잔의 형태는 기록, 그것에게 일어난 일의 흔적이다. 프로이트는 자아가 단지 "버려진 객체-카섹시스의 침전물"일 뿐이라고 주장한다.[54] 프로이트에게 침전물이라는 단어의 사용은 놀랍도록 물리적이며, 그렇게 살아있는 유기체보다는 화학 물질을 환기함으로써 인간과 생명을 넘어서 그의 발견을 생각할 수 있는 길을 연다.

그렇다면 우리가 이 구절을 역전시켜 객체들의 형상이 그들의 자아였다고 주장한다면 어떨까? 만약 자아가 객체-같은 것이라면 물론 그 역전은 적용된다. 이 유리잔의 동일성은 물을 부어서 유리잔으로 사용되는 방식과 유리잔으로 형성된 방식이다. 그리고 다시 말하지만, 유리잔의 동일성과 유리잔의 본질 사이에는 심오한 대균열이 있는데, 이 균열은 미분화된 방울과 손잡이, 목 부분, 무게, 반짝임 등으로 한정된 형태 사이의 차이와 같지 않다. 이는 유리잔과 유리잔 사이의 차이를 통해서밖에 설명할 길이 없다.("한 마리 오리 사이에 놓인 차이는 무엇인가? 오

---

54. Freud, *The Ego and the Id*, 24.

리의 다리 한쪽은 둘 다 똑같다.") 유리잔은 유리잔이자 기이하게도 비-유리잔이다 — $p \wedge \neg p$.

우리가 유리잔을 잡을 때, 우리는 "형상적"이고 "질료적"인 의미에서 과거를 잡고 있는 것이다. 그렇다면 현재는 어떤가? 현존하고 있거나 계속하고 있거나 존속하고 있다는 것은 무엇인가? 그것은 단지 그 자신으로부터 다르게 있음을 의미한다. 그러므로 현존하고 있음은 미래적이다. 그것은 아직-아님이다. "현재"는 과거와 미래 사이에 놓인 거품이나 깜박임 커서, 혹은 점이 아니다. 현재는 그-자신으로부터의-차이이다. 현전은 나타남과 본질의 기이한 맞물림에 부여된 감각적 구성물이다. 현재라고 불리는 것은 "과거"와 "미래"에 의해 그 내부에서 비워진다. 우리는 셸리의 『시 변론』의 마지막에 대한, 셸리가 시인을 "미래가 현재에 드리우는 거대한 그림자의 교황"이라고 여긴 것에 대한 OOO 해석에 접근하고 있다.[55]

인과성은 미적이므로 시에 관한 사유를 사용하여 인과성을 생각하는 것은 정당하다. 해럴드 블룸이 시에 관해 말한 것만 고려해 보자 — "시의 의미는 오로지 시일 수 있으며, 그저 다른 시, 그 시가 아닌 다른 시이다."[56] 마찬가지로 객체의 의미는 또 다른 객체이다. 우리는, 객체가 양진문장적이기 때문에 그 "다른 객

---

55. Shelley, *Defence*, 535.

56. Bloom, *The Anxiety of Influence*, 70. [블룸, 『영향에 대한 불안』.]

체"가 기이하게도 바로 그 같은 객체일 수 있다고 주장하며 이것을 약간 수정할 수 있다. 다른 말로 하자면, 객체의 나타남 자체가 객체의 "의미"일 수 있다. 그러나 이것은 뻔한 소여성의 의미가 아니다 — 그것은 어떤 의미에서도 위지윅WYSIWYG 의미가 아니다(마이크로소프트 윈도우 시대 이전에 위지윅은 "보이는 대로임"을 의미했다). 그것은 변덕스럽고 기만적이며 환상적인 의미이다. 놀랍게도 우리는 과거가 단지 나타남일 뿐이라는 것을 알아채기 시작했다. 나타남이 "지금"이라는 상식적 믿음과는 대조적으로 사물의 형상적 및 질료적 원인은 사물의 과거성이다. 이것은 미래가 사물의 본질임을 의미할 것이다.

잠시 논의를 멈추고 되새겨보자. 나타남은 "과거"이고 본질은 "미래"이다. 이것은 매우 낯선 발견이다. 전통적으로 사물의 본질은 과거와 연합되었다. 내가 보기 이전에, 다른 양자와 상호작용하기 이전에, 이것은 무엇이었는가? "측정"의 양자 이론적 정의는 "다른 양자로 비틂"이다. 비록 많은 사람이 이것을 관념론이나 뉴에이지 판타지로의 초대장으로 여기지만, 그럼에도 이 수준에서 지각함과 초래함causing 사이에 연결 고리가 있음은 부인할 수 없다. 실체에 관한 아리스토텔레스주의-스콜라철학 이론과 포스트칸트주의적 상관주의(닐스 보어에게서 전해 내려온 표준 모델이 바로 그러한 견해이다)는 본질을 과거로 생각하는 데서 비롯된다. 이렇게 해서 상관주의자와 관념론자의 냉장고-속-불빛 같은 불안이 생겨난다. 숲속의 나무가 떨어질 때… 먼저 나무가 쓰러지며 이야기가 진행되고, 그다음 누군가가 그것을 듣는다. 또는 반대일지도 모르는데, 냉장고 속 빛에 관해 생각하기를 멈추면 냉장고 속에 빛은 없을 것이다. 그러나 이것은 이미 시간을, 시간이라는 에테르 속에 다른 객체들을 포함함으로써 다른 객체들에 의미를 부여하는 "중간 객체"로서 생각하는 것이다.

우리는 OOO가 이것이 정당하지 않다고 간주한다는 것을 알고 있다. OOO는 아리스토텔레스의 실체성으로 돌아가는데, 여기서 사물이 일종의 제1질료에서 유래하고 오로지 목적적 기능 ― 포크는 찌르기 위하여, 오리는 헤엄치기 위하여, 그리스는 야만인을 정복하기 위하여 등 ― 에 의해서만 독점적으로 정의된다는 관념을 함의하는 목적론은 배제된다. 형상과 텔로스의 연결이 해제된다. 물질은 그저 형성된 객체의 소급적 정립, 즉 "현재"의 객체를 초래한 것이 된다. 그렇다면 형상과 물질은 과거에 관해 이야기하는 다른 방식이며, 과거는 그저 객체에 대한-나타남일 뿐이다. 다시 말하자면, 내가 빠진 블랙홀의 표면에서 겁에 질린 내 얼굴의 사진이 빠르게 사라져 가는 것을 볼 수 있다.[57] 객체의 나타남은 과거이다 ― 특수 상대성 이론을 간단히 고려하면 이것이 진부하게 참이라는 것을 알 수 있다.[58] 블랙홀은 우주에

57. Penrose, *The Emperor's New Mind*, 3M.
58. Bohm, *The Special Theory of Relativity*, 158~174.

서 가능한 가장 밀도가 높은 객체, 그로부터 어떠한 정보도 빠져나가지 못하는 객체이다. 나타남의 양상에 있어서, 모든 객체는 블랙홀의 사건 지평선에 놓인 사진과 같다.

환상적이게도 나타남은 객체의 사건 지평선일 뿐이며, 인과성이 의미를 가지게 되는 존재론적으로 "앞에 있는" 지점이다. 그런데 블랙홀조차도 방사한다(호킹복사). 어째서인가? 왜냐하면 블랙홀은 블랙홀의 나타남과 일치하지 않기 때문이다. 결국 블랙홀은 증발한다. 그것의 본질은 그것의 나타남으로 붕괴한다. 내가 죽으면 나는 나에 관한 당신의 기억이 되고, 내 휴지 바구니에 담긴 구겨진 종잇조각이 된다.[59] 변화하고 소용돌이치는 심연은 원초적 질료에 관한 어떤 셸링주의적 설명처럼 객체 뒤에서 범람하지 않는다.[60] OOO에서 심연은 바로 우리 눈앞에 있다. 부엌에 있는 빨간 플라스틱 그릇에 담긴 사과를 향해 손을 뻗는 것은 심연에 손을 뻗는 것이다. 심지어는 사과를 보는 것, 그것에 관해 이야기하는 것, 그것에 관해 시를 쓰는 것조차도 심연에 빠지는 것이다.

제라드 맨리 홉킨스는 다음과 같이 말한다.

---

59. Sartre, *Being and Nothingness*, 41~42, 61~62 [사르트르, 『존재와 무 1, 2』]를 보라.

60. Grant, *Philosophies of Nature after Schelling*, 37~38, 79, 92, 99, 130~131, 146~147, 162.

모든 피조물은 한 가지 같은 일을 하나니,

제각기 내면에 거주하는 제 존재를 밖으로 내보낸다.

자아들은 스스로 움직여서, 나 자신을 말하고 쓴다.

내가 하는 것이 나이며, 그 때문에 내가 왔노라, 외치면서.[61]

우리는 여기 둔스 스코투스가 아리스토텔레스주의적 개체성을 재긍정하는 가운데에서도 (존재론이라는 용어를 부끄러움 없이 말할 수 있었던 마지막 시기) "내"와 "나" 사이에 차이가 있음을 보았다 — "내가 하는 것이 나이며, 그 때문에 내가 왔노라."[62] 내가 말하는 나는 무엇인가? OOO에 있어서 이것은 "이 문장은 거짓이다" 같은 거짓말쟁이의 역설을 말하고 있다. 나타남은 거짓말쟁이지만, 그러나 거짓말로 진실을 말한다. 바닥을 헤아릴 수 없는 나타남의 놀이는 역설적으로 근거 지어져 있다 — 인과성의 끝없는 꿈은 꿈과 비교해서 너무 깊숙한 곳에 놓여 있는 객체에 의해 지원된다.

시의 의미는 미래 (속)에 있다. 시의 "내가 하는 것이 나이며"는 읽어지고, 낭독되고, 선집에 배치되고, 무시되고, 기억되고, 번역되어 왔다. 이 미래는 하나의 지금-점, 즉 현재의 지금-점에서 떨어진 n개의 지금-점들이 아니다. 이 미래는 데리다가 도래

---

61. Hopkins, *The Major Works*.

62. 개체성에 관해서는 Duns Scotus, *Philosophical Writings*, 166~167를 보라.

l'avenir라 부른 것, 혹은 내가 '미래적 미래'라고 부르는 것이다. 그렇다면 매우 엄밀한 의미에서 시는 미래에서 오는 것이다. 기묘한 플라톤주의가 효과를 발휘하고 있는데, 객체의 '미래적 미래'의 말해질 수 없는 현존으로부터 감각적-미적-인과적 공존으로 그 객체의 그림자를 비추고 있다. '미래적 미래'는 어떤 초월론적 저 너머가 아니다 — OOO에서 저 너머란 없는데, 왜냐하면 그것은 탁월한 정상 객체가 될 것이기 때문이다. '미래적 미래'는 그 안에 객체가 "거주"하는 "시간"도 아니다. 오히려 '미래적 미래'는 객체 그 자체의 순수한 가능성이다.

물러남은 바로 이러한 미래성이며 이 미래성은 예측 가능한 시간이 아니다. 그 경우 그것은 존재적으로 주어진 것이 될 것이기 때문이다. 미래성은 또한 초과가 아닌데, 포스트구조주의가 사랑한 이 초과라는 개념은 누군가에-대해 객체가 과도하다는 것을 함의한다("누구"는 인간이나 물고기가 될 수 있는 만큼 망원경이나 티백이 될 수 있다). 초과는 감각적이며 나타남의 영역에 속한다. 어느 쪽인가 하면 초과는 객체의 과거성에 속한다. 미래성은 또한 공허, 간극이 아니다. 어쩌면 개방성이라는 용어가 미래성을 가장 잘 표현할 것이다. 물러남은 개방성이다. 이제 우리는 본질과 나타남 사이의 코리스모스를 더 명확하게 식별할 수 있다. 그것은 개방성과 허상 사이의 대균열이다.

시간은 객체가 "그 안에" 현존하는 일련의 지금-점이 아니라 두 가지 다른 방식으로 객체로부터 흘러나오는 것이다. 사물의 알려지지 않고 알 수 없는 본질은 미래이다. 무언가가 나타나는 방식은 과거이다. 이것은 물리학과 일치하는데, 빛의 속도는 어떤 사물에 대한 감각적 인상도 그 사물의 과거에 대한 인상임을 보장하기 때문이다. 내가 여기서 주장하고자 하는 바는 시간이 객체로부터 쏟아져 나오는 것에는 존재론적 이유가 있다는 것이다. 사물의 고정성, 역사, 정의 등은 과거이다. 사물의 개방성은 미래이다. 현재는 즉각적으로 "눈앞에-있는"vorhanden(하이데거) 무언가의 "객관적" 허구이다. 현전은 그-자신으로부터의-차이이며, "과거"와 "미래"에 의해 그 내부에서 비워진 것이다.

측정은 사물의 동위원소와 관계를 설정함으로써 사물의 말해질 수 없는 비밀스러움에 의미를 부여한다. 그렇다면 사물의 의미는 사물의 관계에 사로잡혀 있고, 이는 즉 그것이 과거라는 것이다. 우리는 객체를 다루고, 맛보고, 입자 가속기로 쏘고, 그것에 관한 시를 쓰기 전까지 객체가 무엇인지 알 수 없다. 광자 또한 어떤 의미에서 객체를 조정할 때까지 객체가 무엇인지 알 수 없다. 그러나 그 경우에도 우리는 객체를 가질 수 없으며, 객체의 느낌, 전압, 맛에 관한 우리의 지식을 가지고 있을 뿐이다. 관계가 객체의 의의를 확립하는 것이며 이러한 관계는 비환원적으로 과거이다. 꿈이나 시의 의미가 미래에 있는 것처럼, 인과적 차원인 감각적 에테르 속 관계의 본질도 미래에 있다 — 그것은 아직 일어나지 않았다. 줄자는 아이에게 기대어 있지만, 아이의 신장을 알기 위해서는 여전히 나의 눈으로 줄자를 읽어내야 한다. 광자는 결정격자로부터 굴절되지만 이를 우리에게 전하려면 광자는 사진판에 흔적을 기록해야 한다. 따라서 시간은 객체 내부와 객체들 사이의 관계로부터 펼쳐진다. 그리고 그렇기에 우리는 관계에서 무엇이 일어나는지 특정할 수 없다(어떤 존재적 또는 존재신론적 방식을 제외하고는 말이다).

과정관계론은 관계의 내적 모호성을 환원시키려고 한다. 사건의 의의는 도래할 것이다. 이것에 관해서 과정-같이 나타나는 무언가가 있고, 따라서 사물이 과정이라는 환상이 생긴다. 관계는 기이하고 비어있다 — 관계에는 아직-아님의 성질이 있다. 과정관계론은 이러한 기이함을 환원하는데, 이 기이함은 아이러니하게도 관계의 실재성이 가진 특징이다. 관계가 본질적으로 객체의 도플갱어이며, 따라서 사물들 사이의 중개자, 악마의 성질을 가지고 있기 때문이다. 그렇게 객체지향 존재론에서 예술은 『이온』에서 예술에 관해 소크라테스가 말한 것과 놀랍도록 비슷하다 — 예술은 자석이 전자기장과 공명하는 방식과 유사하게 악마적 힘에의 조율이다.[63] 어째서인가? 어떤 관계가 무언가에 의미를 부여할 때, 그것은 그 비밀스러운 깊이를 헤아릴 수 없는 객체의 존재론적 표면 위에서 스케이트를 타기 때문이다. (나는 표면-깊이 이미지를 환상적으로 사용한다. 그리고 스

---

63. Plato, *Ion*. [플라톤, 『이온/크라틸로스』.]

케이트 타기라는 표현은 2차원 객체에도 적용된다.) 의미를 부여한다는 것은 오역하는 것이다. 게다가 의미의 의미는 또 다른 오역이며, 관계의 의미는 또 다른 관계이다. 시간은 이러한 근본적인 오류로부터 태어났다.

관계의 "의미"가 또 다른 관계라는 사실은 현존재의 미래적 성질에 관한 하이데거의 논증을 모든 존재자로 확장하는 객체지향적인 방식이다.[64] 사물들이 서로에게 갖는 의의는 특정할 수 없고 더 작은 구성요소나 더 큰 전체로 환원할 수 없다. 그러나 이 의의는 유령처럼 객체 주위를 맴돌며 현존한다. "미래적"이라는 것은, 관계의 의의가 어느 지점 x에서 정착된다는 것을 의미하지 않는다. 그것은 관계가 그 존재를 통틀어 낯선 비어 있음과 개방성을 가지고 있음을 의미한다. 그림이나 음악처럼 – 관계가 정확히 미적인 것인 한에서 관계는 정확히 그것들과 같은데 – 객체들 사이의 관계는 기묘하게 닫혀 있지 않고 아리송하다. 그럼에도 관계는 결정적이다 – 관계는 단지 이 그림, 저 비극, 이 음표들일 뿐이다. 우리가 그 관계가 무엇인지 특정할 때, 우리는 또 다른 관계 집합을 추가할 뿐이다.

특정하는 행위 속에서 어떤 죽음과 같은 것이 일어난다. 특정함은 가능성의 집합을 배제한다. 후속하는 관계가 객체의 물리적 형상에 완벽하게 조율되면 그 객체는 파괴된다. 모든 객체

---

64. Heidegger, *Being and Time*, 298~303. [하이데거, 『존재와 시간』.]

는 칸트주의자다. 흄은 신경계에서 아름다움이 유래한다고 여긴다. 그러나 칸트에게 아름다움은 존재론적으로 신경과 뇌의 상류에 있는 무언가의 신호이다. 그래서 칸트는 그의 상관주의에도 불구하고 아름다움과 인과성에 관한 OOO 이론의 자료를 제공한 것이다. 이 이론에 따르면, 아름다움은 한 객체가 다른 객체에 조율하는 상호사물적 상태이다.

조율은 본질과 나타남 사이의 대균열을 활용한다. 칸트는 색깔이나 소리와 같은 특정 존재자 "안에" 아름다움을 소재시키길 거부한다. 그렇게 하는 것은 나에게 모든 아름다움의 감각을 줄 수 있는 알약의 생산 가능성을 허용하게 될 것이고, 칸트는 이미 아름다움이 신경발화로 환원될 수 없다고 결정했다. 그런데 우리가 특정할 수는 없더라도 아름다움은 여전히 거기에 있다. 그렇다면 칸트의 아름다움 이론은 비환원주의적이다. 인과관계에 관한 OOO 이론은 그 점에 실제로 매우 관심이 있다. 다이아몬드 칼날이 달린 칼처럼, 아름다움은 본질과 나타남 사이의 대균열로 나아간다. 어떠한 방식으로 아름다움은 객체의 겉을 뒤집을 수 있는데, 그것은 마치 우리가 객체의 나타남 속에서 그 객체의 본질을 찰나적으로 일별할 수 있는 것과 같다. 그렇다면 라캉이 칸트주의적 아름다움을 가학증과 연합하는 것은 우연이 아니다. 키츠가 그리스 항아리를 "여전히 순결한 말 없는 신부"로 간주하는 것은 객체가 쇠퇴하지 않으면서 파괴되고 또 파괴되는 세계를 판타지화한 것이다.[65]

조율은 객체의 하마르티아, 내적 상처, 자신과의 비동일성을 무자비하게 드러낸다. 유리잔은 깨지기 직전에 애런 오코넬의 호흡하는 소리굽쇠처럼 요동친다. 잔물결이 치고 나면 그것은 "진정으로" 끝난다. 아름다움은 객체의 정합성, 즉 그것의 "자아"를 잔혹하게 무시한다. 아름다움 속에서 객체는 증발한다. 그것은 그것의 기억을 잃는다. 내가 위에서 주장했듯 아름다움이 죽음이라는 결론을 피하기는 어렵다.

유리잔이 "진정으로" 끝날 때, 우리는 이 순간이 정확히 언제 일어나는지 결코 특정할 수 없다. 우리는 더미 역설과 마주한다 — 이 순간은 유리잔이 일정한 수의 정합적 특징을 잃는 경우에 발생하는가? 얼마나 많은 수를 뜻하는가? 우리는 칸트주의적 아름다움의 경험과 마찬가지로 죽음은 순간들의 선형적 시퀀스로 이해되는 시간의 밖에서 일어난다고 결론지을 수 있을 뿐이다. 엄밀히 말해서, 그 무엇도 일어나지 않았다. 거기에 유리잔은 없다. 형상, 유리잔의 기억은 사라졌다. 그런데 이 불가능하고 무시간적인 아름다운 죽음의 순간은 또한 수많은 다른 객체의 탄생이기도 하다. 유리잔은 산산이 조각난다. 20개의 유리 파편이 식당 바닥에 흩어져 있다. 파편 하나는 내 손을 관통했다. 이 죽음 속에서 일종의 환생이 발생한다. 유리잔의 형상적 특성은 원본과 기이하게 닮은 다른 객체들에 전달되었다.

---

65. Jacques Lacan, "Kant avec Sade."

"물질"은 객체의 전생에 대한 용어일 뿐이다 — 이들은 유리잔으로 된 파편들이다. 이것은 나무로 된 그림 액자이다. 그것은 화강암으로 된 산 중턱이다. 이것은 나무 꼭대기의 바람으로 된 소리다. 객체는 ~에-대한-물질이 된다. 형상은 물질로 액화된다. 나는 내 손안에 있는 유리잔의 왜상적 조각을 본다 — 무언가가 태어났고, 그로부터 내가 나의 주어진 공간 어디에도 손가락으로 가리킬 수 없는 유리잔의 죽음을 추론한다. 엄밀히 말하자면, 끝의 "불가능한" 대칭은 존재적으로 주어진 시공간 어디에도 없다. 그렇다면 많은 철학자가 아름다움이 비물리적이며 관념적이라고 결론지으려는 유혹을 받는 것도 놀라운 일이 아니다. 존재적 공간에서 내 주변에 보이는 것은 음악의 선들처럼 서로를 유보하는 왜곡, 갈라짐의 총체이다.

객체가 끝나는 순간, 두 종류의 객체 관계에서 방출되는 두 가지 별개의 시간 양태가 교차한다. 관계성의 미래적 아직-아님성은 흐릿하게 나타나지만, 파괴적인 관계 맺음의 객체화하는 힘에 의해 잘린다. 오페라 가수가 음높이를 정확하게 조율하자 갑자기 유리잔이 끝을 맞이한다. 그러나 시간의 원뿔은 "과거"로 방출되어 완전히 새로운 객체 집합을 소급적으로 정립한다 — "이봐, 그건 내 손가락에 박힌 유리 파편이야." 숭고는 객체의 근접성에 대한 발견임을 기억하라(2장). 객체는 내가 다른 관계 집합을 가지고 객체를 향해 뻗어 나가기 이전에 언제나 이미 거기에 있다. 유리잔이 사라지고 "그다음에" 유리 파편이 탄생하는 것이 아니다. 두 사건이 다른 존재론적 차원에서 발생한다. 파괴적인 조율이 유리잔의 비-유리잔 성질을 드러낼 때 유리잔은 자신의 유리잔성을 포기하며 자신이 유리잔이라는 사실을 잊는다. 완벽하게 조율된 음파로 유리잔이 부서져 가는 슬로모션 영상을 보라. 유리잔이 흔들리고 호흡한다. 그러고 나서는 유리잔이 호흡을 멈추고 산산조각이 난다. 우리는 유리잔이 비-유리잔이 되는 순간을 특정할 수 없다. 이 생성은 선형적 시간의 밖에서, 하이데거가 찰나라고 부르는 것 속에서 일어난다.[66] 그런데 다른 일이 일어나고 있다. 사물을 제약하고 제한하는 새로운 관계가 탄생했고, ~에-대한-물질에 완전히 새로운 "대한"이 부여된다. 유리잔은 잊혔다 — 우리가 아니라 유리잔 기억에 대한 왜상적 흔적을 나르는 유리 파편에 의해서 말이다. 산산조각 속에서 시간이 흘러나오고 새로운 객체는 자신을 둘러싼 사물들에 대한 일시적 자각에 사로잡혀 자신의 유약성을 행복하게 무시한다. 무언가가 죽었지만, 그런데도 객관적으로 현재하는 사물들 속에서는 이 죽음을 찾을 수 없다. 거의 모든 것이 분별없이 이렇게 나아간다 — 이미 엎질러진 물이다.

---

66. Heidegger, *Being and Time*, 311. [하이데거, 『존재와 시간』.]

:: 결론

기묘한 아리스토텔레스

그레이엄 하먼은 현존재라는 하이데거주의적 잠수함 아래에서 신비한 존재자들의 거대한 산호초를 발견했다. 그 잠수함 자체는 철학이라는 까끌까끌한 표면 저 아래의 존재론적 깊이에서 작동하는 것이었다. 그곳은 인식론의 바람에 휩싸여 있었고, 유물론·관념론·경험론을 비롯하여 지난 수백 년간 무엇이 존재하고 무엇이 존재하지 않는지를 규정해온 대부분의 다른 '~론'들의 명수들[상어들]sharks이 득실대는 곳이었다. "존재론"이라는 용어가 누구도 엮이고 싶어 하지 않는 잘 씹혀진 껌처럼 홀로 남겨진 순간, 객체지향 존재론OOO이 이를 다시 탁자 위에 올려놓았다. 산호초는 아무 데도 가지 않으며 한 번 발견하면 되돌릴 수 없다. 그리고 그것은 낯선 사실들로 가득 찬 것 같다. 첫 번째 사실은 산호초 속 존재자들 – 우리는 그것들을 다소 도발적으로 "객체"라고 부르는데 – 이 도넛에서 상어, 천랑성, 도베르만, 스눕독까지 존재하는 모든 것을 구성한다는 것이다. 사람, 플라스틱 빨래집게, 피라냐, 입자는 모두 객체이다. 그리고 그들은 이 깊이에서 서로 유사성을 공유한다. 생명과 비-생명 사이에는 큰 차이가 없다(현대 생명과학에서 그런 차이가 존재하지 않는 것처럼 말이다). 그리고 지능과 비-지능 사이에는 (현대 인공지능 이론에서 존재하는 차이와 같은) 큰 차이가 없다. 이러한 구분의 대다수는 인간을 위해 인간에 의해서 만들어졌다(인간중심주의이다).

인과성은 열이 방출되고 총알이 날아가고 군대가 패배하는 등 일정한 행위가 발생하는 영역이다. 어떤 행위가 벌어지고 있는가? 우리는 알폰소 링기스를 불러들일 수 있다. "신비 없이 지금 여기 스스로 그러하게 있는 것이 아니라 탐구와 같은 무언가… 반향과 반응을 불러일으키며 나아가는 음조… 정원의 뒤편 삼나무들 사이로 물결치는 햇빛 속에서 자신의 액체성을 찾는 물."[1] 앞서 언급한 바와 같이 실체와 우유성 사이에 기능적 차이가 없다면, 지각함과 행동함 사이에 차이가 없다면, 감수성과 비감수성 사이에 진정한 차이가 없다면, 인과성 자체는 낯설고 궁극적으로 비국소적인 미적 현상이다. 게다가 객체 그 자체에서 방출되는 현상이 링기스로부터 가져온 인용문이 연상시키는 놀랍도록 아름다운 실재적 환상처럼 객체 앞에서 흔들린다. 링기스의 문장은 악마적 힘의 장처럼 강력하고 신비로운 주문, 인과성의 주문을 시전하며 그것이 말하는 바를 행한다. 실

1. Lingis, *The Imperative*, 29.

재적 환상 — 만약 우리가 그것이 환상임을 알았다면, 만약 그것이 그저 환상이었다면, 그것은 흔들리기를 멈출 것이다. 그것은 전혀 환상이 아닐 것이다. 우리는 진정으로 비모순의 실재 속에 있을 것이다. 그것은 환상과 같아서 우리는 결코 확신할 수 없다 — "허상을 구성하는 것은…." 미적 차원의 모호성은 객체의 양진문장적 존재로부터의 무선 신호이다.

환상성을 받아들이지 않으려는 태도가 하이데거를 나치즘으로 몰아넣은 원인이었을 수도 있다. 하이데거는 진리가 단순히 "객관적으로 현재하는" 사물에 관해 "객관적으로 현재하는" 주장을 펼치는 것이 아님을 이해한다. 진리는 세계 속에서 일어나는 사건, 진리와 비진리가 함께 창발하는 일종의 "진리하기"이다 — "모든 새로운 발견은 완전한 은폐라는 바탕 위에서 일어나는 것이 아니라, 환상의 양태에 있어서의 발견성으로부터 그것의 출발점을 취한다. 존재자들은 마치 … 즉, 그것은 이미 발견되었지만 여전히 왜곡되어 있다."[2] 하이데거는 별다른 보호 장비 없이 이러한 존재론적 깊이까지 내려왔다. 그는 자신이 일종의 본래적 기반에 도달했다고 생각했다. 몹시 아이러니한 방식으로이지만 그가 거기에 도달한 것은 사실이다. 그러나 이 깊이에서 항해하려면 일종의 인지적 보호 장비가 필요하다 — 하이데거 자신이 직관한 것처럼 이곳은 불교 신비주의자

2. Heidegger, *Being and Time*, 204. [하이데거, 『존재와 시간』.]

들이 헤엄치는 영역이다. 깊이가 당신을 미치게 할 수 있다. 어째서인가? 왜냐하면 보장이 없기 때문이다. 이 깊이에서 불교가 취하는 보호 장비는 공emptiness이라는 이름의 보호 장비이다. 이 장치는 단단한 갑옷이나 튼튼한 잠수복이 아니라 어떠한 냉소주의도 담기지 않은 사물의 개방성과 환상성에 대한 경쾌함의 감각이다.

하이데거는 환상을 참을 수 없었기 때문에 그것을 혼란에 빠지고 "군중"the they에 사로잡힌 현존재의 기능으로 격하시킨다. 다른 말로 하자면, 그는 우리를 곤경에 빠뜨린 "객관적 실체" 소프트웨어 중 일부를 직접 다시 설치하면서 쓸데없는 것에 시간을 좀 낭비한다. 그는 자신이 객관적인 현전을 넘어섰다고 생각함에도 불구하고(특히 그렇게 생각하면서) 환상을 찢어버리는 것을 의미하는 본래성으로 존재를 물신화한다. 거기에는 진정한 밑을 보고 있다는 판타지가 있다. 정치적 폭풍 속에서 이 본래성-연설은 나치즘의 본래성-연설과 일치했다.[3] 이것은 진정한 비극이다. 왜냐하면 미래를 향한 돌파구는 하이데거와 맺는 일종의 약혼 관계를 통해 열릴 것이기 때문이다. 그러나 그의 이름은 사람들에게 알레르기 반응을 일으킨다.

사실, 하이데거의 이야기는 상관주의에 관한 경고다. 환상에 대한 논의와 본래적 현존재가 환상을 치워버리는 것에 관한

---

3. Theodor Adorno, *The Jargon of Authenticity*.

그의 논의 직후 하이데거는 자신의 가장 명시적인 상관주의적 사고를 다음과 같이 제시한다 — "뉴턴의 법칙, 모순율, 그리고 어떤 진리가 되었든 간에 그것은, 오직 현존재가 존재하는 한에서만 참이다."[4] 이제 뉴턴의 법칙 — 이 법칙은 일정한 종류의 수학적 증명을 통해 검열을 통과했는데 — 을 지나치게 자주 복음으로서 받아들여지는 비모순율 옆에 나란히 두는 것 자체가 핵심이다. 이는 마치 하이데거가 자신은 진리가 단순히 "주관적"이라고 말하는 것이 아니라는 주장을 담은 하나의 작품처럼 보인다. 비모순율LNC에 매달리는 현존재의 관점은 우리가 앞서 본 것처럼 당신을 곤경에 빠뜨리기에 거의 충분할 것이다. 하이데거는 진리가 "현존재의 존재에 상대적"이라고 하더라도 "주관적"인 것은 아니라고 주장한다.[5]

상관주의 자체는 일종의 환상 공포증이 있을 때만 작용한다. 따라서 상관주의의 한 궤적은 나치즘에서 절정에 달한다. 상관주의 자체는 나치즘의 온상이다. 그것의 역설을 피하기 위해서는 인간중심주의의 극단적 형태로 더욱 후퇴해야 하기 때문이다. 현존재는 인간이고 독일 현존재가 최고이다… 하이데거는 회의주의에 관한 탁월한 비판을 계속한다 — 회의주의에 대한 변증법적 비판이라는 가정이 있지만, 진정한 회의주의자가

---

4. Heidegger, *Being and Time*, 208. [하이데거, 『존재와 시간』.]
5. 같은 곳. [같은 책.]

실제로 있었던 적이 있는가? 그러나 하이데거는 바로 여기에서 "자살의 절망"을 제시한다. 회의주의자가 된다는 것은 "현존재를 말살하고 따라서 진리를 말살하는 것이다."[6] 당신은 뜻밖의 욕설을 외친 연인에게 말하듯이, "도대체 어디서 그런 말을 배운 거야?"라고 말하고 싶을 것이다. "잠깐만 마르틴. 너 어떤 '기분'도, 어떤 개념적이고 정서적인 상태도 진정으로 현존재를 제거하지 못한다고 말했잖아." 우리는 회의주의의 얄팍함과 진리를 탐구하다가 다음 순간 진리의 "말살"과 자살의 절망을 탐구한다. 회의주의에 대한 논박은 너무 탁월해서 과도하다. 무언가가 간과되고 있다 — 훌륭한 신의 땅에 진정한 회의주의자가 한 번도 없었다면 왜 하늘의 이름으로 갑자기 자살에 관해 걱정하는가? 그것은 과잉의 사례, 진리와 환상에 관한 뿌리 깊은 불안의 증상이다. 진정으로 존재할 수 없는 것을 왜 죽이는가?

OOO는 "진리를 보는" 바로 그 지점에서 또 다른 종류의 보호 장비를 제공한다. 보는 것을 포함한 모든 인과관계는 미적 차원에서 일어나기 때문에 환상의 "밑"에 있는 "실재적" 사물을 볼 수 있는 방법은 전혀 없다. 하이데거는 환상성이야말로 모든 행위가 있는 곳이라는 것을 보지 못했다. 『실재론적 마술』은 긍정적인 의미로 똑같은 말을 하고 싶어 한다.

아리스토텔레스는 "생성"을 객체가 "지각할 수 있는 물질로

---

6. 같은 책, 210. [같은 책.]

변화하는 것"이라고 결정했다. 그 반면에 존재하기를 그만두는 것, 즉 "소멸"은 "비가시적 물질로 변화하는 것"이다.[7] 『실재론적 마술』은 그 반대처럼 보이는 것을 주장했다. 객체의 생성은 본질과 나타남 사이의 생생한 대균열이 열리는 것이다. 이 대균열은 객체가 고유한 것처럼 고유하다. 대균열은 공허나 골이 아니라 "허상을 구성하는 것"이다. 사물의 끝을 부르는 것은 비가시성으로의 변화가 아니라 대균열의 붕괴다. 죽음 속에서 사물은 나타난다 — 재, 사진, 계속 자라는 손톱, 다른 사람 내면의 텅 빈 비통을 생각해 보라. 그러나 더 큰 의미에서 『실재론적 마술』은 단순히 아리스토텔레스를 더 넓은 개념적 공간에 배치하는 것이다. 물론 이것은 아리스토텔레스가 예기했던 방식이 아니다. 사물의 긍정적인 나타남과 사라짐은 그것의 "밑"에 있는 어떤 무성질적 영역이 아니라 감각적 영역에서 일어날 뿐이다. 그리고 이것은 진정한 실체가 없기 때문이 아니라, 실제로 실체가 있기 때문이다.

마찬가지로 『실재론적 마술』은 인과성에 대한 흄의 파괴적인 공격을 더 넓은 공간에 배치했다. 포스트-아리스토텔레스 과학은 인과관계에 관한 흄의 설명에 의존하고 있지만, 이것이 문제를 키운다. 확률 이론에 의존하는 과학은 정확히 인과성 이론을 결여하고 있는데, 과학이 흄처럼 여건이 통계적으로 상

7. Aristotle, *On Generation and Corruption*, 19.

관관계를 맺고 있다고 말할 수 있을 뿐이기 때문이다.[8] 그리고 철학은 그 이후로 객체를 성질의 다발로 보는 경향이 있었다.[9] 우리가 오로지 연합과 통계적 상관관계만을 말할 수 있는 이유는 인과성이 실제로 현상적 수준에서 벌어지는 지각의 환상-같은 놀이이기 때문이다. 그러나 이것이 흄이 그것을 포착하지 못한 이유이다. 환상의 놀이가 있을 수 있는 것은 실재적 객체의 현존에 기인한다.

칸트는 분석판단 이전에 언제나 이미 작용하는 종합판단의 영역을 발견한 한에서만 흄을 넘어섰다. 이러한 종합판단은 경험에 기반하고 있다. 칸트는 경험이 일어나기 위해서는… 사물을 '~로서'로 정립하는 행위가 언제나 이미 있었음이 틀림없다고 주장한다.[10] 칸트는 자신이 여기서 밝혀낸 것을 완전히 이해하지 못한다.[11] 『실재론적 마술』은 칸트가 종합판단이라고 부르는 것이 본질적으로 미적인 인과적 공간의 일부라고 특정했다. 이 공간은 환원될 수 없이 물러난 객체의 공개적이고 비밀스러운 현현으로서만 현존한다. 그렇다면 칸트주의적 사물은 이미 미적 효과이며, 그것은 칸트의 『판단력 비판』이 미적 경험을

---

8. Pearl, *Causality*, 41, 134~135.

9. Denkel, *Object and Property*, 37.

10. Kant, *Critique of Pure Reason*, 45~51, 71~74, 129~140. [칸트, 『순수이성비판 1, 2』.]

11. Heidegger, *What Is a Thing?*, 113~114, 128~129, 137~140, 146.

종합판단의 근거로 상정할 때 뒷받침하는 것처럼 보이는 사실이다. 칸트는 아이러니하게도 공간과 시간 같은 일정한 현상이 객체-같은 것임을 인정하는데, 이것은 이 책이 기술하는 대로 그것들이 의식의 반사라는 의미에서 그렇다. 그것들은 어떤 분석 기계가 작동하기 전까지 아직 분할될 수 없는 단위체, 양자이다.[12] 그러나 『실재론적 마술』에서 공간과 시간은 단순히 "감성적 직관의 순수한 형식"(등)이 현현하는 방식이 아니라 객체 일반의 창발적 특성이다.[13] 상관주의적 순환에 갇힌 칸트는 순수의식의 발견이 지향에 관한 현상학적 설명으로 발전할 수 있다는 것을 깨닫지 못했으며, 지향이 다시 하면의 강렬한 공공연하게-비밀스러운 자기 자신으로서의 객체에 관한 설명으로 귀결될 것임을 깨닫지 못했다

『실재론적 마술』에서 무엇이 일어났을까? 여기에서는 일련의 논의를 통해 기묘한 비신론적 아리스토텔레스로의 회귀가 있었다. (다른 인물 중에서도) 데카르트와 뉴턴, 그리고 라이프니츠가 스콜라 철학과 결별하며 근대의 시작을 알렸던 시기에 이 아리스토텔레스는 뒤에 남겨졌다. 우리가 알고 있는 과학은 수학을 기반으로 하여 엄격함과 회의와 함께 나타났다. 동시에 인식론은 데카르트가 그의 『성찰』에서 중심에 두었던 회의

12. Kant, *Critique of Pure Reason*, 68, 69~70, 71~72, 74~75, 77~78, 201~202. [칸트, 『순수이성비판 1, 2』.]

13. Heidegger, *What Is a Thing?*, 198~199.

에 다시 기반하여 지배적인 철학적 게임이 되었다. 이것은 칸트의 상관주의를 향한 길을 마련했다. 칸트는 종합판단이라는 광활한 대양 한가운데에 있는 분석판단이라는 작은 섬에 전통적 형이상학을 배치함으로써 자신의 임무를 마쳤다고 생각했다. 이 사건은 또한 수사학과 논리학이 결별하여 현대의 미학적 담론을 낳는 순간을 표시하기도 한다. 『실재론적 마술』은 대자연도, 질료인도 목적인도, 시동자도 없이 아리스토텔레스로 회귀한다.

이 아리스토텔레스는 또한 비모순율에 의존하지 않는다. 이 아리스토텔레스는 형상적 인과관계에 관한 아리스토텔레스의 논증일 뿐만 아니라 시작, 중간, 끝과 관련하여 여전히 오해받고 있는 『시학』의 아리스토텔레스이기도 하다. 『실재론적 마술』은 다른 형태의 OOO와 마찬가지로 칸트를 탈인간중심주의화하며 그를 극단적으로 밀고 간다. 인간-세계 상관관계는 수조 개의 사물-세계 상관관계 중 하나일 뿐이다. 그렇게 함으로써 『실재론적 마술』은 칸트에 대한 헤겔주의적 "해결책" — 나는 즉자적 사물을 알 수 없지만, 그러나 나는 그것을 생각하며 여기 존재하고 있고, 그러므로 알 수 있다 — 을 우회했다. 그럼에도 나는 사물이 자기-모순적일 수 있다는 헤겔적 감각을 유지한다.

『실재론적 마술』은 아리스토텔레스에게로 회귀하지만, 이는 근대성의 성취를 말살하고 억압적인 신정 체제로 돌아가려는 어떤 본래적 욕망으로 인해서가 아니다. 근대성이 이제 특정한 한계에 다다랐을 뿐이다. 지나치게 간단한 것처럼 보이는 예시를 들자면, 이 한계는 인간의 사회적·정신적·철학적 공간 속 비인간의 결정적 나타남으로 특징지어진다. 현재의 생태적 비상사태는 이 나타남으로 구성된다. 비모순율에 관련된 몇 가지 심오한 역설 또한 근대 과학의 토대를 마련한 수학적 사유(칸토어, 힐버트, 러셀, 괴델, 튜링) 속에서 나타났다.[14] 이 수학과 논리학의 계보가 발견한 모순적 존재자들은 논리 자체가, 특히 생각하는 객체와 관련해서 LNC, 즉 비모순율을 위반할 필요가 생기는 방식에 주의를 기울이게 하였다. 근대적 사고가 비모순율에 기반함에도 불구하고 이것이 참인 것처럼 보이는 것은 인간이 현재 근대성을 빠져나가고 있다는 더 많은 증거를 제공한다. 한편, 물리학은 비국소적 양자 상호작용의 형태 속에서 형상적 인과관계를 발견했다. 나는 이러한 사건들을 인식론적으로-기울어진 근대적 앎의 유리창에 실재적 존재자들이 가한 압력의 증상으로 받아들인다.

이 존재자들은 표현주의자 제임스 앙소르의 그림에 나오는 기이한 얼굴들처럼 유리창을 누르고 있다. 그것들은 OOO가 객체라고 부르는 것이다. 이제 그것들을 안으로 들여보내거나, 혹은 오히려 우리 자신을 밖으로 내보낼 시간이다.

---

14. Heidegger, *What Is a Thing?*, 106~108를 보라.

:: 그림 목록

〈그림 1〉 창발[1]

〈그림 2〉 "달성"의 발생[2]

1. http://cns-alumni.bu.edu/~slehar/webstuff/ bubw3/bubw3.html(2012년 11월 21일 접속)에서 이용 가능하다. 원저자에 의해 사용 허가됨.
2. 원저자에 의해 사용 허가됨.

:: 부록

모든 것이 온다

객체지향 존재론의 약속[1]

대대로 사람들은 짓밟고, 짓밟고, 또 짓밟았네,
모든 것이 상업으로 던져지고, 노동으로 흐려지고 얼룩져,
인간의 때가 묻고 인간의 냄새가 나네,
땅은 이제 벌거벗었으나, 신발을 신은 발은 느끼지 못하네.

그럼에도 자연은 결코 고갈되지 않네,
사물들의 깊은 아래에 가장 고귀한 신선함이 살아 있으니,
— 제라드 맨리 홉킨스, 「신의 장엄함」[2]

무無의 경험은 개념으로부터 오지 않으며,
문장 속의 문법적 부정으로부터도 오지 않는다.
— 그레이엄 하먼, 『하이데거 설명되다』[3]

1. * 이 글은 원래 *Qui Parle* Vol. 19, No. 2 (Spring/Summer 2011), 163~190에 게재되었다. 저자 티머시 모턴의 허락을 얻어 『실재론적 마술』 한국어판의 부록에 수록한다.
2. Hopkins, *The Major Works*, 5~10.
3. Graham Harman, *Heidegger Explained*, 176.

생태 위기는 두 가지 풍미의 반응을 불러일으켰다 : 정규적인regular 풍미(규범적 생태철학)와 쿨한cool 풍미("사변적 실재론"으로 알려진 열띤 철학적 운동). 정규적인 풍미는 사물들이 스스로 말하는 바를 의미하고 의미하는 바를 말했던 좋은 옛 시절을 떠올리게 한다. 문학 생태비평의 초기 전개는 1970년대와 1980년대의 이론 전쟁을 재현하기 위한 트로이 목마였다. 이론에 관해서는 데리다를 읽어라. 쿨한 풍미는 미래로 부글부글 끓는다. 그것은 생태적 실재의 충격에서 더 편안함을 느끼는 새로운 사유의 축복이다. 정규적인 풍미가 다소 유신론적이라면, 시원한 풍미는 다소 허무주의적이다. 정규적인 풍미는 대자연을 경건한 존경의 대상으로 확립한다. 시원한 풍미는 비-대자연의 깊은 신비를 주장한다. 나는 다른 곳에서 대자연 개념이 생태철학, 예술, 정치에서 자멸적이라고 주장한 바 있다.[4] 이것은 어떤 물신화된 기체substrate, "비-대자연"에 적용된다. 이 글에서 나는 "대자연은 존재하지 않는다"고 말하는 것이 "비-대자연은 존재한다"고 말하는 것과 다르다고 주장한다. 우리가 생각해야 하는 무언가는 대자연도 비-대자연도, 단일하고 견고한 "저 너머"도 속삭이지 않는다. 우리가 생각해야 하는 것은 비-대자연의 시원한 허무주의와 거리가 멀며, 데리다나 지젝풍의 어떤 "잔여

4. Timothy Morton, *Ecology without Nature*의 여러 곳 (이하 EwN로 표기). *The Ecological Thought*, 3, 5~8 (이하 ET로 표기).

물의 실재론"과도 거리가 멀다. 그 이름은 그레이엄 하먼이 네 권의 놀라운 저서 『도구-존재』, 『게릴라 형이상학』, 『네트워크의 군주』, 『쿼드러플 오브젝트』에서 개척한 객체지향 존재론(그에 대한 약칭으로 OOO가 널리 쓰인다)이다. 여기에 우리는 이제 곧 출간될 레비 브라이언트의 『객체들의 민주주의』와 이언 보고스트의 『에일리언 현상학』을 추가할 수 있다.[5] OOO는 수십 년 동안 지배적이었던 뚜렷한 반실재론 철학의 여파로 실재론을 재고하려는 최근의 시도에 속한다. 그리하여 그 시도는 로렌스 뷰얼, 스콧 슬로빅, 그렉 가라드, 조너선 베이트와 같은 작가들이 제안한 생태비평 및 생태철학과 명백한 관련성을 띤다. 예를 들어, 퀑탱 메이야수는 그의 획기적인 사변적 실재론 저작 『유한성 이후』에서 "상관주의"라는 용어를 고안했다. 상관주의는 사물이 (인간) 정신이나 언어와 관계해서만 현존할 수 있다는 믿음을 가리킨다.[6] 상관주의는 철학적 형태의 인간중심주의이며, 따라서 생태비평은 그것에 많은 관심을 가져야 한다. 그러나 나는 OOO가 대자연 개념에 대한 무자비한 거부를 가능하게 한다는 점이 표준적 생태비평에서 결정적으로 벗어나는 지점이라고 주장할 것인데, 이는 부분적으로 대자연이 상관주의적이기 때문이다. 대자연을 거부함으로써 OOO는 생태적 사

---

5. Bryant, *The Democracy of Objects* [브라이언트, 『객체들의 민주주의』]; Ian Bogost, *Alien Phenomenology*. [보고스트, 『에일리언 현상학』.]
6. Meillassoux, *After Finitude*, 5 [메이야수, 『유한성 이후』] (이하 AF로 표기).

유에 관한 나의 최근 저작과 연결된다. OOO는 여기에서 더 나아가 본질주의적인 대물질을 거부한다(나는 대자연과 대물질을 모두 탈자연화하기 위해 '대'大를 붙인다).[7] OOO는 대자연도 비-대자연도 지지하지 않기 때문에 생태비평과 다른 형태의 사변적 실재론(이하 SR) 모두로부터 구분된다. 그러므로 OOO는 중도를 제공하는데, 그것은 타협이 아니라 본질주의 대 허무주의라는 최근의 철학적 교착 상태에서 벗어나는 진정한 길이다.

초객체의 복수

생태학을 사유하는 것과 OOO의 논증이 어떤 관련이 있는가? OOO는 실재론의 한 형태이며, 실재적 사물들이 현존한다고 주장한다. 이러한 사물들은 객체들, 무정형의 "대물질"이 아니라 축구팀에서부터 페르미-디랙 응집[8], 혹은 당신이 좀 더 생태학적인 것을 선호한다면 핵폐기물과 새 둥지에 이르기까지 모든 형태와 크기의 객체들이다. OOO는 사물이 비환원적인 어두운 면을 가지고 있다는 후설과 하이데거의 논증을, 아주 아리스토텔레스주의적인 관점으로 확장한다. 우리가 아무리 많이 동전을 뒤집어도, 우리는 결코 다른 면을 다른 면으로서 볼

---

7. * 저자가 Nature, Matter처럼 첫 글자를 대문자로 쓴 것을 한국어판에서는 '대'를 첨가하여 '대자연'과 '대물질'로 옮겨 nature, matter와 구별한다.
8. * 저온에서 페르미온 입자에 의해 형성된 초유체 상.

수 없다 — 우리가 그것을 보기 위해서는 "이" 면으로 뒤집어야 하는데, 이는 즉시 다른 밑면을 생산한다. 하먼은 이 비환원적인 어둠을 주체-객체 관계에서 객체-객체 관계로 확장할 따름이다. 객체들은 서로를 (오)번역할 수 있을 뿐인 조작적으로 폐쇄된 체계로서 서로 조우한다(여기서 나는 레비 브라이언트가 루만을 적용한 것을 이용한다). 그러므로 인과관계는 어떤 의미에서는 대리적이며 결코 직접적이지 않다.[9] 객체는 심오하게 "물러나" 있다 — 우리는 결코 객체의 전체를 볼 수 없으며, 그 무엇도 객체의 전체를 보지 못한다. 게다가 OOO는 상대적으로 "평평한 존재론"이다. 이는 환각과 보라색이라는 관념도 객체임을 의미하는데, 그것들은 아마도 화장실이나 오존과는 종류가 다른 객체일 것이다. 우리는 "객체"를 "주체"와 관련해서 듣는 데 너무 익숙해져서, 존재하는 것은 객체들뿐이고 그중 하나가 우리 자신이라는 관점에 적응하는 데 시간이 걸린다. 그리고 흐름과 과정이 정치적 올바름PC이고 "객체"가 지루하고 정적인 것을 연상시키는 시대에, OOO의 획기적인 성질을 전달하기란 어렵다.

그럼에도 그것은 획기적이다. 객체의 "물러남"이라는 개념은 나의 용어 '낯설고 낯선 자'(ET 38~50, 59~97)를 살아있지 않은 존재자에게로 확장한다. 낯설고 낯선 자는 생명체의 기이하고 근

9. Graham Harman, "On Vicarious Causation."

본적으로 예측할 수 없는 성질을 명명한다. 생명체들은 우리가 그것들에 관해 생각하면 생각할수록, 그리고 서로를 조우할 때마다 낯섦 속으로 후퇴한다 — 낯섦은 비환원적이다. 이 낯섦에 주의를 기울이지 않는 생태철학은 공존을 충분히 깊이 생각하지 않는 것이다. 하먼과 마찬가지로 나는, 하이데거가 관조하는 인간의 기이한 본질이 비인간으로까지 확장된다는 것을 직감했다.[10] 구체적으로 말하자면, 인간 존재자는 열린 결말을 가진 기이하고 방대한 낯설고 낯섦의 그물망에 있는 한 가지 방식일 뿐이다 : 현존은 (생태적) 공존이다. 생명-비생명 경계는 얄팍하고 엄격한 것과는 거리가 멀다. 낯섦을 비-생명에 적용하면 안 될 이유가 무엇이 있겠는가? 그에 대한 연결성은 생명체들의 생태적 연결성에 관한 사유 속에 내포되어 있다. 낯설고 낯섦은 홉킨스의 "깊은 아래에 가장 고귀한 신선함"이라는 시구를 통해 환기되었다. 홉킨스는 "길 아래로" 또는 "우물 아래로"와 같은 구절에서 볼 수 있는 것처럼 "아래"down의 부사적 의미를 독창적으로 확장한다.

우리가 낯설고 낯선 자에 관해 많이 알수록, 그녀(그, 그것)는 더 물러난다. 객체들은 다른 객체들이 적합하게 포착하지 못하고 오직 (부적합하게) "번역"하도록 물러난다.[11] 이것은 단

10. Martin Heidegger, *Introduction to Metaphysics*, 156~76. [마르틴 하이데거, 『형이상학입문』.]

11. Harman, *Guerilla Metaphysics*, 56~8, 177, 187, 214, 245 (이하 GM으로 표

순히 물 한 잔에 그것을 마시는 나의 행위보다 더 많은 것이 있다는 것을 의미하지 않는다. 그것은 (녹이고, 부수고, 증발시키고, 입자가속기를 돌려서 실리콘 원자를 쏘고, 그것에 관한 이야기를 쓰고, 그것이 액체로 된 금이 담긴 한 잔인 척 가장하고, 그것을 무시함으로써) 내가 물 한 잔의 모든 양상을 소진할 수 있다 하더라도, 물 한 잔은 여전히 물러날 것임을 의미한다. 우주 전체의 다른 모든 객체가 유리잔의 모든 양상을 소진하더라도, 유리잔은 여전히 물러날 것이다. 이것이 "비환원성"이 의미하는 바이다. 낯설고 낯선 자를 실제로 조우하기에 앞서 그것을 (독립적이고 단단하며 예측 가능한) 객체로 생각하는 것은 사전에 그것을(또는 그녀 및 그를) 사육하는 것이다. 기괴하게도, 접근성이 커져도 (기술적으로 가능하든 불가능하든, 가설적이든 아니든) 낯섦은 줄어들지 않는다.

일부 사상가가 해체주의에도 아랑곳없이 OOO를 발견한 것과 달리, 나는 해체주의를 통해 OOO로 돌입했다. SR은 해체주의를 유명론, 주관주의, 메이야수의 상관주의로 오인하는 경향이 있다. 생태현상학은 해체주의를 반대하며 OOO에 합류하지만, 생태현상학이야말로 OOO와 정말로 상충하는 것이다. SR은 정신과 독립된 실재를 독창적으로 주장하며, 이는

기); *Prince of Networks*, 15~16, 18~19, 27~8, 35, 75~7, 111~12, 124~6, 135, 137~8, 144~9, 206~7, 210, 215~16 [하먼, 『네트워크의 군주』] (이하 PoN으로 표기).

합리주의와 회의주의조차도 확인할 수 있는 주장이다.[12] 이와는 대조적으로, 생태현상학은 버클리의 관념론을 논박하기 위해 발로 돌을 차는 존슨 박사의 남자다움 과시[마치스모]machismo — "나의 논박은 이것이다" — 를 수행하는 경향이 있다.[13] 장화가 광물 화합물에 부딪히는 소리를 참조하는 것은 논증이 아니다. 아마도 그 소리만이 일종의 논증일 것이다.[14] 우리는 기름 유출과 낯선 날씨가 실제로 우리에게 "말하는" 방식에 익숙해지고 있다 — 우리가 지구로부터 받는 피드백을 다룰 수 있는 개념을 제공하는 데 있어 OOO는 시기적절하다(이 객체지향 수사학에 관해 곧 자세히 설명할 것이다). 그러나 이것이 나의 논박(여기, 이 돌 위에서 이 장화의 한쪽 끝에 위치한 나 자신)이라는 나의 공격적이고 상관주의적인 주장은 논증이 아니며, 그것은 강렬한 미적 이미지이다. 내가 발로 찰 수 있으므로 "실재 세계"는 현존한다는 식의 퇴행적인 수사법이 있는 이유는 무엇인가? 대답은 단순하지만 놀랍다 : 생태적 알아차림 그 자체 때문이다.

우리는 생태적 관점이 실제로 얼마나 충격적인지를 깨닫기 시작했다. 이 시대에는 너무 많은 정보가 있지만, "우리는 우리

---

12. Nathan Brown, "Absent Blue Wax (Rationalist Empiricism)"를 보라.

13. James Boswell, *Boswell's Life of Johnson*, 333.

14. * 버클리는 "존재하는 것은 지각되는 것이다"라고 말하며 정신이 보는 지각된 이미지가 실재의 모든 것이라고 주장했다. 따라서 버클리에게 지각되지 않은 "외부"는 없는 것이 된다. 그러자 새뮤얼 존슨 박사는 돌을 차며 "나의 논박은 이것이다"라고 답한다.

가 알고 있는 것을 상상할 창조적 능력이 〔부족하다〕”(퍼시 셸리).[15] “우리가 알고 있는 것을 상상”함에 있어 제외할 수 있는 한 가지는 완전히 접근 가능한 구조로 이해되는 “객체”이다.

2010년의 BP 기름 유출은 생태적 실재가 초객체 — 객체가 무엇인지 재정의하게 만드는, 시간과 공간에 대량으로 분산된 객체(ET 130~35) — 를 포함하고 있다는 더 많은 증거를 제공한다.[16] 플루토늄을 생각해 보라. 그것은 24,100년의 반감기를 가지고 있다. 나와 의미 있게 연결된 그 누구도 (인간이기는 할까?) 그때는 살아있지 않을 것이다. 자기-이익에 기초한 모든 윤리 이론은 그것이 범위에 있어서 얼마나 광범위한지와 관계없이 이러한 규모에서 실패한다.[17] 우리는 객체에 관한 새로운 사고방식을 정식화(브뤼노 라투르의 말로 “구성”)하고, 객체들에 관해 생각하는 주체에 관한 우리의 착상을 수정해야 한다.[18] 직접적으로 보거나 만질 수 없는 초객체, 지구 온난화를 생각해 보라. 그것은 물러난다. 그것은 지구상의 모든 날씨에 영향을 미치지만, 햇빛이나 비와 같은 특수한 현현으로 환원될 수 없다. 인간의 눈이 아닌 초당 테라바이트를 처리하는 컴퓨터와 같은 기기는 지구 온난화를 볼 수 있다. 정말로 불편한 것은 내 머리 위로

---

15. Percy Shelley, *A Defense of Poetry, in Shelley's Poetry and Prose*, 530.
16. Timothy Morton, “Hyperobjects and the End of Common Sense.”
17. Derek Parfait, *Reasons and Persons*, 355~7, 361, 371~7.
18. Bruno Latour, “An Attempt at Writing a ‘Compositions’ Manifesto.”

떨어지는 축축한 무언가가 이제 어떤 보이지 않는 실체의 단순한 우유성이라는 것이다. 대자연은 사라졌다. 아니, 우리는 애초에 대자연을 가져본 적이 없음을 깨닫고 있다. 세계는 실재적이지만 당신이 발로 찰 수 있어서가 아니다. 판타지를 포기하는 것이 실재를 포기하는 것보다 훨씬 어렵다.

이 글은 두 개의 부분으로 되어 있다. 각 부분은 상관주의적 쌍("주체," "객체")의 반쪽과 OOO가 도전하는 본질주의의 두 가지 양태, 대자연과 대물질을 다룬다. 먼저 OOO의 몇 가지 수사학적 양태를 탐구해 보겠다. 수사학은 단순히 인간을 위한 사탕발림이 아니다. 실제로, 내가 너무 간단하게 입증할 것처럼 플라톤, 아리스토텔레스, 롱기누스에 관한 철저한 독해는 수사학이 '낯설고 낯선 자'와 접촉하는 기법임을 시사한다. 수사학에 주의를 기울이는 과정에서 우리는 OOO가 주체성에 관한 놀라운 이론을 정식화할 수 있음을 발견하게 될 것이다. 만약 OOO가 모든 것을 객체로 해석한다면, 몇몇은 OOO가 주체를 다루는 데 어려움을 겪을 것으로 생각할 수도 있다. 실제로 슬라보예 지젝은 이미 이러한 노선을 따라 SR 일반을 비판했다.[19] 이 주체성은 심오하게 생태적이며, 초월로서의 주체라는 규범적인 서구 관념에서 벗어난다. 따라서 우리는 대자연과 그 상관항인 (인간) 주체를 떠나보낸다.

19. Slavoj Žižek, "Interview with Ben Woodard."

다음으로 나는 대물질을 조사한다. 첫 번째 구간에서 우리는 생태적 현상이 대자연으로 귀결되지 않는 방식을 본다. 그런 다음 우리는 생태적 사물들이 무엇으로 만들어져 있는지에 주의를 기울일 것이다. OOO는 얼마나 깊이 "사물들의 깊은 아래"로 가는가? 나는 OOO가 우리가 대자연을 제외해야 하는 것처럼 대물질을 제외하기를 명하고, 이것은 우리가 가지고 있는 가장 정합적이고 검증 가능한 물리 이론, 즉 양자 이론이 보여주는 것을 포섭할 수 있음을 의미한다고 주장한다. 이것은 OOO가 우리에게 양자 이론을 강요하거나 실제로 과학이 철학의 주인이라고 주장하는 것이 아니다. 반대 방향으로 말하는 편이 실제로 더 나을 것인데, 가장 정합적인 형태의 물리적 실재가 작동하는 이유는 그것이 객체지향적이기 때문이다. 이런 방식으로 이 글의 두 번째 구간은 미래의 생태비평을 위한 확고한 기반을 구축한다. 그 기반은 실재론적이지만 유물론적이지 않고, 생태학적이지만 대자연적이지 않다.

OOO 숭고 : 대자연 없는 생태학

OOO를 예찬해야 하는 가장 좋은 이유 중의 하나는 그것의 놀라운 수사학에 있다. 생태비평은 범죄적으로 "사물(들)에 의미를 부여하는" 악한 "문학 학과"에 대항해서 OOO와 자신들의 관련성을 주장했다.[20] 그러한 주장은 대자연이라는 이름의

"포스트모던 이론"에 대한 생태비평의 적대감과 합치한다(보고스트의 「객체지향 수사학」 속 레스톤).[21] 그 양태는 오랜 유럽계 아메리카인 족보를 가지고 있다.[22] 그러나 생태비평이 OOO와 이러한 연결고리를 설정하는 것이 적절한가? 이 글이 진행되면서 우리는 몇몇 놀라운 차이점을 발견하게 될 것이다. 생태비평보다 OOO에 더 잘 어울리는 수사학적 양태가 있을까? 그리고 그 수사학적 양태가 생태학과 어떤 관련이 있을까?

하나의 매우 구체적인 비유는 환경주의자와 OOO 수사학 사이의 관련성과 균열을 설명한다. 하먼의 토대적 논문 「객체지향 철학」속 하나의 번뜩이는 구절은 글쓰기, 생각하기, 말하기 행위를 둘러싼 즉각성과 생생한 미적 경험에 대한 비유인 에코미메시스ecomimesis와 매우 유사하다(EwN, 29~78). 하먼은 다른 곳에서 에코미메시스를 사용하고(예를 들어, GM 9~10), 환경주의자의 글쓰기와 생태현상학은 에코미메시스를 자주 채택한

---

20. Byron Hawk, "Rhetorics of Assemblage versus Audience, or How to Emerge with Things"; Robert Leston, "Rhetorics of the Inhuman versus Interpretation, or How to Become Imperceptible with Things" ; Ian Bogost, "Object-Oriented Rhetoric"; Jim Brown, "RSA"를 보라

21. * 이언 보고스트는 자신의 블로그에서 「객체지향 수사학」이라는 표제의 게시글을 게시했다. 여기서 레스톤은 게시글에서 언급되는 로버트 레스톤을 가리킨다. 로버트 레스톤은 OOO와 들뢰즈 철학의 연결성을 논한다. 원문은 http://bogost.com/writing/blog/object-oriented_rhetoric/에서 볼 수 있다.

22. Timothy Morton, "The Plantation of Wrath," 64~85; Tristram Stuart, *The Bloodless Revolution*.

다.[23] 표준 에코미메시스는 "내가 쓰는 동안"이라는 구절을 암묵적으로 또는 명시적으로 채택한다 : "제가 이것을 쓰는 동안, 창문 밖에서는 눈이 내리고 있습니다." "제가 이것을 쓰는 동안, BP 기름 유출로 유출된 기름이 창문 맞은편 해변으로 밀려오고 있습니다." 그 비유는 글쓰기 장면 "외부"에서 발생하는 환경적 현상을 글쓰기, 특히 글쓰기가 발생하는 문장을 새기는 행위와 상충시킨다. 에코미메시스는 다음을 수행한다. "보셨나요? 저는 책을 좋아하는 글쟁이가 아니고, 실재적 사물을 알며 신경 쓰고 있습니다." 유감스럽게도, 당신이 얼마나 글쓰기에 반대하는지를 전달하려면 글을 써야만 한다. 그렇다면 에코미메시스는 상관주의적 비유이다. 그것은 (인간) 정신과 그것이 내장된 세계 사이의 균형을 잡는 데 너무 많은 수고를 들인다. 그러나 우리는 하면의 구절이 사실 반에코미메시스임을 보게 될 것이다. 그것은 상상력을 가로채기보다는 상상력을 증폭시키고, 소재location가 아닌 탈소재dislocation를 즐긴다.

하먼의 에코미메시스는 "내가 쓰는 동안"이 아니라 "그들이 주장하는 동안"이다 — 거리를 두는 "그들"은 우리를 대체하고 대자연을 바라볼 수 있는 아늑한 "나"를 제공하지 않는다. 이 경우 글쓰기의 죄를 범한 것은 작가가 아니라 "그들," "철학이 점

---

23. David Abram, *The Spell of the Sensuous*, 266 ; Val Plumwood, *Environmental Culture*, 230~1.

차 세계 그 자체와 관련이 있다는 자신의 주장을 포기"한 "언어론적 전환"에 발목이 잡힌 철학자들이다. 그러한 철학은 "〔현실적 객체를〕 가리키는 가능성의 조건의 조건의 조건에 관한 〔일반화된〕 논의로 그 자신을 국한한다." 하먼은 다음과 같이 쓴다.

> 한편, 이 끊임없는 논증 아래에서는 실재가 부글거리고 있다. 언어 철학과 반동적이라고 추정되는 그것의 반대자들 모두가 자신들의 승리를 선언하지만, 세계의 경기장은 다양한 객체로 가득 차 있으며 그들의 힘은 해방되었고 대부분은 사랑받지 못했다. 빨간 당구공이 녹색 당구공을 친다. 눈송이들은 그들을 잔인하게 소멸시키는 따스한 빛 아래에서 반짝이고, 손상된 잠수함이 대양저를 따라 녹슬어 간다. 제분소에서 밀가루가 나오고 지진으로 석회암 블록이 압축됨에 따라, 미시간 숲에 거대한 버섯이 퍼진다. 인간 철학자들이 세계에 대한 "접근" 가능성을 두고 서로 때려 부수는 동안 상어는 참치를 때려 부수고, 빙산은 해안선을 강타한다.
>
> 이 모든 존재자는 코스모스를 배회하며 그들이 만지는 모든 것에 축복과 처벌을 가하고, 흔적도 없이 죽거나 자신들의 힘을 더 멀리 퍼뜨린다 — 마치 티베트 우주론에서 백만 마리의 동물이 동물원에서 풀려난 것처럼… 철학은 계속해서 원숭이, 토네이도, 다이아몬드, 석유를 외부에-놓인-것이라는 단일한 제목 아래로 묶어 버릴 것인가?[24]

이것이 천 개의 장화가 돌무더기를 차는 소리인가? 실재는 거대하고 대량으로 분산된 비꼬는 소리를 내며 "언어론적 전환" 자기-몰입(하먼은 논문 초반에 데리다를 지명하는데)을 망신시키는가? "논증" "아래에서 부글거리는" 실재의 이미지는 그 위에서의 자기-몰입에도 불구하고 소용돌이치는 대양을 그린다. 그러나 하먼의 이미지는 현상에 대한 특권적 접근을 가진 주체—내가 이 글을 쓰는 동안, 나는 여기, 이 야생 동물 무리의 맞은편에 앉아 있다—의 국소화된 위치를 확신하는 생태현상학적 생태학과는 다르다. "마치 티베트 우주론에서 백만 마리의 동물이 동물원에서 풀려난 것처럼"이라는 구절 속의 묵시적 기괴함을 주목하라. 하먼은 당신이 볼 수 없는 것을 보기를 원한다. 하먼의 이미지는 『실낙원』에서, 아담이 그의 우주의 중심이라는 것을 부인하는, 외계 세계에 대한 라파엘의 기술과 유사하다(ET 20~5). 하먼의 수사는 비상관주의적인 과학적 사변에 대한 칸트주의적 금기를 결정적으로 깨뜨리는 객체지향 숭고를 만들어 낸다: "우리가 별이 빛나는 광경을 숭고하다고 할 때 우리는 이성적 존재자가 거주하는 세계의 개념들에 우리의 판단을 기초해서는 안 되며… 오히려 우리는 그것을 모든 것을 아우르는 광대한 금고로서 보는 우리의 방식에 기초해야 한다"(강조는 모턴).[25]

---

24. Graham Harman, "Object-Oriented Philosophy."

하먼의 객체지향 숭고는 에크프라시스, 즉 과격하게 생생한 기술의 형태를 사용한다. 『일리아스』에서, 서술자가 아킬레우스의 방패에 묘사된 비전투적 삶에 감탄하는 동안 마지막 전투는 여러 행에 걸쳐 얼어붙는다. 〈매트릭스〉의 "불릿타임"과 같이 그것은 얼어붙은 이미지에 머물도록 서사 밖으로 우리를 수송시켜 우리를 석화시킨다(꼼짝달싹 못 하게 한다).[26] 롱기누스는 숭고를 환기하는 에크프라시스를 예찬했다.[27] 버크주의적 숭고미와 칸트주의적 숭고미는 둘 다 주체의 반응에 관한 것이다. 버크는 이 반응을 객체의 힘에 소재시키고 칸트는 그것을 주체의 자유에 소재시켰다. 그러나 이것들은 같은 상관주의적 동전의 양면일 뿐이다. 대조적으로 롱기누스는 에일리언적 현전과의 내밀성[친연성]에 관해 이야기하고 있다. 숭고가 에일리언적인 것의 이러한 근접성을 환기하는 것이다. 에크프라시스적 객체는 우리 자신을 타자에 의해 횡단되고-번역된 객체로 보게 만든다. 롱기누스주의적 에크프라시스는 (인간) 주체의 반응에 관한 것이 아니라 에일리언을 소환하기 위한 정동적-관조적 기법으로서의 수사적 양태에 관한 것이다. "수송"은 주요 모티브인데, 그것은 객체의 에일리언적 세계로부터 그 객체를 내리쬐고 있다. "고양"(그리스어로 휘프소스hypsos), 즉 "높아짐"은 인간중

---

25. Kant, *Critique of Judgment*, 130. [칸트, 『판단력 비판』.]
26. Wachowski Brothers, dirs., *The Matrix*.
27. Longinus, *On the Sublime*, 133~5, 140.

심주의에서 우리를 끌어올리는 것이다. 그리고 "몽상"(에크프라시스)이 있다. 물론 "높아지는 것"이란 어떤 상태이지만, 그것은 주관적인가? 그것은 "주체"란 물리적으로 작용할 수 있는 객체(들)(의 회집체)임을 불안하게 드러낸다. 롱기누스주의적 숭고함은 낯설고 낯선 자를 만지고, 번역하고, 그것으로부터 물러나는 객체지향적 숭고, 즉 그 자체로 '낯설고 낯선 자'이다.

객체지향적 숭고는 '낯설고 낯선 자'를 독자의 한가운데로 수송한다. 하먼의 산문은 이와 대조적인 운동, 자기-촉발auto-affection의 내향성("이 끊임없는 논증")으로 보이는 것에 덜 동조적인 것처럼 보인다. 혹은 정말 그런가? 자기-촉발은 상관주의적 영역에 국한된 것이고, OOO가 사물의 타자성에 주목하며 대조적인 이형-촉발[이성애-촉발]hetero-affection을 더 잘 선언할 수 있는 것인가? 생태비평은 외부 (타자, 이형) 세계와 적절한 섹스를 해야 할 시점에, 오히려 얼간이 해석학적 순환 속에서 노는 데 몰두하는 해체주의적 현자들을 공격한다. 생태비평가 칼 크로버는 포스트모던 이론가들이 중서부 뇌우에 흠뻑 젖어야 한다고 말한다.[28] 그들은 그래야 배울 것이다.

> 일어서시오! 일어서시오! 내 친구여, 그리고 표정을 밝게 하시오,
> 무엇이 그리도 힘들고 괴로운가?

---

28. Karl Kroeber, *Ecological Literary Criticism*, 42.

일어서시오! 일어서시오! 내 친구여, 그리고 자네 책은 버리시오,
그렇지 않으면 두 사람이 되어버릴 거요,

책! 그것은 따분하고 끝없는 투쟁,
오시게, 숲속의 홍방울새의 소리를 들어보게,
그 음악이 얼마나 달콤한지,
내 삶에는 그 속에 더 많은 지혜가 있다네
— 워즈워스, 「입장전환」, 1~12[29]

"그렇지 않으면 두 사람이 되어버릴 거요" — 자기-촉발은 당신을 각각의 눈이 서로를 바라보는 사팔뜨기로 만들 것이다. 생태비평은 이 착상을 과장한다. 그러나 그것이 OOO에 필요한가?

당신이 읽는 동안, 백곰은 한가로이
오줌을 싸며 눈을 사프란색으로 물들인다.

그리고 당신이 읽는 동안, 많은 신이
덩굴 식물 사이에 누워 있다. 흑요석의 눈들이
나뭇잎의 세대교체를 지켜보고 있다.

---

29. William Wordsworth, *The Major Works,* 1~12.

그리고 당신이 읽는 동안,
바다는 자신의 어두운 페이지들을 넘기고 있다.
어두운 페이지를 넘기고 있다.
— 데니즈 레버토프, 「독자에게」[30]

레버토프는 OOO가 "번역"(객체들 사이의 조우)이라고 부르는 것은 읽기 및 글쓰기와 유사한 자기-촉발이라고 주장한다. 마치 우리가 레버토프의 시를 읽는 동안 바다는 신비스러운 자기-쾌락적 나르시시즘 속에서 스스로를 읽고 있는 것과 같은데, 이는 자아 속의 혹은 자아로서("어두운 페이지") 일정한 타자성과 관계를 맺고 있는 것이다 — 낯설고 낯섦. 에코미메시스는 자기-촉발적으로 나타나기를 원하지 않기 때문에, 이형-촉발로부터 자기-촉발을 구분 짓기를 원하기 때문에, 그것의 반응은 비언어적으로 보여야 한다. 그러나 당신이 에코미메시스를 더 가질수록, 더 많은 언어를 사용한다. 일정한 남자다움 과시에 따르면, 적을수록 많다 — 대자연 논의는 이런 의미에서 종종 남성적이다. 에코미메시스는 "대륙" 철학이 인간의 눈에 자명한 외부 세계의 장화 아래에서 죽기를 기대하는 반면, 하면의 언어는 스스로를 즐기고, 자신의 어두운 페이지를 넘기며, 인간

30. Denise Levertov, *Poems 1960-1967.* Copyright © 1961 by Denise Levertov. 사용 허가받음.

의 눈이 볼 수 없는 것을 환기하면서도 자기-촉발한다. OOO 수사는 생태비평적 수사의 전도이다. 존슨의 장화가 아니라 레논의 장화가 떠오른다: "그 남자가 밑창이 높은 장화를 신고서 알록달록한 거울을 들고 군중 속에 있네요."[31] 자기-촉발에 대한 워즈워스의 외양적 불호를 읽는 대안적 방식이 있다. 읽기가 (나쁜) 자기-촉발인 것이 아니라, 읽기가 유일한 유형의 자기-촉발이 아닌 것이다. 자기-촉발을 주체-주체 상호작용으로 제한할 이유는 무엇인가? 하나의 나르시시즘은 없다(데리다).[32] 하먼의 반에코미메시스는 생태비평으로부터 날카롭게 구분된다. 자기-촉발적 상태의 순전한 다양성, 객체들의 "여성적인" 모두-아님 다수성은 돌을 차는 장화의 강도를 부드럽게 무너뜨린다.[33] 이 여성성은 내가 다른 곳에서 주장한 것처럼 남성적이고 이성애 규범적인 대자연 담론의 핵심을 거스른다.[34]

말하기에 관해 말하기, 생각에 관해 생각하기, "〔현실적 객체를〕 가리키는 가능성의 조건의 조건의 조건에 관한 논의로 〔당신 자신을〕 국한〔시키기〕," 이것들이 말썽을 일으킨다. 그런데 그러한 말은 자신의 필연적인 조작적 폐쇄를 표현하는 또 다른 객체가 아닌가? 객체-객체 관계(다른 폐쇄된 체계를 촉발하는 폐

31. The Beatles, "Happiness is a Warm Gun."
32. Jacques Derrida, "There Is No One Narcissism."
33. Levi Bryant, "Lacan's Graphs of Sexuation and OOO."
34. Timothy Morton, "Queer Ecology."

쇄된 체계)는 그늘지고 퀴어하다. OOO의 불만은 자기-촉발 그 자체가 아니라, 특수한 종류의 자기-촉발이 자신을 광장에 있는 유일한 쇼로 보는 방식에 있다. 대조적으로, 환경주의의 방식으로 자기-촉발에 의해 곤경에 처하는 것은 아이러니하게도 반성적 (자기-촉발적) 주체성의 양태, 즉 낭만주의적인 아름다운 영혼, 탁월한 상관주의적 양태에 거주하는 것이다.[35] 아름다운 영혼은 악을 타락의 수렁으로 본다. 악은 악을 자신에 대해 외적인 것으로 보는 바로 이 시선이다. 그러나 우리는 오직 이 악한 시선에 책임을 지게 됨으로써 이 악한 시선을 초월할 뿐이다 — 아름다운 영혼에서 나오는 유일한 출구는 아름다운 영혼 안으로 더 멀리 자기-촉발적으로 파고드는 것이다. 아름다운 영혼 증후군은 키르케고르가 자기만의 아름다운 영혼다운 방식으로 악과 동일시하는 미적 기분이다.[36] 나는 키르케고르의 페르소나를 따라 미적인 것을 걷어차지는 않을 것이다.[37] 그것은 당신이 어떤 관념론적 꿈을 꾸고 있지 않다는 것을 증명하기 위해 돌을 차는 것과 같을 것이다. 뒤에서 보겠지만, 미적인 것은 OOO가 "주체"라고 불리는 것에 관한 이론을 발견하는 비밀의 문이다.

---

35. Georg Wilhelm Friedrich Hegel, *Hegel's Phenomenology of Spirit*, 383~409. [게오르크 빌헬름 프리드리히 헤겔, 『정신현상학』.]

36. Søren Kierkegaard, *Either/Or*, 243~376.

37. Theodor Adorno, *Kierkegaard*, 10, 40~6, 123~4.

낭만주의는 큰 산 위에서 명상하는 크고 아름다운 영혼에 관한 것일 필요가 없다. 자기중심적 숭고에 대한 하먼의 키츠주의적 저항은 낭만주의에 대한 반대 담론 내부에 있는 객체지향성과의 관련성을 시사한다 — 키츠의 부정적 능력에 대한 마조리 레빈슨의 심오한 연구, 스피노자와 에올리언 하프에 매료된 콜리지, 셸리의 "영속하는 사물들의 우주"(「몽블랑」 1) 등을 떠올려 보라.[38] 이러한 예시들은 하먼의 뒤죽박죽 섞인 라투르주의적 "사물들의 축제"(GM, 253~6)와 유사하다. "라투르 열거" — 객체들의 무작위 목록 — 는 OOO의 특징적 비유이다.[39] 라투르 열거는 위계와 대자연 없는 OOO의 평평한 존재론을 환기한다. 라투르 열거는 대자연을 환유적으로 환기하는 생태철학적 목록과 다르다(EwN, 14~15, 45, 55~6, 97). 라투르 열거는 환유적이지만, 생태철학적 목록과 달리 그 수사적 지위에 관해 개방적이다. 그것은 (실증적이고 독립적인) 대자연 또는 비-대자연의 도착을 방해한다 : 객체의 그림자 면은 모호한 채로 남아 깜빡거린다. 생태현상학과 달리, OOO가 인간 없이 서로 조우하는 객체들에 관해 말할 때, 그것은 정말로 그것을 의미한다.

예배식 열거는 통상적으로 참회이며 어떤 정식(예를 들어

38. Marjorie Levinson, "A Motion and a Spirit"; "Pre- and Post-Dialectical Materialisms."

39. 이언 보고스트는 위키피디아에서 임의의 객체 목록을 가져와 이러한 "라투르 열거"를 생성하는 소프트웨어를 작성했다. Ian Bogost, "Latour Litanies"; Levi Bryant, "Latour Litanies."

"주님, 우리를 들으소서")의 반복을 요구한다. 따라서 일련의 불행한 사건으로서의 "열거"에 대한 비유적인 의미가 있게 된다.[40] OOO 열거는 객체의 그림자를 다룬다. 그것은 반-낭만주의적이다 : 샬롯 스미스의 1807년 시 「비치 헤드」*Beachy Head*(346~67)의 "인적 드문 도로" 구절 속 끝없는 것처럼 보이는 꽃 목록을 비교해 보라. 더 많은 객체가 굴러 나올수록, 그것들은 사물들이 소화되지 않은 채로 부글거리는 분위기, 멜랑콜리한 기분의 주술에 더 빠져든다. 이 기괴한 시장 위에 낯선 장막이 걸려 있다 : 축제, 티베트 동물원, 라투르가 부르고뉴산 포도주를 마시는 "자갈이 깔린 벽과 야외 카페." "어린이, 빗방울, 초고속 열차, 정치가, 숫자." "개 ··· 종업원 ··· 쓰레기 처리장의 깨진 유리, 철사, 판지"(GM, 180, PoN 11, 14).[41] 이 기분의 기묘한 장엄함은 인간 없는 세계를 상상하는 『최후의 인간』 서사를 연상시킨다.

> 꽃봉오리는 나무를 장식하고, 꽃은 땅을 치장했다. 계절에 맞는 즙으로 부풀어 오른 어두운 가지는 잎으로 확장되었고, 봄의 얼룩덜룩한 나뭇잎들은 산들바람에 휘어지고 노래하며 구름 없는 천공의 온화한 따뜻함에 기뻐했다. 시냇물이 속삭이고, 파도 하나 없이 잠잠한 바다는 돌출한 곶을 고요한 물에

40. Oxford English Dictionary, "litany," n. 1, 2.
41. Harman, *Tool-Being*, 18 (이하 TB로 표기).

비추었다. 새들은 숲에서 깨어났고, 사람과 짐승을 위한 풍부한 음식은 어두운 땅에서 솟아났다.

— 메리 셸리[42]

인간의 부재는 셜록 홈즈 이야기에서 짖는 개가 압도적으로 눈에 띄게 부재한 것과 유사하다.

응접실, 식당, 계단, 어디에서도 움직임이 없다. 오직 녹슨 경첩과 바닷물에 젖어 부풀어 오른 목조부를 통해서만, 일정한 공기가 바람의 몸체에서 분리되어 (집은 결국 쓰러질 것 같았다) 모퉁이를 돌아 실내로 들어갔다. 그것이 응접실에 들어가 매달린 벽지를 만지작거리며 벽지가 훨씬 더 오랫동안 매달려 있을지 언제 떨어질지 궁금해하며 묻는 것을 상상할 수 있을 것만 같다.

— 버지니아 울프, 「시간이 흐르다」, 『등대로』[43]

멜랑콜리의 기나긴 오후 그림자의 고요함이 객체들의 축제가 지닌 어두운 면을 맴돈다. 일부 표현주의적 서커스의 수많은 등장인물처럼, 하면의 감동적으로 기발한 반에코미메시스적 뒤

---

42. Mary Shelley, *The Last Man*, 3.1. [메리 셸리, 『최후의 인간 1, 2』.]
43. Virginia Woolf, *To the Lighthouse*, 103~4. [버지니아 울프, 『등대로』.]

죽박죽은 멜랑콜리아를 환기한다. 멜랑콜리아는 정확히 주체에 의해 소화될 수 없는 낯선 객체와의 내밀감의 한 양태이다.

"보이지 않는 것"에 대한 헤겔의 낭만적 기술을 하먼의 반에코미메시스와 비교해 보라.

> 새들의 다채로운 깃털은 보이지 않게 빛나고, 그들의 노래는 들리지 않게 사라지고, 밤에만 꽃을 피우는 세레우스 선인장은 남쪽 숲의 야생 속에서 감상되지 않은 채 시들고, 이 숲, 가장 향기로운 향을 풍기는 가장 아름답고 무성한 식물들의 정글은 향유되지 않은 채 썩어 사라진다. 예술 작품은 그러한 소박한 자기-중심적 존재를 지니지 않으며, 그것은 본질적으로 물음이고, 반응하는 마음에 대한 연설이며, 애착과 정신에 대한 호소이다.[44]

이 세계는 경험론적으로 실재적이지만, 우리는 귀가 듣지 못한 채 쓰러지는 버클리주의적 나무에 귀를 기울이지 않는다. 그러나 우리는 듣는다 : 아포파시스apophasis는 헤겔이 지각되지 않는 채로 남는다고 주장하는 바로 그 사물들을 인적이 드문 도로와 선택받지 못한 통로, 아무도 밟지 않은 길들의 시대에 대한 공통적 비유로 숭고하게 번역한다.[45] 헤겔의 애처롭

---

44. Georg Wilhelm Freidrich Hegel, *Introductory Lectures on Aesthetics*, 78.

고 덧없는 "자기중심적인" 보이지 않는 세계는 "A=A," 혹은 자기-촉발적, "여성적," 자기-부정적 불교, 헤겔이 "자기 안에 있음"이라고 부르는 그 종교와 유사하다.[46] "A=A"는 아름다운 영혼(『정신현상학』 395, 398~9), 내용 없는 순수한 의식이다.[47] 헤겔의 덧없는 세계는 이러한 내부성의 뒤집힌 버전이다. OOO의 물러난 객체라는 개념이 헤겔의 악몽, "세계의 밤"이라는 사실보다 OOO를 더 정확하게 해명하는 것은 없다.[48] 훌륭한 헤겔주의자 지젝이 SR에 주체성 이론이 결여되어 있음을 발견한 것은 놀랍지 않다. 대조적으로, 나는 "주체"가 SR의 적어도 한 가지 분파 내에서 완벽하게 이론화될 수 있다고 주장한다. 지젝은 정확히 그 결과가 불편하다고 여길지도 모른다. 헤겔이 관조적인 자기-몰입을 피할 때, OOO는 객체의 여성적 물러남을 포용한다(브라이언트, 『객체들의 민주주의』). 이것은 진정으로 진보적인 전도인데, 왜냐하면 그것은 (인간) 주체성이라는 특권, 혹은 저주가 모든 것의 특징임을 의미하기 때문이다. 인간은 특별하지 않으며 "객체"는 우리가 흔히 생각하는 것보다 훨씬 더 경이롭다.

---

45. 각각 워즈워스(「그녀는 인적 드문 곳에 살았네」), 샬롯 스미스(*Beach Head*, 349), 로버트 프로스트로부터 인용된 구절들이다.

46. Georg Wilhelm Friedrich Hegel, *Lectures on the Philosophy of Religion*, 253~4, 265 n. 183, 185, 266 n. 188, 504~5 ; *The Philosophy of History*, 171 ; *Hegel's Logic*, 125, 127~8.

47. David Simpson, "Romanticism, Criticism and Theory," 10을 보라.

48. Georg Wilhelm Friedrich Hegel, "Jenaer Realphilosophie," *Frühe politische System*, 204.

이후의 모든 "~주의"와 마찬가지로, 낭만주의는 미적 형식의 비판적 사용이다: "만약 우리가 이 새로운 방식으로 경험하면 사태는 정말로 바뀔 것이다." 우리는 인간 정신활동뿐만 아니라 모든 객체에 이것을 적용하는 방식을 간과했을 따름이다. 캘리포니아 사람처럼 말하자면, OOO는 아주 주체에 관한 것이다. 이것에 관해 비꼬아야 할 타당한 이유는 없다. 에크프라시스가 우리를 제압할수록, 우리는 멜랑콜리의 중력 우물로 더 깊이 빠져든다. 적어도 당신이 신경계를 가지고 있다면, 감수성은 객체들과 위상이 어긋나 있다. 그래서 멜랑콜리아는 주체성의 표준 양태이다. 그것은 다른 객체들 및 객체들의 타성과의 객체-같은 공존이다. 그것은 객체들을 만지고, 만질 수 없는 것을 만지고, 결코 알 수 없는 어두운 면에 거주하고, 끝없는 황혼의 그림자 속에서 살아가는 것이다. 만약 독자가 슬픔을 경험했다면, 그녀 또는 그는 이 상태를 다른 시간성들(특히, 현대 생활의 엄격한 디지털시계 시간)과 완전히 분리된 상환 일정을 가지고 신체 내 어딘가에 서식하는 객체-같은 존재자로 인식할 것이다. 주체성의 심장을 가로질러 객체-같은 공존, 다름 아닌 생태적 공존이 굴러간다 — 어두운 생태학으로서 완전히 전개된 생태적 사유이다(EwN 141~3, 181~97). 멜랑콜리라고 불리는 내향적이고 물러나 있는, 조작적으로 폐쇄된 기분은 이 어두운 생태적 시대에 우리가 위험을 무릅쓰고 쫓아내 버리고 만다. 멜랑콜리는 사물의 물러난 성질에 관한 진리를 우리에게 말하기 시작한다. 그러므로 OOO는 "대자연은 존재한다"고 주장하는 유신론적 생태철학과 다르다. 그것은 주체와 객체 사이에 절대적인 거리를 유지하지 않는다. 그것은 "주체"를 특정 존재자로 제한하지 않는다. SR에 대한 지젝의 의심은 객체의 "여성적" 자기-몰입과 관련이 있으며, 그것이 정확히 그가 불교에 관해 싫어하는 점이다. "자기-몰입"을 "물러남" 또는 "조작적 폐쇄"로 변경하면 불교에서 무엇이 위협적인지가 드러난다 : 주체성이라고 불리는 것의 핵심에 있는 객체-같은 존재자가 위협적인 것이다. 에코미메시스처럼, 하면의 구절은 정신활동 너머의 실재 세계를 긍정한다. 에코미메시스와 달리, 이 세계는 주체를 둘러싸고 있지 않다. 그것은 주체에 대한 참조가 없는 세계이다. OOO는 기준적 생태철학에서 벗어난다. OOO 수사학은 대자연에 관한 권위주의적 주장 — 실재 대 판타지, 외향 대 내향 — 에서 벗어난다. 이 벗어남은 OOO의 진정한 새로움이며, 존슨의 장화가 내는 소리의 리믹스가 아니다.

사물들의 깊은 아래 : 대물질 없는 생태학

우리는 대자연과 그것의 상관주의적 댄스 파트너인 초월론적 주체를 처리했다. 이제 남은 것에 주의를 돌려보자. 물론, 사물들이다. 그런데 OOO는 실제로 얼마나 "사물들 아래"로 가는가? 이런 사물들은 일종의 기질, 어떤 형상 없는 물질로 만들어졌을까? "물러남"은 비유적이지 않은 어떤 비인간적인 의미에서 객체가 관통될 수 없음을 의미하는가? 객체들은 특별한 "내부"를 가지고 있는가? 물론 그럴지도 모른다. 그러나 비환원성의 원리는 이 내부가 근본적으로 이용할 수 없는 것임을 의미해야 한다. 버터를 관통하는 칼처럼 올바른 장비가 그 내부를 가로질러 통과한다는 것은 그야말로 참이 아니다. 버터를 관통하는 칼조차도 그 본질적 버터성에 있어서의 버터에 접근하지 못할 것이다. 나무에서 원자력에 이르기까지, 생태학이 말하는 사물들의 증식은 전체론적인 대자연과 타협하지 않는다. 그리고 사물들은 어떤 본질적이고 내적인 물건들로 구성되어 있지도 않다. 대물질을 처리하기 위해서는 우리가 알고 있는 가장 철저하고 검증 가능한 물리적 대물질 이론, 양자 이론을 탐구해야 한다. 이것은 우리가 생태학을 생각하는 데 많은 도움을 줄 것이다.

현대 물리학은 라캉과 데리다의 원칙적 신조에 부합한다. 예를 들어, 현상에 참여하지 않고 양자 현상을 측정할 수 있는 장치, "대타자"는 존재하지 않는다.[49] 모든 관찰은 체계 내부에 있다. 혹은 데리다가 말했듯이, "텍스트 밖에는 아무것도 없다"(혹은 내가 선호하는 가야트리 스피박의 대안적 번역으로 "바깥-텍스트는 없다").[50] 아르카디 플로트니츠키는 해체주의

---

49. Bohm, *Quantum Theory*, 113~14 (이하 QT로 표기).
50. Derrida, *Of Grammatology*, 158. [데리다, 『그라마톨로지』.]

와 양자 물리학 사이의 관련성을 추적했다.[51] 사람들은 통상적으로 "바깥-텍스트-없음이 있다"를 유명론 – 우리는 오직 사물의 이름을 통해서만 사물을 알 수 있다 – 으로 잘못 해석한다. 훨씬 더 과감하게 "바깥-텍스트는 없다"라는 공리는 다음을 의미한다. (1) 실재와 정보 사이에 엄격한 경계를 확립하려는 모든 시도는 지속 불가능한 역설을 초래하며, (2) 언어는 인간이 사용하는 경우에도 근본적으로 비인간적이다. (1)이 상관주의라고 주장하는 것은 오독이다. "바깥-텍스트는 없다"는 데리다가 대자연에 관한 루소의 입장을 분석하는 구절에서 나오는데, 이 문제는 생태비평과 직접적으로 관련이 있기 때문에 여기서 잠시 멈출 가치가 있다. 데리다는 자신이 분석하고 있는 텍스트에 가깝게 붙어 진행하며, 그것이 그가 처음부터 가까운 독자들에게 호소하는 이유이다. 그는 실재에 관한 포괄적인 일반화를 하는 것이 아니다. 데리다는 단지 "루소가 규정하는 일종의 폐쇄된 체계 텍스트성을 고려할 때, 바깥-텍스트는 없다"고 말하고 있을 뿐이다. 즉, 루소는 자연에 관한 주장을 세우며 나아갈 수 없는데, 바깥에 아무것도 없기 때문이 아니라 그가 사고의 모델을 제작하는 방식이 텍스트성을 블랙홀로 설정하기 때문이다.

문제가 되는 것은 정확히 일반화, 데리다의 팬(그리고 비평

---

51. Arkady Plotnitsky, *Complementarity*; *Reading Bohr*.

가)이 그가 세우고 있다고 생각하는 일반화이다. 포괄적인 진술이 블랙홀이 되는 것이다. 내가 데리다를 향해 너그러울 때, 나는 그가 일반화를 내파함으로써 자신이 비텍스트적 객체를 온전히 남겨두고 있다고 생각한다고 여긴다. 데리다는 텍스트가 객체라고 주장하고 있다. 그것은 비-텍스트와 오직 대리적 관계를 맺을 수 있다. 이것이 내가 『대자연 없는 생태학』에서 산호초와 토끼는 있지만 대자연은 없다고 주장하는 이유이다. 내 논증과 데리다가 OOO의 선구자라는 주장 사이의 차이에 유의하라. 그것들은 전혀 같지 않다. 데리다는 존재론을 기권했다. 데리다는 존재론이 일반화-질병에 의해 오염되었다고 생각했다. 유감스럽게도 이것은 다양한 형태의 반실재론에 대한 기본 설정이 된다. 데리다는 누락의 죄를 범했다. 윌리엄 블레이크가 쓴 것처럼 "나는 체계를 창조해야 한다. 그렇지 않으면 다른 이의 체계에 예속되니까 말이다."[52]

OOO는 해체주의와 적어도 한 가지 공통점을 공유한다. 그것들은 사물들의 현존을 보장하는 사물들의 배후에 있는 어떤 일반적 본질이나 실체에 관한 주장을 자제한다. 대타자가 없다는 것은 OOO가 대자연을 고수할 수 없음을 의미한다. 그것은 또한, 만약 우리가 대물질로 미스터 스팍이 "형상 없는 물질"을 발견했다고 주장할 때 그가 말하고자 하는 것과 같은 것

52. William Blake, "Jerusalem."

을 의미한다면, OOO가 대물질을 고수할 수 없음을 의미한다.[53] OOO는 이산적 원자들로 구성되든 연속체로 구성되든 이러한 모종의 기질에 의존하는 유물론에 문제가 된다. 유물론은 한편으로는 뉴턴-데카르트적 원자론적 기계론의, 다른 한편으로는 스피노자의 형상 없는 점액의 구속을 받으면서 나아간다. 만약 OOO 객체가 어떤 본질적인 대물질로 구성되어 있지 않다면, 이것은 OOO를 물리학과 상충시키지 않는가? 물리학이 실제로 OOO를 지원할 수 있는가? 반복성이 높은 실험을 통해 입증할 수 있는 논쟁의 여지 없는 일정한 사실은, 대물질에 관한 본질주의적 편견을 우리가 태양이 "떠오르고" "지는" 것을 보기 때문에 태양이 지구 주위를 돈다고 생각하는 것처럼 부조리한 것으로 산산조각 낸다. 그러한 사실은 사물이 고등학교 과학 수업에서 보는 작고 빛나는 탁구공같이 생긴 입자처럼 행동하는 "고전적인" 원자론의 세계와 사물이 이런 방식으로 행동하지 않는 양자 세계 사이의 방화벽을 뒤흔든다(QT 270, 420). 양자 현상은 단순히 접근하기 어렵거나 정신과 다른 객체에 의해 부분적으로만 "번역"되는 것이 아니다. 그것은 비환원적으로 물러나 있다.

OOO는 유물론이 아니라 실재론의 형태이다. 여기서 OOO는 양자 이론과 관련성을 가진다. 반실재론은 양자 이론을 자

---

53. Star Trek, "Return to Tomorrow," 1968년 2월 9일에 처음 방영되었다.

신의 반대 이론과 대적시킨다. 왜냐하면 반실재론에서 양자 이론은 실재가 흐릿하거나 지각 등과 깊이 상관관계를 맺고 있음을 보여주는 것으로 추정되었기 때문이다. 사실, 양자 이론은 사물이 정말로 우리의 정신(또는 다른 정신) 너머에 현존한다는 것을 확고히 확립하는 현존하는 유일한 이론이다. 양자 이론은 실재적 객체가 현존한다는 것을 긍정적으로 보장한다! 그뿐만 아니라, 이 객체들은 서로를 넘어 현존한다. 양자 이론은 현상을 양자, OOO 철학자 이언 보고스트가 『단위조작』에서 기술한 대로의 이산적 "단위체"로 간주함으로써 이를 수행한다.[54] "단위체"는 OOO의 "객체"와 매우 유사하다.[55] 단위체의 관점에서 생각하는 것은 체계의 관점에서 생각하는 것의 문제적 특성을 상쇄한다. 일종의 체계 사유는 19세기 물리학자들에게 중요한 문제를 제기했다. 소위 흑체 복사라고 불리는 문제만 고려해 보아도 명백하다. 고전 열역학은 본질적으로 여러 파동의 에너지를 결합하여 체계의 총에너지를 파악하는 체계 접근법이다. 문제로 삼고 있는 블랙박스는 일종의 오븐이다. 오븐 안의 온도가 상승함에 따라, 고전 이론을 사용하면 파동 상태를 합산하여 얻은 결과가 부조리한 것이 되어 무한대가 되는 경향이 있다.

---

54. Bogost, *Unit Operations*.
55. Bryant, "Let's Talk About Politics Again! — Ian Bogost"를 보라.

블랙박스 속의 에너지를 이산적 양자("단위체")로 보면 정확한 결과를 얻을 수 있다. 막스 플랑크가 이 접근법을 발견한 것이 양자 이론을 낳았다. 이제 반실재론이 통상적으로 양자 이론을 인용하여 설명하는 지각을 고려해 보라. 양자 이론은 사물과 우리의 정신적 상호작용에 관해 무엇을 보여주는가? 단단함과 광휘 같은 지각적이고 감각적인 현상은 근본적으로 양자역학적인 효과이다. 나는 이 탁자를 뚫고 손을 넣을 수 없는데, 내 손가락 끝에 있는 양자가 탁자 표면에 있는 양자의 저항 우물을 뚫고 들어갈 개연성은 통계적으로 불가능하기 때문이다. 그것이 바로 견고성이다. 그것은 이산적 양자 회집체에 대한 평균적으로 옳은 경험이다. 문제가 되기는커녕, 이 통계적 성질은 견고성과 같은 경험적 현상으로 추정되는 것을 인간이 정식화할 수 있었던 최초의 사례이다. 일부 사람이 양자 이론에 관해 불편하다고 여기는 것(셀 수 없이 많은 시도 끝에 한 번은 탁자에 손가락을 넣을 수 있음)이 정확히 사물의 실재성에 대한 증거이다. (이것은 메이야수의 논증의 한 버전이다, AF 82~5).

양자 이론은 양자들이 서로로부터 물러나는 것을 특정하는데, 여기에는 양자들을 측정하기 위해 우리가 사용하는 양자들이 포함된다. 다른 말로 하자면, 양자는 실제로 이산적이며, 이 이산성의 한 가지 표시는 한 양자에 대한 다른 양자의 항상적 (오)번역이다. 그러므로 한 양자의 위치를 측정하기 위해 양자들을 설정하면 그 양자의 운동량은 물러나고 그 반대도 마찬가지이다. 하이젠베르크의 불확정성 원리는 "관찰자"—주체 그 자체가 아니라 광자나 전자(또는 무엇이든)를 포함하는 측정 장치—가 관찰할 때 관찰된 것의 적어도 한 가지 양상이 차단된다고 말한다(QT 99~115). 관찰은 존재론적으로 다른 어떤 상태(예를 들어 주체)가 아니라 관찰 가능한 것과 마찬가지로 객체들의 우주의 한 부분이다. 좀 더 일반적으로 말하자면, 닐스 보어가 상보성이라고 부르는 것은 양자가 다른 양자에 완전히 접근할 수 없도록 보장한다. 초점 렌즈가 한 객체를 더 선명하게 보이게 하고 다른 객체는 더 흐릿하게 보이게 하는 것처럼, 하나의 양자 변수는 다른 양자 변수를 대가로 선명하게 정의된다(QT 158~61). 이것은 인간이 객체를 아는 방식이 아니라 광자가 감광성 분자와 상호작용하는 방식에 관한 것이다. 일부 현상은 비환원적으로 결정될 수 없으며, 파동-같은 동시에 입자-같다. 전자가 원자핵을 조우하는 방식에는 어두운 면이 포함된다. 객체들은 심오한 물리적 수준에서 서로로부터 물러난다. OOO는 이용 가능한 물리적 실재에 관한 가장 심오하고 정확하며 검증 가능한 이론과 깊이 공명한다. 다시 말하지만, 반대로 말하는 것이 더 나을 것이다 : 양자 이론은 객체지향적이기 때문에 작동한다.

그렇다면 양자 세계를 탐색하는 것은 자기-촉발의 한 형태이다. 보어는 양자 현상이 양자 현상에 대한 측정 장치와 단순히 결부되는 것이 아니라고 주장했다. 양자 현상은 측정 장치와

동일하다 : 장비와 현상은 불가분한 전체를 형성한다(QT 139~40, 177). 이 "양자 정합성"은 입자들이 "같은" 것이 되는 절대영도에 가깝게 적용되거나(보즈-아인슈타인 응집), 또는 매우 뜨거운 플라즈마(페르미-디랙 응집)에 적용된다. 전자에게는 초저온 또는 초고온 실체가 마치 전혀 현존하지 않는 것처럼 투명하게 보일 수 있다(QT 493~4). 거시적-규모의 객체는 좀 더 깊은 의미에서 서로 같은 것인 분리된-것처럼-보이는 존재자들에 가깝다. 나노 규모의 톱니바퀴들은 회전하지 않을 것인데, 미세한 사물들이 서로 접근할 때 카슈미르 힘이 서로를 붙이기 때문이다. 톱니바퀴들은 구별할 수 없는 것이 된다.[56] 그것들은 더 이상 서로에 대해 외적인 것으로서 기계론적으로 기능하지 않는다.[57] 그 무엇도 다른 것에 대해 극단적으로 외적이지 않다 : 입자들은 사무실 장난감의 작은 금속 공들처럼 서로 둔탁하게 부딪치지 않는다(QT 177). 투박한 근사치에도 불구하고, 실재는 기계가 아니다(139~40). 양자 이론은 상대성 이론에 내재한 비기계론을 확장한다 : "세계를 이산적이지만 상호작용하는 부분들로 분리할 수 있다는 고전적인 착상은 더는 유효하지 않거나 관련이 없다."[58] 양자 객체는 깊이 환경적이고 비본질주의적

56. Alejandro W. Rodriguez et al., "Theoretical Ingredients of a Casimir Analog Computer," *Proceedings of the National Academies of Sciences*.
57. Bohm, *Wholeness and the Implicate Order*, 219 (이하 IO로 표기).
58. Bohm, *The Special Theory of Relativity*, 155 (이하 R로 표기).

이다(QT iv, 139, 175, 414~15). 전자는 오직 그것을 둘러싼 환경으로 인해 현존한다 — 그리고 그 둘러싼 환경도 마찬가지이며, 열린-결말 네트워크도 그렇다. 양자 이론은 또한 수행적이다 : 만약 그것이 전자처럼 걷고 꽥꽥거린다면 그것은 전자다(118). 양자 수행성은 통상적으로 "만족화"satisficing라고 불리는 진화론적 수행성과 매우 유사하다 : 오리로서, 당신은 충분히 오리처럼 보고 꽥꽥거려야만 당신의 유전자를 전달할 수 있다.[59]

이제 비국소성을 고려해 보라. 생태계에서, 사물들은 인접하고 공생한다. 비국소성에서, 사물들은 직접적으로 다른 사물들이다. 알랭 아스펙트, 아인슈타인의 제자인 데이비드 봄, 안톤 차일링거 등은 양자 이론과 관련된 아인슈타인-포돌스키-로젠 역설이 경험론적 사실임을 보여주었다.[60] 아인슈타인, 로젠, 포돌스키는 만약 양자 이론의 무언가가 우주에 관해서 참이라면 당신은 입자들을 얽을 수 있을 것이라고 주장했다.[61] 그런 다음 당신은 한 입자에 어떤 정보를 보낼 수 있으며(일정한 방

---

59. Richard Dawkins, *The Extended Phenotype*, 156 ; Joan Roughgarden, *Evolution's Rainbow*, 26~7.
60. Aharanov and Bohm, "Significance of Electromagnetic Potentials in the Quantum Theory" ; Alain Aspect et al., "Experimental Realization of Einstein-Podolsky-Rosen-Bohm Gedankenexperiment" ; Anton Zeilinger et al., "An Experimental Test of Non-Local Realism" ; L. Hofstetter et al., "Cooper Pair Splitter Realized in a Two-Quantum-Dot Y-Junction."
61. Albert Einstein et al., "Can Quantum-Mechanical Description of Reality be Complete?"

식으로 회전하도록 만들 수 있음), 다른 입자는 즉시 같은 정보를 수신한 것처럼 나타날 것이다. 이것은 임의의 거리, 즉 2야드, 2마일, 은하계 반대편까지 작용한다. 차일링거는 도시 빈의 양 끝, 카나리아 제도의 두 섬 사이, 그리고 궤도를 도는 위성들 사이에서 얽힌 입자들을 사용하여 비국소적 현상을 입증했다.[62] 비국소성을 설명하기 위해 빛의 속도를 폐기할 수는 있지만, 이것은 물리학자들을 곤란하게 만든다. 혹은 당신은 실제로는 두 개의 입자가 있는 것이 아니라 그저 하나의 자기-촉발 과정이 있는 것이라고 말할 수 있다. 그것은 미친 소리처럼 들리지만 다른 선택지는 더 그렇다 — 그것은 시간 여행과 텔레파시를 포함한다. 비국소성은 원자론에 관해 무언가가 심오하게 잘못되었다는 것을 의미한다.[63] 게다가 객체들은 우리가 생각했던 것보다 훨씬 더 큰 규모에서 흐릿한 경계를 가지고 있다. 식물을 녹색으로 만드는 공생 박테리아인 엽록체 속 광합성 분자는 광자를 정합적으로 만든다. 그것이 분자에 들어갈 때 광자는 일거에 많은 위치를 점유한다.[64] 어떤 깊은 의미에서 (단일한, 고정

---

62. Anton Zeilinger et al., "Distributing Entanglement and Single Photons through an Intra-City, Free-Space Quantum Channel"; "Experimental Verification of the Feasibility of a Quantum Channel between Space and Earth"; "High-Fidelity Transmission of Entanglement over a High-Loss Freespace Channel".
63. John Bell, "On the Einstein Podolsky Rosen Paradox."
64. Elisabetta Collin et al., "Coherently Wired Light-Harvesting in Photosynthetic Marine Algae at Ambient Temperature."

된, 분리된) 광자 자체는 없다. 2010년 초 물리학자들은 맨눈으로 볼 수 있는 객체 속에서 양자 정합성을 확립했다 : 미세한 소리굽쇠는 진동하는 동시에 진동하지 않는다.[65] 생물학이 생명체들이 얼마나 얽혀 있는지를 발견한다면, 양자 얽힘은 더 심오한 상호연결성을 연다.

존재론은 어떻게 비국소성을 생각할 수 있는가? 보어가 주도한 양자 이론의 코펜하겐 해석은, 양자 이론이 매우 정확한 휴리스틱 도구이지만, 양자 현상이 "비환원적으로 우리에게 접근 불가능한 것"이기 때문에 그 밑을 들여다보는 것은 부조리하다고 주장한다.[66] 보어는 우리의 측정이 측정된 것과 "불가분하다"고 주장했다.[67] 존재론적 접근에 대한 거부는 이미 존재론적이다 : 뉴턴주의적 원자론은 대물질에 대한 알갱이 관점과 함께 실질적으로 버려졌다. 코펜하겐에서 대물질은 승리자가 묘사한 것보다 덜 정립되었다.[68] 봄, 바실 힐리, 차일링거, 안토니 발렌티니 등은 드 브로이가 확립한 노선, 즉 보어의 "불가분성"을 (인간) 인지를 넘어서는 객체와 관련시키는 "존재론적 해석"을 가지고 나아간다.[69] 봄은 입자들이 대양의 파도처럼 어

65. O'Connell et al., "Quantum Ground State and Single Phonon Control of a Mechanical Ground Resonator."
66. Plotnitsky, *Reading Bohr*, 35.
67. 같은 곳.
68. Anthony Valentini, *Quantum Theory at the Crossroads*, vii~xi.
69. David Bohm and Basil Hiley, *The Undivided Universe*.

떤 더 깊은 과정의 현현일 뿐이라며 "내포된 질서"를 상정했다(IO 246~77). 대양의 파도가 가라앉듯이, 입자들은 내포된 질서로 다시 접혀 들어간다. "입자들"은 모든 것이 다른 모든 것으로 둘러싸여 있는 라이프니츠주의적 실재의 추상화이다. 존재론적 해석은 원자론뿐만 아니라 전체론에도 좋지 않다. 전체론은 전체와 분리되어 대체 가능한 부분들로 구성된 일종의 정상top-수준 객체를 요구한다(21). 전체론자의 항변에도 불구하고 이는 기계론의 또 다른 변조이다. 봄주의적 관점에 따르면, 당신은 더 큰 전체의 부분이 아니다. "흐르는 운동"으로서, 모든 것은 모든 것에 둘러싸여 있다(14). 코펜하겐 해석과는 달리, 존재론적 해석은 비상관주의적이다. 즉, 입자들이 서로로부터 물러나는 것은 인간이 일정한 방식으로 입자들을 관찰하기 때문이 아니라 내포된 질서가 그 자신으로부터 물러났기 때문이다. 틀림없이 그것은 초객체, 자신의 어두운 페이지를 넘기는 자기-촉발적 대양이다. 이 전체는 엄격하게 분석될 수 없다. 내포된 질서는 비환원적인 어두운 면을 가지고 있는데, 그것이 "객체들에 싸인 객체들에 싸인 객체들"로 구성되어 있기 때문이다(GM 83). 여기서 나는 OOO가 봄주의적이어야 함을 주장하고 있는 것이 아니다. 나는 양자 이론에 대한 통용 가능한 해석 자체가 객체지향적이라고 주장하고 있는 것이다. 여기에는 일종의 유기체론이, 생물학(신다윈주의)과 인문학(몇몇 형태의 포스트휴머니즘과 들뢰즈주의)에서 찾아볼 수 있는 기계론적 설명의 유행을 완화하는 비본질주의적 유기체론이 있다.

내포[함축]implication과 외포explication는 대물질이 더 깊은 무언가에 의해 접히고 그로부터 펼쳐짐을 시사한다. OOO가 물리학을 따라야 한다는 말이 참이라고 할지라도, 물리학 자체에 의해 설정된 용어들에서 객체들은 특정한 하나의 사물로 "구성"되지 않는다. 정상 수준이 없듯이, (실체적인, 형성된) 객체가 아닌 최하위 수준도 없을 수 있다. 전자는 오고 나면 가고, 다른 입자로 바뀌며, 에너지를 방출한다. 전자는 실재적이다. 그러나 전자가 되거나 안-되는 행위는 통계적 수행이다. "양자 이론은 우리에게 전자나 다른 객체가 그 자체로 내적 특성을 가지고 있다는 착상을 포기하도록 요구한다. 대신, 각각의 객체는 객체가 적절한 체계와 상호작용할 때 전개되는 불완전하게 정의된 잠재태들만을 포함하는 것으로 간주하여야 한다"(QT 139). 이것은 "지하 피조물"로서의 객체의 물러남-성withdrawnness에 대한 하먼의 이미지에 접근한다(TB 129~33〔133〕). 따라서 전자가 그로부터 펼쳐지는 "더 깊은 무언가"도 물러난다. 만약 그것이 그러한 숨겨진 본질을 결여한다면, 객체들은 기계 부품처럼 공간적으로 서로에 대해 외적이어야 한다. 이것은 객체를 다른 객체로 환원하는 도구화를 합법화한다. 만약 객체들이 문자 그대로 외적으로 관계한다면(만약 숨겨진 "내부"가 시공간적이라면), OOO와 기계론은 거의 구별되지 않는다. 만약 객체들이 모든 측면에서 낯설게 낯설다면, OOO는 기계론의 한 형태일 수 없다. 우리는 모든 입자의 위치를 예측할 수 없기 때문에 원리적으로조차 실재의 미래 상태를 예측할 수 없다. 너무 오래 걸리거나(그럴 것이다) 빛의 속도를 깨뜨리기 때문에 그런 것만은 아니다. 그리고 상보성 때문만이 아니다(QT 158~61). 그것은 인식론이나 상관주의와 정확하게 관련이 없는 더 근본적인 이유 때문이다 : 입자 그 자체나 대물질 그 자체는 없으며, 오직 이산적으로 양자화된 객체들만이 있다. 만약 이것이 우리가 현재 알고 있는 가장 미세한 수준에 관해 참이라면, 더 높은 규모, 진화, 생물학, 생태학이 일어나는 규모는 얼마나 더 그러할 것인가? 생태적 사유는 실재론이어야 한다. 그렇다고 해서 그것이 유물론이나 기계론일 필요는 없다.

이런 의미에서, (완전히 실증적인 존재자로서의) "객체"는 잘못된 즉각성이다. 객체들에 관한 실증적 주장은 실패하는데, 왜냐하면 객체들에는 칸트주의적 아름다움의 뭐라 할 수 없이 좋은 것과 같은 신비로운 내부성, 그늘진 어두운 면이 있기 때문이다. 이것은 아무것도 아닌가? 사물들의 축제에서 으스스한 무로 가는 경로가 있는가? 아무것도 믿지 않는다고 믿는 허무주의는 사물들이 관통할 수 없는 신비로부터 출현한다고 주장한다.[70] 허무주의, 쿨한 아이들의 종교는 내밀함의 불편함을 피한다. 우리는 우리의 피부 아래에 있는 객체들을 가지고 있고, 객

70. Chögyam Trungpa, *Cutting Through Spiritual Materialism*, 192~3.

체들은 우리를 가지고 있다. 객체들이 우리의 피부이다. OOO는 허무주의의 한 형태일 수 없다. 허무주의로 치닫는 경향이 있는 것은 그 반대의 관점(관계주의)이다. 관계주의는 객체가 다른 객체와 맺는 관계의 합일 뿐이라고 주장한다. 이것은 객체가 무엇인지에 관한 물음을 한 단계 뒤로 미루는데, 그 정의가 잠재적인 무한한 퇴행을 함의하기 때문이다 : 그 "다른 객체"는 무엇인가? 어째서 다른 객체와 맺는 관계의 합 이상이 아닌가 — 그렇게 계속 모호한 것으로 퇴행한다. 적어도 OOO는 객체가 무엇인지 말하는 것을 겨냥한다 : 객체는 물러난다. 이것은 객체들이 전혀 관계하지 않음을 의미하지 않는다. 그것은 단순히 객체들이 나타나는 방식이 그늘지고, 환상적이며, 마술적인 "낯설게 낯선" 성질을 가지고 있음을 의미한다. 그것은 또한 객체들이 서로로 환원될 수 없다는 것을 의미한다. OOO는 객체가 그것의 관계로 환원될 수 있다면 낯섦은 불가능하다고 주장한다. 관계주의는 그 무엇도 상정하기를 꺼리는 자신의 기질로 방해를 받기 때문에 몽매주의로 향하는 경향이 있다. 관계주의는 에우튀프론적 딜레마에 빠져 있다 : 객체가 다른 객체들 사이의 관계로 구성된다면, 그 다른 객체는 무엇인가? 이와 같은 객체는 결코 정의되지 않는다. 따라서 상호연결성을 찬양하는 것처럼 보이는 생태비평은, 결국 정확히 무엇과 무엇이 상호연결되어 있는지에 주의를 기울여야 한다.

생명체와 비생명체는 고유하고 낯선데, 그것들이 서로에게서 파생된다는 정확한 이유 때문이다. 그런데 온갖 생명체는 이리저리 흩어져 다니고, 객체들은 증식한다. 우리가 제외해야 할 것은 대자연과 비-대자연의 개념이다. 하이데거는 사물들이 상호변조되는 방식을 기술한다 : 우리는 결코 바람을 듣지 않고 문을 스치는 바람만을 듣는다.[71] 이것은 나무, 잎, 엽록체, 엽록체로 들어가는 광자, 그리고 주체에게 적용된다. 그것은 이러한 상호작용을 측정하는 장비와 그것들을 생각하는 정신에 적용된다. 실재는 단순히 (인간) 지각에 관한 것이 아니다 — 모든 현상은 서로를 추상(번역)한다. OOO는 여전히 더 깊이 갈 수 있다. 수학적 객체는 물러난 양상을 가지고 있는데, 잘-정의된 일관적인 (그 체계 내적으로 올바른) 논리 체계는 일관성의 전제조건으로서 체계가 증명할 수 없는 정리를 적어도 하나 이상 포함해야 하기 때문이다(괴델의 불완전성 정리). 공간적 내부성 혹은 차원성, 견고성, 심지어는 지속과 같은 개념들은 상관주의적 구성물이다. 객체들을 견고한 것으로 감지하는 존재자는 (다양한 존재자 중에서도) 우리 인간이다. OOO는 펄서[72]와 핑킹가위에서 『수학 원리』와 시에 이르기까지 모든 객체의 급진적 유한성을 수용한다. 그러나 이 급진적 유한성은 낯선 비환원적 개방성을 포함한다. (생태학적, 정치적, 수학적, 존재론적) 문

---

71. Heidegger, "The Origin of the Work of Art," 26. [하이데거, 『예술작품의 근원』.]

72. * 눈에 보이지는 않지만 주기적으로 빠른 전파나 방사선을 방출하는 천체.

제는 우리가 "주체"라고 부르는 것이 아니라 "자아"와 그 상관항, 대자연 — 혹은 비-대자연, 혹은 대물질 — 이다. 그러므로 OOO는 제거주의적 유물론이나 "비-대자연이 존재한다"고 주장하는 실재론과 다르다. 기준 생태비평 — 심지어는 심층 생태학 — 의 문제는 그것이 결코 충분히 깊지 않다는 것이다. 손에 잡히는 것에 매달리면 우리는 얼굴 없는 대자연으로 끝맺게 된다. 이것은 사유가 지구를 훼손해온 방식의 증상이다. OOO는 사물들의 깊은 아래를 생각하게 해준다.

:: 참고문헌

출판물

Abbott, Don, "Kant, Theremin, and the Morality of Rhetoric," *Philosophy and Rhetoric* 40.3, Vol. 40, No. 3 (2007).

Abram, David, *The Spell of the Sensuous : Perception and Language in a More-Than-Human World* (New York : Pantheon, 1996).

Adorno, Theodor, *Aesthetic Theory*, tr. and ed. Robert Hullot-Keno (Minneapolis : University of Minnesota Press, 1997). [테오도어 W. 아도르노, 『미학이론』, 홍승용 옮김, 문학과지성사, 1997.]

——, *Kierkegaard : Construction of the Aesthetic*, tr. and ed. Robert Hullot-Kentor (Minneapolis : University of Minnesota Press, 1999).

——, *The Jargon of Authenticity* (London : Routledge, 2003).

Agamben, Giorgio, *The Open : Man and Animal*, tr. Kevin Attell (Stanford : Stanford University Press, 2004).

Aharanov, Y. and D. Bohm, "Significance of Electromagnetic Potentials in the Quantum Theory," *Phys. Rev.* 115.3.

Al-Ghazali, *The Incoherence of the Philosophers,* tr. Sabid Ahmad Kamali (Lahore : Pakistan Philosophical Congress, 1963).

Al-Kindi, "On Divine Unity and the Finitude of the World's Body," in *Classical Arabic Philosophy : An Anthology of Sources*, tr. and intro. Jon McGinnis and David C. Reisman (Indianapolis : Hackett, 2007).

——, "The One True and Complete Agent and the Incomplete 'Metaphorical' Agent," in *Classical Arabic Philosophy : An Anthology of Sources*, tr. and intro. Jon McGinnis and David C. Reisman (Indianapolis : Hackett, 2007).

Anon., "Focus : The Force of Empty Space," *Phys. Rev. Focus* 2, 28 (December 3, 1998), DOI : 10.1103/PhysRevFocus.2.28, http://physics.aps.org/story/v21st28, accessed June 27, 2012.

Aristophanes, *The Frogs*, http://classics.mit.edu/Aristophanes/frogs. html, accessed June 27, 2012.

Aristotle, *Metaphysics*, tr. and intro. Hugh Lawson-Tancred (London : Penguin, 2004). [아리스토텔레스, 『형이상학』, 이종훈 옮김, 동서문화사, 2019.]

——, *On Generation and Corruption*, tr. H.H. Joachim, *Forgotten Books*, http://forgottenbooks.org, accessed August 18, 2012.

——, *Poetics*, in Aristotle, Horace and Longinus, *Classical Literary Criticism*, tr. T.S. Dorsch (Harmondsworth : Penguin, 1984). [아리스토텔레스, 『아리스토텔레스 시학』, 박문재 옮김, 현대지성, 2021.]

Aspect, Alain, Philippe Granger and Gérard Roger, "Experimental Realization of Einstein-Podolsky-Rosen-Bohm Gedankenexperiment : A New Violation of Bell's Inequalities," *Physical*

Review Letters 49.2 (2 July 1982).

Barad, Karen, *Meeting the Universe Halfway : Quantum Physics and the Entanglement of Matter and Meaning* (Durham : Duke University Press, 2007).

Bates, Stephen, "Banksy's Gorilla in a Pink Mask Is Painted Over", *The Guardian* (July 15, 2011), https://www.theguardian.com/artanddesign/2011/jul/15/banksy-gorilla-mask-painted-over, accessed September 16, 2011.

Bell, John, "On the Einstein Podolsky Rosen Paradox," *Physics 1* (1964).

Benjamin, Walter, "Theses on the Philosophy of History," *Illuminations*, ed. Hannah Arendt, tr. Harry Zohn (London : Harcourt, Brace and World, 1973). [발터 벤야민, 『역사의 개념에 대하여/폭력비판을 위하여/초현실주의 외』, 최성만 옮김, 길, 2008.]

Bennett, Jane, *Vibrant Matter : A Political Ecology of Things* (Durham : Duke University Press, 2004). [제인 베넷, 『생동하는 물질 : 사물에 대한 정치생태학』, 문성재 옮김, 현실문화, 2020.]

Bergson, Henri, *Laughter* in George Meredith and Henri Bergson, *An Essay on Comedy/Laughter* (New York : Doubleday, 1956). [앙리 베르그손, 『웃음 : 희극성의 의미에 관하여』, 정연복 옮김, 민음사, 2014.]

Bhaskar, Roy, *A Realist Theory of Science* (New York : Routledge, 2008).

Blake, William, *Auguries of Innocence*, 1. *The Complete Poetry and Prose of William Blake*, ed. David V. Erdman (New York : Doubleday, 1988).

___, "Jerusalem", in *The Complete Poetry and Prose of William Blake*, plate 10, d. David V. Erdman (New York : Doubleday, 1988).

Bloom. Harold, *The Anxiety of Influence : A Theory of Poetry* (Oxford : Oxford University Press, 1997). [해럴드 블룸, 『영향에 대한 불안』, 양석원 옮김, 문학과지성사, 2012.]

Bogost, Ian, "Object-Oriented Rhetoric : Thoughts on the RSA Panel Papers," *Ian Bogost* (June 13, 2010), https://bogost.com/writing/blog/object-oriented_rhetoric/, accessed April 22, 2023.

___, "Process vs. Procedure," Fourth International Conference of the Whitehead Research Project, Claremont College, December 2~4, 2010.

___, *Alien Phenomenology or, What It's Like to Be a Thing* (Minneapolis : University of Minnesota Press, 2012). [이언 보고스트, 『에일리언 현상학, 혹은 사물의 경험은 어떠한 것인가』, 김효진 옮김, 갈무리, 2022.]

___, *Unit Operations : An Approach to Videogame Criticism* (Cambridge : MIT Press, 2008).

Bohm, David, *Quantum Theory* (New York : Dover, 1989).

___, *The Special Theory of Relativity* (London : Routledge, 2006).

___, *Wholeness and the Implicate Order* (Abingdon : Routledge, 2008).

Bohm, David and Basil Hiley, *The Undivided Universe : An Ontological Interpretation of Quantum Theory* (London : Routledge, 1995).

Boswell, James, *Boswell's Life of Johnson* (Oxford : Oxford University Press, 1965).

Brassier, Ray, "Behold the Non-Rabbit : Kant, Quine, Laruelle," *Pli* 12 (2001).

Brown, Jim, "RSA : Toward an Object-Oriented Rhetoric," rsa.cwrl.utexas.edu/node/3850.

Brown, Nathan, "Absent Blue Wax (Rationalist Empiricism)," *Qui Parle 19.1* (Fall~Winter 2010).

Bryant, Levi, "Lacan's Graphs of Sexuation and OOO," *Larval Subjects* (June 28, 2010), https://larvalsubjects.wordpress.com/2010/06/28/lacans-graphs-of-sexuation-and-ooo/,

——, "Lucretius and the Wilderness," http://larvalsubjects.wordpress. com/2011/08/26/lucretius-and-the-wilderness/, accessed April 22, 2023.

——, *The Democracy of Objects* (Ann Arbor : Open Humanities Press, 2011). [레비 R. 브라이언트, 『객체들의 민주주의』, 김효진 옮김, 갈무리, 2021.]

Burke, Edmund, *A Philosophical Enquiry into the Origin of our Ideas of the Sublime and the Beautiful,* ed. James T. Boulton (Oxford : Basil Blackwell, 1987). [에드먼드 버크, 『숭고와 아름다움의 관념의 기원에 대한 철학적 탐구』, 김동훈 옮김, 마티, 2019.]

Callender, Craig, "Humean Supervenience and Homogeneous Rotating Matter," *Mind* 110.447 (January 2001).

Carroll, Lewis, *Alice Through the Looking Glass, in The Annotated Alice : Alice's Adventures in Wonderland and Through the Looking-Glass*, ed. and intro. Martin Gardner (New York : Norton, 1999). [루이스 캐럴, 『거울 나라의 앨리스』, 김경미 옮김, 비룡소, 2010.]

Carruthers, Mary, *The Book of Memory : A Study of Memory in Medieval Culture* (Cambridge : Cambridge University Press, 2008).

Casey, Edward, *The Fate of Place : A Philosophical History* (Berkeley : University of California Press, 1997).

Changizi, Mark, "Why Even Data from Star Trek Would Have Fuzzy Language," *CHANGIZI BLOG* (January 4, 2011), http://changizi.wordpress.com/2011/01/04/why-even-data-from-star-trek-would-have-fuzzy-language, accessed October 8, 2011

Clark, Andy and David Chalmers, "The Extended Mind," *Analysis 5* (1998).

Coleridge, Samuel Taylor, *Coleridge's Poetry and Prose*, ed. Nicholas Halmi, Paul Magnuson and Raimona Mod isno (New York : Norton, 2004). [새뮤얼 테일러 콜리지, 『콜리지 시선』, 윤준 옮김, 지식을만드는지식, 2012.]

Collin, Elisabetta et al., "Coherently Wired Light-Harvesting in Photosynthetic Marine Algae at Ambient Temperature," *Nature 463* (4 February 2010).

Cooke, Brandon, "Art-Critical Contradictions," American Society of Aesthetics, San Francisco, October 2003.

Cowley, Stephen J., "The Cradle of Language," in Daniele Moyal-Sharrock, ed., *Perspicuous Presentations : Essays on Wittgenstein's Philosophy of Psychology* (New York Palgrave, 2007).

Darwin, Charles. *The Origin of Species*, ed. Gillian Beer (Oxford and New York Oxford University Press, 1996). [찰스 로버트 다윈, 『종의 기원』, 장대익 옮김, 사이언스북스, 2019.]

Dawkins, Richard, *The Extended Phenotype : The Long Reach of the Gene* (Oxford and New York : Oxford University Press, 1999).

de Man, Paul, "Semiology and Rhetoric," *Diacritics* 3.3 (Autumn, 1973).

Deleuze, Gilles, *Cinema 2 : The Time-Image*, tr. Hugh Tomlinson and Robert Galeta (London : Continuum, 2005). [질 들뢰즈, 『시네마 2 : 시간-이미지』, 이정하 옮김, 시각과언어, 2005.]

Deleuze, Gilles and Felix Guattari, *Anti-Oedipus : Capitalism and Schizophrenia*, tr. R. Hurley, M. Seem and H. Lane (Minneapolis : University of Minnesota Press, 1983). [질 들뢰즈, 펠릭스 과타리, 『안티 오이디푸스 : 자본주의와 분열증』, 김재인 옮김, 민음사, 2014.]

Denkel, Arda, *Object and Property* (Cambridge : Cambridge University Press, 2007).

Derrida, Jacques, "Economimesis," *Diacritics* 11.2 (Summer, 1981).

——, "Freud and the Scene of Writing," *Writing and Difference*, tr. Alan Bass (London and Hen-

ley : Routledge and Kegan Paul, 1978). [자크 데리다, 『글쓰기와 차이』, 남수인 옮김, 동문선, 2001.]
___, "There Is No One Narcissism," *Points : Interviews, 1974-1994* (Stanford : Stanford University Press, 1995).
___, *Dissemination*, tr. Barbara Johnson (Chicago : University of Chicago Press, 1981).
___, *Of Grammatology*, tr. Gayatri Chakravorty Spivak (Baltimore and London : Johns Hopkins University Press, 1987). [자크 데리다, 『그라마톨로지』, 김성도 옮김, 민음사, 2010.]
Descartes, Rene, *Meditations and Other Metaphysical Writings*, tr. and intro. Desmond M. Clarke (London : Penguin, 1998, 2000).
Deutsch, David, *The Fabric of Reality : The Science of Parallel Universes-and Its Implications* (London : Penguin, 1998).
Doctor Seuss, *The Lorax* (New York : Random House, 1971).
Donne, John, *Holy Sonnets* 15, in *The Major Works : Including Songs and Sonnets and Sermons*, ed. John Carey (Oxford : Oxford University Press, 2009).
Dowe, Phil, *Physical Causation* (New York : Cambridge University Press, 2000).
Eagleton, Terry, *The Ideology of the Aesthetic* (Oxford : Basil Blackwell, 1990).
Einstein, Albert, *Relativity : The Special and the General Theory* (London : Penguin, 2006) [알버트 아인슈타인, 『상대성 이론 : 특수 상대성 이론과 일반 상대성 이론』, 장헌영 옮김, 지식을 만드는 지식, 2014]
Einstein, Albert, Nathan Rosen and Boris Podolsky, "Can Quantum-Mechanical Description of Reality be Complete?" *Phys. Rev. 47* (1935).
Eliot, T.S., *Little Gidding*, 2.3~4, *Collected Poems* 1909~1962 (London : Faber and Faber, 1983).
Emerson, Ralph Waldo, "Experience," in *The Essential Writings of Ralph Waldo Emerson*, ed. Brooks Atkinson, intro. Mary Oliver (New York : Modern Library, 2000).
Erik M. Gauger et al., "Sustained Quantum Coherence and Entanglement in the Avian Compass," *Physical Review Later*, 106 (January 28, 2011), DOI 10.1103/ PhysRevLett.106.040503.
Fearne, Paul, *Diary of a Schizophrenic* (Brentwood : Chipmunka Publishing, 2010).
Fish, Stanley, *Is There A Text in This Class?* (Cambridge : Harvard University Press, 1980).
Franco, Maria Isabel et al, "Molecular Vibration-Sensing Component in *Drosophila Melanogaster* Olfaction," *Proceedings of the National Academy of Sciences* 108.9 (2011), 3797-3802, DOI 10.1073/pnas. 1012293108.
Freud, Sigmund, *Beyond the Pleasure Principle*, tr. and ed. James Strachey (New York : Liveright, 1950). [지그문트 프로이트, 『쾌락 원리의 저편』, 강영계 옮김, 지식을만드는지식, 2021.]
___, *Interpreting Dreams*, tr. J.A. Underwood, intro. John Forrester (London : Penguin, 2006). [지크문트 프로이트, 『꿈의 해석』, 김인순 옮김, 열린책들, 2020.]
___, *The Ego and the Id*, tr. Joan Riviere, revised and ed. James Strachey, intro. Peter Gay (New York Norton 1989).
Garfield, Jay and Graham Priest, "Nagarjuna and the Limits of Thought," *Philosophy East and West* : 53.1 (January, 2003).
Geach, Peter, "Ontological Relativity and Relative Identity," in Milton K. Munitz, ed., *Logic and Ontology* (New York : New York University Press, 1973).
Genette, Gérard, *Narrative Discourse : An Essay in Method*, tr. Jane E. Lewin, foreword by Jona-

than Culler (Ithaca : Cornell University Press, 1983).
Grant, Iain Hamilton, "Suprematist Ontogony and the Thought Magnet," Object-Oriented Thinking, Royal Academy of Arts, July 1, 2011.
___, *Philosophies of Nature after Schelling* (London : Continuum, 2006).
Haimon, in *Antigone*, tr. R.C. Jebb, http://classics.mit.edu/Sophocles/antigone.html [소포클레스, 『안티고네』, 강태경 옮김, 홍문각, 2018.]
Harman, Graham, "Object-Oriented Philosophy," *Towards Speculative Realism : Essays and Lectures* (Ropley : Zer0 Books, 2010).
___, "On Panpsychism and OOO," *Object-Oriented Philosophy* (March 8, 2011), http://doctorzamalek2.wordpress.com/2011/03/08/on-panpsychism-and-ooo/, accessed July 6, 2012.
___, "On Vicarious Causation," *Collapse 2* (2007).
___, "The Problem with Metzinger," *Cosmos and History* 7.1 (2011).
___, "Zero-Person and the Psyche," in David Skrbina, ed., *Mind that Abides : Panpsychism in the New Millennium* (Philadelphia : John Benjamin, 2009).
___, *Guerrilla Metaphysics : Phenomenology and the Carpentry of Things* (Chicago : Open Court, 2005),
___, *Heidegger Explained : From Phenomenon to Thing* (Chicago : Open Court, 2007).
___, *Prince of Networks : Bruno Latour and Metaphysics* (Melbourne : Re.Press, 2009). [그레이엄 하먼, 『네트워크의 군주 : 브뤼노 라투르의 객체지향 철학』, 김효진 옮김, 갈무리, 2019.]
___, *The Quadruple Object* (Ripley : Zer0 Books, 2011). [그레이엄 하먼, 『쿼드러플 오브젝트』, 주대중 옮김, 현실문화, 2019.]
___, *Tool-Being : Heidegger and the Metaphysics of Objects* (Peru, IL : Open Court, 2002).
Harman, Graham, ed., *Towards Speculative Realism : Essays and Lectures* (Ripley : Zer0 Books, 2010).
Hawk, Byron, "Rhetorics of Assemblage versus Audience, or How to Emerge with Things," *Rhetoric Society of America* (May, 2010)
Hegel, Georg Wilhelm Friedrich, *Introductory Lectures on Aesthetics*, tr. Bernard Bosanquet, intro. and commentary Michael Inwood (Harmondsworth : Penguin, 1993).
___, "Jenaer Realphilosophie," *Frühe politische System*, ed. Gerhard Göhler (Frankfurt : Ullstein, 1974).
___, *Hegel's Logic*, tr. William Wallace, foreword by J. N. Findlay (Oxford : Oxford University Press, 1975).
___, *Hegel's Phenomenology of Spirit*, tr. A.V Miller, analysis and foreword by J.N. Findlay (Oxford : Oxford University Press, 1977). [게오르크 빌헬름 프리드리히 헤겔, 『정신현상학』, 김양순 옮김, 동서문화사, 2011.]
___, *Lectures on the Philosophy of Religion*, ed. Peter C. Hodgson, tr. R. F. Brown, P. C. Hodgson, and J. M. Stewart, with H. S. Harris (Berkeley : University of California Press, 1988).
___, *The Philosophy of History*, tr. J. Sibree, prefaces by Charles Hegel and J. Sibree; new intro. by C. J. Friedrich (New York : Dover, 1956).
Heidegger, Martin, "From the Last Marburg Lecture Course," *Pathmarks*, ed. William McNeill (Cambridge : Cambridge University Press, 1998). [마르틴 하이데거, 『이정표 1, 2』, 이선일 옮김, 한길사, 2005.]

——, "The Origin of the Work of Art," in *Poetry, Language, Thought*, trans. Albert Hofstadter (New York : Harper & Row, 1971). [마르틴 하이데거, 『예술작품의 근원』, 오병남 옮김, 예전사, 1996.]
——, *Being and Time*, tr. Joan Stambaugh (Albany, N.Y : State University of New York Press, 1996). [마르틴 하이데거, 『존재와 시간』, 전양범 옮김, 동서문화사, 2016.]
——, *Contributions to Philosophy* (From Enowning), tr. Parvis Emad and Kenneth Maly (Bloomington : Indiana University Press, 1999). [마르틴 하이데거, 『철학에의 기여』, 이선일 옮김, 새물결, 2015.]
——, *Introduction to Metaphysics*, tr. Gregory Fried and Richard Polt (New Haven : Yale University Press, 2000). [마르틴 하이데거, 『형이상학입문』, 박휘근 옮김, 문예출판사, 1994.]
——, *What Is a Thing?*, tr. W.B. Barton and Vera Deutsch, analysis by Eugene T. Gendlin (Chicago : Henry Regnery, 1967).
Heller, Mark, *The Ontology of Physical Objects : Four-Dimensional Hunks of Matter* (Cambridge : Cambridge University Press, 2008).
Henry, Michel, "Material Phenomenology and Language," *Continental Philosophy Review* 32 (1999).
Hofstadter, Douglas, *Gödel, Escher, Bach : An Eternal Golden Braid* (New York : Basic Books, 1999). [더글러스 호프스태터, 『괴델, 에셔, 바흐 : 영원한 황금 노끈』, 박여성 옮김, 까치, 2017.]
Hofstetter, L. et al., "Cooper Pair Splitter Realized in a Two-Quantum-Dot Y-Junction," *Nature* 461 (October 15, 2009).
Hopkins, Gerard Manley, *The Major Works*, ed. Catherine Phillips (Oxford : Oxford University Press, 2009).
Horace, *On the Art of Poetry*, in Aristotle, Horace and Longinus, *Classical Literary Criticism*, tr. T.S. Dorsch (Harmondsworth : Penguin, 1984).
Horava, Peter, "Quantum Gravity at a Lifshitz Point," *Phys. Rev.* D 79 (8) : 084008 (2009), arXiv : 0901.3775v2 [hep-th].
——, "Quantum Gravity at a Lifshitz Point," arXiv : 0901.3775v2 [hep-th].
Kant, Immanuel, *Critique of Judgment : Including the First Introduction*, tr. Werner Pluhar (Indianapolis : Hackett, 1987), 113~117. [임마누엘 칸트, 『판단력 비판』, 백종현 옮김, 아카넷, 2009.]
——, *Critique of Pure Reason*, tr. Norman Kemp Smith (Boston and New York : Bedford/St. Martin's, 1965). [임마누엘 칸트, 『순수이성비판 1, 2』, 백종현 옮김, 아카넷, 2006.]
Kaprow, Allan, "Education of the Un-Artist 1," "Education of the Un-Artist 2," in *Essays on the Blurring of Art and Life*, ed. Jeff Kelley (Berkeley : University of California Press, 2003).
Kierkegaard, Søren, *Either/Or : A Fragment of Life*, tr. and intro. Alastair Hanna (London : Penguin, 1992).
Kristeva, Julia, *Powers of Horror : An Essay on Abjection*, tr. Leon S. Roudiez (New York : Columbia University Press, 1982). [줄리아 크리스테바, 『공포의 권력』, 서민원 옮김, 동문선, 2001.]
Kroeber, Karl, *Ecological Literary Criticism : Romantic Imagining and the Biology of Mind* (New York : Columbia University Press, 1994).
Lacan, Jacques, "Kant with Sade," tr. James B. Swenson Jr., *LACAN.COM*, http://www.lacan.com/kantsade.htm, accessed July 11, 2012.
——, *Écrits : A Selection*, tr. Alan Sheridan (London : Tavistock, 1977).
——, *Le séminaire, Livre III : Les psychoses* (Paris : Editions de Seuil, 1981).

Lanham, Richard, *A Handlist of Rhetorical Terms : A Guide for Students of English Literature* (Berkeley, Los Angeles and London : University of California Press, 1969).
Laruelle, Francois, *Philosophies of Difference : A Critical Introduction to Non-Philosophy* (New York : Continuum, 2011).
Latour, Bruno, "An Attempt at Writing a 'Compositions' Manifesto," *New Literary History* Vol. 41, No. 3 (SUMMER 2010) (The Johns Hopkins University Press, 2010).
——, *The Pasteurization of France*, tr. Alan Sheridan and John Law (Cambridge, Mas. : Harvard University Press, 1993).
Laycock, Henry, "Some Questions of Ontology," *The Philosophical Review* 81 (1972).
Lehar, Steven, "Gestalt Isomorphism," http://cns-alumni. bu.edu/~slehar/webstuff/bubwl/bubwl.html, accessed July 6, 2012.
Leston, Robert, "Rhetorics of the Inhuman versus Interpretation, or How to Become Imperceptible with Things," *Rhetoric Society of America* (May, 2010)
Levertov, Denise, *Poems 1960-1967* (New York : New Directions, 1983).
Levinas, Emmanuel, *Existence and Existents*, tr. Alphonso Lingis, foreword by Robert Bernasconi (Pittsburgh : Dusquesne University Press, 1988). [에마뉘엘 레비나스, 『존재에서 존재자로』, 서동욱 옮김, 민음사, 2010.]
——, *Otherwise than Being : Or Beyond Essence*, tr. Alphonso Lingis (Pittsburgh : Duquesne University Press, 1998). [에마뉘엘 레비나스, 『존재와 달리 또는 존재성을 넘어』, 문성원 옮김, 그린비, 2021.]
Levinson, Marjorie, "A Motion and a Spirit : Romancing Spinoza," *Studies in Romanticism 46.2* (Winter, 2007).
Lewis, Charlton T. and Charles Short, *Latin Dictionary* (Oxford : Clarendon Press, 1879).
Lewis, David, "Many, but almost One," in John Bacon, Keith Campbell and Lloyd Reinhardt, eds., *Ontology, Causality and Mind : Essays in Honor of D. M. Armstrong* (Cambridge : Cambridge University Press, 2008).
Liddell, Henry George and Robert Scott, *A Greek-English Lexicon : Revised and Augmented throughout by Sir Henry Stuart Jones with the Assistance of Roderick McKenzie* (Oxford. Clarendon Press, 1940).
Lingis, Alphonso, *The Imperative* (Bloomington : Indiana University Press, 1998).
Locke, John, *An Essay Concerning Human Understanding*, tr. Peter H. Nidditch (Oxford : Clarendon Press, 1975, 1979). [존 로크, 『인간지성론』, 추영현 옮김, 동서문화사, 2011.]
Longinus, *On the Sublime* tr. T.S. Dorsch, eds., *Classical Literary Criticism* (London : Penguin, 1984).
Lucretius, *On the Nature of Things*, tr. William Ellery Leonard, *Internet Classics Archive*, MIT, http://classics.mit.edu/Carus/nature_things.4.iv.html. [루크레티우스, 『사물의 본성에 관하여』, 강대진 옮김, 아카넷, 2012.]
Maimonides, Moses, *Guide for the Perplexed*, http://www.sacred-texts.com/jud/gfp/gfp008.htm, accessed August 18, 2012.
Marion, Jean-Luc, *In Excess : Studies of Saturated Phenomena* (New York : Fordham University Press, 2010).
Meillassoux, Quentin, *After Finitude : An Essay on the Necessity of Contingency*, tr. Ray Brassier

(New York Continuum, 2009). [퀑탱 메이야수, 『유한성 이후 : 우연성과 필연성에 관한 시론』, 정지은 옮김, b, 2010.]
Merleau-Ponty, Maurice, *Phenomenology of Perception*, tr. Colin Smith (New York : Routledge, 1996). [모리스 메를로 퐁티, 『지각의 현상학』, 류의근 옮김, 문학과지성사, 2002.]
Metzinger, Thomas, *Being No-One : The Self-Model Theory of Subjectivity* (Cambridge : MIT Press, 2004).
Morton, Timothy, "Hyperobjects and the End of Common Sense," THE CONTEMPORARY CONDITION, http://contemporarycondition.blogspot.com/2010/03/hyperobjects-and-end-of-common-sense.html, accessed April 22, 2023.
——, "Introduction," *The Cambridge Companion to Shelley* (Cambridge : Cambridge University Press, 2006).
——, "Queer Ecology," *PMLA 125.2* (March 2010).
——, "Some Notes towards a Philosophy of Non-Life," *Thinking Nature* 1 (2011).
——, "The Plantation of Wrath," in Timothy Morton and Nigel Smith, eds., *Radicalism in British Literary Culture*, 1650~1830 (Cambridge : Cambridge University Press, 2002).
——, *Ecology without Nature : Rethinking Environmental Aesthetics* (Cambridge, MA : Harvard University Press, 2007).
——, *The Ecological Thought* (Cambridge : Harvard University Press, 2010).
——, *The Poetics of Spice : Romantic Consumerism and the Exotic* (Cambridge : Cambridge University Press, 2006).
Moyal-Sharrock, Daniele, "Words as Deeds : Wittgenstein's 'Spontaneous Utterances' and the Dissolution of the Explanatory Gap," *Philosophical Psychology* 13.3 (2000).
Murray, Janet, *Inventing the Medium : Principles of Interaction Design as a Cultural Practice* (Cambridge : MIT Press, 2011).
Nagarjuna, *The Fundamental Wisdom of the Middle Way*, tr. and commentary Jay L. Garfield (Oxford : Oxford University Press, 1995) [나가르주나, 『근본중송』, 이태승 옮김, 지식을만드는 지식, 2014.]
Nishitani, Keiji, *On Buddhism*, tr. Seisaku Yamamoto and Robert E. Carter (Albany : State University of New York Press, 2006).
Nussbaum, Martha, *Not for Profit : Why Democracy Needs the Humanities* (Princeton : Princeton University Press, 2012). [마사 C. 누스바움, 『학교는 시장이 아니다 : 공부를 넘어 교육으로, 누스바움 교수가 전하는 교육의 미래』, 우석영 옮김, 궁리, 2016.]
O'Connell, A. D. et al., "Quantum Ground State and Single Phonon Control of a Mechanical Ground Resonator," *Nature* 464 (17 March 2010).
O'Connell, Aaron, "Making Sense of a Visible Quantum Object," *TED Talk* (March 2011), http://www.ted.com/talks/aaron_o_connell_making_sense_of_a_visible_quantum_object.html, accessed June 27, 2012.
O'Connell, Aaron, M. Hofheinz, M. Ansmann, Radoslaw C. Bialczak, M. Lenander, Erik Lucero, M. Neeley, D. Sank, H. Wang, M. Weider, J. Wenner, John M. Martinis and A. N. Cleland, "Quantum Ground State and Single Phonon Control of a Mechanical Ground Resonator," *Nature* 464 (March 17, 2010).
Ortega y Gasset, José, *Phenomenology and Art*, tr. Philip W. Silver (New York : Norton, 1975).

Oxford English Dictionary, "litany," dictionary.oed.com, accessed June 18, 2010.

Padmasambhava, *The Tibetan Book of the Dead: The Great Liberation by Hearing in the Intermediate States*, tr. Gyurme Dorje, ed. Graham Coleman with Thupten Jinpa, introductory commentary by the Dalai Lama (New York : Viking, 2006). [파드마 삼바바, 『티벳사자의 서』, 류시화 옮김, 정신세계사, 1995.]

Parfait, Derek, *Reasons and Persons* (Oxford : Oxford University Press, 1984).

Pearl, Judea, *Causality: Models, Reasoning, and Inference* (Cambridge : Cambridge University Press, 2010).

Penrose, Roger, *Cycles of Time: An Extraordinary New View of the Universe* (New York : Knopf, 2011).

——, *The Emperor's New Mind: Concerning Computers, Minds, and the Laws of Physics* (Oxford and New York : Oxford University Press, 1990).

——, *The Road to Reality: A Complete Guide to the Laws of the Universe* (New York : Vintage, 2007).

Petsko, Gregory, "Save University Arts from the Bean Counters," *Nature* 468.1003 (published online, December 22, 2010), doi : 10.1038/4681003a.

Plato, *Ion*, tr. Benjamin Jowett, http://classics.mit.edu/Plato/ion.html. [플라톤, 『이온 / 크라튈로스』, 천병희 옮김, 숲, 2014.]

——, *The Republic*, tr. Desmond Lee (Harmondsworth : Penguin, 1983). [플라톤, 『국가』, 박종현 옮김, 서광사, 2005.]

Plotnitsky, Arkady, *Complementarity: Anti-Epistemology after Bohr and Derrida* (Durham : Duke University Press, 1994).

——, *Reading Bohr: Physics and Philosophy* (Dorrecht : Springer, 2006).

Plumwood, Val, *Environmental Culture: The Ecological Crisis of Reason* (London and New York : Routledge, 2002).

Pope, Alexander, "Windsor Forest," *The Poems of Alexander Pope: a One-Volume Edition of the Twickenham Text, with Selected Annotations*, ed. J. Butt (London and New York : Routledge, 1989). [알렉산더 포프, 『포프 시선』, 김옥수 옮김, 지식을만드는지식, 2014.]

Pribram, Karl and E.H. Carlton, "Holonomic Brain Theory in Imaging and Object Perception," *Acta Psychologica* 63 (1986).

Priest, Graham, *In Contradiction: A Study of the Transconsistent* (Oxford : Oxford University Press, 2006).

Priest, Graham and Francesco Berto, "Dialetheism," *The Stanford Encyclopedia of Philosophy* (Summer 2010 Edition), ed. Edward N. Zalta.

Quintilian, *Institutio Oratorio* 11.3. http://penelope.uchicago.edu/Thayer/E/Roman/Texts/QuintilianfInstitutio_Oratorian 1C*.html-3, accessed August 15, 2012. [퀸틸리아누스, 『스피치 교육 : 변론법수업』, 전영우 옮김, 민지사, 2014.]

Roden, Margaret A., ed., *The Philosophy of Artificial Intelligence* (Oxford and New York : Oxford University Press, 1990).

Rodriguez, Alejandro W. et al., "Theoretical Ingredients of a Casimir Analog Computer," *Proceedings of the National Academies of Sciences* (March 24, 2010), www.pnas.org/cgi/doi/10.1073/pnas.1003894107.

Rosch, Eleanor, "Is Causality Circular? Event Structure in Folk Psychology, Cognitive Science and Buddhist Logic," *Journal of Consciousness Studies* 1.1 (Summer 1994).

Rothenberg, Molly Ann, *The Excessive Subject : A New Theory of Social Change* (New York : Polity, 2010).

Roughgarden, Joan, *Evolution's Rainbow : Diversity, Gender, and Sexuality in Nature and People* (Berkeley : University of California Press, 2004).

Rushd, Ibn, in *Classical Amble Philosophy : An Anthology of Sources*, ed. Jon McGinnis and David C. Reisman (Indianapolis : Hackett, 2007).

Russell, Bertrand, *Human Knowledge* (New York : Simon and Shuster, 1948).

Sartre, Jean-Paul, *Being and Nothingness : An Essay on Phenomenological Ontology*, tr. and ed. Hazel Barnes (New York : Philosophical Library, 1984). [장 폴 사르트르, 『존재와 무 1, 2』, 정소성 옮김, 동서문화사, 2016.]

Scotus, John Duns, *Philosophical Writings*, tr. Allan Wolter (Indianapolis : Hackett, 1987).

Shakespeare, William, *Hamlet* 1.1.1 ; *Hamlet, Prince of Denmark*, ed. Edwards, Philip (Cambridge : Cambridge University Press, 1993). [윌리엄 셰익스피어, 『햄릿』, 최종철 옮김, 민음사, 1998.]

——, *The Tempest*, ed. Frank Kermode (London : Methuen, 1987). [윌리엄 셰익스피어, 『폭풍우』, 박우수 옮김, 열린책들, 2020.]

Sheldrake, Rupert, *Morphic Resonance : The Nature of Formative Causation* (Rochester, VT : Park Street Press, 2009).

Shelley, Mary, *The Last Man*, ed. Steven Jones (electronic edition, rc.umd.edu/editions/mws/lastman/iii-1.htm). [메리 셸리, 『최후의 인간 1, 2』, 김하나 옮김, 아고나, 2014.]

Shelley, Percy, *A Defence of Poetry, in Shelley's Poetry and Prose*, ed. Donald H. Reiman and Neil Fraistat (New York and London : W.W. Norton, 2002).

Shinji Nishimoto et al., "Reconstructing Visual Experiences from Brain Activity Evoked by Natural Movies," *Current Biology* 21 (2011), doi : 10.1016/j. cub.2011.08.031.

Simon, Herbert A., *The Sciences of the Artificial* (Cambridge, MA : MIT Press, 1996).

Simpson, David, "Romanticism, Criticism and Theory," in Stuart Curran, ed., *The Cambridge Companion to British Romanticism* (Cambridge : Cambridge University Press, 1993).

Solovay, Robert M., "Explicit Henkin Sentences," *The Journal of Symbolic Logic*, 50.1 (March, 1985).

Spencer-Brown, George, *Laws of Form* (New York : E.P. Dutton, 1979).

Spinoza, Baruch de, *Ethics*, ed. and tr. Edwin Curley, intro. Stuart Hampshire (London : Penguin, 1996). [베네딕투스 데 스피노자, 『에티카』, 조현진 옮김, 책세상, 2019.]

Spitzer, Leo, "Milieu and Ambiance," in *Essays in Historical Semantics* (New York : Russell and Russell, 1948 ; repr. 1968).

Stambaugh, Joan, *The Finitude of Being* (Albany : SUNY University Press, 1992).

Stuart, Tristram, *The Bloodless Revolution : A Cultural History of Vegetarianism from 1600 to Modern Times* (New York : Norton, 2008).

Sutton-Smith, Brian, *The Ambiguity of Play* (Cambridge, Mass. : Harvard University Press, 1997).

Tillich, Paul, *Systematic Theology 1* (Chicago : University of Chicago Press, 1951). [폴 틸리히, 『폴 틸리히 조직신학 1』, 남성민 옮김, 새물결플러스, 2021.]

Toop, David, *Ocean of Sound : Aether Talk, Ambient Sound and Imaginary Worlds* (London and New York : Serpent's Tail, 1995).
Trigg, Dylan, *The Memory of Place : A Phenomenology of the Uncanny* (Athens, OH : Ohio University Press, 2012).
Trungpa, Chögyam, *Cutting Through Spiritual Materialism* (Boston : Shambhala,1973).
——, *The Truth of Suffering and the Path of Liberation*, ed. Judith Lief (Boston : Shambhala, 2010).
Turing, Alan, "Computing Machinery and Intelligence," in Margaret A. Boden, ed., *The Philosophy of Artificial Intelligence*.
Uexkull, Jakob von, *A Foray into the Worlds of Animals and Humans ; with A Theory of Meaning*, tr. Joseph D. O'Neil, introduction by Dorion Sagan, after-word by Geoffrey Winthrop-Young (Minneapolis : University of Minnesota Press, 2010). [야콥 폰 윅스퀼, 『동물들의 세계와 인간의 세계』, 정지은 옮김, 비, 2012.]
Unger, Peter, "The Problem of the Many," *Midwest Studies in Philosophy* 5 (1980).
Valentini, Anthony, *Quantum Theory at the Crossroads : Reconsidering the 1927 Solvay Conference* (Cambridge : Cambridge University Press, 2009).
Whitehead, Alfred North, *Process and Reality* (New York : Free Press, 1978). [알프레드 노스 화이트헤드, 『과정과 실재 : 유기체적 세계관의 구상』, 오영환 옮김, 민음사, 2003.]
Whitehead, James, "Deconstructing a Sine Wave," http://jliat.com/deconsine.html, accessed April 22, 2023.
Wiesner, David, *The Three Pigs* (Clarion Books, 2001).
Wilde, Oscar, *The Picture of Dorian Gray*, ed. Robert Mighall (London : Penguin, 2003), 5. [오스카 와일드, 『도리언 그레이의 초상』, 윤희기 옮김, 열린책들, 2010.]
Wilson, Edward O., *Consilience : The Unity of Knowledge* (New York : Knopf, 1998). [에드워드 윌슨, 『통섭 : 지식의 대통합』, 최재천·장대익 옮김, 사이언스북스, 2005.]
Woodard, Ben, *Slime Dynamics* (Winchester, UK : Zer0 Books, 2012).
Woolf, Virginia, *To the Lighthouse*, ed. David Bradshaw (Oxford : Oxford University Press, 2006). [버지니아 울프, 『등대로』, 정영문 옮김, 은행나무, 2022.]
Wordsworth, William, *The Major Works : Including the Prelude,* ed. Stephen Gill (Oxford : Oxford University Press, 2008).
Yates, Francis, *The Art of Memory* (London : Pimlico, 2007).
Yeats, William Butler, "Among School Children," *Collected Poems*, ed. Richard J. Finneran (New York : Scribner, 1996).
Yuri Aharanov and David Bohm, "Significance of Electromagnetic Potentials in the Quantum Theory," *Phys. Rev.* 115.3 (August 1, 1959).
Zeilinger, Anton et al., "Distributing Entanglement and Single Photons through an Intra-City, Free-Space Quantum Channel," *Optics Express 13* (2005).
——, "An Experimental Test of Non-Local Realism," *Nature 446* (August 6, 2007).
Zeilinger, Anton, *Dance of the Photons : From Einstein to Quantum Teleportation* (New York : Farrar, Straus and Giroux, 2010).
Zizek, Slavoj, "How to Read Lacan 5. Troubles with the Real : Lacan as a Viewer of Alien," LACAN.COM, http://www.lacan.com/zizalien.htm.
——, "Interview with Ben Woodard," *The Speculative Turn : Continental Materialism and Realism*

(Melbourne : re.press, 2011).
Zubiri, Xavier, *On Essence*, tr. A.R. Caponigri (Washington DC : Catholic University Press, 1980).

음악·영상자료

A Tribe Called Quest, "Bonita Applebum," *People's Instinctive Travels and the Paths of Rhythm* (Jive Records, 1990).
Darabont, Frank, 감독, *The Shawshank Redemption* (Columbia Pictures, 1994).
Herzog, Werner, 감독, *Cave of Forgotten Dreams* (IFC, Sundance, 2010).
Lennon, Julian, "Too Late for Goodbyes" (Atlantic, Charisma, 1984).
LFO, *LFO* (Warp Records, 1990).
Linklater, Richard, 감독, *A Scanner Darkly* (Warner Independent Pictures, 2006).
Morisette, Alanis, "Ironic," *Jagged Little Pill* (Maverick, 1995).
P.M. Dawn, "Reality Used to be a Friend of Mine," *Of the Heart, of the Soul, and of the Cross* (Gee Street, Island, 1991).
___, "Set Adrift on Memory Bliss," *Of the Heart, of the Soul. and of the Cross* (Gee Street, Island, 1991).
Richter, W.D., 감독, *The Adventures of Buckaroo Bonzai across the Eighth Dimension* (20th Century Fox, 1984).
Scott, Ridley, 감독, *Blade Runner* (Warner Bros., 1982).
Spandau Ballet, "True," *True* (Chrysalis Records, 1983).
Stenner, Chris, Arvid Uibel and Heidi Wittinger, 감독, *Das Rad* (Film Academy Baden-Wurttemberg, 2002).
The Beatles, "Happiness is a Warm Gun," *The Beatles* (Apple, 1968).
The Pointer Sisters, "Neutron Dance," Break Out (Planet, 1984).
Wachowski Brothers, 감독, *The Matrix* (Warner Brothers, Village Roadshow Pictures, 1999).
Wham!, "Careless Whisper," *Make It Big* (Columbia, 1984).

:: 인명 찾아보기

ㄱ

가필드, 제이(Garfield, Jay) 37, 38
과타리, 펠릭스(Guattari, Félix) 262~264
괴델, 쿠르트(Gödel, Kurt) 36, 45, 185, 329, 330, 334, 335, 350, 356, 398, 443
그랜트, 이에인 해밀턴(Grant, Iain Hamilton) 113, 223, 313, 378

ㄴ

나가르주나(Nagarjuna) 126, 127
나팡가티, 유쿨찌(Napangati, Yukultji) 30, 49, 50, 52
뉴턴, 아이작(Newton, Isaac) 51, 117, 177, 281, 392, 396, 431
니체, 프리드리히(Nietzsche, Friedrich) 10, 73, 136, 223

ㄷ

다우, 필(Dowe, Phil) 51, 118, 121, 174, 175, 177, 281
다윈, 찰스(Darwin, Charles) 39, 40, 97, 205, 252, 343, 373
던, 존(Donne, John) 69, 192
데리다, 자크(Derrida, Jacques) 25, 58, 60, 137, 226, 246, 248~250, 253, 286, 318, 371, 372, 379, 401, 414, 419, 428~430
데모스테네스(Demosthenes) 147, 148
데이비스, 마일스(Davis, Miles) 26, 261, 283, 310
데카르트, 르네(Descartes, Rene) 31, 117, 132, 137, 287, 302, 303, 396, 431
도킨스, 리차드(Dawkins, Richard) 26, 137, 436
드 브로이, 루이(de Broglie, Louis) 68, 297, 438
들뢰즈, 질(Deleuze, Gilles) 80, 231, 262~264, 286, 292, 411

ㄹ

라뤼엘, 프랑수아(Laruelle, Francois) 40, 41, 101
라무스, 피터(Ramus, Peter) 135
라이프니츠, 고트프리트 빌헬름 폰(Leibniz, Gottfried Wilhelm von) 68, 282, 396
라일리, 브리짓(Riley, Bridget) 30, 49
라캉, 자크(Lacan, Jacques) 10, 18, 34, 95, 114, 129, 131, 181, 250, 254, 309, 310, 323, 334, 335, 357, 364, 384, 385, 428
라투르, 브뤼노(Latour, Bruno) 65, 293, 408, 421, 422
러셀, 버트런드(Russell, Bertrand) 23, 36, 43, 76, 196, 282, 307, 308, 330, 398
레버토프, 데니즈(Levertov, Denise) 418
레비나스, 에마뉘엘(Levinas, Emmanuel) 218~220
레이콕, 헨리(Laycock, Henry) 62
로덴버그, 몰리 앤(Rothenberg, Molly Ann) 254
로빈슨, 킴 스탠리(Robinson, Kim Stanley) 27
로크, 존(Locke, John) 157, 303, 304
롱기누스(Longinus) 227~236, 409, 415
루만, 니클라스(Luhmann, Niklas) 404
루크레티우스(Lucretius) 22, 343
링기스, 알폰소(Lingis, Alphonso) 153, 234, 363~365, 389

ㅁ

마이모니데스, 모세스(Maimonides, Moses) 130
맑스, 칼(Marx, Karl) 141, 251, 252, 373
맥스웰, 제임스 클러크(Maxwell, James Clerk) 22
메를로-퐁티, 모리스(Merleau-Ponty, Maurice) 82
메이야수, 퀑탱(Meillassoux, Quentin) 31, 32,

44, 45, 137, 169, 236, 371, 402, 406, 433
메칭거, 토머스(Metzinger, Thomas) 292, 294
모네, 클로드(Monet, Claude) 51
모얄 샤록, 다니엘(Moyal-Sharrock, Daniele) 115

ㅂ

바디우, 알랭(Badiou, Alain) 183~185, 195, 217, 349
바라드, 캐런(Barad, Karen) 285, 286
바스카, 로이(Bhaskar, Roy) 372
뱅크시(Banksy) 58
버크, 에드먼드(Burke, Edmund) 221, 222, 235, 237, 415
버클리, 조지(Berkeley, George) 407, 424
베넷, 제인(Bennett, Jane) 9, 183, 356
베르그손, 앙리(Bergson, Henri) 80, 268, 269
보고스트, 이언(Bogost, Ian) 9, 55, 80, 184, 228, 274, 287, 289, 295, 402, 411, 421, 432
보어, 닐스(Bohr, Niels) 68, 297, 298, 376, 434, 438
봄, 데이비드(Bohm, David) 52, 68, 82, 124, 142, 172, 274, 285, 297, 300, 306, 377, 422, 428, 435, 436, 438
브라시에, 레이(Brassier, Ray) 40
블레이크, 윌리엄(Blake, William) 41, 430
블룸, 해럴드(Bloom, Harold) 161, 293, 375

ㅅ

샤비로, 스티븐(Shaviro, Steven) 180
서튼 스미스, 브라이언(Sutton-Smith, Brian) 247
셰익스피어, 윌리엄(Shakespeare, William) 88, 186, 214, 321, 339, 340
셸리, 메리(Shelley, Mary) 411, 423
셸리, 퍼시 비시(Shelley, Percy Bysshe) 151, 162, 164, 320, 321, 368, 369, 375, 408, 421
셸링, F.W.J.(Schelling, F.W.J.) 223, 313
소크라테스(Socrates) 24, 25, 285, 382
스코투스, 둔스(Scotus, Duns) 34, 41, 379
스펜서-브라운, 조지(Spencer-Brown, George) 249, 250
스피노자, 베네딕투스 데(Spinoza, Benedictus de) 84, 282, 285, 421, 431
스피박, 가야트리(Spivak, Gayatri) 371, 428

ㅇ

아감벤, 조르조(Agamben, Giorgio) 191, 192
아도르노, 테오도르(Adorno, Theodor) 131, 336, 359, 360, 363, 366, 391, 420
아리스토텔레스(Aristotle) 70, 93, 101, 141, 145~147, 151, 158, 181, 182, 185, 201, 210, 211, 264, 282, 286, 291, 322, 344, 351, 362, 370, 373, 377, 388, 393, 394, 396, 397, 409
아메드, 사이드(Ahmed, Saeed) 58
아인슈타인, 알버트(Einstein, Albert) 42, 51, 75, 139, 200, 291, 435, 436
알-가잘리(Al-Ghazali) 126, 128
알-킨디(Al-Kindi) 119, 120, 126, 146, 201
앙소르, 제임스(Ensor, James Sydeny) 218, 398
엉거, 피터(Unger, Peter) 99, 100
에머슨, 랄프 왈도(Emerson, Ralph Waldo) 156, 170
엘리엇, T.S.(Eliot, T.S.) 326, 327
오르테가 이 가세트, 호세 (Gasset, José Ortega y) 114
오코넬, 애런(O'Connell, Aaron) 53, 181, 197, 306, 368, 385, 438
와일드, 오스카(Wilde, Oscar) 215~217, 328, 338, 343
우다드, 벤(Woodard, Ben) 9, 223, 409
우웩스퀼, 야콥 폰(Uexkull, Jakob von) 189, 191
울프, 버지니아(Woolf, Virginia) 423
워즈워스, 윌리엄(Wordsworth, William) 14, 417, 419, 425
윌슨, 에드번드 오즈번(Wilson, Edward Osborne) 69
이명호(Lee Myoung Ho) 253
이븐 루슈드(Ibn Rushd) 208

ㅈ

존슨, 새뮤얼(Johnson, Samuel) 125, 407, 419,

427
지젝, 슬라보예(Žižek, Slavoj) 259, 310, 401, 409, 425, 427

ㅊ
찰머스, 데이비드(Chalmers, David) 248, 249

ㅋ
칸토어, 게오르크(Cantor, Georg) 76, 183, 185, 194~196, 398
칸트, 임마누엘(Kant, Immanuel) 20, 50, 51, 72~74, 76, 107, 108, 118, 138, 159, 160, 166, 167, 169, 221~223, 225, 235, 237, 336, 337, 352, 353, 361~364, 366, 384, 385, 395~397, 415
콜리지, 새뮤얼 테일러(Coleridge, Samuel Taylor) 219, 220, 228, 421
퀸틸리아누스(Quintilian) 148, 149, 233
크리스테바, 줄리아(Kristeva, Julia) 276
클락, 앤디(Clark, Andy) 248, 249

ㅌ
타르스키, 알프레드(Tarski, Alfred) 333, 334
틸리히, 폴(Tillich, Paul) 72

ㅍ
파르메니데스(Parmenides) 285, 307, 309
프로이트, 지그문트(Freud, Sigmund) 17, 18, 136, 164, 165, 175, 275~277, 318, 321, 344, 345, 349, 374
프리스트, 그레이엄(Priest, Graham) 36~38, 43, 54, 177, 180, 195, 307, 308, 331, 334
플라톤(Plato) 24, 33, 51, 52, 229, 230, 233, 369, 382, 409
피시, 스탠리(Fish, Stanley) 158

ㅎ
하먼, 그레이엄(Harman, Graham) 9, 14, 20, 21, 26, 28, 56, 67, 71, 92, 94, 99, 102, 114, 124, 126, 128, 130, 137, 138, 144, 147, 150~153, 155~157, 169, 181, 205, 219, 228, 229, 232, 236~238, 240, 242, 255, 259, 260, 274, 275, 280, 292, 317, 321~323, 327, 334, 343, 350, 388, 396, 400, 402, 404~406, 411~416, 418, 419, 421, 422~424, 427, 440
하이데거, 마르틴(Heidegger, Martin) 14, 51, 55, 60, 63, 72~75, 94, 109, 112, 131, 137, 141, 151, 152, 154, 156, 157, 163, 164, 191, 205, 206, 220, 229, 256, 280, 282, 285, 303, 304, 310, 315, 343, 347, 357, 358, 367, 370, 381, 383, 387, 390~393, 395, 396, 398, 403, 405, 443
헤겔, 게오르크 빌헬름 프리드리히(Hegel, Georg Wilhelm Friedrich) 72, 74, 107, 108, 214, 307, 308, 310, 346, 359, 397, 420, 424, 425
헤라클레이토스(Heraclitus) 11, 16, 212, 286
헬러, 마크(Heller, Mark) 80, 82, 91, 92, 95, 96, 98, 284
호라티우스(Horace) 217, 256, 362
호프스태터, 더글라스(Hofstadter, Douglas) 196, 329, 331
홉킨스, 제라드 맨리(Hopkins, Gerard Manley) 10, 33, 34, 111, 343, 378, 379, 400, 405
화이트헤드, 알프레드 노스(Whitehead, Alfred North) 80, 195, 286, 301, 302, 330
후설, 에드문트(Husserl, Edmund) 51, 74, 114, 403
흄, 데이비드(Hume, David) 7, 32, 118, 384, 394, 395

:: 용어 찾아보기

ㄱ

간극활용(gapsploitation) 257
감각적 에테르(sensual ether) 21, 130, 240, 243, 358, 381
감수성(sentience) 106, 389, 426
개구(aperture) 184, 210, 211, 212, 214~216, 218, 219, 238, 247, 267, 268, 337
개체성(haecceity) 34, 41, 379
거기-있음(il y a) 219, 220, 358
거짓말쟁이 역설(the liar paradox) 36, 45, 331, 333~335, 343
공(emptiness) 126, 127, 391
공존(coexistence) 69, 192, 235, 236, 256, 275, 276, 333, 361, 363, 366, 372, 373, 380, 405, 426
과정관계론(process-relationism) 134, 168, 263, 264, 288, 297, 298, 308, 372, 382
과학주의(scientism) 60, 71, 137, 285, 286, 293, 300
관계(relation) 14, 16, 24, 28, 33, 35, 36, 42, 47, 58, 64, 85, 89, 92~95, 108, 113, 115, 143, 158, 161~170, 192, 202, 204, 207, 209, 210, 229, 230, 245, 246, 249, 262, 274, 279, 288, 297, 302, 311, 315, 316, 323, 324, 327, 333, 352, 372, 373, 381~383, 386, 387, 391, 404, 418, 419, 430, 440, 442
관계주의(relationism) 44, 71, 92, 95, 117, 137, 249, 295, 324, 442
관념론(idealism) 85, 104, 164, 166, 251, 316, 368, 371, 376, 388, 407, 420
광원뿔(light cone) 199, 200, 203, 209, 270
광채(brilliance) 91, 174, 228~230, 328
기계론(mechanism) 32, 44, 47, 54, 60, 70, 71, 110, 117, 120, 124, 140, 145, 179, 182, 183, 198, 202, 240, 241, 271, 274, 299, 300, 302, 431, 435, 439~441
기묘함(weirdness) 16, 110
기분(stimmung) 26, 165, 336, 357, 358, 365, 393, 420, 422, 426
기억(memory) 11, 12, 14, 18, 62, 147, 248, 318, 319, 321~323, 328, 345, 346, 350, 352, 378, 385, 387
기이함(the uncanny) 50, 53, 90, 109, 167, 347, 382
기회원인론(occasionalism) 126

ㄴ

나르시시즘(narcissism) 418, 419
나타남(appearance) 31, 34, 46, 53, 59, 62, 66, 87, 89, 91, 94, 104, 108, 121, 131, 132, 139, 146, 152, 154, 162, 179~181, 184, 185, 187, 192, 220, 229, 234, 238, 263, 268, 273, 279~282, 285, 312, 321, 323, 325, 327, 337, 343, 346, 348, 350, 352, 355, 360, 361, 364, 367, 370, 372, 375~380, 384, 394, 398
낯설고 낯선 자(strange stranger) 130, 221, 294, 404~406, 409, 416
내밀성(intimacy) 19, 55, 109, 223, 225, 226, 254, 361, 415
녹아내린 핵(molten core) 26, 153
놀이(play) 12, 25, 49, 89, 130, 131, 138, 155, 247, 248, 270, 334, 340, 366, 379, 395
눈앞에-있음(vorhanden) 128

ㄷ

다른 곳적 다른 곳(elsewhere elsewhere) 270
단위체(unit) 47, 80, 101, 197, 198, 288, 295~297, 396, 432, 433
달성(achievement) 288, 289, 293, 399
대균열(Rift) 34, 53, 59, 91, 92, 104, 105, 119, 131, 132, 176, 180, 181, 184, 185, 187, 192, 263, 270, 273, 280~282, 321, 323, 325, 327, 342, 343, 348~350, 352, 355, 360~362, 364, 372, 374, 380, 384, 394
대리적 인과관계(vicarious causation) 56, 124, 126, 142, 155, 271

대물질(Matter) 34, 403, 409, 410, 427, 428, 430, 431, 438, 440, 441, 444
대자연(Nature) 34, 61, 63, 64, 75, 77, 129, 256, 286, 287, 303, 304, 324, 397, 401~403, 409, 410, 412, 418, 419, 421, 427~430, 443, 444
대타자(big other) 323, 324, 428, 430
더미 역설(Sorites paradox) 95~99, 185, 218, 385
동일성(identity) 41, 164, 173, 176, 184, 185, 283, 374
디스코(disco) 265, 269~271, 283, 284, 306

ㄹ
라바 램프 유물론(lava lampy materialism) 138, 286, 287, 290, 291, 293, 301
로서의-구조(as-structure) 94, 99, 103, 205, 217, 238, 324

ㅁ
마술(magic) 15, 16, 87, 128~130, 133, 170, 186, 197, 203, 243, 245, 247, 250, 261, 326, 345
매혹(allure) 9, 144, 147, 150, 155, 274, 327
맥놀이(beat) 122, 194, 195, 197~199, 201
메타언어(metalanguage) 54, 76, 90, 114, 131, 256, 260, 333, 334
멜랑콜리(melancholy) 275, 276, 278, 422~424, 426
모호성(ambiguity) 25, 58, 59, 132, 158, 168, 170, 177, 219, 308, 382, 390
목적인(final cause) 70, 141, 185, 397
몽상(phantasia) 228, 229, 233, 234, 416
무신론자(atheist) 44, 70, 117, 191
무아(selfless) 263, 292, 361, 362
무의식(unconsciousness) 165, 303, 318, 319, 321, 323
무작위(random) 31, 32, 205, 212, 319, 421
무한한 진행(infinite progress) 68, 75
무한한 퇴행(infinite regress) 65, 68, 75, 442
물러남(withdrawl) 14, 15, 38, 72, 87, 95, 111, 129, 145, 150, 192, 229, 304, 327, 354, 362, 380, 404, 425, 427, 428, 440
물신화(reification) 112, 132, 183, 206, 258, 270, 285, 304, 351, 359, 391, 401
뮤인(muein) 8, 15
미래적 미래(future future) 270, 380
미적 차원(aesthetic dimension) 17~20, 23, 25, 26, 29, 43, 46, 56, 108, 110, 113, 114, 126, 137, 140, 142, 144, 145, 171, 173, 176, 178, 180, 181, 203, 204, 211, 222, 226, 293, 300, 302, 312, 314, 327, 328, 390, 393

ㅂ
바르도(bardo) 312, 314~317, 328, 342, 346
반달리즘(vandalism) 58, 59
발자국(footprint) 17, 18, 122, 123, 144, 193, 210, 235, 258, 275, 317
배열(arrangement) 135, 136, 153, 182, 218, 278
버려진 객체-카섹시스의 기록(record of abandoned object cathexes) 17, 275, 344, 374
번역(translation) 25, 27, 48, 49, 120, 123, 132, 145~147, 149, 187, 190, 197, 227, 231, 232, 255, 282, 319, 323, 335, 341, 342, 350, 369, 371, 418, 428, 431, 433, 443
변위(displacement) 112, 308, 311
본질(essence) 40, 53, 55, 66, 67, 87~89, 91, 104, 130~132, 139, 154, 167, 180, 181, 184, 185, 187, 205, 263, 273, 277, 280~282, 312, 321, 323, 325, 327, 343, 348, 350, 352, 360, 361, 364, 369, 370, 372, 374~376, 378, 380, 381, 384, 394, 403, 405, 430, 431, 440
본질주의(essentialism) 66, 67, 131, 403, 409, 431
부분전체론(mereology) 69, 76
부재(absence) 13, 14, 18, 127, 214, 346, 423
불교(buddhism) 7, 70, 85, 126, 127, 160, 292, 301, 314, 336, 344, 357, 361, 390, 391, 425, 427
불안(anxiety) 71, 73, 225, 243, 301, 350, 357, 358, 376, 393
비국소성(nonlocality) 22, 114, 116, 142, 436, 437, 438

비극(tragedy) 88, 339, 347, 351, 383, 391
비모순율(law of noncontradiction) 31, 32, 36, 43~45, 93, 97, 116, 158, 169, 176, 177, 185, 280, 305, 330, 392, 397, 398
비신론(non-theism) 70, 75, 127, 140, 185, 396
비인간(nonhuman) 18, 24, 26, 29, 55, 107, 148, 187, 227, 248, 254, 255, 280, 316, 319, 322, 332, 356, 364, 398, 405, 428, 429
비존재적 무(meontic nothing) 72
비체(abject) 276
비환원(irreduction) 65, 67, 90, 112, 118, 130, 167, 173, 176, 286, 295, 350, 381, 384, 403~406, 428, 431, 434, 438, 439, 443
빈도(frequency) 266~268, 279, 310, 328, 337

ㅅ

사건(event) 20, 23, 46, 48, 49, 107, 108, 122, 123, 136, 137, 145, 157, 162, 164, 168, 169, 171, 174, 175, 178, 200, 201, 203, 204, 206, 209, 212, 214, 215, 227, 244, 245, 258, 260, 266~270, 272, 274, 278, 279, 287, 306, 310, 315, 316, 327, 328, 338, 339, 341, 359, 360, 363, 364, 368, 378, 382, 387, 390, 397, 398, 422
사물 한가운데(in medias res) 217, 256, 260
사변적 실재론(speculative realism) 31, 94, 113, 135, 137, 225, 313, 401~403
사용(use) 16, 63, 143, 157, 217, 343, 374, 426
상관주의(correlationism) 76, 94, 102~104, 135, 138, 160, 169, 221, 227, 237, 251, 297, 300, 371, 376, 384, 391, 392, 396, 397, 402, 406, 407, 409, 412, 415, 416, 420, 427, 429, 441, 443
상대주의(relativism) 158, 159, 160
상호사물성(interobjectivity) 107, 108, 113, 144, 206, 208, 209, 258, 323, 324
상호주관성(intersubjectivity) 208
새길 수 있는 표면(inscribable surface) 47, 176, 190, 246~248, 250, 254, 372
새로움(novelty) 209, 210, 213, 215, 237, 238, 250, 289, 427
샘플링(sampling) 13, 48, 123, 145, 188, 193, 196, 199, 206, 255, 258
생태적 알아차림(ecological awareness) 24, 115, 324, 407
서사 시퀀스(narrated sequence) 266, 278, 338
서사(narrative) 15, 39, 184, 212, 217, 218, 231, 257, 259, 260, 265, 266, 268, 278, 311, 335, 337, 338, 415, 422
선명함(clarity) 228~230
소여성(givenness) 94, 164, 213, 250, 376
수사학(rhetoric) 135~140, 147, 148, 150~152, 155, 229, 345, 346, 397, 407, 409~411, 427
수송(transport) 228, 229, 232, 233, 415
수행(performance) 25, 115, 440
숭고(sublime) 76, 166, 167, 184, 220~223, 225, 227, 230, 234~236, 327, 336, 345, 386, 410, 414~416, 421
스콜라 철학(Scholasticism) 73, 137, 140, 141, 145, 245, 302, 373, 376, 396
시간순 시퀀스(chronological sequence) 266, 278, 310, 328
신비(mystery) 7, 15, 16, 60, 133, 170, 198, 203, 243, 256, 306, 389, 401, 441
신비스러운 글쓰기 판(mystic writing pad) 318, 319

ㅇ

아래로-환원하기(undermining) 66, 68, 73, 77, 86, 102, 179, 280, 294, 295, 298, 351
아름다운 영혼(beautiful soul) 420, 421, 425
아름다움(beauty) 21, 159~161, 166, 169, 216, 290, 327, 336, 337, 352~354, 356, 359~364, 366, 384~386, 441
아이러니(irony) 90, 95, 112, 171, 198, 200, 257~260, 299, 335, 382, 390, 396, 420
아포파시스(apophasis) 130, 424
악마적인 힘(demonic force) 24, 25
애가(elegy) 12, 18, 28, 327, 369
양자 정합성(quntum coherence) 116, 435, 438
양진문장(dialetheia) 39, 44, 54, 116, 127, 157, 162, 180, 183, 264, 280, 306, 307, 310, 329,

331, 333, 351, 357, 358, 360, 368, 375, 390
언어론적 전환(linguistic turn) 272, 300, 413, 414
얽힘(entanglement) 23, 32, 117, 146, 171, 207, 287, 297, 308, 438
에코미메시스(ecomimesis) 237, 411, 412, 418, 419, 423, 424, 427
에크프라시스(ekphrasis) 150, 230, 231, 415, 416, 426
왜상(anamorphosis) 213, 214, 268, 349, 386, 387
외밀성(extimacy) 254, 255
외양적 현재(specious present) 274
원격작용(action at a distance) 23, 24, 31, 171
유물론(materialism) 60, 64, 70, 93, 102~104, 134, 136~138, 144, 145, 163, 164, 166, 171, 200, 244, 251, 285~288, 290, 291, 293, 301, 371, 372, 388, 410, 431, 441, 444
유보(suspension) 184, 185, 222, 231, 263~265, 268, 269, 273, 274, 278~281, 291, 321, 327, 337, 339, 364, 386
유약성(fragility) 185, 330, 348~352, 355, 356, 359, 387
유한성(finitude) 369, 443
음표(note) 28, 152~153, 233, 269, 383
의미(meaning) 7, 15, 16, 25, 27, 40, 45, 50, 52, 59~61, 63, 70, 77, 84, 86, 90, 93, 104, 105, 107, 123, 124, 137, 149, 150, 152, 161~163, 165~167, 178, 181, 184, 190, 198~204, 207, 208, 218, 228, 235, 246, 248~250, 253, 256, 263, 273, 277, 281~284, 297, 304, 315, 318, 319, 324, 332, 335, 344, 345, 356, 357, 359, 368, 371, 373, 375, 377~379, 381, 383, 393, 396, 404, 405, 408, 410, 418, 428, 435, 437, 441
의식(consciousness) 22, 23, 51, 97, 105, 107, 228, 239, 277, 287, 321, 342, 396, 425
이데올로기(ideology) 15, 20, 64, 134, 239, 344
이슬람(islam) 58, 119, 126, 145, 146, 201, 208
이야기(story) 39, 123, 135, 144, 159, 169, 209~212, 214~217, 234, 243, 259, 265~268, 279, 298, 326, 332, 337, 339, 349, 357, 377, 391, 406, 423
인과적 차원(causal dimension) 20, 29, 56, 106, 113, 140, 173, 293, 328, 381
일관성(consistency) 44, 45, 54, 73, 82, 85, 116, 175, 176, 185, 278, 284, 306, 333, 335, 349, 356, 360, 443

ㅈ

작용인(efficient cause) 141~143, 146
재표시(re-mark) 245, 246, 249
전달(delivery) 25, 147~153, 156, 203, 345
전자기장(electromagnetic field) 22, 50, 142, 382
절대적 무(oukontic nothing) 72, 73
정동(affect) 11, 17, 151, 181, 269, 275, 361, 415
정보(information) 22, 24, 32, 62, 145, 188, 190, 199, 203, 206~209, 271, 272, 291, 293, 358, 378, 407, 429, 436
정태(stasis) 266, 298, 299, 324
정합성(coherence) 77, 116, 219, 220, 249, 296, 297, 302, 306, 334, 356, 368, 385, 435, 438
제거주의적 유물론(eliminative materialism) 60, 70, 104, 136, 144, 444
조율(attune) 17, 26~28, 48, 167, 233, 235, 299, 310, 336, 339, 349, 358, 361, 364~366, 382, 383, 385~387
존재론적(ontological) 20, 28, 30, 45, 54, 63, 84, 91, 103, 107, 110, 124, 129, 131, 137, 145, 155, 158, 167, 182, 218, 235, 239, 242, 256, 257, 265, 279, 290, 297, 303~306, 311, 317, 322, 327, 332, 342, 347, 348, 351, 353, 355, 368, 370, 378, 381, 382, 384, 387, 388, 390, 434, 438, 439, 443
존재신론(ontothelogy) 60, 64, 65, 77, 80, 132, 168, 169, 176, 181, 251, 284, 294, 382
존재적(ontic) 19, 47, 72, 121, 131, 132, 168, 169, 178, 227, 303, 349, 355, 380, 382, 386
좀비(zombie) 342
종합판단(synthetic judgment) 74, 395~397
죽음(death) 17, 182, 183, 185, 275~278, 311, 314, 326~328, 336, 339, 341~343, 346, 349,

351, 359~362, 366, 367, 383, 385~387, 394
죽음충동(death drive) 275~278, 349
중력파(gravity wave) 20, 22, 125
지각(perception) 16, 50, 52, 67, 85, 88, 96, 100, 123, 128, 134, 166, 181, 204, 217, 222, 240, 241, 272, 290, 299, 395, 432, 433, 443
지속(duration) 266~279, 328, 337, 338, 429, 443
지향성(intentionality) 421
지향적 객체(intentional object) 97, 114
진실성(sincerity) 90, 114, 115, 260, 321, 334
질료인(material cause) 141~143, 370, 397

ㅊ
창발(emergence) 237~244, 250~253
창발적 특성(emergent property) 19, 42, 50, 75, 105, 117, 140, 143, 184, 238, 243, 244, 252, 315, 396
체계(system) 7, 32, 36, 44, 45, 47, 105, 109, 116, 119, 122, 123, 184, 238, 241, 246, 249, 253, 258, 270, 271, 273, 278, 296, 329~331, 368, 372, 404, 419, 428~430, 432, 440, 443
초객체(hyperobject) 403, 408, 439
초일관 이론(paraconsistent theory) 45
초한 집합(transfinite set) 184, 185, 194, 195

ㅋ
코기토(cogito) 31
코리스모스(chorismos) 34, 35, 53, 54, 59, 279, 280, 370, 380

ㅌ
탈신비화(demystification) 16
텔레파시(telepathy) 79, 173, 207, 437
텔로스(telos) 70, 71, 103, 142, 377
튜링 시험(Turing Test) 252
트라우마(trauma) 220, 275, 319, 347

ㅍ
판타지(fantasy) 13, 178, 316, 346, 376, 384, 391, 409, 427
포논(phonon) 197

ㅎ
하마르티아(hamartia) 347, 350, 351, 360, 385
해석(interpretation) 12, 25, 26, 28, 30, 48, 85, 154, 165, 166, 170, 183, 185, 229, 249, 293, 297, 304, 375, 438, 439
해체주의(deconstruction) 7, 136, 249, 253, 272, 273, 406, 416, 428, 430
행화주의(enactivism) 315
허무주의(nihilism) 73, 92, 104, 127, 145, 176, 250, 401, 403, 441, 442
허상(pretense) 10, 18, 34, 90, 95, 128~130, 180, 250, 309, 356, 380, 390, 394
현상(phenomenon) 20, 21, 23, 25, 32, 38, 51, 94, 108, 113, 115, 119, 121, 125, 131, 134, 142, 155, 164, 171, 173, 176, 177, 181, 198, 203, 207, 208, 228, 254, 255, 264, 297, 300, 304, 306, 322, 323, 370, 389, 396, 410, 412, 414, 428, 431~434, 437, 438, 443
현존재(dasein) 109, 304, 310, 343, 357, 358, 367, 383, 388, 391~393
형상인(formal cause) 70, 93, 141~143, 210, 244, 345, 346, 364, 373, 374
형이상학(metaphysics) 44, 71, 73, 74, 93, 104, 116, 136, 138, 152, 201, 397, 402, 405, 450
환상(illusion) 12, 13, 18, 19, 25, 46, 57, 67, 89, 95, 104, 110, 115, 119, 128~131, 133, 168, 171, 178~180, 204, 216, 220, 247, 250, 253, 264, 272, 279, 283, 302, 309, 314, 318, 324, 334, 340, 366, 376, 378, 382, 389~393, 395, 442
환원주의(reductionism) 65, 70, 76, 291, 298, 363, 384
환유(metanomy) 142, 421
흔적(trace) 14, 17, 18, 86, 138, 185, 191, 236, 250, 302, 319, 350, 374, 382, 387, 413
희극(comedy) 88, 268, 269, 347